WENHUA JISHU JINGJI YANJIU XINSHIJIAO

文化技术经济研究新视角

奥运文化要素和产业发展的创意初探

彭程·著

中国市场出版社
China Market Press
·北京·

图书在版编目（CIP）数据

文化技术经济研究新视角：奥运文化要素和产业发展的创意初探／彭程著. —北京：中国市场出版社有限公司，2020.12

ISBN 978-7-5092-1956-0

Ⅰ.①文… Ⅱ.①彭… Ⅲ.①文化产业-产业发展-研究-中国 Ⅳ.①G124

中国版本图书馆CIP数据核字（2020）第093779号

文化技术经济研究新视角：奥运文化要素和产业发展的创意初探

作　　者： 彭　程
责任编辑： 宋　涛

出版发行： 中国市场出版社
社　　址： 北京市西城区月坛北小街2号院3号楼（100837）
电　　话：（010）68034118/68021338
网　　址： http：//www.scpress.cn

印　　刷： 河北鑫兆源印刷有限公司
规　　格： 170mm×240mm　1/16
印　　张： 26.25　　**字　　数：** 400千字
版　　次： 2020年12月第1版　　**印　　次：** 2020年12月第1次印刷
书　　号： ISBN 978-7-5092-1956-0
定　　价： 68.00元

序

PREFACE

1949 年新中国成立伊始，中国还是一个落后的农业国，还没有制造汽车、飞机的能力，也不具备发电设备、冶金设备等制造业的生产技术。那时我国的产业基础十分薄弱，农业人口占比很大，农业是经济贡献的主体。常年战争的破坏，导致生产力水平十分低下。经过三年的经济恢复，1952 年，经济回升并略超过战前水平，但工业的比重仍旧很低。按净产值计算，农业占工农业总产值的比重达 74. 7%，工业仅为 25. 3%，其中重工业占总产值的比重仅为 10. 8%，农业吸纳了 83. 5% 的劳动力，农业增加值占 GDP 比重为 50. 5%。工业的比重虽然略有上升，但落后的现代工业尤其是重工业发展水平十分低下，难以满足经济发展和国防建设的需要。

为推动大规模经济建设，1951 年，我国开始编写并实施新中国的第一个五年计划（1953—1957 年）。“一五”计划历时 4 年，五易其稿，确定了建设新兴工业部门和工业基地的基本任务。1956 年，长春第一汽车制造厂生产出我国的第一辆汽车。同年，我国自主研制的第一架喷气式飞机飞上蓝天，成功实现首飞。“一五”计划期间，全国完成投资总额 550 亿元，新增加固定资产达 84%，五年内施工的工矿建设项目达一万多个，超额完成了各项指标，为我国的工业化奠定了重要基础。

工业建设周期长，需要的资金量大，必须结合实际协调人力、物力、财力条件，合理进行空间规划布局和技术选择。项目要求必须对具体的原料燃料供给、建设规模、工艺技术、设备选型、工艺参数和组织机构等设定技术经济定额，并进行经济效益、社会效益及国民经济评价。在大规模经济建设的实践过程中，积累和形成了技术经济研究、评价的经验和方法。1963 年，“技术经济”与“基础科学”、“技术科学”等七大科学技术并列成为党中央国务院批准建设的一个重要的新兴科学研究领域，被列入《1963—1972 年科学技术发展规划纲要》。纲要提出，进行技术经济的研究，是科学技术工作的一个重要组成部分，是促进科学技术多快好省地服务于社会主义建设的一个重要中间环节。技术经济对于节约科学技术研究和生产建设的人力和物力能起巨大作用。我有幸承担中央科学领导小组交给的任务，经过三年时间完成《技术经济方法论问题》研究报告。这篇报告也是目前出版的《技术经济学》的原型，报告描述了“技术经济学”作为一门科学研究的基本问题，共计 26 章 24 万字。

按照马克思政治经济学的基本理论，生产、流通和消费是社会经济系统的三个不同的组成环节。生产投入与生产环节本身同样重要，生产投入包括生产施工、建设、设计、设备采购、基础设施建设等很多环节，需要将生产投入单独进行研究分析，形成“投入–生产–流通–消费”的社会经济循环系统。《文化技术经济研究新视角》将文化产业的创意生产环节作为研究重点，基于技术经济学的生产要素六元理论进行分析，并结合文化产业的生产特点，将生产要素延伸拓展，创新研究了文化产业的六个生产要素。

文化技术经济是一个非常重要的研究领域。文化具有传承和周而复始延续的特征，是一种重要的资源。文化能够以多种形态存在，文化存在的形式由采用的文化技术手段决定，文化技术的发展水平影响了文化传承和创新的渗透力和影响力。文化技术创新是人们在劳动实践过程中，适应自然、改造社会及丰富人们精神财富内涵的结果。文化创作与文化生产不能截然分开，两者不是孤立存在，而是相互影响、相互制约和相互作用的关系。从图书出版印刷、广播电视传输、电影院线和舞台演出到文化产品在移动终端等网络化、数字化平台的传播，文化产品和服务都需要借助一定的文化技术。文化技术创新不仅能激发文化创作的生产活力，而且能够进一步挖掘文化内容本身，通过应用新的文化技术实现对传统文化的技术改造，实现文化技术经济的创新。

文化生产和创作不仅产生经济效益，更重要的是产生精神效益和社会效益。文化生产与一般的生产不同，文化生产是对文化内容的生产，是为了满足人们的精神文化需求。新中国成立70年来，经济结构发生了深刻的变化，我国从落后的农业国演进为具有完整的工业体系和完备工业基础设施的制造业大国。十九大报告指出，我国社会主要矛盾已经转化为人民日益增长的美好生活需要和不平衡不充分的发展之间的矛盾。社会主要矛盾变化对文化发展提出了新的要求，要把文化作为衡量人民美好生活的重要尺度，让高质量的文化产品满足人民群众多样化的精神文化需要。因此，要研究文化技术经济，必须充分尊重文化技术发展规律，认识文化技术和经济的发展规律。《文化技术经济研究新视角》从文化技术经济六个生产要素的共同作用、共同影响进行研究分析，探讨了文化技术与经济的发展规律，并用奥运会举例研究促进城市向更高层面的创新转型，是一个新的尝试。了解产业发展的一般特征和文化产业的特殊要求，认识生产要素配置对经济转型的作用机理，才能更好地把握文化技术经济的发展规律。文化技术经济这一研究领域，还有着深入探讨的广阔空间。希望在进一步研究、分析的基础上，将文化技术研究融入科技创新和服务模式的创新当中，更大地发挥文化价值的引领作用，成为高质量发展的推动力。

大数据、人工智能、云计算、物联网、5G、区块链等新兴的信息化技术，是信息社会发展的必然需求，对公共文化服务和增进民生福祉都有极大的促进作用。2018年12月召开的中央经济工作会议，提出新型基础设施建设的战略任务，明确要求“加快5G商用步伐，加强人工智能、工业互联网、物联网等新型基础设施建设”。2020年，我国首次将新型基础设施建设写入政府工作报告，要求“发展新一代信息网络，拓展5G应用”。

新型基础设施建设是提供公共服务的载体，基础设施建设的投资拉动，将带动劳动力、技术、资金、文化、知识等多种要素的流动，助力民生改善，促进文化精神服务的提升。

在信息化快速发展的时代，文化产品和服务的数字化转型对疫情缓和后的文化创意产业发展有着重要的影响。要注重研究新科技对文化进行的数字化改造，将文化内容与新的科技结合，培育数字文化产业新业态、新模式。要从建设现代化强国的角度，看待文化技术经济问题。数字化转型不能只依靠部门推动，更需借助市场和企业的力量去执行和实现，在制度化的过程中形成各部门的协作，实现整体上的共同参与和推动。为满足人们多样的文化需求，以数字为代表的新科技及其应用是科技发展的必然趋势，也是我国应对科技革命和产业变革，发展创新驱动的战略需要。这就要求我们坚定中国特色社会主义道路自信，研究培育和践行社会主义核心价值观，传承弘扬中华优秀传统文化，努力实现道路自信、理论自信、制度自信和文化自信。坚持在实践基础上的理论创新，推动中国特色社会主义制度的理论创新和制度创新，引领创新发展，努力跻身创新型国家前列，基本建成现代化强国。

中国工程院院士

北京交通大学教授、博士生导师

原国家发展改革委产业经济与技术经济研究所所长

徐寿波

2020.6.

前 言

PREFACE

文化能够唤醒人们内在的某种精神力量，虽然它无处不在，但在我们日常忙碌的生活中，却常常会忽略它。我也是在生活的不经意间，因为一些记忆深处的事受到了触动，点点滴滴的，这些事形成了对我的一种动力，帮助我完成了这本书的写作。想起小时候，听到人们说，在世界四大文明古国当中，只有中华文化是唯一一个几乎没有出现断层而保留下来的传统文化，我也为这份古人留给我们的独一无二而感到格外自豪。以至于后来在学校上学，为更多地了解我国5000年悠久的历史文化，特别选修了一门中国传统文化的课。当老师用粉笔在黑板上画出一个青铜时代的饕餮纹时，我懵懂的内心，瞬间就被远古时代的纹饰符号震撼了。直到今天，老师在黑板上画出的那个饕餮纹饰的画面还会出现在我的脑海中，那仿佛是来自远古的一种深层的记忆。

上高中的时候，我在爸爸的书柜里发现了一本书，是王鸿生老师撰写的《世界科学技术史》。没有想到的是，这本书开启了我对科学技术的认识，让我感觉自己和科学技术之间有一种莫名的联系。那时我正在学习数理化当中众多的公式和定理，时常感到困扰，这本书的出现，忽然让我意识到，通过对哲学和历史进行脉络性的梳理，能够囊括人类历史上复杂庞大的科学和发明。受爸爸对哲学研究的耳濡目染，我发现哲学的思维体系正在帮助我构建一种与纷繁复杂事物的联系。直到有一天我在奶奶家的书柜里发现了一本经典的哲学著作——艾思奇的《大众哲学》，直到我了解到，我的姥爷和爷爷也都曾在人民大学的前身——陕北公学学习，了解到陪伴我成长的中国人民大学校园，是马克思主义中国化研究的重要基地，我才进一步认识到，人民大学带给我的，不仅仅是东校门那块“求是”石和教二草坪的满天繁星，还有前辈们探寻科学、真理和社会发展的足迹。

然而，那时我还不知道文化和技术之间存在的联系，也不会想到自己会写一本和文化技术相关的书。那时我学习的还是城市规划和城市经济。记得刚开始在英国留学，为了尽可能地把中国的城市特点展现给老师和同学，我曾一个人沉浸在教室里，构思制作了一幅北京产业升级的海报。现在想想，制作这幅海报，也激发了我学习城市和产业转型升级的兴趣。英国很多的工业城市在全球化分工过程中出现了严重衰退，我了解到英国政府通过文化和创意活动来推动后工业化城市的转型，努力为城市带来活力，实现城市复兴，为居民带来希望和生机。我一头扎在众多的资料里，试图了解文化和创意在促进城市经济发展和产业转型中的作用和机理，却发现这是一个特别庞大的话题，我只能构建出一个简单的联系。当然，在日常生活中，我们这些来自亚洲、欧洲、拉丁美洲等不同国家的同学常常会相聚，偶尔几位“代表”了世界四大文明古国的同学也聚在一起，所聊的好多话题都是文化、日常生活和所想所感的点滴。在学习社会学的英国福利国家政策时，有一次一位英国同学对我说，他是一名马克思主义者，后来我的老师说他也是马克思主义者。这让我忽然发现，即使远在大洋彼岸的英国，因为马克思却能够把我们的距离拉得这么近。

为了能够继续研究文化产业以及文化经济对城市产业升级的作用，我选择了产业经济专业继续学习。然而我发现，产业经济学的基本理论未能对文化产业进行清晰、全面的解读。一是因为产业经济所面对的“产业”这个研究对象，其容纳的是庞大且复杂的经济领域，每个产业都各有特点，很难用一种“普遍性”的理论进行阐释和分析。二是文化产业是一个涵盖了众多不同生产方式和文化分支的概念。在美国耶鲁大学作为联合培养博士生时，我认识到一些文化产业的分支已经发展得很成熟，很难用“文化产业”的概念进行整体性的研究。比如美国的流行音乐产业、电影产业、广播电视产业，每个行业都有自身的特点，也形成了自身的研究特色。三是我国虽然已经建立了文化产业统计指标体系的框架，但文化产业的发展尚处于起步阶段，这也增加了相关领域数据获取的难度。有相当长的一段时间，我都处于理不清头绪的困扰当中。我的导师徐寿波院士，是我国“技术经济学”这门学科的创始人之一，他建议我看看技术经济学的研究方法。技术经济是研究技术进步与经济增长关系的学科，伴随着工程建设领域的需求应运而生，生产要素六元理论是一个基本的理论核心。由于许多城市实现的产业转型升级，与生产要素的集聚和产业集群的形成有关，因此我尝试从技术经济学的生产要素理论对文化产业进行研究。结合文化产业的生产特征，形成了文化技术的概念。文化技术是在一定的实践过程中，能够辅助文化产品和衍生品的开发、设计制作等的设备、工具、技能和方法。我发现文化产业符合产业经济的一般性规律，比如也需要人力、物力、财力的投入。但文化产业也存在着产业自身的特殊性，在技术经济学的生产要素理论基础上，延伸出原生力、时力和场力，从而形成了文化技术经济的六个生产要素。

其实，技术经济学的生产要素理论和马克思的系统论如出一辙，二者都是将整个世界看作是一个有机联系的、统一的整体。不同的生产要素，在经济生产过程中发挥着不同的作用，每一个生产要素也不是孤立运行的，生产过程中既要实现各个要素的协调统一，也要与一定的生产力和经济基础相适应。因此在研究生产要素理论时，既要注重各个要素本身，又要重视各个要素形成的统一的整体。为了剖析六个生产要素在文化技术经济中实际运行的规律，在对生产要素研究的理论基础上，结合城市举办奥运会这一过程，在实践活动中分析了文化技术经济的六个生产要素。为了便于理解各要素构成的协调统一关系，我选用奥运会作为案例，分析六个生产要素共同发挥作用、探讨促进城市产业转型升级的内在规律。

技术经济学中的生产要素理论提出了各个要素的合理配置和协调统一，但仍需要研究“生产要素如何进行配置”这一问题。从我国经济体制改革历程来看，一直都把处理好政府与市场的关系放在重要的位置。党的十五大指出“使市场在国家宏观调控下对资源配置起基础性作用”；党的十六大指出“在更大程度上发挥市场在资源配置中的基础性作用”；党的十七大指出“从制度上更好发挥市场在资源配置中的基础性作用”；党的十八大指出“更大程度更广范围发挥市场在资源配置中的基础性作用”；党的十八届三中全会明确指出“使市场在资源配置中起决定性作用和更好发挥政府作用”；党的十九大将“发挥市场在资源配置中的决定性作用”与“更好发挥政府作用”写入党章，明确将要素市场化配置作为经济体制改革的重点任务之一。2019 年 11 月，党的十九届四中全会通过《中共中央关于坚持和完善中国特色社会主义制度、推进国家治理体系和治理能力现代化若干重大问题的决定》，将社会主义市场经济体制上升为基本经济制度。2020 年 4 月，中共中央、国务院发布《关于构建更加完善的要素市场化配置体制机制的意见》，该文件是我国第一次对推进要素市场化配置改革进行的总体部署。文件提出了土地、劳动力、资本、技术、数据五个要素领域改革的方向，指出完善要素市场化配置是解决我国经济结构性矛盾、推动高质量发展的根本途径。要破除阻碍要素自由流动的体制机制障碍，扩大要素市场化配置范围，健全要素市场体系，推进要素市场制度建设。更好发挥政府作用，健全要素市场运行机制，完善政府调节与监管，做到放活与管好有机结合，提升监管和服务能力，引导各类要素协同向先进生产力集聚。2020 年 5 月，中共中央、国务院印发《关于新时代加快完善社会主义市场经济体制的意见》，提出构建更加系统完备、更加成熟定型的高水平社会主义市场经济体制，进一步强调了构建更加完善的要素市场化配置体制机制，进一步激发全社会创造力和市场活力。

在思考生产要素聚集和政府所发挥的作用的过程中，我也在思考要素市场建设与商品市场建设的差异。真正帮助我领会到要“充分发挥市场在资源配置中的决定性作用”同时“更好发挥政府作用”这句话的含义的，是我的父亲彭和平教授的制度学理论。在《制度学概论》的制度构成三要素模型理论中，市场被描述为一个制度场，市场在资源配置中所发挥的决定性作用，可以理解为发挥我国所构建的社会主义制度场的作用。这与我国推进要素市场化配置改革，破除阻碍要素自由流动的体制机制是相互融合、相互影响的一个过程。很幸运，这也是我在国家发展改革委体制改革综合司工作的一段时间中，在参与并经历了国家重大改革文件出台的过程中，结合理论和实际工作的体会。制度学的理论帮助我找到了这本书的最后一块拼图，让我理解了政府在城市要素配置中的重要作用，认识到市场化改革的实际是构建了新的制度场，体会到实现奥运经济制度化的关键是构建新的制度场。基于对文化技术经济六个要素的研究，我也初步形成了一个创意制度场的研究框架，这将是我进一步分析和探讨的理论方向。

本书的形成，不仅仅是我自身创作的结果，更感恩于与我相连的成千上万的人和事。正如歌德所描述的，世界本身是一个大而美，优雅且具备价值的整体。人们所进行的创造，只是在自身内部汲取营养和捕捉精华的过程中，与外部世界形成的和谐的幸福感、纯粹的舒适感和独特的喜悦感的状态。感恩家人和亲爱的朋友们所创造的一切，是你们用爱心、友善和德行构成了我生活的点点滴滴，让我感受到你们传递的真、善和美。感谢奶奶、姥姥、爸爸、妈妈和家人们，感谢你们陪我走过的路，是你们给予我强大的精神力量，鼓励我在面对困难时继续前行。感谢已近 90 高龄的我的老师徐寿波院士，他所创立的技术经济学，帮助我从新的方向探索研究文化产业、文化经济发展问题。感恩在学习、工作和生活中，来自师长、同事和朋友们的帮助、支持与启迪。感谢耶鲁大学的 K. Sudhir 教授，利物浦大学的 Paul Jones 和 Steven Miles 教授，感谢师长们引领我走入知识殿堂，教导我追求科学真理，探索事物普遍联系的客观规律，践行为社会和人们造福的理想。感谢国家信息中心和中国经济信息网、国家发展改革委体制改革综合司的领导和同事们给予的指导和关照，很幸运能够在工作实践中，认识和体会经济理论与改革实践的相互影响、相互作用。感谢各种形式的学习组织，感恩与大家在持续的学习中共同进步和成长。感谢王静、翁晶、莫磊、侯琨、郭彩云、关天宇、李彦、回武谦、刘鹏、杨帆、高泽峰、孙杰、杨海鹏等在本书构思、创作与写作过程中给予的关照、点拨和启迪。感谢中国市场出版社，尤其是宋涛老师为本书的编审和校稿付出了大量心血，在此一并表示衷心的感谢。感谢本书中引用到的文献作者及其理论对本书内容提供的宝贵贡献。

受理论水平和实践经验所限，加之撰写时间仓促，书中难免存在疏漏不足之处，敬请专家学者及社会各界广大读者提出宝贵意见和建议。我将认真总结，并不断改进和完善。这本书的完成是在新冠肺炎疫情肆虐的特殊时期，在生命受到威胁时，当看到前线医生不顾自身安危、勇敢奔赴一线抗击疫情、尽全力挽救生命，我想像他们一样，力所能及地作出我的努力，为国家作一些贡献。在写作过程中，我时常想起前辈们为祖国作出的无私奉献，是他们用自己的生命为我们国家的发展开辟了前进的道路。这一直激励着我，支持着我写作。我能做的，就是把我的研究成果写出来，与大家共同研究和探讨，努力把祖国建设得更美好。

彭　程

2020 年 5 月于中国人民大学

目录

CONTENTS

第二章 文化技术与经济的发展规律 / 049

第一章

文化、文化产业及文化技术

第一节　文化、文化产品、文化资源

一、文化

1. 词源解释

对“文化”一词的界定与理解，从古至今，虽然经历了千百年历史，跨越不同的时代、不同的社会，但至今依然处于争论与研讨之中，形成了百家争鸣、各有侧重、各成一家的局面。从词源学的角度来看，古代东方和西方对“文化”一词的解释出于不同的社会背景，也有不同的理解。早在我国古代，就已经出现了“文化”这一术语，传统汉语对“文化”的解释重在文治与教化。我国最早出现“文化”一词的典籍是《易传》，在《易·贲》篇有“观乎天文，以察时变；观乎人文，以化成天下”的论述。古人在此处所用的“人文”与“天文”和“地文”并立，区别于“天”“地”，重在人类进行的创造。据考证，“文化”一词真正出现在古代西汉，即开始把“文”与“化”这两个汉字联系起来作为“文化”一词来使用。在刘向《说苑·指武》中，有“圣人之治天下，先文德而后武力。凡武之兴，为不服也；文化不改，然后加诛”[1]。刘向把其中的“文”称为文德，即伦理、美德、道德；“化”称为教化，即人通过教育的方式获得引导、转化。汉代荀悦进一步解释，“宣文教以张其化，立武备以秉其威”，明确了“文化”所具有的引导或影响人们文明的行为、礼仪的作用。当人们自觉形成了某种道德、礼仪、习惯和规范，也就达到了教化和治理天下的目的。因此，古代汉语中的“文化”是指通过引导、培养和教导，使人

[1]　王作新．汉字结构系统与传统思维方式［M］．武汉：武汉出版社，1999：1–3.

们形成一定的文德，也就是合乎社会伦理的道德、美德等思想观念、行为礼仪，实现对人的教化和塑造。

相比之下，英文中的“culture”源于拉丁文的colo、aolere、colui、cuhum等动词。在欧洲的拉丁语和中古英语中，文化原指耕耘、劳作、养殖、驯化、教育等，这种发源于土地的“cultivation”（耕耘、劳作等）与“自然”相区别。伴随人类农耕等实践活动的增加，人类对“文化”的理解也逐渐从对自然物的主观行为转向针对人的活动。如英文当中的“low culture”被理解为个人品格、素养美德、心灵的“修炼”以及人与人之间信任、友谊的培养，“high culture”被视为艺术活动、科学创作以及对诸神的膜拜供奉等。从西方人使用的英文当中可以看出，文化的含义从最初的人对于自然的耕耘、耕作逐渐引申为对人的教化、培养，心灵的修炼，艺术和科学创作等。

从东方和西方对传统文化含义的认识来看，着重点不同，解释不同，但也存在相似之处。共同点在于，二者均强调了人类对于自然的行为与思维活动。“文化”一词与“自然”一词相异，自然界当中的阳光、空气、水不属于文化。但当自然物质被人类所应用、所改造时，就体现出了“文化”的内涵。因此“文化”经过了人类的耕耘与实践活动，是人类有意识、有主观能动性进行加工制造的表现。

2. 广义的文化

广义的文化概念包括了人类精神和物质的一切劳动成果。《辞海》权威定义了广义层面的文化内涵：文化是指人类在社会历史实践过程当中，所创造的物质财富和精神财富的总和。西方最为经典的文化定义是1871年英国人类学家爱德华·泰勒（Edward B. Tyler）在《原始文化》当中的论述。泰勒指出，从民族学意义来看，文化或者文明是指包括全部的知识、道德、信仰、法律、风俗、礼仪、艺术，以及“作为社会成员的人所掌握和接受的任何其他的才能和习惯的复合体”[1]。英国文化人类学家、文化

[1] ［英］爱德华·泰勒．原始文化［M］．连树声，译．上海：上海文艺出版社，1992：1.

功能学派的创始人马林诺夫斯基（1884—1942）在其专著《文化论》当中，定义了文化的概念：文化是针对一种传统的器物、货品、技术、价值、习惯思想而言的，包括了物质文化以及精神文化[1]。美国文化人格学派的主要代表之一——林顿从心理人类学的角度，将文化定义为某一特定社会群体所共享并相互传递的态度、习惯、知识及行为模式等的总和。美国人类学家克罗伯（A. L. Kroeber）和克拉克洪（Clyde Kluckhohn）归纳整理了19世纪末到20世纪中期西方关于文化的约两百种定义，最后给文化概括了一个综合性的定义：文化是历史上所创造的生存式样的系统，既包括显性式样也包含隐性式样[2]，包括他们生产制造物品的各种具体式样，从而构成人类群体的特殊成就。这些成就，通过历史衍生和选择反映出思想观念与价值，其中以价值观最为重要。它具有为整个群体共享的倾向，或是在一定时期中为群体的特定部分所共享。他们将文化分为列举与描述型、历史型、规范型、心理型、结构型、遗传型六个类型。

广义的文化解释也同样存在于欧洲国家的大百科全书中。在《法国大百科全书》（1981）里，文化被定义为一个社会群体所特有的文明现象总和的复合体[3]。《英国大百科全书》把文化分为两类：一类是一般性的文化，等同于总体的人类社会遗产；另一类是指集团成员所共有的一种多元且相对的历史沉淀下的生活结构体系[3]。在1973年第三版的《苏联大百科全书》中，文化被认为是社会和人类在历史上一定的发展水平，这种发展水平表现为人们进行生活及生产活动的种类与形式，也包括了人们所创造的物质和精神财富[4]。

在我国，庞朴（1986）关于文化的定义也具有一定的代表性，他指出文化划分为三个层次，包括物质层面、制度层面和心理层面。其中最表层

[1] 彭和平．制度学概论［M］．北京：国家行政学院出版社，2015：283.

[2] 潘一禾．观念与政治文化的比较研究［M］．上海：学林出版社，2002：1-15.

[3] 李述一，李小兵．文化的冲突与抉择［M］．北京：人民出版社，1987：5-6.

[4] ［苏］久阿尔诺利多夫．文化概论：文化的实质及其运动发展的一般规律［M］．邱守娟，译．北京：中国人民大学出版社，1989：5.

的是文化的物质层面；而心理层面是属于最深层的，如道德礼仪、人格信仰、宗教观念、价值规范、思维逻辑等；介于二者之间的是组织方式和理论的系统。司马云杰（1986）认为文化是人类创造的不同形态的特质所组成的集合。文化的整体而言可划分为三层关系，即人与自然之间、人与社会之间和人与自我心理之间的关系。李亦园教授根据这三个层次，将文化概括为物质文化、社群文化或伦理文化以及精神文化。

3. 狭义的文化

狭义的文化更加强调其观念形态与其隐性的内涵。美国人类学家古迪纳夫（Goodenough）将文化概括为：文化由一定人群所共同接受的理念、行为方式、价值观念和信仰所构成[1]。文化以事物的形式存在于人们头脑中，人们洞察联系以及解释这些事物的方式来表现文化。这里强调了文化并不是一种物质现象。美国人类学家哈维兰（William A. Haviland）进一步定义了文化的概念：文化并不能够直接看见，文化表现为人们对外部事物所反映出的价值观念和精神信仰，并通过解释积累的经验导致文化行为的发生[2]。系统哲学家拉兹洛（Laszlo）更加强调文化当中的价值标准，他认为文化是受价值引导的一个整体，文化的满足不是针对物质的，是对一定价值标准的需要，因为价值标准决定着人们的情感体验、对事物的看法和信仰的需求[3]2。

20 世纪 40 年代开始，出现了一种把“文化”作为“符号主义”的理解。美国学者斯普拉德利和麦克迪将文化视为一个以准则、规范、行为形式之下的一整套价值系统[3]35-37。这一整套价值系统以概念符号、知识符号的方式将人类的价值观念、理想信仰表现出来，如将这些象征符号表现在人工制品上，以人工制品的形式表现出人们的主观用意。这里的一套价值系统当中包括了价值理念理想、信仰或情感，以一种观念的形态存在于

[1] 韦森．文化与制序［M］．上海：上海人民出版社，2003：15.
[2] 严春友，严春宝．文化全息论［M］．济南：山东人民出版社，1991：48.
[3] 冯利，覃光广．当代国外文化学研究［M］．北京：中央民族学院出版社，1986.

人的大脑当中。美国学者克利福德·格尔兹将文化定义为一种通过符号在历史上代代相传的意义模式，它将传承的观念表现于象征形式之中。文化的符号体系使得人与人得以相互沟通、绵延传续，并发展为对人生的知识及对生命的态度。

综合以上研究，可以看出；广义上对文化的理解包括了人类在社会历史实践过程中所创造的物质财富和精神财富的总和，包含了有形的物质财富，如物质文化资源和人类制造的实物；还包含了无形的精神财富，如风俗习惯、礼仪情操、宗教信仰、道德规范、艺术修养等。狭义上的文化是指社会思维意识以及与之相适应的精神文化，如人生观、信仰、文艺、礼俗等；还有与某个社会历史时期相适应的制度文化，如政治相关的制度文化、经济相关的制度文化或与组织相关的制度文化等。

本书认为，文化是指一定的社会群体在生产和社会发展过程中，形成的语言、信仰、认知、观念、习俗的总和。这里一定的社会群体包括一定人群或社会阶级、某一特定社会的成员、某一个集团的成员、活动中的社会主体的人、具有共同价值观念的整个群体、一定时期中为某特定部分所共享的群体等。此外，生产和社会发展过程是指认识活动与实践活动，或是经由人的主体性在与他人接触交往中所习得的，或是从历史沿袭与世代学习积累下来的过程。广义的文化涵盖了一切物质财富与精神财富总和，本书只定义所形成的语言、信仰、认知、观念的总和。其中也包括知识、思想、思维习惯、风俗、理想、意识形态、心灵的某种状态或习惯、内心的组织和陶冶、更高的自觉境界等。

二、文化产品

1. 文化产品的概念

产品概念的特征包括生产者、一定的生产过程以及产品的物化状态。可以说，产品是指个人或一定的群体生产出的物品。在经济学当中，产品是通过生产能够提供给市场的东西，能够被人们使用和消费，并能满足人们需求，包括有形的物品，无形的服务、组织、观念或它们的总和。文化产品与文化概念有共同点，也存在着一些差异[1]。首先，文化和文化产品的共同点在于都强调了创作者的观点、思想、审美观念、意识形态、道德观念等。其次，这两个概念的差异在于存在的形式或状态。人类的感知与观念以两种形式存在，一种形式是存在于人们的头脑当中，另外一种形式是存在于人类所创造的、物化的产品当中。因此，文化以思想观念、意识形态的形式存在于人们的头脑当中，或者存在于人类的创造物当中。相比之下，文化产品以文化的形式存在，文化以观念的形式存在。因此，本文当中的文化产品是指个人或一定的群体生产出来的、承载着一定思想观念、审美、认知或内心的某种状态的创造物。

2. **文化产品的归类**

文化产品是一种实物或者是一种服务，作为产品，符合能够用于交换的物品或服务的基本特征；与一般产品的不同之处在于，文化产品传递了一定的思想观念和文化价值内涵，能够满足人们某种程度的精神需要。联合国教育、科学和文化组织（UNESCO）认为，文化产品包括文化商品和文化服务两部分[2]。书籍、杂志、工艺品、视听节目、录像、多媒体产品、唱片、影片等属于文化商品，博物馆、美术馆、图书馆等文化信息的保存、表演、文化习俗等属于文化服务。文化服务可以是免费的，也可以是商业化的服务。在《服务贸易总协定》（GATS）中，将交响乐等表演服务、出版、新闻、博物馆和图书馆服务、视听服务等归纳为文化服务[3]。按照不同国家和地区对文化产业的界定，所包含的相应的文化产品大体相同，但略有差异，具体如表 1-1 所示。

---

[1] 彭和平．制度学概论［M］．北京：行政学院出版社，2015：285.
[2] 郑洪涛．论文化产品的特征、范围与价值［J］．商业时代，2012（29）：128-130.
[3] 王国荣．信息化与文化产业［M］．上海：上海文化出版社，2004.

表 1-1　文化产品类别归纳表

国家或地区	组织机构	文化产品分类
英国	文化媒体和体育部	广告；建筑物；艺术品及古董；设计产品；工艺品；时尚设计物品；电影、录像带；休闲软件游戏；音乐；表演艺术产品；出版物；软件与计算机产品；电视与广播产品。
中国香港	中国香港设计中心	广告；建筑物；艺术品；古董及手工艺品；设计产品；数码娱乐产品；电影与影像产品；音乐表演艺术品；出版物；软件与电子计算机产品；电视与电台产品。
丹麦	文化部和贸易产业部	音乐；剧院演出；书籍出版物；视觉艺术品；电影、影带；平面媒体产品；广播电视产品；建筑物；设计产品；玩具；主题公园。
韩国	文化观光部	出版物；新闻产品；杂志；漫画产品；广播电视产品；广告；电影影像；出版产品；动画产品；唱片；游戏产品；数字与行动内容产品；卡通人物；工艺与文化观光产品；美术艺术品；艺术表演；设计产品。
中国台湾	学术团体	视觉艺术产品；音乐与表演艺术产品；文化表演设施产品；工艺品；电影广播电视产品；出版物；广告设计产品；数字休闲娱乐产品；设计品牌时尚产品；建筑设计产品；创意生活产品。
中国大陆	北京市统计局	文化艺术品；新闻出版物；广播、电视、电影；软件、网络及计算机产品；广告会展；艺术品；设计产品；旅游、休闲娱乐；其他辅助服务。

资料来源：根据互联网等公开资料整理。

从不同国家及地区对文化产品的归类可以看出，文化产品实际上包括了有形文化物质产品和无形服务产品两个方面。其中一部分文化产品能够直接进行生产制作，而且能够以实物的方式展现出来。这类文化产品包括图书出版、音像制作、工艺美术品生产等。另一部分文化产品是以文化服务的方式呈现出来的，如文艺演出、非物质文化遗产保护、休闲旅游服务等。在我国 2012 年修订的《文化及相关产业分类（2012）》标准当中，对文化产品的第二层内容增加了文化创意和设计服务，以及文化产品生产的辅助生产等内容。可以看出，对文化产品的认识与分类，已经扩展到文化产品及其服务的生产和销售。

结合以上梳理的相关内容和本书的研究，可以将奥运会看作一种文化产品。奥运会的有形文化物质产品，需要通过直接的生产制作以实物的方式展现，并且通过加工、生产、营销等多种生产技术提供到市场当中。奥运会的另一部分文化产品以竞技比赛及相关服务的形式呈现出来，通过与信息技术、数字化、互联网等高科技的融合，衍生出竞赛转播、城市旅游等产品和服务。

三、文化资源及特征

1. 文化资源

“资源”当中的“资”本义指费用、钱财。“资”从“贝”，贝为财，因此“资”与财富有关。在《广雅》中有记载，“资，川也”，“资”指的是旅费、盘缠、路费。《辞海》中对资源的解释是，作为资财的来源，也指天然的财源。“资”的引申含义是“条件”“能力”[1]。《辞海》也将资源解释为一个国家或一定地区所拥有的，人力、物力、财力等各种物质要素的总和。资源可以是天然所赐予的，也可以是经过劳动创造的，是两者的总和。资源可以被分为自然资源和社会资源两类[2]。阳光、空气、水、森林、草原、矿藏、土地等，是天然赐予的资源，属于自然资源。信息资源、人力资源、经过劳动创造的物质财富都属于社会资源。可以看出，资源是一定社会历史条件下，能够为人们社会生活和劳动生产创造财富的要素。自然资源和社会资源都广泛存在于自然界和人类社会，是人们生存和

[1] 赵东．数字化生存下的历史文化资源保护与开发研究——以陕西为中心［D］．济南：山东大学，2014.

[2] 辞海［M］．上海：上海辞书出版社，1999：1738.

社会发展的基础。

在对文化资源的理解中，较为权威的是程恩富教授的研究，他着重强调了人们从事文化生产或文化活动所利用的资源，认为文化资源是这些资源的总和[1]。另外较有代表性的观点将文化资源看作是，在人类发展过程当中，人们创造出来的有文化内涵或承载一定文化意义的事件、实物、活动、城市等[2]。本书认为，文化资源是指人类在理解自然规律、模仿自然、造物以适应自然的过程当中，能够为人们从事文化生产和文化劳动所使用的物质、精神或活动等要素。文化资源能够使人类更好地适应自然、更好地进行文化生产活动和创新活动。

文化资源包含的内容非常广泛，历史上呈现不同文化风格的建筑遗存、特色民居、文化名城、器物、工艺品、服饰、饮食，或是思想意识、道德观念、文学艺术、绘画、舞蹈、风俗习惯等都属于文化资源的内容。文化资源一般可分为三种类型：一是符号化的、具体的、有形的文化资源。如建筑物、油画、雕刻、音像、工艺品、书籍等。这类文化资源可以制作、加工、转换并以文化产品的形式存在。二是精神性的、非物态的、无形的文化资源。对人们的思想、价值观念、审美意识以及信仰等有重要影响。这种类型的文化资源尽管不能直接转化为文化商品，但已影响到人们的日常行为，对人们的社会实践有潜移默化的影响。三是经验型和创新型的文化资源，不仅包括写作、歌唱、舞蹈、绘画、演奏、设计等文化活动的技能，还包括创意、设计、构思、策划等突破前人模式的创新性思维和创新能力。这种类型的文化资源可称为文化智能资源，是文化生产中的核心资源，与文化创意活动有着密切联系。

2. 文化资源分类

我国是文化资源大国，拥有五千年的文明史，从夏商周到唐宋元明

[1] 程恩富．文化经济学通论［M］．上海：上海财经大学出版社，1999：37.

[2] 丹增．文化产业发展论［M］．北京：人民出版社，2008：116.

清，历史文化源远流长、博大精深。文化生态系统门类众多、千姿百态，文化资源在历史性、民族性、传播性、创意性等方面别具特色，从文化资源的结构特征出发，可将我国的文化资源划分为无形的及有形的资源两大类，具体如下：

一类是无形的历史文化资源。具体包括宗教、礼仪、民俗风情、园林设计等方面的文化资源，这些文化资源种类多样、内涵丰富、特点鲜明，体现了当地的历史、文化内涵。此外，民间的口头文学、神话故事、地方语言、民间技艺等也是历经几千年积淀的无形文化资源，其中一些资源仅在我国传承，具有极强的地域性、民族性等特征，如京剧、昆曲、古琴、秧歌、狮舞等。

另一类是有形的物质文化资源。具体包括名胜古迹、自然风光、古玩书画、传统饮食等方面。名胜古迹如名人故居、碑林雕刻、庙宇楼阁等，自然风光如三山五岳、苍山洱海等，古玩书画如唐三彩、青花瓷、王羲之书法等，传统饮食如鲁、蜀、湘、苏、浙、徽、粤、闽八大菜系等，这类文化资源可通过文化技术的制作转化直接注入文化产品当中，以物化的形式在文化产业中进行流通、传播。

3. 文化资源特征的六个层面

我国文化资源丰富，悠久而辉煌的历史为我们留下了丰厚而宝贵的文化财富。文化资源支撑和引导着人类社会发展，在推动人类生存发展过程中扮演着重要的作用。文化资源的特征可以从其价值的潜在性、滞后性、整体性、区域性、非消耗性、可再生性和创意性六个层面来分析。

一是潜在性。由于一些非物态的、无形的精神性文化资源是通过对人们的思想、价值观、信仰、审美意识等发生作用的，很难具体化、对象化，很难度量，这在客观上决定了文化资源的价值潜在性。它的影响更多的表现在思想升华、精神鼓舞、道德修养、陶冶情操等精神层面上。

二是滞后性。由于大多数文化产品的影响是在认识、观察、欣赏中产生的，是一个持久的、发展的甚至是变化的过程，这就决定了文化资源价值的滞后性。我们可以从三个方面来理解：首先是部分文化产品具有稀缺性，它们（如古玩、瓷器等）的价值往往随着年代久远、数量锐减而成倍增加。其次是不同时代、不同文化素养的人群对同一个文化产品有不同的感受，人们对文化资源的价值有一个逐步认识的过程。最后是文化资源的价值随着社会经济的发展、人们需求水平的提高也在不断地增加，这也从客观上决定了文化资源价值的滞后性。

三是整体性。某些文化资源的价值必须通过整体的形式才能反映出来。比如，城市的布局、古村落的面貌、大型园林的造型等都具有整体性，不是单个建筑物可以表达的。例如，长城等历史文化遗迹只有特定的自然背景作为衬托，才能表现出宏伟整体的景观。又如，民俗这样的文化资源同样具有整体性。它是由民族建筑、民族服饰、民族风俗、民族歌舞等综合要素构成的，破坏其中任何一个要素，都会对民俗文化资源造成巨大的损失。

四是地域性。文化资源表现出地区差异性和民族差异性。不同的地区、民族具有不同的习俗和价值观，这就决定了文化资源具有地域性特征。比如秦陇文化资源、齐鲁文化资源、中原文化资源、巴蜀文化资源、吴越文化资源等[1]。文化资源基于一定的地域而产生，与该地独特的自然生态环境等息息相关。一个地域的环境，为该地域的文化资源提供了赖以生存的土壤和条件。

五是非消耗性和可再生性。自然资源的利用一般是消耗性的，很多自然资源如土地资源、矿产资源、石油资源等都是不可再生的，这就决定了自然资源的稀缺性与消耗性。有些文化资源是消耗性的，如古玩字画、瓷器等不可再生。而有些文化资源则不同，如作为旅游文化的自然生态景观，作为无形资源的民族艺术、民俗风情等，都可以重复利用，作为再次生产的文化元素，具有非消耗性、可再生性特征。但是对文化资源的保护

[1] 向志学，向东．谈谈资源和历史文化资源［J］．武汉大学学报（人文科学版），2006（3）．

与产业化开发，如果以“资源消耗型”和“污染破坏型”模式来开发文化资源，不注意保护和持续性发展，盲目地发展消耗型文化产业，忽视文化积淀和文化资源的再造，就会使文化资源遭到消耗与破坏。不良的文化产品会阻碍文化环境的健康发展，损害民族性格与文化形象，造成对文化资源的浪费。

作为精神文化的无形文化资源具有可再生性的特点，这种可再生性使得文化资源能够作为某一种文化要素重复地体现在文化产品之中。如传统文化和孝悌观念，既属于一种人生观、道德观和价值观，也属于一种民族文化观，重复出现在不同的历史阶段和不同的文化产品中，并在其中升华、提炼。

六是创意性。创意性是文化产品内容表现的关键，并直接影响着创意产品自身的价值。文化资源的创意性表现在将创意灵感转化为文化产品的文化内容当中，创意元素能够使文化产品的表现更加丰富、多样和独特，接下来将对文化资源的创意性进行详细的论述。

4. 文化资源的创意性

文化资源除了具有一般特性以外，还有一个重要且独特的特性——创意性。文化资源的创意特性对文化内容的核心价值起到了关键作用，因而在此对文化资源的创意性作进一步的具体分析，主要包括以下三个方面：

一是创意资源的战略性特征。创意资源体现、沉淀和承载了民族的精神文化，表现了国家、民族精神的生命力与创造力，是具有国家战略性特征的宝贵资源。经过对创意资源的挖掘与开发，能够生产出具有创造力的文化产品，并通过其丰富创意内涵和提高产品的经济价值，从而带来产业发展的经济效益。

二是创意资源的多样性与稀缺性特征。创意资源的多样性、独特性决定了创意资源的稀缺性。多样、丰富、独特的创意资源产生于不同的地理环境、种族、时代等，创意资源显示出了与当地特色、民族风情、地方语言等相适应的生产、生活形态。这说明了创意资源根据不同的地理环境、社会环境与经济水平显示出不同的风格特色，这种特色不能通过轻易复制或者照搬形成，因此显示了创意资源的稀缺性特征。经过对创意资源的开发与挖掘，可以将具有稀缺性的创意元素设计成文化符号，并融合在文化产品的生产与制作中，展示出创意资源多样、丰富的文化内涵。

三是创意资源产权界定的复杂性特征。主要原因包括古物的考证信息模糊、群体创造与公共产品三个方面。第一，很多创意资源在民间流传已久，加上一些收藏品本身难以鉴定与评估，如一些古玩字画，经过文化市场的交易、流通已经多次易主，或因历史的变迁很难界定这些创意资源理论上的所有者。第二，对创意资源的挖掘、开发，以及对创意产品的制作、传播大多需要群体共同完成，因此在权属的规定上与群体创造的产物有所矛盾。尽管根据生产与制作环节的不同，存在着对文化产品制作上不同环节的不同贡献，但根据创意灵感进行的创意活动本身是由创意群体共同实现的，所有者应属于整个创意群体。目前的分成制从一定程度上对创意资源的创作成品进行了产权效益划分，包括电影制片与电影院播放的分成，音乐著作与音乐发行传播间的分成，图书出版商与作者之间的分成等。第三，基于创意资源生产制作的文化产品会显示出公共产品的特征，这种非排他的特性与产权的界定有所矛盾。有时这种矛盾是通过文化技术的再生产过程解决的，如通过文化技术的生产复制将具有非排他特性的文化产品进行批量化的复制传播，从而提高其在文化市场上的可交易程度，也实现了对创意资源的合理开发、利用。

第二节　文化产业及理论

一、文化产业

1. 国外文化产业的概念

近几十年以来，西方多个社会科学领域纷纷将“文化”作为研究的重点，人文社会科学开始进入“文化转向”研究的热潮。由于各国文化背景、政策制定、经济发展等国情基础的不同，及对文化产业的性质、功能等认识的不同，目前还没有形成被各国共同认可的文化产业的概念。由于目前仍没有一个权威的阐述，导致同时出现多种名称，如内容产业、创意产业、文化产业等。产业的定义是，从事国民经济当中同一个性质的生产或其他社会、经济活动的企事业单位、机关团体和个体的总和。产业与产业之间存在不同程度的联系，构成国民经济的整体。为便于研究，本书统一采用“文化产业”一词。

早在19世纪，马克思在《1844年经济学哲学手稿》一书中就表达了他的“大生产力”观，第一次把“文化艺术”与“工业活动”联系起来，肯定了生产力中包含着物质方面和精神方面两种生产力。他指出，当艺术家加入了生产行列，为了大量“出售”而制造商品，文化产品也就进入了工业化生产阶段。

进入到20世纪40年代，“文化产业”（Cultural Industry）一词正式由阿多诺（Theodor Adorno）和霍克海默（Max Horkheimer）提出。在其《启蒙的辩证法》一书中，批判地指出了文化产业是凭借现代科学技术手段大规模地复制商品化的、非创造性的文化产品的娱乐产业体系，并提到“一个人只要有了闲暇时间，就不得不接受文化制造商提供给他的产品”[1]111。并从艺术与哲学价值评判两个方面对文化产业进行了否定性的批判，提出文化产业“把先前笨拙的艺术转换成为消费领域以内的东西”“把艺术提升为一种商品类型”“在文化工业中，个性就是一种幻象，这不仅是因为生产方式已经被标准化”[1]121-140。

随后，法兰克福学派相继对文化产业的概念进行扩展，最后形成了法兰克福学派的“文化产业”理论，其中本雅明（Benjamin）、哈贝马斯（Habermas）等是相关代表人物。但这一理论在当时工业经济的大背景下并没有引起广泛的关注与讨论。20 世纪 80 年代，文化产业的发展逐渐受到学术理论界、经济学界的重视，日本学者日下公人从经济学角度出发，提出了文化产业的概念：“文化产业的目的就是创造一种文化符号，然后销售这种文化和文化符号。”美国人在 20 世纪末提出用版权产业描述文化产业的发展，并将其概括为一种可商品化其内容的产业，包括关键版权产业、一般版权产业和版权相关产业等几个类型。同时，由芬兰发布的《文化产业最终报告》里明确了文化产业是一种以内涵为基础的创造活动，并将其称为内容产业，涉及文艺出版、图书发行、影音制品、游戏及休闲娱乐等内容。20 世纪末期，英国布莱尔政府成立了“创意产业特别工作组”，在报告中首先命名了“创意产业”，并定义其为源于个体创意、技巧及才干，通过知识产权的生成与利用，而有潜力创造财富和就业机会的产业，包括 13 个行业，即广告、建筑、艺术和文物交易、工艺品、设计、服装设计、电影、娱乐软件、音乐、表演艺术、出版发行、软件、电视广播等。“文化产业”这一概念的外延随着文化领域的发展不断拓宽，逐渐成为学术界分析文化的生产、传播与消费，以及经济、社会、文化相互关系的理论分析工具，并最终成为国民经济统计中的一个产业分类。联合国教科文组织将文化产业定义为，文化产业是指按照工业标准进行生产和再生产、

[1] 霍克海默，阿道尔诺．启蒙辩证法（哲学断片）[M]．上海：人民出版社，1947.

储存及分配文化产品和服务的一系列活动。目前对文化产业的定义还没有统一的标准，较有代表性的还包括凯夫斯（Caves）对文化产业的定义，他指出文化产业是提供某种产品和服务的产业，包括与文化、艺术或娱乐休闲有关的内容[1]。文化产业主要包括发行出版、视效艺术、舞台表演、录影制品、时尚与游戏等。霍金斯在其《创意经济》一书中强调了知识产权的重要作用，把文化产业确定为一种经济组织，其中生产的文化作品都在专利、商标等产权体系的保护范围之内[2]。联合国贸易和发展会议（UNCTAD）把文化产业描述为一种创意循环现象，它将创意与知识资源作为最初投入的产品和服务，这种创意与知识资源将依靠买卖与知识产权保护而产生价值。

2. 国内文化产业的概念

在我国，文化产业的研究起始于20世纪80年代，但因受到传统观念的影响，"文化产业"这一概念直到"十五"计划中才被正式提出。2000年，党的十五届五中全会通过《中共中央关于制定国民经济和社会发展第十个五年计划的建议》，首次在中央文件中正式提出了"文化产业"的概念，即文化产业是一种经济行业，主要为人们提供文化作品、为制造和运营文化产品提供设备技术和知识服务。文化产业是以生产和制造精神产品为主要活动的产业，主要目标是满足人们的文化精神需要，文化产业是国民经济生产领域具有文化内涵特征的服务类产品和物质产品的总和。文化产业的概念可以分为三个类型，包括狭义的文化产业概念、广义的文化产业概念、相关的文化产业概念。2012年国家统计局公布《文化及相关产业分类》（修改版），文化产业的概念被界定为：为社会公众提供文化、休闲产品和服务的活动，以及与这些活动有关联的活动的总和，文化及相关产业是指为社会民众提供文化产品及与文化相关产品的生产活动的总和。第

[1]［美］理查德·E. 凯夫斯. 创意产业经济学［M］. 北京：新华出版社，2004.
[2] 约翰·霍金斯. 创意经济——如何点石为金［M］. 上海：三联文化出版社，2007.

一层包括文化产品的生产、文化相关产品的生产两部分，对2005年制定的《文化及相关产业分类》有所修改，将原分类第一层分为“文化服务”和“相关文化服务”进行了修改。第二层根据管理需要和文化生产活动的自身特点分为10个大类，包括新闻出版发行服务、广播电视电影服务、文化艺术服务、文化信息传输服务、文化创意和设计服务等，新增“文化创意和设计服务”“工艺美术品的生产”“文化产品生产的辅助生产”三个大类。第三层依照文化生产活动的相近性由24个中类修订为50个中类，第四层小类由99个修订为120个。

在文化产业的定义、范畴与特征的研究方面，江蓝生、谢绳武依照工业化标准提出文化产业的定义，指出文化是制作、生产、存储和分配文化产品和服务的连续性的活动[1]。在他们的《文化蓝皮书——2001—2002年：中国文化产业发展报告》中，从行业类别上把文化休闲、出版发行、广播电视、音像制品、网络及电脑服务、旅游、教育等，看作文化产业的核心及主要行业，把传统文学、戏曲、音乐、美术、摄像、电影电视制作、工业与建筑策划、博物馆艺术展览等作为文化产业发展的前沿。此外，王慧炯发表了《对发展中国文化产业的思考》[2]一文，指出文化产业是一种经营性行业，围绕文化产品的制造与文化服务的提供，主要包括四个领域：文化艺术、广播电影、出版发行、文化旅游。在叶朗主编的《中国文化产业年度发展报告（2003）》里，阐述了文化产业是由市场化的行为主体运行的，为了满足人们的精神文化需求，实现制作文化产品或文化服务的企业化、商业化运作模式，将文化产业划分为八个类型，包括纸质传媒类、音像传媒类、互联网传媒类、广告类、旅游类、艺术类、教育类、体育类等。花建在《产业界面上的文化之舞》中将文化产业的特征概

---

[1] 江蓝生，谢绳武．2001—2002年：中国文化产业发展报告［M］．北京：社会科学文献出版社，2002．

[2] 王慧炯．对发展中国文化产业的思考［J］．北京工业大学学报（社会科学版），2002（2）．

括为三个方面[1]：一是文化产业需要通过制造文化产品与服务的企业进行规模化的商业运作实现，二是文化产业需要以追求企业盈利的最大化为企业发展核心，三是文化产业的发展是通过以大量企业为主体的竞争、协作、合作形成的。厉无畏更加强调个人创造力在文化产业当中的作用，他指出文化产业不仅体现了经济水平，更体现了文化水平，以及文化产业与第三产业的渗透与融合[2]。金元浦指出文化产业是向大众提供文化、精神、娱乐、艺术产品的新兴产业。

在我国关于文化经济的含义方面，有的认为文化经济是满足人们休闲需要的经济以及实物经济文化附加值增加的经济，代表学者有朱宪烈。有的直接将文化经济理解为文化产业。还有的则认为文化经济不是文化产业，代表学者有傅守祥，他在有关文化发展时期我国文化产业运行的分析中，突出强调了文化经济并不完全等同于文化产业，并指出了文化经济三个层面的含义。另外，俞伯灵从知识经济的概念出发，认为文化经济就是以文化为基础的经济。文化经济是在知识经济概念基础上的拓展与提升，科技、人生观、价值心理、民俗风情、娱乐休闲等都是文化经济的组成内容。林宗指明了文化经济的研究内容——文化与经济之间的关系，即相互影响、相互制约、相互融合、相互交叉的学科。丹增指出文化经济的发展证明了人类突破原有资源的局限，创造了更多宝贵的文化资源，这种文化资源可以反复使用，表现出文化经济的非消耗与高增值的特征[3]。谢名家强调了文化经济的关键内容是文化中精神与科技的融合、人类与自然环境和社会环境的融合、文化与经济的相互渗透等，从而促进社会形态的变革、实现人类的综合发展。

文化产业作为国民经济中的第三产业，囊括了众多的次产业类别，它们是在产业发展的不同时期或不同阶段形成的。在此可以将文化产业的概

---

[1] 花建．产业界面上的文化之舞［M］．上海：上海人民出版社，2002.
[2] 鲍枫．中国文化创意产业集群发展研究［D］．长春：吉林大学，2013.
[3] 丹增．文化产业发展论［M］．北京：人民出版社，2005.

念分为三个层次或部类：第一部类是传统意义上的文化产业。如传统旅游业、文艺演出业、民族传统节庆和传统工艺品等。第二部类是以电子与纸质印刷为基础的广播、电视、电影、新闻出版等常态文化产业。第三部类是在数字化、互联网等高新技术支撑下，以“创意”“创新”为核心的创意产业新业态。创意产业是传统文化产业发展的更高阶段。

二、文化产业的基础理论

1. 对文化大规模生产的批判

在文化产业、文化经济相关的研究中，既有马克思学派、法兰克福学派、伯明翰学派等在文化产业理论上所作的贡献，又有后来出现的更多的学者从不同的角度和观点对文化产业与文化经济问题的探索。本书主要围绕文化产业的技术、经济、发展相关研究进行综述。

在西方经济学中，阿多诺（Theodor Adorno）和霍克海默（Max Horkheimer）于1947年出版的《启蒙的辩证法》[1]一书中最早提出文化工业（Cultural Industry）的概念，该书分别从艺术与哲学价值评判两个方面对文化产业进行了否定性的批判，并指出“文化产业”属于娱乐产业体系，仅是凭借现代科学技术手段大规模地复制商品化的、非创造性的文化产品。

霍克海默对资本主义大背景下的文化大工业生产进行了批判，这种文化的生产体现出商品化生产的性质、工业化生产的过程，以及意识形态上复制和垄断的特质。阿多诺强调了文化产业化生产是对文化自主创新、独立个性化发展的束缚，文化工业的机械技术复制过程，并不能在文化生产上体现意识思想的多样化、丰富化的特点。弗雷德里克·詹姆逊在其《后

[1] 马克斯·霍克海默，泰奥多·阿多诺. 启蒙的辩证法［M］. 上海：上海人民出版社，2003.

现代主义或晚期资本主义的文化逻辑》[1] 一书中，表明了文化产业生产的大规模复制扩张是资本主义发展到一个新阶段的产物，这种文化产业的生产将扩展到其他具有文化差异的地区，还会扩展到多个国家及全世界。

2. 认识文化生产的积极意义

第二次世界大战以后兴起了以伯明翰学派为代表的，盛行于美、英、法等西方国家的关于大众文化研究的学术思潮，文化产业也开始获得新的积极意义。美国大众文化理论家约翰·菲斯克提出“两种经济”理论，包括了“金融经济”和“文化经济”两部分，并指出自人类进入第三次科技革命时期，特别是发展以信息技术为核心的智能生产力时期以后，世界经济中文化与经济的一体化趋势越来越明显。此外，当代法国社会学大师皮埃尔·布迪厄在《资本的形式》一文中将资本划分为经济资本、文化资本和社会资本三大形态，第一次完整地阐述了文化资本的基本概念，文化资本在形式上表现为一种具体化的文化资源，本质上则是人类劳动成果的一种积累[2]。在对文化市场的研究中，他认为文化商品可分两种“生产场域”，一种是“限定的生产场域”，另一种是“大规模的生产场域”。1998年美国经济学家B. 约瑟夫·派恩与詹姆斯·H. 吉尔摩在《哈佛商业评论》上撰文《欢迎进入体验经济》，随后又于1999年出版《体验经济》一书，对体验经济进行论述，阐述人类已经进入了体验经济时代，它的特点是以服务为舞台，以商品为道具，以消费者为中心，创造能够使消费者参与、值得消费者回忆的具有“个性化”的经济形态[3]。约翰·菲斯克提出“文化经济”注重的是电视的使用价值，流通的是“意义、快感和社会认同”，在消费社会里能带来意义和快感的商品都有“文化”经济价值。

[1] 詹姆逊．后现代主义或晚期资本主义的文化逻辑［M］．吴美真，译．台北：台北时报文化出版公司，1998.

[2] 戴维·斯沃茨．文化与权力：布尔迪厄的社会学［M］．上海：上海译文出版社，2006：88-91.

[3] ［美］约瑟夫·派恩，詹姆斯·H. 吉尔摩．体验经济［M］．北京：机械工业出版社，2002.

澳大利亚学者约翰·霍金斯在创意经济研究的基础上提出“3T”要素，即以“创意人才（Talent）、技术（Technology）和包容（Tolerance）”为核心的新兴理论[1]。在文化与经济的关系研究方面，Helmut Anheier 与 Yudhishthir Rajistar[2] 将文化与经济的关系归纳为四种模式，即福利模式（Welfare Model）、竞争模式（Competitive Model）、增长模式（Growth Model）和创新模式（Innovation Model）。

3. 文化经济与城市的发展

随着近三十年文化产业的发展与文化技术水平的不断提升，相关研究逐渐增加，许多文化产业的研究伴随着经济转型与城市复兴的大背景而产生。20 世纪 90 年代，英国文化产业经历了从工业到后工业社会转型的过程。英国在经历了工业革命后，自身主要的经济优势在于纺织、冶炼、造船为主的独特的产业结构及由此产生的独特的外贸体系，这些优势使它长期以来一直在世界经济中占有主导地位。第二次世界大战后，英国的产业结构发生重大变化，传统产业很难适应基于新技术和新燃料的产业结构，其产值在国民生产总值中所占的比重迅速减少，国家经济陷入不可逆转的跌幅状态。老化的工业产业结构，致使制造业集中的大中城市经济普遍下滑，大批工厂倒闭，失业率居高不下，大量的人口外移。随着人口结构的变化和城市产业空心化的加快，经济中心城市的地位不断下滑。解决城市衰退的唯一出路就是调整经济结构，发展文化产业基于这一背景在城市复兴计划中被提出来。在相关研究中，以 20 世纪六七十年代的丹尼尔为标志，到 20 世纪八九十年代以纽曼尔·卡斯特为代表，着重强调信息社会与现代化城市社会的更迭、破碎与变迁，如信息时代三部曲之《千年终

---

[1] ［英］约翰·霍金斯．创意生态——思考在这里是真正的职业［M］．北京：北京联合出版公司，2011.

[2] Cunningham S , Banks J , Potts J . Cultural economy: The shape of the field［J］. Cultural Economy, 2008, 2: 15-41.

结》[1] 等，到哈维重点论述的后现代社会的理性和分崩离析的组织变化。在近些年来的研究中，以纽曼尔·卡斯特1996年的著作和斯科特·拉什的著作为代表，特别强调了文化产业的发展为其他产业的转型树立了一个新的模式，即将符号创意与信息知识作为经济与社会活动的中心。然而，也有学者持反对的看法，如著名学者布迪厄认为文化产业本身正在失去其独立的特点，在经济部门中失去其独立的特性，而越来越趋向于其他产业的发展。

在文化产业与城市文化发展方面，理论研究主要集中在城市发展与全球城市的概念、分类、形成原因、功能以及全球城市网络体系等方面，同时出现了如P. Hall、Friedmann、Castells、Sassen、Knox、Thrift、Taylor等著名的学者。1966年，霍尔提出全球城市具体包括国家贸易及经济中心、各方面专业人才集聚中心、文化娱乐产业已经成为重要的产业部门等七个方面的内容。M. Castells（1991）则重点强调了高等级服务业的生产和消费中心与它们的辅助性社会联结起来的功能作用。以Scott、Soja、Davis、Jameson等为代表人物的洛杉矶学派中的Scott[2] 等学者重点强调了文化产业和文化创意形态的传播在全球城市的发展中起到的独特且巨大的作用。他认为，从部门途径的角度看，文化经济存在于影视音乐等上层文化当中，又存在于一些制造业的商品中，这些商品不仅仅是文化产品，还是提供物质需求与服务需求的产品，涉及休闲聚会、培训装潢、时尚修饰等领域，如家具业或服装业等行业中。从劳动力市场的角度看，文化产品生产的组织结构基于了大量的手工劳作与技术劳作，只有专门掌握这种技能、技巧、手法的创作者才能将文化元素展现于文化产品中，成为文化产业的核心。从事文化经济的个体也更趋向于实施一种非正式的、临时的转包合同，同时雇佣具备特殊才能与灵活性的专门的人才，这种工作模式意味着地域性的出现与公司聚集的文化园区的形成。从创意内容发展途径的角度

---

[1] ［美］曼纽尔·卡斯特．千年终结［M］．北京：社会科学文献出版社．2006.
[2] 艾伦·J. 斯科特．城市文化经济学［M］．北京：中国人民大学出版社，2010.

看，文化经济不仅仅是一系列分散的部门活动或有特色的劳动力市场与生产组织形式，还是衡量城市与地区经济活动作用的一种新的方法。不论是哪种产业，经济增长的中心活动都应围绕创新和学习。从使用模式集中的方面定义文化经济的特征，主要观点是媒体越来越依赖于一个共同的数字平台。范周[1]教授在研究国际城市的文化产业发展经验后，强调国际城市的建设需要同时注重世界标准与文化产业方面的发展建设，这对于发展为具有国际影响力的文化产业有着战略性的意义。

在文化经济学的研究方面，文化与艺术市场何种情况下可以实现最大程度的发展，以及人们的需求如何能够从最大程度上得到满足，都应是文化经济学需要研究的问题。尽管如此，大卫·赫斯蒙德夫在其著作《文化产业》[2] 中表述了文化经济相关研究的现状。他指出，文化产业的经济评价并没有为文化经济的研究者所关注，他们关注的是将经济发展的状况与人们生活的满足感、幸福感相联系，并依照经济学的理论进行分析。尽管如广电和音像业等核心的文化产业领域并没有得到主流文化经济学的足够重视，但最近几年显现出主流经济学中有关文化产业问题的讨论更加多样，对文化产业核心更加注重的趋势。此外，还出现了从新古典主义理论角度对原有的文化经济研究假设的怀疑，近几年的文化经济研究中还出现了对新问题的关注，如 Caves 编著的《文化与文化消费的不平等和持续矛盾》、霍斯金等编著的《美国文化产业在国际文化产业中的影响》，以及康顿等编著的《对文化产业里的聚集与组合方面的研究》。

可以看出，在欧洲，文化产业的发展模式以政府为主导，通过政府与非营利组织的引导对文化产业市场进行调节与促进。在英国，中央政府将文化政策制定和实施的主要权力以及部分文化拨款的责任交给其所属的文化相关部门，如英国的文化新闻和体育部等。文化机构的组织与管理由政府负责，政府在其中发挥指导作用，但大多数文化机构通过自筹资金、独

[1] 范周．“世界城市”：文化发展战略规划的重要维度［J］．中国文化产业，2010（6）．
[2] 大卫·赫斯蒙德夫．文化产业［M］．北京：中国人民大学出版社，2007.

立经营的方式自负盈亏。此外，它还需要地方政府行使相关的权力或承担相关责任。非政府公共组织是介于政府与特定文化企业之间的中介服务机构。英国政府并不干扰文化市场的具体经营，资助通过政府委托非政府公共文化机构实现文化事业的财政支持，只占这些机构收入的约 30%，不超过 50%，其余部分收入依靠他们的自我创收和社会支持。各种类型的中介非政府公共文化机构通过具体的拨款程序，负责资助和接触各文化领域的文化艺术团体、机构和个人，以形成全社会文化管理网络系统。

在美国，文化产业的发展更多基于市场为主导的原则，企业严格按市场规律办事，通过产品开发、建立全球销售网络、宣传促销和捆绑销售等多种手段和方法，以实现利润最大化。自由的竞争政策能够刺激创意产业发展，完善的行销体系加快了资本的运行速度，这种竞争型的文化市场对企业创新能力的激发具有积极的意义。此外，较为灵活的投融资环境更需要美国的年轻人不断创新、注重技术革新，通过不断地革新变化更新产品、拓展细分市场，从而适应大环境的变革与发展。企业以高科技为手段，对文化内容进行挖掘，使得文化产品的附加值提高，从而创造出新的思想理念与文化价值，激发新的文化需求产生。政府重点关注补助研究项目、维护良好的就业环境以及吸引高端人才等方面。联邦政府在政策上采用了杠杆型的投资方式，以配套资金为标准，要求和鼓励投资主体对文化产业进行投资，促使投资主体呈现多种渠道的局面，州政府、企业融资、文化群体、外来投资与私人捐助都已发展为文化产业领域的重要资金来源。同时，政府利用其强大的国际政治、经济优势支持其文化商品占领国际市场，并致力于在国际贸易的准则下推动更为自由的文化商品贸易与融资。在文化人员的培养上，美国很注重将文化产业的学术成果与应用结合，培养文化人才的管理能力，文化管理在美国逐渐形成了专门的学科，全美有几十所大学开办了文化管理学、艺术管理学等课程，培养了大量高知识含量的文化管理人才。另外，美国建立了较为完善的知识产权法律系统，涉及国家艺术及文化活动，专利、版权与商标，不正当竞争等多个方面，这些国家层面的法律为美国文化产业的战略发展提供了有力的保护与支持。美国20世纪90年代末还通过了数字版权方面的法律，专门针对数字化领域中的版权产业发展。

比较欧美之间的文化经济与文化产业研究，在研究对象、研究方法、资助体系和方式、政策制定等方面存在着许多不同之处。美国的许多研究是针对某个文化行业，比如影视、动漫、音乐、艺术等的经济效益，欧洲则在文化政策与政府文化项目上有更多的探讨。同时，美国主要进行的是定量研究，欧洲更多的是进行定性研究，对社会认同、社会融合、消费、符号系统、价值认知、文化多样性等方面开展研究。然而，在众多研究西方文化产业的文献中，经济发展与就业问题是最为关注的。因此通过文化经济与文化产业的研究，创造更多的就业机会与促进国民经济的发展已经成为更为重要的问题。在文化产业发展方面，西方发达国家始终把发扬民族文化精髓、保护历史文化遗产、增进民族交流与认同、提升居民综合效益和基本福利水平作为文化产业的重要内容。同时，许多专家学者也把文化捐助体系的研究作为文化经济发展的核心领域，将其作为政府制定文化产业政策的关键领域。在我国，政府对文化经济发展的关注度日益提高，但关于文化产业的理论研究更早集中于欧洲和北美，更多的研究重点围绕着欧美主要城市的文化消费等。近年来，我国文化产业领域的学者在理论上和实践中进行了很多探讨与尝试，为我国文化经济的实践发展提供了许多重要的理论依据与及时的发展引导。目前，从经济学角度出发对文化产业研究还没有形成规模，从文化技术经济角度进行研究是本书的初步尝试。在文化产业研究中，尽管存在很多不一致的观点，但本书力图融合不同的观点与论证，从文化技术经济的角度出发，将重点放在文化产业的发展上，结合文化产业表现出的较复杂特征，更多的基于文化产业独特的竞争优势对文化产业的发展进行分析与评估。

三、文化产业在我国的兴起

1. 文化产业研究

在我国，随着文化产业和文化建设的逐步兴起，文化产业的研究逐渐受到重视，目前处于文化产业研究的初期阶段。作为我国最早研究文化产业的学者之一，李向民先生于1985年至1987年间在专著《精神经济》中首次提出并阐述了“精神经济学”理论，并提出精神经济存在的三大支柱——技术、设计与品牌，受到钱学森、蒋学模等老一辈学者的高度评价。金元浦在《文化生产力与文化产业》[1] 一文中指出，随着媒体及信息时代的快速到来，以及人们对精神与心理上需求的不断提高，文化产品逐步成为现代经济生活中不可缺少的一部分，如电影音像、舞台表演、体育竞赛等产业，文化与经济的融合已逐步受到多国政府的重视。陈少峰在《文化产业读本》[2] 中阐释了通过“第五媒体”进行的文化传播方式，涵盖了数字报刊、移动电视、触控媒体、数字影视、数字广播等。范建华[3]则强调了资源、创意激发、资本与文化市场是文化产业最为核心的部分。资源是基础，创意开发是关键，资本是保障，文化产业能否实现价值的根本在于市场。黄永林、罗忻[4]论述了能够扶持文化产业繁荣的几个要素，包括文化资源、文化创意、文化科技和文化园区等。齐骥[5]指出了可依照文化、创意与科技在文化产业的生产过程中开发使用的不同，把文化产业划分成三个类型，包括传统历史型、新兴科技型和现代创意型

---

[1] 金元浦．文化生产力与文化产业［J］．求是，2002（20）：39.
[2] 陈少峰．文化产业读本［M］．北京：金城出版社，2009：124.
[3] 范建华．文化与文化产业发展新论［M］．北京：人民出版社，2011：53.
[4] 黄永林，罗忻．文化产业发展核心要素关系研究［J］．社会主义研究，2011（5）．
[5] 齐骥．理论与实践：中国文化产业十年总揽（上）［J］．学术探索，2012（2）：95－103.

文化产业。褚晓琳[1]表明了文化产业的技术含量水平、整合能力、产业化水平与标准规范水平四个方面是决定文化产业能否高速发展的核心，只有满足这四个方面的要求，文化产业的健康繁荣才能得到保证，才能满足文化消费的精神需要，促进生产方式的转变。祁述裕[2]指出了影响文化产业发展最关键的因素是经济，此外，其他需要关注的因素是文化资源情况、文化消费市场状况与环境、技术革新程度、政府政策和文化体制发展等。

文化内容的创意、技术变革是当前提高文化产业发展水平的核心要素，是文化产业向高端升级与转型和“走出去”的基础。在文化科技领域的研究中，于平[3]指明了提高文化生产力的核心是加强文化科技的自主创新，只有提升文化创新水平，文化改革与发展的影响才能够有所展现，文化产业的转型才能顺利实现。花建[4]认为，我国能够成功走出去的文化产品需要具备两个的条件，一是能够表现我国的民族文化，二是能够为外国文化市场所热爱和接受。齐勇锋[5]等学者在深入研究我国文化产业出口战略的基础上，总结了文化产业走出去的几种渠道，包括国家出口销售网络、传播宣传网络、专利研发产权、国家文化出口发展战略、跨国合作、联合生产。齐骥[6]表明文化产业的发展模式是结合各个地区的资源环境特点，建立建设数字型文化产业的集聚区，以产业集聚区的繁荣发展带动文化产业的转型。

2. 我国文化产业发展

近年来，我国文化产业的发展增速始终高于 GDP 增速，且文化产品和服务的贸易份额已呈现出几何级数增长的态势。2005—2018 年，文化产业

[1] 褚晓琳. 文化产业“促转变”四要素 [N]. 中国文化报，2010-10-20.
[2] 祁述裕. 影响文化产业发展的诸要素 [N]. 中国文化报，2008-10-10.
[3] 于平. 文化科技自觉引领下的高端文化创新 [J]. 福建艺术，2010 (4).
[4] 花建. “走出去”：中国文化产业的必由之路 [J]. 社会观察，2005 (4).
[5] 齐勇锋，蒋多. 中国文化走出去战略的内涵和模式探讨 [J]. 东岳论丛，2010 (10).
[6] 齐骥. “十二五”规划的面子与里子 [J]. 中国文化产业，2010 (6).

增加值年均增长达18.9%，高于同期GDP现价年均增速6.9个百分点[1]。文化产业增加值在国民经济中的占比逐年提高，占GDP比重由2004年的2.15%、2012年的3.36%提高到2018年的4.30%，2018年我国文化产业增加值比2004年增加10.3倍，我国文化产业进入了快速发展的新时期。

我国文化产品进出口连续多年保持顺差。2019年，我国文化贸易保持了平稳快速的发展态势，文化产品进出口总额为1114.5亿美元，同比增长8.9%。其中出口总额达998.9亿美元，增长7.9%；进口总额达115.7亿美元，增长17.4%；贸易顺差883.2亿美元，规模扩大了6.8%。在文化贸易出口的国别和地区方面，我国与“一带一路”沿线65个国家的双边文化贸易额呈上升趋势，2019年，我国对“一带一路”沿线国家的出口总额增长24.9%，对东盟、欧盟的出口增长较快，分别增长47.4%、18.9%[2]。在文化产品方面，出口的文化产品主要集中在文化用品、工艺美术品及收藏品、出版物方面，出口增幅分别为11.7%、5.6%和4.8%，增长较快。在文化服务方面，个人文化娱乐服务、电信计算机和信息服务、金融服务等知识密集型服务进出口增长较快[3]。2019年1—8月，三个领域的进出口额增速分别为23%、19.7%和15.2%。

我国文化产业的发展正处于快速上升期，这与世界主要国家的文化产业发展相似，共同呈现出快速发展的态势。尽管如此，从全球文化产业增加值对GDP的比重来看，目前文化产业发展较快的国家所占GDP的比重为10%~25%，我国文化产业占GDP的比重约为5%，仍有很大的发展潜力。据统计，2018年，美国文化产业增加值占GDP的比重达28%左右，日本不到20%，欧洲平均在10%~15%之间，韩国高于15%，同年，我

[1] 国家统计局发布报告显示：文化产业增加值在国民经济中的占比逐年提高［OL］. 中国政府网［2019-07-26］. http：//www.gov.cn/xinwen/2019-07/26/content_5415564.htm.

[2] 商务部服贸司负责人谈2019年我国文化贸易情况［OL］. 商务部［2020-03-27］. http：//www.mofcom.gov.cn/article/i/jyjl/l/202003/20200302948919.shtml.

[3] 商务部服贸司负责人介绍2019年1—8月我国服务贸易发展情况［OL］. 商务部［2019-09-28］http：//www.mofcom.gov.cn/article/ae/sjjd/201909/20190902901348.shtml.

国文化产业增加值占 GDP 份额为 4.3%[1]。可以看出，我国目前还处于文化产业发展的初级阶段，在发展模式、内容设计与组织构建等方面仍有很大的发展空间，因此非常有必要对文化产业进行重点研究。

自党的十七大强调加快推动我国发展文化产业之后，在 2011 年 10 月的十七大六中全会，明确了推动文化产业成为国民经济支柱性产业的发展战略，这就要求在现有的发展经验上摸索出更适合我国文化产业发展的方法，并能够为文化产业的规划指导提供理论依据。在文化产业已经成为国家文化的基本表现和参与国际竞争的“软实力”的同时，吸取 20 多年以来其他国家的文化产业发展经验，将文化产业及其创造的巨大的经济价值作为经济发展新的方向，已经成为在鼓励文化大发展大繁荣时期的主要发展目标。文化产业被纳入国家战略后，文化产业将享受更多的政策及资金支持，其发展环境将得到进一步改善。

回顾过去几年，从党的十七大提出推动“文化大发展大繁荣”，到十八大明确“建设文化强国”，再到十九大强调要“坚定文化自信”，我国从建设中国特色社会主义的总体布局出发，始终把文化发展与改革放在重要的位置，将文化产业发展纳入国家整体发展战略，大力发展文化产业，培育新兴文化业态。国家更加重视文化产业、文化与科技的融合发展。在 2007 年党的十七大报告中特别提出，要重视运用先进技术创新文化产业，鼓励新媒体和文化产业的融合发展。2008 年，国务院办公厅 2008 年 1 号文件转发了国家发展改革委等部门《关于鼓励数字电视产业发展的若干政策》的通知，发布了促进数字电视产业发展的相关政策，允许广电行业和电信行业互相进入和渗透，推进“三网融合”。2009 年，国务院颁布《文化产业振兴规划》，着力推动有线电视网络产业和基于数字技术、网络技术的广播影视新兴业态的发展，通过提升技术水平，推动文化产业升级。2011 年，党的十七届

---

[1] 追赶日流和韩流：中国文化产业的软肋与突围方向［OL］. 商务部公共商务信息平台［2020-02-06］. http://tradeinservices.mofcom.gov.cn/article/lingyu/whmaoyi/202002/97959.html.

六中全会强调了推动文化改革发展，大力发展新型文化业态。会议指出要积极推进文化科技创新，运用数字、网络等高新技术改造传统文化产业，加快数字出版、数字娱乐、网络电视、手机电视、动漫游戏等新兴业态的发展，从而实现文化产业的升级换代。

国家高度重视文化科技创新，将文化科技创新作为文化改革发展的重要内容，做出了一系列重大部署（见表 1–2）。在 2012 年出台的《国家“十二五”时期文化改革发展规划纲要》中，明确提出发挥文化和科技相互促进的作用，推进文化科技创新。指出要实施文化数字化建设工程，改造提升传统文化产业，加快科技创新成果转化，提升出版、印刷、传媒、影视、演艺、网络、动漫游戏等领域的技术装备水平。2014 年，国务院印发《关于推进文化创意和设计服务与相关产业融合发展的若干意见》，提出促进文化与科技双向深度融合，依托高新技术增强文化产品的表现力、感染力、传播力。鼓励对舞台剧目、音乐、美术、文化遗产的数字化转化，支持开发适宜互联网、移动终端的数字文化产品。鼓励多媒体、动漫游戏软件开发，推动动漫游戏与虚拟仿真技术在相关产业中的集成应用。2017 年，文化部出台《关于推动数字文化产业创新发展的指导意见》，该文件是国家层面首个针对数字文化产业发展的宏观性、指导性政策文件，首次明确提出“数字文化产业”的概念，鼓励数字文化产业发展。2017 年，文化部印发《“十三五”时期文化科技创新规划》，提出着力实施文化创新、文化科技重点研发、文化大数据、文化装备系统提升、文化标准化、文化科技成果转化等六个方面的建设。2017 年，党的十九大报告着重指出深入挖掘中华优秀传统文化内涵，加快建设创新型国家，倡导创新文化，强化知识产权创造、保护和运用，坚定文化自信，文化与科技相互融合的重要作用在国民经济与社会发展中日益提升。2019 年，文化和旅游部公布了《文化产业促进法（草案征求意见稿）》，向社会各界征求修改意见。在第六章的科技支撑部分，强调了发挥科技在文化产业领域创新发展中的作用，推动文化和科技深度融合，提升文化产业科技支撑水平，大数据、云计算、人工智能等数字技术将推动产业融合，助力文化产业的高质量发展。

表 1-2 近年来我国文化产业相关政策汇总（2009—2019 年）

政策文件	主要内容	发布单位	发布日期
《关于促进文化与旅游结合发展的指导意见》	举办全国性文化旅游节庆活动，打造文化旅游系列活动品牌。鼓励对现有演艺资源进行整合利用，运用现代高新科学技术，创新演出形式，提升节目创意，突出地域特点和文化特色，打造优秀旅游演出节目。	文化部、国家旅游局	2009 年 9 月 15 日
《国务院关于印发文化产业振兴规划的通知》	以文化创意、影视制作、出版发行、印刷复制、广告、演艺娱乐、文化会展、数字内容和动漫等产业为重点，发展重点文化产业。文化创意产业要着重发展文化科技、音乐制作、艺术创作、动漫游戏等企业。	国务院	2009 年 9 月 26 日
《关于金融支持文化产业振兴和发展繁荣的指导意见》	加大金融业支持文化产业的力度，推动文化产业与金融业的对接，积极开发适合文化产业特点的信贷产品，加大有效的信贷投放。	中央宣传部、中国人民银行、财政部、文化部、广电总局、新闻出版总署、银监会、证监会、保监会	2010 年 4 月 8 日
《国家“十二五”时期文化改革发展规划纲要》	构建现代文化产业体系，推进文化科技创新，扩大文化消费。加强文化产品创作生产的引导，设立国家文化发展基金，扩大国家出版基金规模，重点建设“五个一工程”。	中共中央办公厅、国务院办公厅	2012 年 2 月 15 日
《“十二五”时期文化产业倍增计划》	指出要深入实施科技带动战略，发挥文化和科技相互的促进作用，通过技术改造，提升演艺、娱乐、艺术品、工艺美术、文化会展、创意设计等传统文化产业的科技含量。	文化部	2012 年 2 月 29 日

续 表

政策文件	主要内容	发布单位	发布日期
《国家文化科技创新工程纲要》	国家文化科技创新工程的主要任务分为五个方面：加强文化领域共性关键技术研究；促进传统文化产业的优化和升级；推动新兴文化产业的培育和发展；提升文化事业服务能力；加强文化科技创新发展环境建设。到2020年，文化和科技深度融合，科技创新成为文化发展的核心支撑和重要引擎。	科技部、中宣部、财政部、文化部、广电总局、新闻出版总署	2012年7月19日
《国务院关于推进文化创意和设计服务与相关产业融合发展的若干意见》	加快数字内容产业发展。推动文化产品和服务的生产、传播、消费的数字化、网络化进程，强化文化对信息产业的内容支撑、创意和设计提升，加快培育双向深度融合的新型业态。	国务院	2014年3月14日
《国务院关于加快发展对外文化贸易的意见》	支持文化和科技融合发展，鼓励企业开展技术创新，增加对文化出口产品和服务的研发投入，开发具有自主知识产权的关键技术和核心技术。	国务院	2014年3月17日
《文化部关于贯彻落实〈国务院关于推进文化创意和设计服务与相关产业融合发展的若干意见〉的实施意见》	促进文化与科技双向深度融合，依托高新技术增强文化产品的表现力、感染力、传播力，强化文化对信息产业的内容支撑和创意提升。	文化部	2014年3月21日
《关于推动特色文化产业发展的指导意见》	明确了加大财税金融扶持、强化人才支撑、建立重点项目库、支持拓展境外市场等6项保障措施。到2020年，形成若干在全国有重要影响力的特色文化产业带。	文化部、财政部	2014年8月26日

续 表

政策文件	主要内容	发布单位	发布日期
《国家文化科技创新工程西部行动方案》	提出利用数字化技术，促进西部文化资源的深度挖掘和利用，优化西部文化科技产业布局，促进区域经济社会发展。	科技部会同有关部门	2014 年 10 月 27 日
《2014 年度文化金融合作有关事项的通知》	财政部将从 2014 年度文化产业发展专项资金中单独安排资金，专门用于支持相关贷款贴息项目。	文化部、财政部	2014 年 11 月 5 日
《关于推动文化文物单位文化创意产品开发若干意见的通知》	深入挖掘文化资源的价值内涵和文化元素，广泛应用多种载体和表现形式，开发艺术性和实用性有机统一、适应现代生活需求的文化创意产品，满足多样化消费需求。	文化部、国家发展改革委、财政部、国家文物局	2016 年 5 月 16 日
《“互联网+中华文明”三年行动计划》	加快文物资源数字化进程，推进文物信息资源开放共享；充分挖掘文物信息资源价值，加强二次创作、创造。	国家文物局、国家发展和改革委员会、科学技术部、工业和信息化部、财政部	2016 年 11 月 29 日
《“十三五”国家战略性新兴产业发展规划》	提出数字创意作为五个新兴产业之一，未来经济增加值占国内生产总值比重达到 15%，平均每年带动新增就业 100 万人以上。	国务院	2016 年 12 月 19 日
《国务院关于印发“十三五”旅游业发展规划的通知》	促进旅游与文化融合发展。培育以文物保护单位、博物馆、非物质文化遗产保护利用设施和实践活动为支撑的体验旅游、研学旅行和传统村落休闲旅游。扶持旅游与文化创意产品开发、数字文化产业相融合。	国务院	2016 年 12 月 26 日

续　表

政策文件	主要内容	发布单位	发布日期
《文化部"一带一路"文化发展行动计划（2016—2020年)》	打造"一带一路"文化交流品牌，促进"一带一路"文化贸易合作。以文化旅游、演艺娱乐、工艺美术、创意设计、数字文化为重点领域，加快国内"丝绸之路文化产业带"建设。	文化部	2017年1月6日
《公共数字文化工程融合创新发展实施方案》	提出要推动公共数字文化工程转型升级、深度融合，创新公共数字文化服务业态，提升服务效能。	文化和旅游部	2019年4月27日
《关于促进文化和科技深度融合的指导意见》	提出到2025年，基本形成覆盖重点领域和关键环节的文化和科技融合创新体系。	科技部、中央宣传部、中央网信办、财政部、文化和旅游部、广播电视总局	2019年8月27日

资料来源：根据互联网等公开资料整理。

第三节　文化技术及发展特征

一、技术经济

技术经济主要是围绕项目经济回报、工程经济、建设技术比较等领域进行的研究。19世纪末，美国铁路工程师惠灵顿（A. M. Wellington）在其所著的《铁路布局的经济理论》中首次结合了项目投资与经济分析两个方面，并明确了工程经济的含义，即一项节约开支多办事的艺术。20世纪初，古德曼（O. B. Goldman）在《财务工程》中，首次表明将复利计算的方法应用在项目的投资方案评估当中，同时批判性地分析了评价工程技术项目忽视投入成本、浪费资源的现象。此外，格兰特（E. L. Grant）教授在《工程经济原理》中论证了复利计算法对固定资产投资的经济评估原理，并且说明了投资预测时主观经验对评判的关键影响。20世纪末，布西（L. E. Bussey）在《工业投资项目的经济分析》中，总结概括了建设项目的投融资、经济评价、对比选择和项目风险的相关因素等。此外，里格斯（J. L. Riggs）在《工程经济学》中，综合分析了货币的时间价值、货币管理、技术方案选择与风险控制等方面。另外，其他形式的项目投入的经济评价和项目技术选择方法逐渐形成，如社会公共资金项目优选、项目技术革新方法选择、类型投资选择、时间投入选择等，投资经营管理中开始运用计算机、概率论与数理统计等计算方法。

《技术经济学》是我国学者首创的一门独立的经济学科，是研究技术领域经济问题和经济规律，研究技术领域内资源的最佳配置，研究技术进步与经济增长之间的相互关系的科学[1]。技术经济学不是单纯地研究技术或单纯地研究经济，而是将技术与经济二者结合起来，研究技术与经济之间的关系。技术经济学是一门应用经济科学，研究目的是为了将技术更好的应用于经济建设，实现各种资源的综合配置、新技术和新产品的研发创新，用系统的方法解决技术经济问题，实现生产力的合理布局，发展生产力。

20世纪80年代到90年代间，技术经济学研究在几个领域中都得到了进一步的发展，如工程领域中的项目发展技术比较，分析经济回报与国民效益；企业中生产方式的改善与核心技术研发、判断生产优化与应用扩散的影响；产业中预测产业发展的技术经济效果、分析产业技术变革与技术传播影响、规划高科技聚集区的技术选择与技术研发革新的可行路径，同时政策上鼓励产业技术的研发和产业技术的变革，指明技术的优化选择对产业经济发展带来的影响；在国家战略发展中辅助制定国民经济的技术政策，鼓励技术项目的研发革新，进行技术研发创新体系的研究，引导国家

[1] 徐斌．技术经济学理论发展问题研究［D］．北京：北京交通大学，2007.

级重点项目的技术发展等问题。这些研究有助于引导项目责任单位有条理、系统地进行技术规划和项目的经济回报与国民效益评价；还有助于在技术项目规划阶段依照经济效益价值与可行的技术改良对项目技术进行更新优化；有助于新技术在更多的企业和生产部门中传播扩散，还有助于根据生产技术的更新在产业的技术政策和高新技术聚集区政策上做出相应调整。可以说，技术经济学在国家级技术创新建设与园区的技术工程选择中发挥着指导性的重要作用。

90 年代以后，技术经济学的研究范围有所拓宽，如工程领域的研究中关注的技术型项目管理和项目的技术方案选择等问题；企业经营管理当中主要考虑企业技术的革新运营、技术使用经营、产权保护等方面；产业运行中的投入前技术选择评估、行业共同技术创新、产业技术标准规范、产业技术创新战略等；国家经济领域的国家核心技术发展战略、国家技术创新体系的建立等方面。

在我国，技术经济学的发展伴随着“大跃进”期间盲目建设所引发的经济上的不利影响，在这种实际应用的反思中，结合我国经济结构特点构建技术经济学学科体系，可以说经历了开创、停滞、普及和应用发展四个阶段，具体如下：

第一阶段：1963—1966 年，是技术经济学学科的开创时期。1962 年制定的《我国 1963—1972 年科学技术发展规划》中，将“技术经济”列为重要的科学技术研究领域，要求任何技术工作必须同时具有技术上的优越性和经济上的合理性，通过结合各项技术的实际应用内容进行经济效果的分析与计算。在学术界开展的对社会主义经济效果的大讨论中，由徐寿波先生和于光远先生发表的关于技术经济学研究的文章极具开创性，为技术经济研究的创建与发展奠定了基础。

第二阶段：1966—1976 年，是技术经济学遭受严重破坏与批判的时期。我国技术经济学的创建工作在 1965 年前后已经基本完成，但技术经济的研究理论与方法体系被迫完全停止并受到毁灭性的打击。于光远、徐寿波等学者受到迫害，在此期间的技术经济学创建工作被迫完全停滞，相关研究成果没有得到及时的正式发表和公开传播。

第三阶段：从1977年党的十一届三中全会开始，技术经济又一次被列为重点研究项目，技术经济学进入了发展时期。在经历了十余年的停滞期后，1980年，徐寿波院士的《技术经济学概论》正式发行。这是《技术经济学》自1966年未能公开出版成书之后的首次问世，也是我国首部专门研究技术经济学的著作。书中明确了技术经济学作为一门学科的研究对象，即研究技术与经济之间的矛盾关系。同时，从研究范围、目的、思路和方法等方面综合的构建了技术经济学研究的基本框架。研究提出技术经济学的基本理论———生产要素六元理论，还论证了技术方案的经济效果原理和“多快好省”评价标准原理，并指出了综合评价方法和一些重要的技术经济效果计算方法，这些都已成为技术经济学中的核心内容。

第四阶段：1989年至今，技术经济学进入到应用发展时期，国内大批学者积极开展技术经济研究，取得了很多成果，这些成果补充和丰富了技术经济学的发展体系。如在王乾坤和刘焜的《节能建筑全寿命周期技术经济评价方法》[1] 一文里，着重分析了节能建筑经济评价的问题与不足之处，完善了增量投资和节能收益的识别估算，同时改善了经济评价计算方法。王幼莉在《技术经济评价中环境成本内在化模型》[2] 一文中具体论证了目前项目技术经济评价研究中所忽视的外部环境成本的情况，通过对企业外部环境成本划分类别，对外部环境进行了成本研究。陈业华与裴蕾在《可降解塑料袋投资项目的技术经济评价》[3] 一文中在可降解塑料袋投资的技术经济评价理论体系中加入了投资项目的风险因素，作为风险影响度方面的一个评估因

---

[1] 王乾坤，刘棍．节能建筑全寿命周期技术经济评价方法［J］．武汉理工大学学报，2008，(6)：159-162.

[2] 王幼莉．技术经济评价中环境成本内在化模型［J］．预测，2005（6）：78-80.

[3] 陈业华，裴蕾．可降解塑料袋投资项目的技术经济评价［J］．科技管理研究，2009（3）：277-279.

素。郭思亮在《IT 投资项目的技术经济评价模型及应用研究》[1] 里，结合传统的技术经济评价方法在 IT 投资中的研究，提出了 IT 投资项目的技术经济的综合评价方法。张荣芳在《生物质能技术应用分析和投资项目技术经济评价》[2] 一文中，重点分析了生物质能投资项目的财务评价和国民经济效果评价，综合考虑对各项技术经济性指标有影响的制约因素，提出了引导生物质能发展的战略规划和措施。顾敏琦在《既有建筑节能改造的技术经济评价方法研究》[3] 一文中，通过运用全生命周期理论，提出了针对建筑的节能改造的技术经济评价方法。为适应我国经济体制发展变化的要求，徐寿波院士对《技术经济学》进行了多次改版，结合原有研究基础对内容体系进行变化调整，《技术经济学》的第五版于 2012 年初顺利出版，研究包括了总论、理论、方法、应用四篇共二十五章。可以说，技术经济学发展至今，其学科的理论、方法和应用体系已经相对成熟，其学科的框架体系已经相对稳定，理论结合了我国国民经济的发展特点，为我国的技术项目规划与评估提供了宝贵的理论依据。

按照对技术经济学学科的解释，技术经济学具有综合性的边缘交叉学科的特点，它与经济学紧密相连，同时它与技术领域也有直接的关系。技术经济学是较为概括性和整体性的学科名称，可引申出多个分支学科，可以根据研究问题的属性不同进行分支的划分，即按照研究的技术与经济之间不同的辩证关系的特点进行拓展。可以按照研究的具体技术内容或类型分为对应的领域，如农业技术经济学、能源技术经济学等。还可以按照应用的范围划分，如根据生产结构不同分为服务贸易技术经济学等；或根据不同时期划分为出版发行技术经济学、广告宣传技术经济学等。本书将技

---

[1] 郭思亮．IT 投资项目的技术经济评价模型及应用研究 [J]．中国管理信息化，2010（10）：85-88.

[2] 张荣芳．生物质能技术应用分析和投资项目技术经济评价 [D]．天津：天津大学，2007：8-15.

[3] 顾敏琦．既有建筑节能改造的技术经济评价方法研究 [J]．西部探矿工程，2010（11）：211-214.

术经济学拓展到文化产业领域当中，根据文化产业的性质与特点，研究定位为文化技术经济问题，对应的领域是文化产业领域，涵盖了文化产业生产的多个方面。由于篇幅所限，本书进行的是对文化技术经济问题的研究初探，以期为日后的文化技术经济学的创建和完善奠定基础。

二、技术、文化技术及分类

1. 技术

从词源学来看，“技术（Technology）”一词源自古希腊，是由希腊文的 Techne 和 Logos 合写演化而来。其中，Techne 的意思是完成一件事情所需要运用的技能、技艺、方法、手艺或手段等，Logos 的意思是对世界系统的论述，是事物的本质，用语言描述出来的可以理解的规律[1]。中国古代的“技术”一词，在《汉书·艺文志》中有记载，“方技者，皆生生之具，王官之一守也。太古有岐伯、俞拊，中世有扁鹊、秦和，盖论病以及国，原诊以知政。汉兴有仓公。今其技术晻昧，故论其书，以序方技为四种。”方技，是使生命存续的方法，是朝廷中管制的一种职守。自古以来，有岐伯、俞拊，中古有扁鹊、秦和，他们都是掌握了这种技术，下至讨论病情，上至涉及国家和政事的治理。汉朝建立后有名医仓公。现在他们的医术被埋没了，所以编纂整理他们的著作，编排方技为医经、经方、房中和神仙四类。可以看出，这里的技术是指名医所擅长的医术，之后的中国古籍把“技术”理解为一种“专门的技艺”[2]。

对“技术”一词的理解主要有四种有代表性的观点，即技术客体说、技术活动说、技术知识说以及技术综合说[3]。技术客体说的代表人物有卡尔·马克思、路易斯·芒福德、恩斯特·卡普等，他们把技术看作一种

---

[1] 新不列颠百科全书：第 15 卷［M］. 芝加哥：大英百科全书出版公司，1980：451.
[2] 匡导球. 二十世纪中国出版技术变迁研究［D］. 南京：南京农业大学，2009.
[3] 陈多闻. 技术使用的哲学探究［M］. 沈阳：东北大学出版社，2011.

实实在在的客观存在，如机器、设备、工具等。技术活动说的代表人物有E. 舒尔曼、皮特、R. E. 麦吉恩和我国技术哲学界的领军人物——远德玉教授和陈昌曙教授等，他们认为技术是人类的一种实践活动，技术是为了满足人类的某种需要，在利用自然和改造自然的劳动过程当中的各种活动。技术综合说的代表人物有恩斯特·布卢安、拉普、米切姆等，他们认为技术不仅包含了技能和物质性的人工物，而且还包含了生产过程中的手段，以及为解决问题提供的知识和切实可行的解决途径。技术知识说的代表人物有帕拉伊、拉图尔、德国的贝克曼和中科院的王大洲教授，他们强调了技术由知识组成，技术的进化和技术知识进化有关，既包括物质生产过程当中的科学或工艺知识[1]，又包括明言知识和难言知识[2]。综合来看，技术是指在有关事物得以完成的实践活动中，所需要的科学知识、解决方法以及相应的器物、工具、技能、经验和技艺。

2. **文化技术**

结合文化、文化产品、技术、技术经济的定义，本书认为，文化技术是指经过一定认识实践的过程，能够辅助文化产品及其衍生品的开发、设计、表现、传播的工具、设备、技能、技巧与方法。文化技术是人们在文化生产过程中积累的技巧、经验、知识和技能，是经过人们长期生产实践的结果，需要一定的劳动积累形成过程。

文化技术包括各种各样的文化设备和文化资源的载体，劳动经验和手段，以及从事文化工作的劳动者的技能三个方面。具体来讲，文化技术包括文化产品和衍生品生产的物质装备和工具，生产依据的加工手段、劳动技能、工艺流程、科学原理和实践经验，以及对生产资源和劳动分工进行的组织管理方法。文化内容必须借助于各种各样的文化技术手段和方式，将文化内容承载在文化产品当中，才能够实现文化内涵的展现和表达。

---

[1] 陈凡．解析技术［M］．福州：福建人民出版社，2002：2.
[2] 王大洲．技术创新与制度安排［M］．沈阳：东北大学出版社，2000.

文化技术存在于生产、流通和消费的各个环节当中，包括文化资源的素材收集收录、编辑加工、合成生产、传播宣传、消费体验等方面，涵盖了广播、电影、电视、出版、旅游、演出、节庆、会议、展览等各个行业。由于文化的形成基于一定的社会群体，在文化技术生产和传播的文化产品当中，也展现了一定群体、某一特定组织或某一社会阶级的文化特征。另外，这种文化特征具有社会发展过程中所具有的经验和知识，或是在文化产品内容中体现了世代沿袭的风俗、思维习惯等。可以说，文化技术辅助文化产品开发、制作、传播的过程，也是对文化内容展现、传达的过程，这不同于一般性制造业中的技术，在文化技术中，可以传递某种文化的内容。

3. 文化技术的分类

文化技术的类型可从多个角度进行划分，按照文化产品的生产阶段可划分为创作阶段、复制阶段与发行阶段三个阶段（见表1–3）。其中，创作阶段主要包括了素材收集、策划设计、编辑整理三个环节，复制阶段包括了初级复制、衍生品生产环节，发行阶段涉及广告宣传、营销推广与批发零售等环节。在文化技术的应用中，各阶段各部分可能有所交叉、重叠，这也体现了创意产品的生产特点，几个环节的生产可能是同时展开的，并不是严格依照文化技术的生产阶段进行，但总体上基于生产阶段实现有序的生产和创作。

表1–3　基于生产阶段的文化技术分类

各生产阶段	文化技术应用
一、创作阶段	
素材收集	采风、调研、题材收集、资料阅读及知识经验整理等。
策划设计	素材的艺术加工；采访、后期制作；思想、知识、经验或信息内容加工；电影剧本的编写、音乐的谱曲等。
编辑整理	对图书、杂志进行排字、插图、制版、编辑、装帧、装订，对电影、音乐等进行录音、合成、再创造等。

续 表

各生产阶段	文化技术应用
二、复制阶段	
初级复制	将母带拷贝并制作成复本、样品，再对样品进行复制、临摹、拓印、印刷、录音、翻拍、录像，将作品转化为出版物。
衍生品生产	将母本进行加工、设计，并展现为新的产品形态。衍生品生产可使用新的介质技术，比如光学介质、纸介质、磁介质、虚拟介质等。
三、发行阶段	
广告宣传	通过市场手段对样品或产品进行多种渠道的宣传和传播。
营销推广	通过市场调研了解文化市场动态、消费者行为偏好，并针对产品特点做出市场细分，做出营销推广方案。
批发零售	根据产品定位，制定价格策略，建立销售渠道等。

资料来源：［1］大卫·赫斯蒙德夫．文化产业［M］．北京：中国人民大学出版社，2007：65.
［2］匡导球．二十世纪中国出版技术变迁研究［D］．南京：南京农业大学，2009：30.

另外，文化技术还可以从技术经济学角度进行分类，即将文化技术划分为文化硬技术和文化软技术两大类。根据文化技术的特点，文化硬技术侧重于机器、设备、工具等用于文化产品制造的硬件设施，比如在中国水墨画中，毛笔、墨、宣纸和砚台是展现绘画艺术“气韵”的文化硬技术，石膏、树脂、黏土等可塑材料是雕刻艺术的文化硬技术。文化软技术是指文化生产中宣传、组织、服务等环节中融入文化元素的技术形式，如各种软件技术、宣传服务技术、文化技术解决方案、管理制度和方法体系等。如在戏曲艺术中，唱、念、做、打是戏曲表演的四种艺术手段，也是戏曲艺术的文化软技术。表演演员需要掌握这些基本的技法和程式，通过运用这些文化软技术进行艺术创作。文化生产的技巧、工艺、经验、方法、程序、信息也属于文化软技术。由于软技术属于文化生产中的无形资产，并且文化软技术具有差异化、多样化特点，在实际应用中很难归纳、细分，在此不做进一步的分类。归纳起来，文化硬技术的分类如表 1–4 所示。

表 1–4　文化硬技术的分类

技术类型	具体划分	
采集与挖掘技术	数字、电子摄影、全角成像技术	
	网络内容抓取	
	语音识别、合成技术、遥感技术	
处理技术	计算机、网络计算机	
	数字暗室、语音合成、图像剪接	
传输技术	无线通信	蜂窝式通信
		广播电视
		电磁波频谱
	有线通信	铜双绞线
		光缆
		高级智能网络等
		同轴电缆
		有线调制解调器
		数字网络等
存储技术	硬盘驱动器	电脑、服务器硬盘存储
	数字光盘	DVD、VCD 存储
	数据库	Oracle、MySQL 数据库存储
播放显示技术	个人数字设备	可视电话、电脑
	高清晰电影	高清院线
	交互电视	数字电视

资料来源：[美] 帕夫利克．新媒体技术 [M]．北京：清华大学出版社，2007：76–117.

如上所述，文化硬技术主要可分为五个方面，即采集与挖掘技术、处理技术、传输技术、存储技术、播放显示技术。其中，采集与挖掘技术、处理技术主要应用于文化生产的创作阶段，在此阶段中的素材搜集、编辑、修改等过程中发挥着重要作用。挖掘技术或计算机处理技术的革新也会对文化产品创作中的策划、设计、剪辑产生影响，从而改变文化产品的生产方式。另外，传输技术可划分为有线传输与无线传输，这两个方面有利于文化产品的复制与发行。存储技术和播放显示技术分别对文化产品制作过程中的素材储存与文化产品的效果呈现方面发挥着积极作用。

三、文化技术的研究价值

文化技术是在人类掌握的自然规律、积累的生产经验及文化内涵基础之上的综合性的创造。文化技术是基于自然科学和人文科学的分支，在生产建设上需要依靠最基础的自然科学的理论进行实践，在文化内涵表现上又需要依靠人文科学对思维习惯、意识形态、思想观念等文化方面的认识。因此，文化技术既包括了自然科学的生产创造，也包括了人文科学的思想认识，是结合了二者的发明创造。

文化技术以生产创造作为核心内容，是实现文化产品生产制造的手段与方法。人类历史的发展过程，表现在人类生产能力的变化，也表现在人类认识自然、改造自然的生产活动当中。因此可以说，人类的生存与发展，表现在人类对于自然规律的不断认识以及对于自然长期以来的主观改造上。人类在文化产品制造上生产能力的变化，其核心在于长期以来不断地对文化产品的生产进行的改造、创新。因此文化技术的升级与创新，一方面表现出人类克服自然、适应自然能力的提升，另一方面表现出文化技术的发展是一个长期的、持续的过程。

一定时期的文化技术反映出特定的社会生活状态、民族特征以及政治经济制度。一般来说，文化产品的生产与制造都是其所在的时代背景的呈现。从生产材料、生产工艺到生产制作的审美特征、设计理念皆能反映出文化生产所处的社会环境与自然环境。不同地域的民族特征，体现出文化的多样化，不同的文化产品又展现了不同地域、不同时期、不同政治经济制度背景下的文化生活内涵。所以说文化技术是一定时期文化思想特征的表现，映射出特定时代背景下的文化特质与时代的精神内涵。

人的存在与文化技术的发展变化相互作用，文化技术一直伴随着社会的发展进步。原创媒介理论家麦克卢汉（1911—1980）认为，人的进化是依靠人体或人体之外的新的器官功能来实现的，技术的进化带来了人的进化[1]。从古代到现代，人与哺乳动物，没有截然不同的差别，但人与动物进化的差异更多表现在器官的改变或新器官的出现。在人体本身的进化当中，人的很多器官功能远远超过了其他动物，更重要的是，技术的发展让人们能够在人体本身之外，以工具作为人体器官的延伸，来实现人体功能的进化。西方技术进化主义者将人类看作是一种独特的生物形式，形成了一种“人体本身+工具”的生命结构[2]。文化技术将人们在文化生产劳动过程当中的技能、经验和工具方法作为研究对象，试图从文化生产的实践活动中，探索文化内容呈现的方式和推动文化产品生产实践，最终增强文化产品价值创造的驱动力。

[1] [英] 卡尔·波普尔. 客观知识 [M]. 上海：上海译文出版社，1987：250.

[2] 李曦珍，楚雪，王晓刚. 媒介是人的进化式延伸——达尔文“进化论”视阈下的麦克卢汉“延伸论”透视 [J]. 甘肃社会科学，2011 (4).

第二章

文化技术与经济的发展规律

第一节 文化技术的发展特征

一、文化技术的发展阶段

文化技术在人们的生产实践过程中是不断变化的，不同社会历史时期出现的技术的重大创新，也带来了文化技术的不断更新。文化技术的发展与同时期社会其他领域的技术发展相适应，表现出随着社会和经济发展同步发展的特征。

从18世纪开始，文化技术在音乐、影像、图片技术等方面出现了巨大的变化与革新。文化技术在这三个多世纪的发展，可大致归纳为机械型文化技术、电力型文化技术和电脑网络型文化技术三个发展时期。由于地区的差异与技术变革的先后，这三个发展时期主要反映出文化技术发展变化的规律，在时间上没有严格的划分。第一个发展时期为18世纪到19世纪初期，是文化技术发展的基础时期，也是文化技术发展的关键时期，各领域的技术朝着机械型文化技术转变，为随后的文化领域的发展与文化产品的生产传播奠定了最初的形态。

1. 第一阶段

18世纪，伴随大规模机械化生产的开始，各种设备、光学器械、仪器逐渐出现，文化技术在音乐、影像、图片等方面都开始显现出基础性的技术变革。在出版领域，机械印刷取代雕版印刷和活字印刷，实现了大批量的生产，替代了有限的传播。在音像唱片领域，蜡筒留声机、圆盘唱片、胶木唱片的发明提供了新的音乐收录与播放方式，声音收放技术的改变，为音乐制品的传播发行奠定了基础。影像技术的提高则是由于机械扫描圆盘的方法，这项尼普科夫于1844年发明的电视技术，已经能够通过电流形式播放出远端视像，是电视屏幕进入千家万户发展的雏形。此外，多样化的图像生成器、播放机、照相暗箱的发明对图片相片的制作产生了深远影响。尽管如今胶卷式相机的市场已经衰落，但胶片相片发展的巅峰时期与最初的图片制作方法不无关系。到 1895 年左右，文化技术在音乐、影像、图片等方面整体创新的效果以黑白电影的形式出现在荧幕上，文化技术不仅体现出文化产品质量的整体提高，还表现出欣赏效果的提升和播放存储功能的改进。

2. **第二阶段**

文化技术的第二个发展阶段是 19 世纪到 20 世纪中期，此时文化技术从基础的机械型向电力型主导的文化技术转变，电讯号成为主要的表达方式。这种转变伴随着 19 世纪下半叶电磁技术的革新，包括电解、电流、电声等原理的应用研发，这对音像制品的出版提高、电视频道的拓展、电影的视像制作产生了深远的影响。在音乐音像的收录发行方面，20 世纪 20 年代发明的新的电力装置替代了原有的机械式留声装置，磁带录音机的出现实现了音乐录制传播的大规模制作，可以说，文化技术在电与磁的技术研发中得到了完善与拓展。在影像技术的发展方面，电影中的录音环节得到解决，这是由于实现了声音在感光胶片中的收录存储。基于光学录音原理，光电管的创造和感光材料实现了突破，这种存储声音的新方式使影像技术有了重大的提升。如今电影中的音响效果已经是影院叫卖的大片里一个不容忽视的部分，特别是在电影院的观看过程中，背景音乐能够对故事情节起到瞬间渲染的作用，这都是在原有的音乐收录技术基础上的革新发展。当文化技术发展到 20 世纪中期，文化产业在电视系统联网、卫星信号、电影录制上已经逐渐形成一定的生产模式与规范。文化产业的技术扩展也在畅通市场渠道，扩大用户普及范围，推动文化消费市场向更高的水平发展提升。

3. **第三阶段**

文化技术的第三个发展阶段是 20 世纪中后期至今，此时文化技术从电力型向电脑网络型文化技术革新发展。这种转变是在20世纪70年代计算机的研发问世后出现的，此时的电视、电影、音像制品等已初具规模，在文化技术的发展上相对平稳。随着计算机技术、多媒体技术、安全加密技术的应用和推广，这些文化产品的制作又逐渐呈现出技术的革新与变化。特别是互联网的问世普及之后，计算机技术与互联网的结合给文化技术带来了飞跃式的影响。如在出版发行方面，现代出版技术更加精密和系统，编辑、复制、发行等生产流程呈现出数字化、自动化、网络化特征。在音乐制品方面，已经形成了线上的网络视听、自行录制翻唱、在线购买或是线下的音像制品专卖、现场签售等多种形式。在平面媒体方面，也出现了网络电子报纸、电子期刊、数字图书、电子杂志等更加丰富的文本形式，凸显了文化技术网络服务功能的便捷、及时、环保和简单等优点。而原有的信号电视已经朝着数字电视、移动电视的方向发展。伴随文化技术网络功能的加强，趋向于更多样化的移动终端的发展形式。另外还有电影方面的3D立体电影技术的逐渐成熟，网络游戏方面的大型多人角色扮演类游戏模式的扩展，以及在网络互动交流方面也出现了多样式的互动平台。数字化、网络化技术和存储介质的出现，突破了文字、声音、图像等传统媒体的限制，实现了图像、文字、动画、视频、声音等技术的整合与创新，文化技术已经进入了高速发展的时期，成为经济发展的主导力量。

二、文化技术的发展特征

文化技术经过三个时期的变革，对文化产品的生产效率、生产质量、创意理念、生产周期、表现形态、客户体验等方面产生了深远的影响。文化技术的进步最开始表现在生产工具和设备的更新上，随后，生产工艺和生产手段的变化也带来了生产流程、生产理念和经验的变化。数字化和网络化的文化技术的出现，使生产更加多样化和个性化，体现出全新的服务特征、高度的系统化特征和现代组织特征。文化技术的特征主要可以归纳为五个方面，具体如下：

一是提高了文化产品的内容表现力。在文化产品的生产过程中，文化技术经历了多次革新与变化，随之带来的是文化产品在内容的真实性、音质的清晰性、画质的表现力方面的巨大改善。例如，新的音乐收录技术可以在更大范围内搜集多样的声音素材，同时，能够将不同类型的声音进行合成，达到不同程度的兼容效果，从而产生新的音乐内容。

二是为客户提供更多样的资源分享模式。文化技术的网络化传播提供了更多元化的文化产品传播方式，改变了文化产品只能由专业人员制作传播的模式。目前，互联网用户都可以将自己的网络文学、音像视频、个性图片等作品共享到互联网平台，与更多的用户分享。同时，文化技术也提供了在线阅读、在线试听、在线交易、在线下载等多渠道的文化产品欣赏方式，操作简单、快捷，可满足不同用户的不同需求。

三是提升了不同文化资源的整合能力。文化技术能够将更多的文化资源进行重新组合，或在不同国家、地区内进行文化资源的整合，使得文化内容的创新性更强、表现力更丰富。这种对资源开发整合的能力是通过文化技术的信息化处理与存储技术来实现的，随着信息网络化能力的提升，文化技术的资源整合能力还会进一步加强。

四是改变了文化产品的生产、运营模式。文化产品的制作流程、组织模式、营销渠道以及消费者的消费行为都发生了转变。文化产品的生产突破了原有的固定区域的集中生产模式，实现了跨国、跨区域的分工合作生产，文化产品的生产不再局限某一城市或地区，这为文化产品元素的多样性提供了可能。此外，文化产品的营销模式也由商家对消费者的单向销售模式发展成为商家与客户间的双向互动销售模式，拓宽了文化产品的原有市场规模。文化技术同样也影响了文化企业的组织、创新模式，更多的企业开始文化创意的策划及文化内容的研发，而这种策划研发部门也逐渐成了文化企业组织形式中的核心，对文化产品的设计起到了决定性作用。

五是拓宽了文化产品的市场规模。文化技术的提升提高了文化产品的欣赏性、可视性、审美水平、体验效果，文化产品获得了更多消费者的关注与认可。同时，也增强了消费者对文化产品的购买愿望与需求。例如，电影制作中的3D技术为新的影视文化产品提供了更大的现场体验感，大大拓展了电影的票房市场，从而带动了整个电影市场的革新及繁荣。

从文化产业的发展可以看出，不同的文化行业表现出不同的经济发展特征、产业结构、组织形式，但从文化技术的角度来看具有一定的交叉性、重合性，这也表现了不同文化行业在文化技术上的交叉发展的特点。文化技术为实现文化产业规模化生产、复制、传播起到了巨大的促进作用。在美国使用“版权产业”一词，也是因为文化技术在生产过程中承载了具有版权属性的文化内容。芬兰对内容生产的重视也表现出文化技术不仅仅是工业上的技术手段，更是以内容为载体的技术方法。凯夫斯（Caves）在对文化产业的研究中，指出了文化产业的内容价值和服务价值是文化产业发展的核心。霍金斯同样强调了知识产权对文化产业生产产品的重要保护作用。英国所强调的个人创意技能也包括了知识产权对文化内容的创造与保护。由此可见，文化技术在生产与传播文化产业的创意内容上起到了重要的作用，这种技术不仅承载了文化内容，而且还在某种程度上促进了文化产品的传播、流通、扩散，是文化产业发展的基础。

第二节　文化技术与经济发展的矛盾统一关系

一、文化技术与经济发展紧密联系

文化技术与经济发展之间有密切的联系，二者相互影响，相互统一，在相互作用当中发展变化，形成辩证统一的关系。这种关系体现出文化技术与经济发展之间既矛盾又统一的发展规律。文化技术水平的提高带来了经济的增长，同时，经济的进一步发展也需要文化技术的发展推动。文化技术的创新必然会引起经济效果的变化，先进的文化技术将对经济产生更积极的影响。所以说，文化技术的提升可以带来经济效益水平的上升，文化技术不断的发展能够促进其经济效益进一步的提高。比如，蜡筒留声机的发明提高了音乐记录留声的技术，机械扫描圆盘的方法奠定了电视技术发展的雏形，照相暗箱、各样的图片生成器、放映机等设备问世使得技术水平迅速提高，极大地促进了社会经济的发展，提高了人们的劳动生产效率。反过来，每一次经济的发展，都带来文化技术研发投入的加大，促进了文化技术进一步飞速的发展，而文化技术的进一步发展又促进了经济的进一步发展，二者彼此相互促进，形成不断的循环。

例如 3D 内容制作技术的提高，不仅带来了影院的数量增长和多元化发展的趋势，同时也引来众多高端电影放映机生产厂商进入市场，扩大了数字影院的发展空间。2009 年底，好莱坞 3D 巨制《阿凡达》在全球票房大卖——总票房超过 20 亿美元，于是这一年被称为“3D 电影元年”。詹姆斯·卡梅隆再次以《阿凡达》骄人的票房，突破自己曾以《泰坦尼克号》创下且保持了 12 年之久的全球票房第一的纪录。在第 82 届奥斯卡金像奖的角逐中，《阿凡达》获得三项大奖，“最佳艺术指导”、“最佳摄影”和“最佳视觉效果”。该片提供 2D、3D 和 IMAX-3D 三种制式，在我国国内，不仅出现了连夜排队抢票的景象，而且在一些没有 IMAX-3D 制式影院的城市，甚至出现了组团去附近城市观看《阿凡达》的现象。

中国电影市场在 2011 年迎来了 3D 电影的井喷。这一年中国内地上映的 3D 电影超过了 30 部——其中 14 部票房过亿元，总票房超过人民币 50 亿元，几乎是 2010 年的两倍，约占全年票房的 40%，成为托起 130 亿票房的最大功臣。2011 年的票房三甲——《变形金刚 3》、《功夫熊猫 2》和《加勒比海盗 4》无一例外都是 3D 大片。而票房过亿元的 17 部引进片中，除了四部影片以外，其余全是 3D 片。

文化技术的突破和创新带来了新的艺术表现形式，呈现更丰富的文化艺术内涵。如4D电影在3D立体电影的基础上，增加了更多的环境特效，如震动、烟雾、喷水、气泡、吹风等，实际的代入感更加强烈，接近真实的环境效果。每秒60帧或120帧的电影画面，为观众带来更真实清晰的视觉效果和更顺畅的观赏体验。虚拟现实技术拓展了传统舞台的表演空间，数字化网络化技术将平面艺术创作转向数字化屏幕创作[1]。传统的艺术形式也变得更加动态、立体，呈现出空间化、网络化创作特征。

二、文化技术与经济发展的矛盾

文化技术和经济发展除了具有相互统一的关系外，还存在另一关系，那就是在一定条件下，它们是相互矛盾、相互对立和限制，甚至排斥的关系。在霍克海默和阿多诺的《启蒙辩证法》中，对文化产业的工业特征进行了强烈的批判和否定。他们认为正是由于现代技术与工具传播的影响，使文化产业日益展现出复制性和同质化特性。这种统一的艺术风格，不仅泯灭了以独创性为根本的艺术，不能表现艺术真正的风格，而且由于现代文化的商品化生产技术，体现出与强烈的商业模式相关的文化活动，是基于商业原则指导下的不同种类文化产品的传播制作。这种文化产业是现代科学技术发展的结果，区别于以往时代的文化形态，文化产业呈现出以现代技术为依托的特征，包括现代的传媒手段，如广播、电视、电影、录像、立体音响、现代出版系统等。文化产业通过可以进行机械化再生产的技术，及其标准化、统一化和系列化的生产传播方式，击溃了艺术原先所追求的个性，从而出现了一种丑陋风格的资本主义社会里的艺术。他们认为，从本质上看，文化产业的发展表现出在现代资本主义背景下启蒙意识的倒退，文化媒体所表现出的技术优势及商业化特征正在模糊大众的自主意识，影响曾经具有积极意义的启蒙思想以及独立判断的精神，这表现出

[1] 王方. 数字时代艺术媒介化研究 [D]. 南京：南京艺术学院，2017.

了文化产业的技术特征与经济发展的矛盾对立关系。

尽管3D电影作为新的文化技术一度风靡全球，3D银幕数量和新建影院也迅速增加，却没有带来电影票房持续的、强劲的增长。据统计，到2018年初，中国内地3D银幕数已经迅速突破了42000块，远远超过了2008年的139块3D银幕数[1]。2018年，全球3D银幕数占全球的数字银幕的58%，超过10.5万块，亚太地区3D银幕数达到62608块，3D银幕数占全球的比例最高，超过了3/4[2]。相比之下，全球多地的3D电影票房在2018年前后呈现出不同程度的下滑。2018年全球3D电影票房较前一年下滑了20%，票房总计67亿美元，占全球票房的16%。其中，亚太地区和北美地区分别下滑了14%和34%。一个重要的原因是观众对于3D电影满意程度的下滑。专栏作家克里斯托弗·罗森表示，很多观众不满于电影公司为了博取更高的票房，将2D电影后期转制成3D电影的制作方式，而忽视了影片的剧情[3]。导演史蒂文·斯皮尔伯格认为，3D技术只是一个工具，电影制作最重要的还是电影故事本身。3D技术还不能呈现出很多好的电影故事，因此不能将3D技术经营作为一种电影商业的投资。虽然文化技术为文化内容创造带来了新的表现形式，改进了传统的制作方法，但文化技术只是文化生产创作的一部分，更重要的还在于文化技术所承载的文化内涵本身，体现出文化技术与经济发展的矛盾关系。

三、文化技术与经济发展的变化

随着社会的发展和生产条件的变化，原来经济的文化技术会转变为不

[1] 3D电影在中国内地市场十年变迁［OL］.［2018-01-18］. https://www.sohu.com/a/217538776_100010131.

[2] 2019年中国3D眼镜行业需求现状，3D电影票房下滑，行业面临挑战［OL］.［2019-12-25］. https://baijiahao.baidu.com/s?id=1653767054845503116&wfr=spider&for=pc.

[3] 好莱坞3D电影数量开始减少先行者更清醒［OL］.［2013-09-09］. http://ent.sina.com.cn/m/f/2013-09-09/18314005206.shtml.

经济的文化技术，原来不经济的文化技术也会转变为经济的文化技术；原来落后的文化技术会转变为先进的文化技术，先进的文化技术也会变为落后的文化技术。文化技术与经济发展之间的统一关系也可能变为矛盾关系，而矛盾关系也可能变为统一关系。文化技术和经济发展就是这样相互影响、相互发展变化。百年影像巨头柯达在 2012 年 1 月 19 日申请破产保护，并已从花旗集团获得破产保护企业 9.5 亿美元的贷款额度，贷款期限为 18 个月。随着胶片行业竞争对手的崛起和数字技术的兴起，这家有着 131 年历史的公司数十年来一直在苦苦挣扎。数码摄影技术是柯达发明的，但自己却错过了该领域的发展机遇，在巅峰时期，柯达的全球员工达到 14.5 万。它吸引了全球各地的工程师、博士和科学家前往其纽约州罗彻斯特市的总部工作，很多专业人士都以在该公司工作为荣。当年的柯达曾经是一家意气风发的行业巨头，但如今，却沦落到依靠专利费维持生计，并且濒临破产。曾经的柯达成功地进行过两次技术转型，一次是放弃了利润丰厚的干版业务而转向胶卷业务，第二次是投资彩色胶卷——即使当时柯达在黑白胶卷市场上占据主导地位，而且彩色胶卷明显逊于黑白胶卷。然而，就在柯达公司的研究人员在扩大该技术的应用范围之际，该公司管理层却没有能够把数码摄影视为一种颠覆性技术，而这种“无能”持续了数十年之久。1981 年，当索尼推出第一部电子相机时，柯达正在对数码摄影予以关注和研究，主要对卤化银胶卷及数码摄影的核心技术及市场可能的采用曲线（adoption curve，指随时间的推移采用新产品的用户人数变化曲线）进行了一番研究比较。研究包括数码摄影设备的成本，图像质量及洗印出的照片质量，以及各种设备（比如照相机、显示器及打印机）的互操作性。然而最后得到的结论是，数码摄影的用户采用规模在短时间内将非常小，因而对胶卷业务不会构成威胁。柯达在 1991 年推出的 DSC100 相机是全球首台商用单反相机，然而，在数码摄像市场的发展初期，柯达没有通过先进技术有效的扩大市场份额，是造成柯达公司破产的最主要的原因。

文化技术的先进性和经济发展的合理性需要协调统一。数字影像技术改变了传统的绘画艺术，虚拟现实技术延展了舞蹈、戏剧、音乐表演的舞台空间，广播电视也实现了数字网络的传播，数字化的“电子屏幕”改变了传统的“平面”，这些文化技术的变化需要与经济发展和谐统一，形成相互作用的发展关系。任何一项文化技术的应用，都必然要受到当时当地具体自然条件和社会经济条件的制约，社会发展条件不同，文化技术带来的经济效果也会不同。

第三节　文化技术与文化产业发展的关系

一、文化技术促进产业结构升级

在经济发展方式转变过程中，不能忽视技术进步对推动产业结构转型的重要作用。文化技术的变革，使文化生产与传播的过程都发生了调整，引起组织形式与生产方式的变化，从而影响着产业结构的改变。如计算机网络、新闻发行、咨询会展等领域已经成为目前文化产业发展的核心，伴随着文化技术的发展正在迅速拓展新兴市场，这种变化也将推动传统的文化产业向更高阶段的文化产业发展。

文化技术的作用具体体现在，对以电脑、手机、iPad 等为移动终端的动漫影视、数字游戏、网络文学、电子出版业务的深远影响。这些影响不仅体现在产业形态、经济规模、技术含量上，还体现在生产集聚、分工专业化上。例如创意设计就已发展了平面创意设计、互动媒体创意设计、建筑空间创意设计等几个专业化方向。

微信、Twitter、Facebook、Blog 等都以崭新的业态出现在产业格局当中，凸显出创意与数字技术结合为主要手段的生产方式，相对传统文化产业的生产表现出截然不同的变化。Facebook 是一种将沟通交流的互动结合于网页技术的创新技术。与原有互动交流不同的是，Facebook 结合了网页的开放平台和交流软件的沟通功能。这些变化不仅在形式上有所创新，在内容上也更加丰富、便捷。用户除了能够发送文字内容以外，还可以上传分享各种照片、图片、音频、视频，甚至能够与好友参与游戏互动。这种技术拓宽了原有的网络平台，不仅互动功能强大，而且兼容性很强，可以结合不同的网络软件产生新型业态样式。在短短几年之内，Facebook 已在美国上市，目前的用户数已超过 5 亿，可以说文化技术优势为 Facebook 带来了从形态、规模到经济上丰厚的回报。

微信、Facebook、优酷网等都是通过文化技术的革新迅速占领了用户市场，由此吸引的用户人群还将随着技术的更新而进一步扩大。近几年我国互联网企业普遍呈现较快的发展趋势，上市企业市值普遍提升，网络独角兽企业快速发展。我国较早出现的优酷网，以网络视频分享技术的优势在上市前获得六次投资，总额约为 1.61 亿美元。其于 2010 年底在纽交所正式通过 IPO，出售美国存托股份 1537 万份，发行价为 12.8 美元。截至 2019 年 12 月，我国境内外互联网上市企业总数为 135 家，总市值达 11.12 万亿元，较 2018 年底增长 40.8%，创历史新高[1]。其中，在美国上市的互联网企业数量达 54 家，在香港上市的互联网企业数量为 31 家。

新技术对传统的文化生产技术进行着革新，从社交媒体到数字移动技术，对生产技术本身带来了巨大的进步。虚拟现实技术（VR）与增强现实（AR）构成的全景影像，帮助人们在现实中实现虚拟体验。增强现实（AR）技术能够通过头盔式显示器，把虚拟图镜套嵌在现实世界中展示给用户。虚拟现实（VR）技术能够让用户沉浸在计算机生成的虚拟场景中，并通过语言等方式进行实时交互。在汽车领域，能够利用虚拟现实（VR）技术模拟汽车冲撞场景，不需要通过真实汽车的冲撞，便能了解不同情况

---

[1] CNNIC 第 45 次调查报告：互联网企业发展状况［OL］.［2020-04-28］. 新浪科技，https：//tech. sina. com. cn/i/2020-04-28/doc-iircuyvi0059652. shtml.

下汽车的冲撞结果。在医疗领域，外科医生能够通过操作和控制机器人手臂末端的小型仪器，进行微创手术，AR 技术为外科医生提供更丰富的数据图像内容。VR 技术能够实现不同地点的外科医生在同一程序上进行远程手术，世界各地的外科医生通过网络虚拟技术进行联络。在建筑领域，借助虚拟现实（VR）技术，为建筑工人创建虚拟的建筑仿真系统，针对建筑中的安全隐患进行现实演示，提前让工人了解安全事故发生的细节内容。AR 技术能够应用在施工中，将虚拟的 3D 建筑模型与实时的视频录像叠加，提升界面的可视化预览效果，帮助管理者进行工程设计和施工。在飞机制造领域，AR 眼镜为生产人员提供了零件装配的视觉内容、零件编号、位置等具体信息，使其能够按照 AR 眼镜提供的安装指导，快速、准确地进行零件装配。

随着文化技术的发展，集合听觉、视觉、触觉等感官的模拟系统将进一步得到完善，文化技术的应用领域将进一步扩大。在教育、游戏、娱乐、导航，或者医疗、汽车、建筑等更多的领域，将原有的产品设计、加工制造技术与大数据、云计算、人工智能、VR 等数字技术结合，能够提高生产效率和质量，促进传统产业的转型升级。

二、文化技术推动产业效益提高

文化技术在促进产业结构升级中发挥着重要作用，这种作用表现之一是推动了产业效益的提高，与之相关的理论如下：

1. 索洛、罗默、卢卡斯等人的新经济增长模型

20 世纪中期，美国经济学家索洛在其新古典经济增长模型中指出资本增长率、劳动增长率并不全是经济增长的决定因素，技术进步才是效益增长的核心。过去人们一直认为，经济增长最主要的因素是资本积累，索洛的经济增长模型打破了只依靠资本投入增加拉动经济增长的认识。索洛的经济增长模型论述了技术水平创新和劳动者技术能力的提高，对经济增长

的重要作用[1]。劳动者支配的设备和工具的数量与质量的提升，资本积累快于劳动力的增长，单位资本的产出得到提升，从而提升了劳动生产效率。

罗默、卢卡斯等学者在索洛模型的基础上提出了重要观点，即知识含量、技术创新能力以及劳动人员的水平共同决定了国家的宏观经济增长程度。罗默强调了创意或知识产品在经济增长和经济发展当中的重要作用，他认为政府应该形成一个能够促进创意产生的机制，激发和保护创新，重视科技研发和教育的发展。卢卡斯论述了人力资本与技术进步及经济增长之间的关系，他提出“专业化人力资本积累增长模式”，指出了为劳动者提供服务的知识、技能和智力的提升，能够推动技术的进步，资本收益率的提高将带来经济加速的增长。文化生产和文化经济的增长，同样依赖于文化技术的革新、专业知识的积累与文化产业的生产能力的提升。文化产业效益的增长，需要依靠文化技术的不断革新及其背后研发人员的持续创新来共同推动。

2. 佩雷兹、弗里曼等人的技术创新与制度创新理论

委内瑞拉学者佩雷兹指出了产业效益的增长是技术革新与制度创新共同影响的结果。英国学者弗里曼依照新技术对效益影响的结果进行了划分，具体分为缓慢渐进型、根本变革型、系统技术型以及经济结构型四个方面。他指出，技术变革对经济效果产生的影响属于经济结构型的变革，在这种影响中技术革新与制度革新是共同作用、相互影响的。可以说，生产手段的创新既表现在新技术创新本身，又表现在相应的组织生产方式的变化，而这种在制度上引起的组织生产方式的变化，更多的对产品的生产与管理造成了影响。此外，小伯泽尔在其专著《西方致富之路——工业化国家的经济演变》中，肯定了西方工业化技术变革对经济的影响，一个重要的原因是西方国家建立了一种有利于不断创新的社会机制。西方国家经

[1] 靳清．技术的经济功能与经济增长［D］．北京：中国社会科学院研究生院，2013：97.

济的演变是技术创新与组织结构共同作用的结果，更高效率的经济组织和能够保障个人财产安全的法律体系，促进了经济的迅速发展。在文化技术的革新中，也同样存在类似的变化，如新的文化技术不仅作用于文化产品的生产手段与传播途径，而且受到由此引发的生产组织方式的变革，产生更多的相互作用，这是对文化产业生产过程的整体性的影响。

三、文化技术加快产业融合进度

随着产业的不断发展，不同行业、不同领域间的边界不断扩大、相互交叉，这种产业间的交叉逐渐变得普遍、模糊，产业融合的趋势逐渐形成。美国学者罗森伯格（Rosenber）把文化技术与产业融合的这种关联称作技术融合，即同一种技术模式扩散到其他产业中的现象。这种技术融合的特点是采用了相同的技术与专业技能，并应用于不同领域、不同产品。技术融合显示出新技术对原有技术的替代过程，同时提供了跨领域的公共技术平台，使得技术的革新在多个领域共同发挥作用。此外，通过这种共同的技术与专业技能，不同的产业能够在同样的平台上获取数据信息、技术指导，与其他的产业进行融合、交叉。可以说，技术融合提供了产业间交叉发展的平台，使得原有独立运行的产业模式发生改变，影响了组织结构，扩大了产业间的竞争。

在文化产业中，产业融合的形成主要基于个人电脑及网络技术的革新。20 世纪 70 年代，通信技术与信息处理技术间的融合交叉促进了通信、出版、广播等行业间的交叉发展，成为通信产业与信息产业间的产业融合的基础。20 世纪 90 年代后，个人电脑技术、互联网及软件的不断升级、更新，推动了通信技术和信息技术的交叉发展，从而带动了更多领域的交叉融合，如出版业、影视业、音乐行业、教育行业等领域。可以说，在文化产业中，文化技术的发展为整个产业融合的进程提供了强有力的技术支持。在传媒业、娱乐业、电信业的产业融合进程方面，2018 年 6 月迪士尼以713亿美元收购21世纪福克斯，2019年2月AT&T以854亿美元收购时代华纳，2019年8月传媒业巨头维亚康姆哥伦比亚广播公司（CBS）合并。这些传媒公司和电信巨头之间的产业融合，展示出传统媒体行业在新兴技术发展的背景下一种适应性的发展变革，体现出面对来自互联网的竞争，传统媒体领域与网络领域的交叉式发展，也证实了文化技术在加快产业融合进度方面的积极影响。产业融合同时促进了新型产业的出现，拓展了更大的潜在市场，更充分地发挥了产业融合内在的影响力。不仅如此，其他传统行业也可借鉴类似的产业交叉发展模式，采用相似的技术、方法与专业知识，结合传统技术与新兴文化技术，更好地适应文化产业的变化，开拓更大的文化市场。

第四节　文化技术与文化经济发展的关系

一、文化技术革新对经济的巨大影响

技术对经济产生的巨大影响在亚当·斯密时期就已经有过研究和探讨，他在《国富论》中指出，在投入要素的总量相同的情况下，由技术革新发展带来的投入要素的合理配置能够提高投入要素的生产效率，进而获得扩大产量的效果。科学技术的进步产生了劳动分工，使劳动变得更加简单、容易和便利，工人劳动的生产效率得到提高，反过来又带动了技术的进步[1]。熊彼特在《经济发展理论》中同样强调了技术革新对经济增长的关键作用，他论证了技术的革新、生产模式的改善、组织结构的优化带来了国民经济的快速增长。这种增长并非由于资本、劳动等投入要素的增

[1]［英］亚当·斯密．国民财富的性质和原因的研究［M］．北京：商务印书馆，1979：9.

加所致，经济得到快速发展的主要原因是内生的技术研发和创新。

在文化技术的革新中，同样可以看到文化技术的创新对文化经济的巨大影响。在我国古代，印刷技术的发明为文化产品的印刷提供了技术上的支持，同时也为印刷行业的发展奠定了基础。在文艺复兴时期，艺术创作的主要技术包括大理石、青铜、纸质材料、颜料等，还未产生规模化的印刷技术，文化作品的传播与流通受到一定限制，由此导致文化市场的繁荣发展受到一定的局限。如今，文化技术的巨大革新早已突破了之前的技术瓶颈，不仅在出版印刷行业，还在电影行业、唱片行业、演出行业实现了新的技术革新，由此产生了新的制作、传播和发展方式，对文化经济的发展带来了深远的影响。

二、文化技术发展的经济增长周期

通过分析文化技术对经济增长的影响，可以看到这种影响也存在着周期式的发展规律。这种伴随文化技术的周期增长现象可以解释为：文化技术的变革，使得文化作品的生产方式产生了变化，生产手段的改善表现在生产效率与经济效益的提高上。这种对经济增长产生的周期影响伴随着社会核心生产手段的变革，随后发挥了持久深远的经济作用。

1. 熊彼特的技术长波周期理论

该理论指出这种技术创新对经济影响的周期，是产业技术革命引发的连续的、持久的、影响巨大的技术革新和发明创造共同作用的结果。这种周期性波动的特点一般表现为生产手段的周期变化，持续周期为 50 年左右，具体可分为三个阶段，分别是：18 世纪后期到 19 世纪中期以纺织机出现创造的产业革命时期，19 世纪中期到 19 世纪后期以蒸汽机和钢铁发展带动的铁路化时代，20 世纪初以电力、化工、汽车为主的发展时期。他指出这种新技术的革新应用引发了生产数量的巨大提升，生产成本下降，生产效率提高，使得经济实现高速增长。可见这种对经济增长的影响范围不局限于某个行业或某个单独的领域，也不局限于某一种技术的改变，是横向的、跨行业的、整体生产方式上的变化。

2. 康德拉季耶夫的长波理论

该理论最早归纳了具有固定资产特征的设备、机器的创新对经济增长的长期影响，如蒸汽机、发电机、电动机等。这种由机器设备更新引起的周期波动可将1780—1920年的经济发展分为三个时期：1780年至1850年左右，1850年左右至1895年左右，1895年左右至1920年。

3. 冯·丹的创新生命周期理论

该理论指出了技术革新演变的四个基本过程，分别为应用引进、复制扩散、成熟发展以及缓慢下降。他认为，经济增长周期的繁荣、衰退、萧条及复苏是与技术创新的四个过程相吻合的。技术的应用引进带来经济的复苏，技术的复制扩散带来经济走向稳定，技术创新的缓慢下降引发了经济萧条。可以说技术创新的周期引起了经济发展的周期变化，也决定了经济增长的周期性变化，所以，经济增长的周期也可解释为是由技术革新创造所推动和引发的。在文化产业的经济发展中可将文化产品的技术发明、创新所带来的影响分为几个阶段：一是19世纪末20世纪初的文化技术的初期发展，同时伴随文化产业的基础性发展。二是20世纪60年代出现的文化技术的突破与革新，推动了文化产业在音像制品、影视广播、出版发行等方面的发展。三是20世纪末个人电脑、网络技术的创新应用带动了文化产业向数字化、高科技、网络化方向的全面发展。

从上述三个周期理论可以看出，文化技术的更新对文化经济的增长起到了极大的推动作用。不仅如此，文化经济的增长周期也在缩短，这体现了人类对技术的掌握及创新的能力在提高。例如，自毕昇发明活字印刷术到铅活字印刷出现的间隔为400多年，然而电视技术的研发应用到黑白电视机的出现间隔了40年，从黑白成像到彩色成像电视的出现间隔了25年，可见文化技术的创新速度在极大地提高。如今，以个人计算机、网络技术为载体的新文化产品的生产方式也将继续得到更新，文化产业的技术革新周期也将继续缩短，同时文化技术的革新也将继续对文化经济产生积极的影响。

三、文化技术的经济效果特点

由文化技术的革新产生的经济效果，不仅表现在产业结构的升级与调整方面，还表现在文化市场的拓展与文化消费的提高方面。总结文化技术的经济效果特点，可归纳为“三低”（低失业率、低消耗及低污染）和“三高”（企业高利润、产量高增长及文化产品高流通率）。由于文化产业是知识技术密集型产业，需要大量的创意人员、专业技术人员及传播人员，因此适合我国的就业与人口特点。文化产业的生产特点不同于一般的资金技术密集型产业或高端服务制造业，文化产业需要大量的就业人员作为生产创意产品的基础，也需要就业人员对文化产品的流通进行广泛的传播。因此，文化产业的发展在一定程度上能够提高我国的就业水平，从而降低经济失业率。另外，创意资源与一般的消耗性资源不同，在一般的消耗性资源生产过程中，多数资源不能被多次利用或重新开发，而创意资源是可以重复利用甚至反复利用的资源。此外，文化产品的生产对环境的污染极小，具有低污染、高附加值的行业特点。最后，文化技术的高速发展为文化产品的规模化生产奠定了基础，降低了文化企业的生产成本，增加了文化产品生产的数量，同时为文化产品带来了较高的附加值和文化产品流通水平的提高，大幅度提高了文化企业的投资回报水平。

第五节 文化技术对文化产品的作用

一、文化技术提升文化产品附加值

文化技术的革新与创造增强了文化产品的多样性和表现力，提高了文化产品的渲染力、感染力，使更多、更好的文化产品深入人心。因此，在某种程度上，文化技术的应用提高了文化产品的交易价值，同时带来更多的附加值。由于文化技术的应用，文化产品的生产方式得到改善，生产成本与流通成本进一步降低。同时文化技术作为文化内容的载体，将一定的思想观念、情感或价值观进行传播与展示，从而提升了文化产品的附加值。例如，从文化技术的发展历程可以看出，机械型的文化技术向电力型的文化技术发展，再过渡到电脑网络型的文化技术，提升了文化产品在技术生产上的水平与稳定性，这种影响不仅体现在对某一文化行业的影响，而且还体现在对整个文化产业的技术革新。

文化产品附加值的提升是文化产业从基础阶段向高端阶段转型的一种趋势，也是产业结构调整、升级的必然结果。文化产业的升级，一方面需要文化技术的创新与应用，另一方面还需要对文化内容的挖掘，并通过文化技术进行融合与呈现。这两方面需要兼顾，互为补充，如果注重文化技术上的投入、使用，而不注重对产品文化内容的挖掘、开发，文化产品的质量与效果将会大大降低。同样，如果仅注重文化产品内容的创造、设计，而忽略与文化技术的结合，文化产品的生产与传播将受到局限与阻碍。可以说，文化技术在提高文化产品的附加值方面发挥了重大的作用，也为文化产业的繁荣发展奠定了基础。

二、文化技术提升文化产品的内容表现

文化产品的附加值需要通过新理念、新思路、新方法对产品内容进行开发，更需要结合文化技术，提升文化产品的内在表现，提高文化产品的生产效率，扩大文化产品的传播范围。这种文化技术的革新与创造对文化产品内容的提升表现在多个方面，如影视广播、音像制品、发行表演、建筑与设计等文化领域。生产和制作有文化内涵的文化产品是文化产业发展的核心，一方面是文化技术本身的创新与变革，另一方面是文化技术对文化产品内容的塑造与强化，即文化技术与文化内容生产的结合。这种结合表现在文化技术对文化内容的塑造，以及对文化观念的传播等方面。

1. 对文化内容的塑造

文化内容可以依靠当地独特的历史、民族、艺术、宗教等资源来塑造，例如名胜古迹、名人故居、古董书画、宗教礼仪、民俗风情等。这些特色可以成为文化内容的故事取材、创意来源，从而增强文化内容的历史、人文内涵及艺术表现力。其中，一些历史典故或名胜古迹早已为人们熟知，选用其作为内容取材可以拉近人们对文化内容的距离感。同时，在文化作品中注入具有五千年文化积淀的精神内容，也为观众提供了情感上、心理上、认识上的视觉享受。此外，在文化内容中吸收丰富的非物质文化遗产后，将这些宝贵的资源通过实物的形式进行传播，也表现出了文化资源的可塑造性。

2. 对文化观念的传播

中国传统思想中的“仁、义、礼、智、信”可以通过文化技术融合在文化产品中，并通过文化技术进行传播。不仅如此，我国的道德文化还展现在中庸之道、和谐共生、重视伦理等方面，这些思想观念也可借助文化技术进行表达与呈现。在传播过程中，将民族精神与人文情感融入文化产

品，能够进一步展示宝贵的精神文化和丰富的情感内涵。这种融合既有利于增强文化产品的内涵，又有利于扩大价值观念的传播，从而进一步生动的展现国家与民族的思想情感与文化底蕴。

三、文化技术提升文化产品的生产力

在不同的历史时期，文化技术的表现方式不同，但都承载了一定的文化内容，传递了文化信息。文化技术对人们日常的交流沟通、事件的记录、内容传播、思想情感表达、知识传递等都发挥了作用。一是提高了文化内容的传播能力。文化技术的传播能力是由人实现的，人们在头脑中形成的思想理念、精神情感、知识经验，通过文化技术，从一个人传递给另一个人。文化技术实现了人与人之间文化内容的传播，文化技术成为扩大信息传送量的一种途径和工具。二是提升了文化产品的存储能力。人们头脑中的内容是无形的，文化技术超越了时间和空间的限制，通过一定的方式把它们记录、保存起来。三是增强了人本主义的价值表现。文化技术与人们的审美、道德、情感、理想相联系，文化技术作为科学技术的一个分支，符合物质的自然规律，也同样符合人自身的自我实现、自我创造的价值需求。四是提升了人体本身的能力。文化技术放大了人作为劳动者进行文化生产的能力，提高了人的记忆、听觉和神经感觉等多方面的能力。最初人们用结绳记事的方法，在绳子上打上不同距离的结，以便把重要的事情记录下来。之后人们用竹棉、甲骨、羊皮或莎草记载文字，将重要的内容记载在不同的材料上，文字内容得以长久保存下来。广播和电话的发明，实现了声音的远距离传输，提升了人们传播声音的能力。电视的出现，将声音、色彩和图像同时呈现在屏幕上，结合了广播的听觉效果和报纸、杂志的视觉效果，实现了人的听觉和视觉能力的提高。互联网技术的出现，将人的神经感觉与互联网呈现的内容相互连接，网络技术独立存在于人的神经感觉之外，文化技术以数字化、网络化、系统化的方式将人脑神经系统的感知呈现出来[1]。人的听觉、视觉等感官体验通过文化技术的作用，以独特的方式展现出文化视听的效果，与人本身的视觉感官产生互动，使人沉浸其中，为人们带来身临其境的感受。

第六节　文化技术经济的生产要素

一、生产要素理论

1. 生产要素

生产要素是指进行商品和服务生产经营活动时所需要的各种社会资源。生产要素主要有两种，一种是物质资料的生产投入，另一种是非物质资料的生产投入。物质资料的生产投入主要在物质生产领域。韩汉君认为生产要素是在进行物质财富生产当中，所必须具备的资源和条件[2]。马洪、孙尚清认为生产要素是在物质资料生产必须的条件或基本因素[3]。张志武、桂昭明等人强调生产要素是在物质资料生产过程中，所需要和使用的有相对特殊功能的基本因素[4]。

在西方经济学理论中，生产要素被普遍认为是为了实现生产和服务等实践活动，而投入的各种经济资源[5]。生产要素不仅局限在物质生产领域，也存在于非物质资料生产领域[6]。投入到生产过程当中的资源，一

[1] 沈继睿．媒介技术的哲学研究［D］．南京：东南大学，2015：34.

[2] 桂昭明，郭广迪．生产要素参与分配的模式研究［J］．科技进步与对策，2003（12）.

[3] 马洪，孙尚清．经济与管理大辞典［M］．北京：中国社会科学出版社，1985：232-233.

[4] 张志武．关于按生产要素分配的经济学思考［J］．经济问题，1999（3）.

[5] 简明不列颠百科全书（7卷）［M］．北京：中国大百科全书出版社，1986：162.

[6] 徐斌．技术经济学理论发展问题研究［D］．北京：北京交通大学，2007：116.

部分是经济资源，另一部分是非经济资源。如在农业生产过程当中的雨水、气温、空气、阳光等，都属于非经济资源。法国经济学家萨伊认为，自然界当中的非经济资源可以分为专有和人们共有两种[1]。如农田属于专有生产要素，大海、江河属于共有生产要素。阳光、空气等非经济资源可以由大自然无限的提供，个人或企业也可以无偿占用这些非经济资源。

2. 生产要素二元论

较早提出生产要素理论的是英国古典政治经济学之父威廉·配第(1623—1687)，他在专著《赋税论》中提道："土地是财富之母，劳动则为财富之父和能动要素"，说明了土地和劳动是最重要的创造价值和财富的生产要素[2]。配第提出的生产要素二元论的观点，反映出农业时代生产的重要的生产条件，即劳动和土地。马克思在劳动和土地的二元生产要素基础上，阐述了自然资源和劳动生产方式的改进是影响生产力的主要因素。他认为，自然资源包括肥沃的土地和蕴含有丰富矿物质的矿山等，劳动是价值的唯一源泉。

法国经济学家理查德·坎蒂隆（1680—1734）也强调了劳动和土地作为生产资料的重要意义，他指出所有财富产生的源泉或资料是土地，生产财富的形式是劳动[3]。奥地利学派经济学家欧根·冯·庞巴维克(1851—1914）在其专著《资本实证论》中指出，资本是一种不同形式的生产要素，他用资本生产力说明"剩余价值"和利息的来源[4]。

3. 生产要素三元论

18 世纪 60 年代自英国发起的工业革命，开启了以机器代替手工劳动的时代。现代资本主义经济制度的创立者亚当·斯密（1723—1790)，在他的代表作《国富论》中，表示资本是市场经济不可缺少的生产要素，资

[1] 萨伊．政治经济学概论［M]．北京：商务印书馆，1963：76.
[2] 威廉·配第．赋税论［M]．北京：商务印书馆，1981：66.
[3] 理查德·坎蒂隆．商业性质概论［M]．北京：商务印书馆，1986：1.
[4] 庞巴维克．资本实证论［M]．北京：商务印书馆，1964：124.

本必须经过生产劳动才能实现新的收入[1]。19 世纪初，工业革命对资本主义生产方式带来了巨大的变革，法国经济学家萨伊（1767—1832）是欧洲大陆最重要的经济学家之一，他在专著《政治经济学概论》中提出劳动、资本和土地三要素理论。他认为，可以将人们所生产出来的所有的价值，都归为劳动、资本和自然力（如土地等）三个要素，即经济思想史上的“生产三要素论”[2]。劳动得到工资，资本得到利润，土地得到地租，三者协同创造价值，西方经济学家普遍接受萨伊三要素的观点。

英国经济学家约翰·穆勒（1806—1873）认为，生产增长所依赖的基本要素包括劳动、土地和资本，他论述了三种生产要素存在的性质、条件和方式。德国古典经济学家威廉·罗雪尔（1817—1894）在其专著《历史方法的国民经济学讲义大纲》中论述了劳动、土地和资本三个要素对生产的必要性，并提出在不同等级的文化阶段，各要素的主导地位不同[3]。在高级的文化阶段，资本要素占主导地位；在中等文化阶段，劳动要素占支配地位；在低级文化阶段，以自然要素为主。西尼尔在其专著《政治经济学大纲》中表示，劳动和不借助于人力的自然要素，以及节制构成了“生产三要素”。他指出节制是资本家的一种牺牲，是不在于眼前的生产，而是将生产计划置于将来的效果[4]。生产要素三元论的提出，从一定程度上说明，人们对劳动生产过程中的生产要素构成，由劳动和土地二元论向多种要素共同组合的转变。劳动生产的生产力需要通过多种生产要素相互影响，通过优化配置，从而实现对经济增长的推动作用。

4. 生产要素四元论

英国新古典学派的创始人阿尔弗里德·马歇尔（1842—1924）在其著作《经济学原理》中，论证了企业家在组织管理当中的巨大作用，将组织

[1] 庄野．资本的泛化及其作用研究［D］．长春：吉林大学，2010.
[2] 萨伊．政治经济学概论［M］．北京：商务印书馆，1963：75-76.
[3] 威廉·罗雪尔．历史方法的国民经济学讲义大纲［M］．北京：商务印书馆，1981：19.
[4] 西尼尔．政治经济学大纲［M］．北京：商务印书馆，1977：91-94.

独立出来算作一个生产要素，并在“生产三要素”的基础上提出“生产四要素”[1]。他阐述了“劳动、土地、资本和组织”四个要素的内涵，“土地”包括了大自然赐予人类的陆地、空气、光和热、海洋等物质和力量，“劳动”泛指包括从事体力劳动或脑力劳动的经济工作，“资本”是在生产物质过程中能够成为一部分收入利益的所有设备[2]。在“劳动-工资”“土地-地租”“资本-利息”基础上，他增添了“组织-利润”，构成分配理论，形成了他的经济学说体系。马歇尔提出生产要素四元论时，正值第二次工业革命后期，工业生产规模逐渐扩大，企业组织管理所发挥的作用在生产经营过程当中更加重要，因此提升企业的管理水平，有助于提升生产实践活动的整体水平。

二、技术经济六力生产要素理论

技术经济生产要素理论由我国学者徐寿波在20世纪80年代首次提出，是技术经济学重要的基本理论。六力生产要素理论实质就是指出劳动生产过程中必须具备的六个生产要素，即劳动生产必须满足劳动人员、劳动资料、劳动对象、劳动环境、劳动空间和劳动时间六个条件。这六个生产要素也称为六力，即人力、财力、物力、自然力、运力和时力[3]。技术经济的生产要素理论是基于技术经济生产实践的经验和总结，也是基于生产力理论的研究创新。

在20世纪80年代，尽管“科学技术是生产力”已成为生产力理论的重要观点，但在当时的教材中并未对科学技术这种生产力进行明确的规定。教材中将科学技术描述为“科学技术是能渗透到生产力三要素中去的一种潜在生产力”，因此，20世纪80年代生产力的概念仍旧围绕“三要

[1] 马歇尔．经济学原理（上）[M]．北京：商务印书馆．1983：157.
[2] 徐斌．技术经济学理论发展问题研究[D]．北京：北京交通大学，2007：120.
[3] 徐寿波．技术经济学[M]．北京：经济科学出版社．2012：47.

素”进行定义，教材中对生产力的定义并没有实质性的变动[1]。直到科学技术独立于劳动者的直接技能和世代相传的技艺，成为整个社会生产劳动过程当中重要的发展要素，技术经济研究的重要意义才凸显出来。

技术经济成为重要的研究对象，也是社会发展到一定阶段的必然结果。在机械化大生产的初始时期，尽管科学技术创造出巨大的社会财富，但并未受到足够的重视。正如对机械化大生产初期的研究所说，科学技术一旦被发明或者发现，就能够不断地并且大幅度地提高劳动生产效率，从而降低商品的成本和劳动者的消耗，成为一种不费分文的生产力[2]。这种不费分文的生产，导致了当时资本主义社会的资本家并未将科学发明的花费计入其生产费用，科学技术也因此成为并未得到足够重视的生产要素。技术经济学生产要素理论提出了从六个角度描述社会全部劳动消耗量以及社会全部消耗费用的评价方法，是技术经济效果评价的基础。

技术经济学生产要素理论也称为生产要素六元论或生产要素六力说。具体来说，劳动和生产过程中必须满足以下六个基本条件[3]：一是人力，即人类生产过程中从事各种劳动的人员，这是最重要的一个条件。人力包括工人、技术人员和管理人员等，有的从事体力劳动，有的从事脑力劳动。二是物力，是指劳动生产中需要的各种物资，具体包括能源、原材料等经常消耗的物资。物力主要分为两大类，一类是没有经过劳动加工过程的自然资源，比如煤矿行业和煤矿工人开采的煤炭资源等；另一类是经过人类劳动生产或生产加工过的物资，如材料、燃料、原料、饲料、种子等；三是财力（资产力），即劳动生产过程中需要的各种资金，包括流动资金和固定资产投资。四是自然力，即劳动生产过程中需要的各种自然条件和自然资源。自然界中的阳光、温度、空气、水、湿度、微生物等，都

[1] 潘春葆．从现代科技革命看马克思的生产力“五要素”理论［J］．复旦学报自然科学版，1986（5）：60-63

[2] 马克思，恩格斯．马克思恩格斯全集第46卷（下）［M］．北京：人民出版社，2016：287.

[3] 徐寿波．技术经济学［M］．北京：经济科学出版社，2012：79-80.

是社会生产经营活动所需的自然条件，构成劳动生产和劳动人员需要的生产环境。如果自然资源缺乏或是自然条件不好，都会对人民的生活和劳动生产过程有影响。如农业生产需要充足的阳光，发生水灾或缺乏阳光，就会影响农业生产。劳动者和机器设备对劳动环境中的空气和水等自然条件也有一定的要求。燃料燃烧、通风冷却都需要空气，是劳动生产的必要条件。五是时力，即劳动生产过程所需要的时间。劳动时间是一个重要的劳动生产条件，劳动过程的进行需要时间的消耗，一切劳动和生产过程都需要时间。六是运力，即劳动生产过程中所需的运输能力，主要目的是实现六个生产要素在劳动空间上的联系和统一。劳动和生产过程需要在一定的空间里进行，生产建筑物、土地等都为劳动生产提供了空间条件。通过运力，实现生产劳动条件在空间上的衔接，比如将外地远距离的生产原材料依靠运力运到同一个空间里，从而保障本地工厂的加工和生产。

三、文化技术生产要素

1. 文化及精神价值的生产

随着科学技术成为社会变革的重要力量，文化及人类智慧成为社会发展的重要动力来源，文化技术正在成为社会大规模生产当中的重要力量。文化生产力成为社会生产当中重要的组成部分，是伴随人类社会发展到一定的阶段和社会生产劳动进一步分工的必然结果。在《资本论》的论述当中，劳动生产的社会分工被分为人的体力劳动和人的脑力劳动两个部分。相应的，社会生产的分化，对应划分为物质生产和文化精神生产。文化生产力是文化产品的生产能力和提供文化服务的能力，是与精神生产相一致的内容。可以看到，关于文化生产方面的研究，在社会机械化大生产时就已经得到了关注。

正如恩格斯所说，“劳动还包括经济学家想也想不到的第三要素，我指的是简单劳动这一肉体要素以外的发明和思想这一精神要素”[1]607。著名科学家钱学森也提出了与恩格斯相似的观点。他认为，对于科学技术是生产力的这个观点，认识还应再扩大一些，应该是人类的全部精神财富都是生产力[2]。这里所说的观点有两层含义，一方面，对于劳动生产过程当中的劳动者来说，社会生产正在由机械化大生产变为由知识学习、应用以及与劳动者智慧和经验紧密结合的社会发展过程，因此劳动者的全面发展成为社会“最大的生产力”[1]225。人类的知识积累、创意创造和智慧经验在科技生产当中发挥的作用逐渐显现出来，这其中很重要的一部分就包括了人类对文化内容的生产。特别是科学技术的进步，更进一步推动着文化内容生产的多样化和多元化。另一方面，人类所创造的精神财富对经济发展的贡献逐渐增加，重要的表现就是在社会化大生产过程中创造出更多的生产价值，也即创造出更多的文化技术经济价值。因此我们看到在当今的社会，劳动生产者的群体中出现了更多的以知识和信息生产为主要内容的脑力劳动者、创意生产者和科技工作者，他们不再进行传统意义上的机械化大生产劳动，他们在新的科技革命当中创造着新的生产方法和社会经济财富。

我国在2004年党的十六届四中全会上通过了《中共中央关于加强党的执政能力建设的决定》，《决定》正式提出了“文化生产力”这一重要概念。在党的十九大报告中，强调要推动文化产业高质量发展，将文化战略、文化定位提高到一个全新的高度，提出“健全现代文化产业体系和市场体系，创新生产经营机制，完善文化经济政策，培育新型文化业态”。2019年党的十九届四中全会对文化产业发展提出了新的要求，即坚持和完善繁荣发展社会主义先进文化的制度，推进国家治理体系和治理能力现代化，健全现代文化产业体系和市场体系，完善以高质量发展为导向的文化经济政策。当前我国经济处于转变发展方式、实现高质量发展的关键时

[1] 马克思，恩格斯．马克思恩格斯全集第46卷（下）[M]．北京：人民出版社，2016.
[2] 钱学森．关于新技术革命的若干基本认识问题[J]．世界经济导报，1984：180–181.

期，文化创意产业的发展，有利于调整优化经济结构和产业结构，有利于支撑经济高质量发展。文化产品生产过程中主体要素的研究分析，开始逐渐受到关注。本书研究的文化技术和文化技经济的六力要素是基于技术经济学的新的概念，由于此前尚未有系统且全面对于文化技术的生产要素的研究，本书从技术经济学理论入手对文化技术生产要素展开研究也是初步的探析。

2. 技术经济六力生产要素理论在文化产业中的适用分析

按照技术经济学的理论，劳动人员、劳动资料和劳动对象是生产与劳动的三个要素，劳动环境、劳动空间和劳动时间也是生产所必需的要素，但研究得很少。在技术经济学的研究中，为了更全面准确地分析劳动生产的经济效果，除了考虑劳动人员、劳动资料和劳动对象三个基本条件以外，劳动环境、劳动空间和劳动时间三个基本条件日益重要，也需要同时进行考虑。例如以前清洁的空气是不需花费任何劳动就可直接获得的自然环境资源，但伴随工业生产的迅速发展，空气日益受到污染，使得不少地区的空气质量发生了变化，需要花费额外的劳动获得。

文化技术经济的生产要素，是在技术经济的六力要素上的进一步延伸和拓展。这六个生产要素包括人力、物力、财力、原生力、时力和场力，也即文化技术经济的六力生产要素。人力是指进行文化产品生产的人，是具有创意能力的人。物力是指生产文化产品所运用的手段、技艺，以及所使用的技术实体，包括线上生产系统和线下生产系统。财力是指进行文化产品生产的资金，最终能够实现文化创意产品的生产。原生力是指创意灵感产生的来源，是形成万物运行的助推力，包括来自自然规律的灵感和解读，以及对外部世界的感知与创造，对有形的和无形的知识、“数”、信息的灵感表达。时力，是指文化产品的生产反映出的一定时期的思想文化的表现，以及特定时期的生产特征。如本书在对中国传统文化的早期生成的追溯中，以青铜器的生产为研究对象，对文化的生成脉络和时代特征进行了分析。场力，是指拥有创意氛围的制度场，是具有创意能量的创意制度场。场力描述的是文化生产的空间特征，通过场的作用力，形成在空间上的文化生产的衔接关系。

参照技术经济学的理论，生产要素可分为四个层次，文化产业属于部门生产要素中的第三产业部门、行业生产要素中的文化服务行业、单元生产要素中的文化服务企业。在第四个生产要素层次中，由六力组成了六个独立的基本生产要素，人力包括创意人员、创意群体、创意人才等，物力包括演出设备、道具、机械复制技术、数字化信息技术、媒体技术等。财力包括财政资金、专项资金、研发经费、投资支出等。原生力包括自然资源、文化创意资源所带来的灵感，对自然规律、科学规律的认识和解读，对知识、信息、数据等万物运行规律的理解和表达等。时力包括文化产品所表现出的一定时期的思想文化特征和生产艺术特征等。场力包括创意氛围、创意场所的环境、创意生态的循环系统、创意制度场的设计等。下文将具体对文化技术生产的六力要素进行分析说明。

3. 原生力要素的界定

《技术经济学》当中所讲到的自然力，是指劳动生产过程中的自然要素，包括阳光、空气、温度、水资源等。马克思同样指出了自然力在劳动生产当中的重要性："种种商品，都是自然物质和劳动这两种要素的结合。……因此，劳动并不是它所生产的使用价值即物质财富的唯一源泉。"[1]"自然界和劳动一样也是使用价值的源泉"[2]。也就是说，人类劳动和生产过程受到这些自然条件的制约，大自然条件的好坏对生产活动的经济效果有至关重要的影响。由于本书的研究对象是文化技术经济，当把上述自然要素的理论应用在文化技术经济的劳动生产当中时，可以看出，人类造物活动的创意灵感起源于自然，但不仅仅是自然界的阳光、空气、水等物质资源，还基于人类对自然规律的认识，用信息、数据、知识等对运行规

[1] 马克思，恩格斯．马克思恩格斯全集第23卷［M］．北京：人民出版社，2016：56.
[2] 马克思，恩格斯．马克思恩格斯全集第3卷［M］．北京：人民出版社，2016，5.

律的描述，人类对自然的模仿以及对自然现象的解读等。

为了使研究更适用于文化技术经济的生产特征，本书对《技术经济学》的“自然力”进行了延伸，将“原生力”作为文化技术经济的另一个生产要素。“原力”是万物运行的助推力，是人类的创意灵感来源。关于“原生力”，古人早有论述。如老子在万物生成论当中，用“道生一，一生二，二生三，三生万物”描述了万物生成的过程。本书将从人类对自然界能量运动规律的认识出发，论述“原生力”在文化技术经济生产当中的重要作用。

4. 其他生产要素的说明

中国人民大学卫兴华教授在对马克思生产力要素的研究基础上，突破了原来的生产力二要素或三要素论，提出生产力多要素论。他提到马克思将管理、生产组织、分工协作、自然力等也作为生产要素，强调了构成生产力的生产要素会随着经济的发展变化而增加的观点。他认为，新的科技创新、信息技术的发展、人工智能的发展等都是生产力的新的生产要素[1]。文化产品是包含有精神内涵的产品和服务的生产，属于非物质资料的生产，知识、信息、数据等都属于非经济资源。较早将知识作为一种生产要素的是美国经济学家加尔布雷斯，他认为生产技术知识和经营管理的知识是社会经济中重要的生产要素，并提出掌握技术知识和管理知识的人员形成了一个“技术结构阶层”。“现代管理之父”德鲁克指出，知识是一种能够参与社会生产、产生经济效益的生产要素，他认为知识是信息技术革命迅猛发展过程中重要的生产要素，提出了土地、劳动、企业家以及知识共同创造价值的五要素理论。新制度经济学的创始人罗纳德·哈里·科斯（1910—2013）在其专著《论生产的制度结构》中提出，管理在劳动生产当中发挥了协调的作用，是人们一直忽视的一个生产要素。他认为，

[1] 卫兴华．关于学好用好政治经济学的一些思考［OL］．［2019-04-02］．https：//www.sohu.com/a/305529755_739032.

企业内部的组织生产和协调成本是企业成功的重要条件。美国应用数学家诺伯特·维纳（1894—1964）在其创立的《控制论》中论证了信息化的重要科学理论，他认为信息可以实现对劳动生产过程的调节，人们能够通过使用信息有效地进行生产劳动[1]。此外，还有的研究将信息、创新能力、制度、技术、经济政策等也作为生产要素。

从党的十五大到十九大，我国对生产要素的内涵也在不断调整和丰富。1997 年党的十五大明确了技术是生产要素之一，并首次提出按生产要素分配。2002 年党的十七大，增加了管理作为生产要素，并提出健全劳动、资本、技术、管理等生产要素按贡献参与分配的制度。2019 年党的十九届四中全会通过了《中共中央关于坚持和完善中国特色社会主义制度、推进国家治理体系和治理能力现代化若干重大问题的决定》，首次提出了七大生产要素的概念，即劳动、资本、土地、知识、技术、管理、数据七项。在原有的劳动、资本、技术、管理生产要素基础之上，增加了土地、知识和数据三个生产要素，指出健全生产要素由市场评价贡献、按贡献决定报酬的机制。

结合对文化技术经济生产要素的分析，可以将研究提到的其他生产要素作进一步的归纳。知识型劳动力、脑力型劳动力可归入到人力要素，技术、核心技术、土地可归入到物力要素，金融可归入到财力要素，知识、信息、数据、教育资源、创新能力、创造力可归入到原生力要素，制度、政府行为、企业家才能、组织、经济政策、宏观经济管理可归入到场力要素。在不同的社会发展阶段，主导的生产要素也在发生变化。生产要素二元论主要描述的是封建社会土地和劳动作为主要的生产要素，到资本主义早期，生产要素三元论揭示了资本在资本主义社会生产中的作用[2]。到信息技术和互联网快速发展的时代，除了人力、物力、财力之外，文化技

[1] 张宓之．区域要素集聚、空间效应与企业集群发展能力提升研究［D］．杭州：浙江工业大学，2014（9）．

[2] 徐斌．技术经济学理论发展问题研究［D］．北京：北京交通大学，2007：122.

术经济中的促进文化生产创造的原生力、蕴含一定时期思想文化特征的时力和能够实现在空间上生产衔接的场力，将在经济运行和发展中发挥更重要的作用，因此在接下来的章节中将分别进行单独的分析。

第三章

文化技术经济的人力、物力、财力要素

第一节　人力：具有创意的人

一、创意群体的产生

在美国，对于创意群体崛起的研究曾引起社会不小的轰动。丹尼尔·贝尔、保罗·福塞尔、罗伯特·赖克、史蒂文·巴勒等多位学者对美国社会的阶层结构变化进行研究，发现了包括专家、技术人员及专业型知识工作者的就业人口总数的迅猛增长。史蒂文·巴勒认为，1900—1991 年，知识工作者人口总数的比例明显上升，从 10% 增长到 30%，相比之下，同期的蓝领及农业领域的工作者占比则急剧下降[1]。史蒂文·布林特测算出 2001 年美国知识型工作者占美国就业人口总数的比例约为 36%，在其所研究的十几个行业中，占有大学学历的从业人员达到 5% 以上。

美国卡内基梅隆大学的区域经济发展学教授理查德·佛罗里达（Richard Florida），在社会阶层结构变化的研究基础上提出了创意阶层的概念。20 世纪 60 年代，彼得·德鲁克和弗里兹·马克卢普将"知识工作者"定义为地位与重要性不断上升的新兴工人阶层。70 年代，丹尼尔·贝尔定义了一个新型的、更为精英化的阶层，包括科学家、工程师、经理和管理者等，该阶层的产生以传统的生产经济向"后工业化"经济的转变为背景。90 年代，罗伯特·赖克率先提出"符号学家"的概念，即那些围绕概念和符号进行生产的工作人员。2000 年，大卫·布鲁克斯在其专著《布波族：一个社会新阶层的崛起》中提出"布波族"的概念，探讨了一个当代社会精英阶层——布波族，在波希米亚主义和霍尔乔亚主义之间融合发展产生的过程[2]。佛罗里达在对布波族产生过程的研究基础上认为，由于

[1] 理查德·佛罗里达. 创意阶层的崛起 [M]. 北京：中信出版社，2010.

[2] 张伟. 西方城市更新推动下的文化产业发展研究 [D]. 济南：山东大学，2013：95.

对创意的经济需求的变化，有一个新的阶层正在悄然兴起，这导致了社会群体结构发生着新的变化。这个伴随着创意的经济性需求而产生的新阶层，就是创意阶层（Creative Class）[1]9。该阶层不同于劳动者阶层（Working Class）和服务阶层（Service Class），它存在于在科技、建筑、设计、教育、艺术、金融、法律、卫生等多个领域，重视精神上的创造力、个性、差异和好奇心，这里所提到的就是创意阶层的崛起。

二、创意群体的发展壮大

创意阶层已然兴起，并逐渐发展壮大。佛罗里达认为，21 世纪将是创意阶层（Creative Class）的世纪[2]。创意阶层主要包括两个群体，一个是超级创意核心群体（Super Creative Core），一个是创意专家群体（Creative Professionals）。超级创意核心群体主要包括工程师、科学家、大学教授、设计师、建筑师、演员、艺术家、智库成员、分析师、作家、诗人、文化人，还有社会的思想先锋等[1]80。他们所在行业跨越多个领域，主要包括工程、建筑、科技、设计、教育、研究、娱乐、艺术等，他们在工作中创造新思想和新理念、制造新技术、产生新设计等，形成新的创意内容[1]9。波希米亚（Bohemian）人员是超级创意核心群体中重要的一部分，主要由从事艺术或和艺术相关的创意人员组成[3]。波希米亚人员主要包括艺术家、画家、设计师、作家、音乐家、作曲家、舞蹈家、导演、演员、摄影师、版画制作者等[1]333。创意专家群体是更广泛分布在知识密集型行业的创意人员，创意专家群体涉及的领域包括高科技、法律、金融、医疗卫生保健和工商管理等[1]80。创意专家群体主要依靠系统、广博的专业知识，分析、判断和解决问题。他们进行创意生产的成果不只是表现为创意的产品，更多的通过系统的方法，创造性地解决复杂问题。

---

[1] 理查德·佛罗里达．创意阶层的崛起［M］．北京：中信出版社，2010.
[2] Florida · Richard. The rise of the creative class ［M］. NewYork：Basic Books，2002.
[3] 王荣欣．中国创意阶层的空间流动［D］．广州：广东省社会科学院，2014.

从图 3-1 可以看出，美国的创意阶层从 1900 年的约 300 万人增长到 1999 年的约 3830 万人，增长了十倍多。从创意阶层占就业人口总数的比重来看，1970 年到 1980 年该比重约为 20%，1991 年达到 25%，1999 年攀升至 30%，出现成比例增长的趋势[1]。其中，创意阶层的超级创意核心阶层，包括直接从事创意活动的工作人员，如科学与工程、计算机与数学教育、艺术、设计，以及娱乐行业等，该项人数在 1900 年不到 100 万人，占就业人口总数的比重约为 2.5%。到 1991 年已经超过 1000 万人，人口比重增长到 9% 左右；到 1999 年，超级创意核心阶层占就业人口的比重已经增长到 12%。

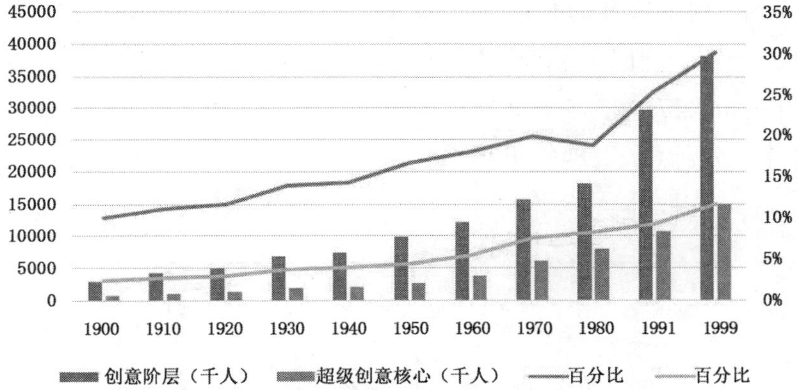

图 3-1　美国创意群体的增长速度及增长率（1900—1999）

数据来源：理查德·佛罗里达．创意阶层的崛起［M］．北京：中信出版社，2010：379.

在英国，创意产业的就业人员规模也是数量相当。2015 年 1 月，英国创意和高科技经济领域的就业情况分析报告首次由英国创新慈善机构 Nesta 发布。报告显示，2013 年，英国的创意经济为全社会提供的就业岗位高达 260 万个，全国创意产业的就业人数占英国就业总人数的 5.6%[2]。该领域的人员涵盖了 13 个行业，包括广告、建筑、艺术与古董市场、手工艺、设计、时装设计、电影、互动娱乐软件（即视频游戏）、音乐、表演、出版、软件、电视与电台。从创意群体集中的地区来看，创意人员特别集中在伦敦和英国

[1]　理查德·佛罗里达．创意阶层的崛起［M］．北京：中信出版社，2010：78-88.

[2]　创意经济帮英国华丽转身：去工业化的替代选择［OL］．［2015-03-04］．环球时报，http：//finance.huanqiu.com/view/2015-03/5812016.html.

东南部这两个地区，创意群体的人数占据了英国创意群体总人数的43%。

我国目前还没有专门针对创意阶层进行的权威的数据调查，从我国艺术表演团体从业人员数和机构数可以看出，近十年的文化创意群体也得到了快速的发展（见图3-2）。我国艺术表演团体从业人员数从2009年的20.8万人增长到2019年的41.2万人，增加了20.4万多人，艺术表演团体从业人员数几乎翻了一倍。其中，2015年的艺术表演团体从业人员数突破了300万，2017年突破了400万，大约两年时间从业人员数增长了100万人，是从2009年到2015年增长的约100万人时间的1/3。艺术表演团体机构数从2009年的6139个增长到2019年的17795个，新增11656个艺术表演团体机构，增长将近两倍。此外，我国文物机构从业人员数量也从2011年的11.1万人增长到2019年的16.2万人，各类文物机构从2011年的5728个上升到2019年的10562个，分别增长了84%和46%。

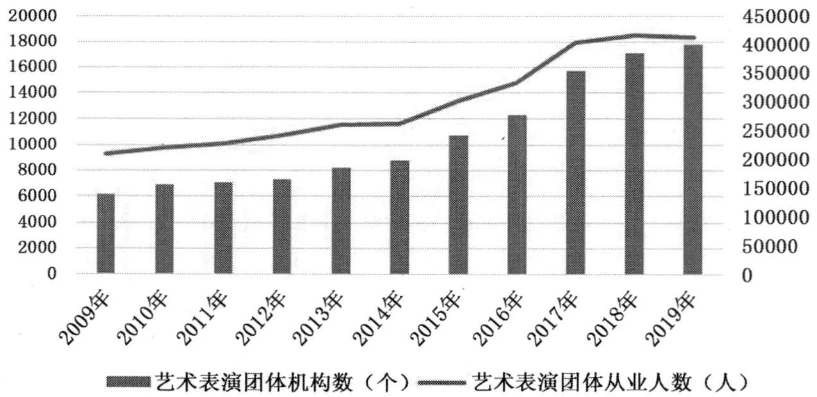

图3-2 艺术表演团体增长情况（2009—2019年）

数据来源：《中华人民共和国文化和旅游部2019年文化和旅游发展统计公报》及国家统计局数据库。

从我国创意阶层涉及的行业来看，我国的创意阶层主要分布在教育、社会管理、制造业、卫生和社会保障、文体、娱乐、信息产业和金融业。2010年，我国创意阶层总人口约为6450万人，占就业人口总数的8.61%，与2000年的7.37%相比，提高了1.24个百分点[1]。根据中国家庭追踪调查

[1] 王荣欣．中国创意阶层的空间流动［D］．广州：广东省社会科学院，2014：22.

CFPS 数据显示，2010 年我国创意阶层分布的主要行业依次是教育（22.98%）、公共管理与社会组织（19.33%）、制造业（14.25%），及卫生、社会保障和社会福利业（12.93%），均超过了 10% 以上。文化娱乐、金融、信息产业的从业人员占创意阶层总人数的比重分别是：文化、体育和娱乐业（3.14%）、金融业（3.52%）、信息传输与计算机服务（1.63%），也呈现出相当的规模[1]21。从全国各省份的创意阶层人口[2]分布来看，创意阶层人口主要分布在广东、江苏、山东、浙江、河北等东部和中部地区，其中北京（23.36%）、上海（20.31%）、天津（17.77%）、浙江（11.13%）、辽宁（11.06%）的人口总数相对比重较高[1]22。

三、创意人员及群体特征

1. 创意人员的角色

创意人员依靠创意、技艺或技术来实现文化产品的生产制造和创新，同时创造出文化产品的经济价值。从创意人员分布的行业来看，创意人员涉及多个领域的工作者，如设计师、小说家、音乐家、电影编辑等。除此之外，创意人员还广泛分布于高科技行业、金融投资服务业、法律及卫生保健业和工商管理等知识密集型行业。创意人员的角色是将艺术、工程、科学、技术和研究进行融合，利用广博的知识体系处理具体问题，并更具创造性地解决问题。按照佛罗里达对创意阶层的归类，可以看到，超级创意核心群体当中的一部分，涉及演艺、设计与建筑、建设项目、科研单位、学校教育、文学艺术等领域，这些创意人员的角色是将新理念和新技术应用在新的创意内容当中，比如形成新的建筑设计，或是实现新的科技应用，或是创作新的文化艺术产品。进行文学创作、社会评论、文字编辑、战略分析的创意人员，他

[1] 王荣欣．中国创意阶层的空间流动［D］．广州：广东省社会科学院，2014.

[2] 创意阶层人口占就业人口的相对比重是国家机关、党群组织、企业、事业单位负责人和专业技术人员这两类相加以后，除以就业人口合计数后得出。

们是探寻社会思想更新的开拓者。创意专家群体更多分布在工商业、法律、金融、医疗卫生等领域，这些创意人员的工作涉及更加专业系统的知识和技术体系，需要具备较高的教育背景或者技术积累，从而解决复杂问题。

可以看到，创意人员在创意生产和发展过程中起着十分巨大的作用。创意人员的角色与所从事的创意内容关系紧密，按照创意人员所从事的创意内容，主要可以分为四种类型。一是从事艺术或和艺术相关的创意人员，他们将创意与艺术融合，形成新的文化艺术产品。二是从事技术设计、科学研究相关的创意人员，他们将新理念和新技术应用和展示在新产品当中。三是从事文学评论和文字创作相关的创意人员，他们将新思想、新观点、新认识和新思考形成在新作品当中。四是从事法律、金融、工商业、医疗卫生相关工作的创意专家群体，他们将广博的专业知识与技术相结合，从而解决复杂的系统性问题。

为了进一步了解创意人员的角色特点，本书结合新修订的《文化及相关产业分类（2018）》和文化产业创意内容，对我国文化产品生产的创意人员进行了具体类型的归纳，并对相关创意人员进行了细分举例，如表3-1所示。我国的创意人员可按照技艺类型或者艺术表演方式进行划分。根据艺术领域创意人员不同的专业技能，可以划分为音乐、舞艺、绘画、文学、传媒、策划等。可以看出，基于舞台演艺艺术，可细分为舞台表演艺术和舞台交流艺术两种类型，其中舞蹈演员、魔术师、表演艺术家、杂技演员的专业技能主要表现为舞台表演、肢体表达能力和表达技艺，而相声演员、小品演员、戏剧演员的专业技能在说学逗唱、唱念做打等台词功上的训练基础。此外，音乐艺术按照艺术类型的不同也有所区分，包括音乐演奏和音乐制作两个方面。音乐演奏主要指歌唱音乐、演奏音乐的创意人员；音乐制作主要指为音乐谱曲、作词方面的创意者。两个方面的创意人员共同进行着音乐艺术上的文化创作。

表 3-1 对我国文化产品创意人员的归类

演艺类型	按艺术类型划分	相关创意人员细分举例
舞台艺术	舞台表演	舞蹈演员、魔术师、杂技演员、表演艺术家
	舞台交流	相声演员、戏剧演员、小品演员
音乐艺术	音乐演奏	音乐导演、音乐家、歌手、演奏家
	音乐制作	作曲家、作词家、指挥家
绘画艺术	传统美术	画家、插画师、书法家、版画人、雕塑师、陶瓷艺术家、手艺人
	平面设计	封面/包装设计师、插图设计师、海报设计师
	工业/服装设计	首饰/手机设计师、时装设计师、发型设计师
	环境艺术设计	建筑师、景观设计师、城市公共艺术设计师、展会设计师、文化遗产设计师、城市规划师
文学艺术	文字编辑	图书编辑、剧本编辑、报纸编辑、杂志编辑、独立撰稿人
	文字写作	小说家、散文家、诗人
广电传媒	纸质媒体	报纸记者、杂志记者、出版人
	电台媒体	电台主持人、电台导演
	视效拍摄	摄影师、摄像师、录音师、照明设计师
	影视制作	编剧、电影剪辑、电影导演、电影演员、特效师、制片人
	电视媒体	电视主持人、播音员、电视记者、电视导演
	新媒体	微信、微博等新媒体运营官
数字内容制作	动漫游戏	游戏 UI 设计师、游戏界面设计师、制作人、网页交互设计师、UE 设计师、美术总监
艺术策划	休闲服务	导游、讲解员
	项目设计	广告人、策展人、策划师、VR 设计师

资料来源：根据公开资料整理。

从相关创意人员细分角色看，绘画艺术所对应的创意人员细分角色更多，显示出创意技能在多个领域应用的广泛性，如绘画艺术应用在时装设计、游戏设计、工业设计、城市公共艺术设计等方面，文学艺术应用在图书编辑、剧本创作、报纸和杂志撰稿等方面。陶瓷艺术家、雕刻师、手艺人的创意专长在于通过多种原材料进行的工艺美术品制作。此外，各种商业及社会互动的增加也提升了对广告人、策展人、策划师的需求，定制服务对导游、讲解人员的要求也在增长。

从创意人员角色变化看，广电传媒领域所对应的文化生产类型更加丰富多样，表明了伴随媒体技术的进一步发展，创意人员的角色细分更加专业，形式也在随之发生变化。从纸质媒体、电台媒体到电视、电影媒体的技术发展，创意人员角色细分也从报纸、杂志编辑到视频编辑、电影编辑、电影导演、制作人等。特别是互联网技术的出现，为传统报纸、杂志、广播电台提供了网上的媒体平台，更多的创意工作者成为线上创意生产者，通过网络平台与观众进行互动、交流和即时分享。尤其是自媒体及自媒体平台的出现，更加丰富了文化产品的生产方式，模糊了创意人员的边界。自媒体是数字化网络技术发展的结果，它改变了传统媒体的信息传播方式。特别是微博、微信、播客及移动客户端等新媒体的出现，信息传播领域衍生出许多新的传播方式和生产方式，迅速扩大了创意人员的群体数量，在很大程度上也提升了文化内容生产的积极性、娱乐性和互动性。

2. 创意人员的独特创作技艺

创意人员是文化创意产业的核心主体，创意人员通过创新思维、经验积累及专业技能对文化资源进行创造、生产和创作。可以说，文化资源需要通过创意人员的独特创意和专业技能、技巧，来实现开发和运用，从而生产出有高附加值的文化产品。为说明文化产品的生产技能，本书将文化生产的基础产品及技能划分为五个方面，分别为舞蹈类、演奏类、演唱类、书画类、写作类，如表 3–2 所示。

舞蹈类产品和书画类产品可以按照产品的内容风格进行分类，基于产品的不同风格，基本技能也有不同的特征。比如，民族舞、芭蕾舞和华尔兹，在手形动作、手位、手臂动作及配合等方面的表现技能都有所不同，因而能够展现出不同舞蹈类型特有的舞台风格。以民族舞的舞蹈要领举例来说，藏族舞的典型步伐有三步一撂、三步一踏等，藏族典型的踢踏舞注重的是舞者脚上的跳、踢、跃和踩等动作以及相应配合产生的音响效果。踢踏舞一般伴着明快的节奏，舞者们双脚舞动，踢踏自如，跳踢旋转、踩点腾越，展现出踢踏舞特有的艺术魅力。维吾尔族舞的特定动作有"动脖"、碎抖肩、翻腕等，要求头、肩、腰、臂、肘、膝、脚都有动作配合。蒙古族舞蹈更多的是模仿矫健的大雁、活泼多样的马步表现来自草原的热情奔放、悍健有力，展现浓郁的草原生活气息。

表 3-2　文化生产的基础产品划分及技能举例

文化产品	生产的产品类型举例	相应细分技能举例
舞蹈类	民族舞、芭蕾舞、踢踏舞、华尔兹、街舞、肚皮舞、桑巴	手型动作（掌型、拳型、指型）及手位、脚型动作及脚位、手臂动作及配合等
演奏类	吹奏类产品、管乐产品、弦乐产品、打击乐产品	识谱、视奏、背奏、协奏
演唱类	流行、摇滚、嘻哈、爵士、朋克	音准、音质、节奏、发声、吐字
书画类	油画、中国书画、插图画、电脑绘画	线条、形状、颜色、布局、构图等绘画基础
写作类	小说、散文、戏剧、诗歌、新闻通讯、评论、软文	立意、人物、故事、主题、结构、情节、场景、风格

资料来源：根据公开资料整理。

演唱类产品的风格则更加多样，如流行音乐、摇滚音乐、嘻哈音乐、爵士、朋克等。这既需要创作者能够在作词、作曲方面展现出独特的曲风和内涵，还需要演唱者在音准、发声、节奏、吐字等方面具有扎实的基础，最终实现音乐作品的展现。比如民族唱法重视"丹田之气"，只有气沉丹田才能真正实现歌唱的发声和其他唱歌技巧。它要求人的背、腹、丹田、胸、横膈膜等在呼吸时都要积极地运动起来，围绕着丹田来运转，当胸腔、喉腔、口腔、鼻腔和头腔产生发声的共鸣时，声音才丰富悦耳。

结合生产技术的不同对演奏类产品分类，可以看出不同的生产技术对应着创意人员不同的创意技能。如演奏产品当中的吹奏类产品、管乐产品、弦乐产品和打击乐产品，这些文化产品需要演奏者能够理解乐谱、实现相应乐器演奏的能力。我国已经形成了一套比较严格的考级制度、分级标准和考级程序，这些考级活动也是对演奏者专业技能的考核评审。考级项目基本涉及所有的演奏领域，如钢琴、管乐、打击乐、电子琴、琵琶、大提琴、吉他等。分级考核实际上是对演奏者的专业演奏程度提出了不同的技能要求。

根据不同的文体特征、绘画技术特征对写作类产品和书画类产品进行分类。写作类产品可以分为小说、散文、戏剧、诗歌、新闻通讯、评论、软文等。其中，小说的写作技能重在立意、人物、故事、主题、结构、情节、场景、风格等。书画类产品可以分为油画、中国书画、插图画、电脑绘画等，相应的绘画基本功则表现在绘画线条、形状、颜色、布局、构图等方面的专业基础。这些艺术创作都有一些基本的技能要求，也有一些最核心的基本功要求。比如对书法最基本的技艺要求为驾驭毛笔的能力。古人云："善书者不择笔"。驾驭毛笔能力的提升对书法创作中控制锋毫的能力影响很大。不同的字体，如篆书、隶书、楷书、行书、草书等，对笔法最关键的要求就是控制锋毫的能力。通过笔法法度上的不同方法法则，展现出不同的字体丰富多变的艺术造型，展现出力和美的艺术效果。在这些精湛的技艺或手艺背后，都是经过千锤百炼的结果，多练，反复实践，才能熟能生巧。本书仅对文化生产的基础产品划分及相应技能进行了简单分析，用以说明创意人员需要通过专业的生产技术和基本技能进行文化产品的生产和创造。

四、创意人员及创意团体的普遍性特征

创意人员或创意群体一般具有以下一些特点：（1）普遍具有硕士、博士

的高学历和教授、研究员等高职称，接受过较高程度的正规教育。(2) 年轻且富有朝气、喜欢钻研、独立思考、积极肯干，富有激情和活力。善于从表面离散事物之间发现内在的联系，认知和能领悟能力较强[1]。(3) 创意、灵感是他们最大的财富和动力源泉，他们的人生目标是实现自己的最大价值。(4) 主要从事探索、创新、追求新方法、新设计、新技术、新形式、新领域等的创意性工作，能够在工作中进行思考，充分发挥个人的创造性，尝试各种创新。(5) 他们的价值观主要具有个性化、精英化、多样性与包容性的特点，喜欢开放与多样的社会环境，注重自我认同和自我价值的实现。

在文化经济领域，文化产品的创作工作已不同于以往主要由个人进行的方式，文化产品的创作逐渐形成了由一个项目小组、工作小组或设计小组等创意群体设计并实施的创作模式。每一个创意群体主要包括主创人员、技术人员、创意经理、其他工作人员四种类型。在大多数情况下，创意人员在创意群体中不仅扮演其中一个角色，有时还扮演两个或更多角色。

主创人员是创意群体的灵魂，也是创意内容的设计者。例如设计师、工艺师、音乐家、电视编导、导演、主持人等等。他们是创作的动力源泉和领军人物，负责构思策划创意目标、编排设计方案、探索创新方法和技术等。他们的知识结构、技术水平、创新能力对创意群体的成败有着决定性的影响。

技术人员是创意群体中完成主创设计基础技术的工作人员。例如工程师、录音师、编辑、摄影师、舞台监督、平面设计和绘图人员，等等。技术人员的工作一般不要求具有创意性，他们主要是按照主创人员的思路完成技术性的工作。他们的工作主要是执行性的，虽然相对单调一些，但在创意活动过程中十分重要。近几年伴随文化产业的发展，技术人员的数量

[1] 易华．创意阶层理论研究述评［J］．外国经济与管理，2010，32（3）：61-64.

迅速增长。他们是创意群体中数量最大的人员。

创意经理是创意群体中的组织者和管理者。例如经纪人、制片人、编导、文化中间人、主管人，等等。他们的工作任务既不是创意性的，也不是技术性、执行性的。他们主要负责创意群体的组织和管理工作，协调主创人员、技术人员及其他人员的工作关系和人际关系，组织聘用各类人员，制定工作计划，监督工作进度、任务完成的质量和效果、资金的安排和使用，等等。在创意群体中，要将各类人员的工作和活动整合在一起，创意经理的角色是必不可少的。

其他工作人员是创意群体中从事辅助性、事务性、服务性工作的人员。例如经理助手、行政秘书、场记、司机、勤杂人员，等等。他们在创意群体中的数量不大。他们的工作虽然没有创意性、技术性、管理性的要求，但是他们的服务态度、敬业精神、办事效率对创意群体的工作有重要的影响。

伴随科技创新和创意产品的多样化需求，文化产品的创作更多地需要通过团队内部分工和协作来实现。创意产品的生产过程越复杂多样，分工越细化，越需要众多不同领域的创意人才相互配合，创意生产也越需要各种硬件和软件技术的支持，形成在地理上的空间集聚，让不同领域的创意人才共同完成生产创作。

第二节　物力：生产文化产品的技艺和技术演化

一、从手工操作到机器制造的文化生产

1. 从造纸术到机器造纸的出现

纸是人类文明重要的进步，纸的发明对于人类语言文字的承载和文化

知识的传播具有重大的意义。纸的原材料是一种植物纤维，它经过物理和化学作用提纯，使原来分散的纤维素，经过氢键结合而形成薄膜状的物质[1]。造纸术发明于我国西汉中期的汉宣帝时期，即公元前73年至公元前49年[2]。早期的纸张不方便书写，质地也比较粗糙。公元105年，蔡伦（约50—121）总结西汉以来用麻质纤维造纸的经验，并在此基础上进行了造纸工艺的革新。他以树皮、麻头、破布和旧渔网等作为造纸原材料，通过切碎、沤发、蒸煮、漂白、沉淀、网滤等多个操作步骤，制造出质量较高、便于制作、简单且适合书写的“蔡侯纸”。

在范晔的《后汉书》卷七十八《宦官传》中记载了东汉和帝时蔡伦发明的“蔡侯纸”：“蔡伦，字敬仲，桂阳人也。永兴九年，监作秘剑及诸器械，莫不精工坚密，为后世法。自古书契（合同、文书等凭证）多编以竹简，其用缣帛（即按书写需要裁好的丝织品）者谓之为纸。缣贵而简重，并不便于人。伦乃造意（设想）用树肤、麻头及敝布、鱼（渔）网以为纸。元兴元年，奏上之。帝善其能，自是莫不从用焉，故天下咸称‘蔡侯纸’”。文中写明了在“蔡侯纸”发明之前，大多古书都编成竹简，用绸缎布匹写字的叫做纸。但是绸缎太贵而竹简太重，对人们使用来说都很不方便。蔡伦想出一种用树皮、麻头以及破布、鱼（渔）网造成纸的方法。元兴元年（公元105年，元兴是汉和帝年号）上奏了皇帝，皇帝夸赞他的才能，从此以后都采用他造的纸，人们称之为“蔡侯纸”。汉代造纸术的发明，为人类文字的记录与传播提供了更便宜、更方便、取材更广泛的载体。

在造纸术出现之前，世界各地记录文字的方法普遍成本较高、也不易使用。古代中国运用甲骨、竹棉和绢帛记载文字，竹木简笨重不便于携带，丝绸成本昂贵；古埃及人通过尼罗河的纸草来进行文字记录和记载；古代欧洲人则是用鹅毛管将文字书写在动物的外皮（如羊皮纸）、纸草或

---

[1] 潘吉星．中国造纸技术史稿［M］．北京：北京文物出版社，1979：3.
[2] 罗树宝．中国古代印刷史［M］．北京：北京印刷工业出版社，1993：54.

者泥板上面。纸莎草纸是一种由芦苇的茎或髓制成的书写材料，纸的质地较为粗糙，不利于书写。与人们之前发明的纸相比，中国发明的纸张有几个优点，一是原材料成本较低，二是物理性质相对稳定，三是便于运输和存储，四是可以批量生产[1]。到公元751年（唐朝天宝十年）我国的造纸术通过阿拉伯人传播到西班牙。公元1150年以后，欧洲地区开始拥有手工纸制造技术。16世纪以后，造纸技术从欧洲传到北美洲，传遍全世界。造纸术带来了人类历史上书写材料的重大变革，这项发明同时推动了语言文化在阿拉伯地区、欧洲地区以及整个世界范围内的发展。蔡伦在公元105年发明的“蔡侯纸”是人类社会第一次信息技术革命的开端[2]。日本学者汤浅光朝认为，中国造纸术的发明，由阿拉伯人传播到欧洲，为欧洲文艺复兴时期提供了所需要的大量纸张，对15世纪欧洲文艺复兴起到关键的作用[3]。

伴随人类造纸技术的发展，近代机器造纸技术相对于传统的手工制造技术有很大的创新。近代机器造纸的时代开启于西方19世纪初，主要以水力、蒸汽机或电力为主要推动力，运用机器生产，周期短、成本低、效率也大大提高。相比之下，我国在19世纪80年代以前一直沿用传统手工造纸技术，在制造工艺上没有发生重大变革，技术手段相对比较落后，生产周期长。1798年法国发明了连续抄纸技术，标志着近代机器造纸原始技术形态的出现。随后，法国人尼古拉·路易·罗贝尔在其发明的长网造纸机基础之上进行改进，于1803年成功地制作出第一台造纸机，图3-3所示为一台改良版的抄纸机。

---

[1] 匡导球. 二十世纪中国出版技术变迁研究［D］. 南京：南京农业大学，2009.
[2] 章宏伟. 出版文化史论［M］. 北京：华文出版社，2001.
[3] 闽大洪. 传播科技纵横［M］. 北京：警官教育出版社，1998：15.

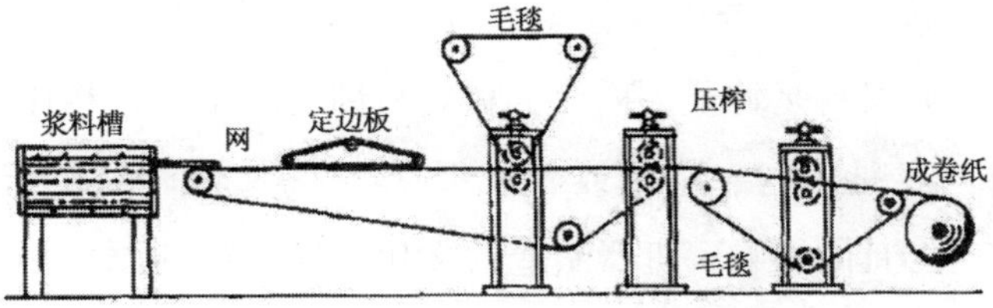

图 3-3 1803 年的改良式抄纸机

资料来源：匡导球．二十世纪中国出版技术变迁研究［D］．南京：南京农业大学，2009：50.

长网造纸机、圆网造纸机及磨石磨木浆技术、烧碱法制取木浆技术等造纸机器和新技术的出现，大大节省了纸张生产的成本。到 1843 年，英国纸张的价格相比之前节省了一半。1870 年，磨石磨木浆技术第一次获得商业应用，标志着近代机器造纸技术体系在西方的形成[1]。近代机器造纸技术体系主要分为制浆生产和造纸生产两个过程[2]。制浆生产主要为造纸生产提供造纸原料，主要过程是先把植物纤维原料储存和备料，之后通过物理、化学方法加工成纸浆，然后进行洗涤、筛选、净化和漂白。造纸生产的主要过程是先按照产品的不同需求，把经过打浆处理后的浆料施胶和加填，进行配料以后送进制纸机，然后进行脱水、压榨、干燥和压光，最后再卷曲成纸。

在质量上，机器造纸相对于传统的手工制造来说有诸多不同。一是纸张光洁度、平整度、强度、防水效果不同。机制纸纸面光洁、纸张牢固、不渗水。手工纸纸面不光洁、质地松脆、强度差、易渗水。二是印刷要求不同。机制纸可以双面书写或印刷，手工纸只能单面书写印字。三是尺寸规格不同。机制纸厚薄均匀平整，尺寸一致。手工纸受到手工操作影响，每槽纸的生产差异较大，不易控制质量。四是印刷效果不同。机制纸张数足、破碎少、包装好、损耗低，手工纸经常出现“梢头轻重”“水洞印”等情况。

---

［1］ G. A. 斯穆克．制浆造纸工程大全［M］．2 版．曹邦威，译．北京：中国轻工业出版社，2001：3.

［2］ 匡导球．二十世纪中国出版技术变迁研究［D］．南京：南京农业大学，2009.

在制造工艺上，二者也有很多差异。一是两种技术使用的原材料不同。手工纸的原材料是竹子、稻草、麻类和韧皮纤维等，相比之下，机制纸的原材料主要是木材、草浆或者废纸[1]。在文化产品生产的取材上，受到文化生产工具的影响，机器制造的文化产品生产的原材料可能更加丰富、便宜，而且充足多样。远古时代虽然早有文化艺术的生产，但往往受到生产工具和生产方法以及相应原材料的限制，因此文化生产受到很大的限制。二是两种造纸方法的应用领域不同。传统手工纸的质地较为柔软、呈碱性或中性、吸水性较大，适宜用毛笔书写、绘画等。机制纸纸面强度较大、质地较硬，主要用于印刷书的胶版纸、印刷报纸的新闻纸以及牛皮纸等。三是二者的制造方法不同。手工纸相对来说人力消耗较大，且生产效率较低。制作技艺主要依靠人力在40～60度的低温下进行，通过竹帘实现人工抄造，最终干燥而成。机制纸制造主要依赖机器动力以及电脑的自动控制，在100度以上的高温下干燥而成，因此节省了很大的劳动力，提升了劳动生产的效率。

2. 从印刷术到机器印刷生产的出现

人类的印刷工艺是从早期的手工制作开始的。雕版印刷是我国早期使用的、主要的手工复制技术，一直沿用到19世纪中叶机械化印刷的大规模出现[2]。雕版印刷出现于公元600年左右的隋唐时期，兴于五代、盛于宋元，直至明清。雕版印刷技术是在整块的木板上刻字或者刻图像，经过刷墨、铺纸和加压，形成复制品的一种印刷方法。雕版印刷技术与其他复制技术的工艺完全不同，大体需要四个步骤[3]。一是贴字。将需要印刷的文字或图画写在透明薄纸上，然后取一整块材质较为坚硬且刨平裁好的木板，将已经准备好的薄纸反贴在木板上。二是刻板。刻板时，用锋利的刻刀，把字形之外的板面刻掉，留下刻有反面的文字或图画，形成一块字迹

[1] 刘仁庆．造纸术与纸文化［J］．湖北造纸，2009（3）：44-46.
[2] 匡导球．二十世纪中国出版技术变迁研究［D］．南京：南京农业大学，2009.
[3] 刘跃坤．印刷概论［M］．北京：印刷工业出版社，1998：9.

凸起的雕刻面板。三是印刷。印刷时，先将蘸有墨的刷子，在板面上涂刷，让版面突出部分的文字和图像均匀地沾上墨迹。再平整地覆盖上纸张，用另一个没有磨的干刷子在纸背上刷拭面板。四是晾干和装订。将一页页印有版面墨迹的纸张扬起晾干，并按照书籍顺序装订成册，完成一本书的印刷。雕版印刷技术克服了手工抄写费时费力、易出现疏漏等缺点，印刷结束以后，可以洗刷干净，风干后下一次继续使用。雕版印刷技术的普遍使用，推动了文化知识的传播，促进了社会文化的发展。但雕版印刷也存在雕刻错误难以纠正、刻版费工费时和存放等问题。据史料记载，公元 971 年宋太祖时期，成都刻印全部 5048 卷的《大藏经》，雕版 13 万块，花费 12 年；《五代监本》耗费的时间长达 31 年，耗费了大量的人力、物力和时间[1]。一块雕版被雕刻好以后，已经无法再进行第二次雕刻，需要大量空间长时间存放，一旦遇到变形、虫蛀、损害等还需要重新进行雕刻。

宋代毕昇（约 972—1051）发明的活字印刷术，避免了雕版印刷出现的很多问题。宋代沈括的《梦溪笔谈》记录了 1041—1048 年间平民毕昇发明的活字印刷技术，“一板印刷，一板已自布字。此印者才毕，则第二板已具。更互用之，瞬息可就”。活字印刷的方法是，一个板进行印刷，另一个板开始排布印字，这一版才印完，第二版已经准备好，轮流交替地使用它们，不一会儿就可以完成。通过轮流交替进行排版印刷，提高了排版印刷的利用效率，也减少了印刷所需的原材料。相比雕版印刷，成本低、使用灵活方便，可以随时更正发现的错别字，而且便于存放。活字印刷术的发明使印刷技术发生了根本性的变革。然而，活字印刷术虽然比朝鲜和德国使用的铅活字印刷早 400 年左右，但没有大规模广泛应用。

元代著名农学家王祯（1271—1368）在活版印刷技术的基础上进行了革新，创造了用木活字印刷的“巧便之法”[2]。原来的活字用胶泥烧制而

---

[1] 鲍立泉．数字传播技术发展与媒介融合演进［D］．武汉：华中科技大学，2010：25.

[2] 王祯．［OL］．http：//ren. bytravel. cn/history/4/wang11575036. html.

成，活字容易变脆导致上墨不匀，影响印刷效果。王祯用木头替代胶泥，创造了木活字印刷技术。为了提高排字效率，他发明使用了省力的“转轮排字盘”，转轮找字，按韵取字，大大提高了排字取字的效率。他将改造了的活字印刷技术经验写入《造活字印书法》中，并绘制了“活字板韵轮图”，将图附在《王祯农书》的末尾，这也成为世界上最早的系统描述活字印刷技术的文献，对后来的印刷技术改造和提升起到重要的支撑作用。木活字更易雕刻，取字排字方便简单，一直盛行到明清两代，清代的活字印刷技术更加成熟。康乾采用大套铜活字印刷技术，印制了1000卷的《古今图书集成》。乾隆采用枣木活字印制，印制了《武英殿聚珍丛书》。尽管活字印刷技术操作灵活、成本低，但我国古代大部分书籍还是通过雕版印刷和手抄完成，通过活字印刷的书籍占书籍总量的比例很低[1]。

15世纪左右，活字印刷术推广至欧洲。欧洲引入中国的印刷技术比较晚，主要分为两个阶段[2]27。第一阶段在1300—1425年间，意大利和德国较早引进了木板印刷技术，之后扩展到欧洲其他国家。第二阶段是在1425—1450年间，主要采用雕版印刷技术，同时也引入了中国的活字印刷技术，并且开始尝试使用木活字和金属活字技术。

在欧洲，早期的印刷技术是从模仿中国的木活字开始的，采用了元代王祯在《农书》中所描述的方法[2]。苏黎世大学神学教授特奥多尔·布赫曼在1548年的文章中描述了人们使用木制活字的印刷。起初，欧洲人是将文字刻在一整页的大木板上，但是这种方法费用高，也费时费力，人们便采用了木质活字技术，将活字逐个拼接起来再制版。1450年，德国人古登堡在中国的活字印刷基础上，结合西方拼音文字的特点，研制出金属活字印刷技术。该印刷工艺在欧洲持续了约350年，主要方法是通过手工排字、造纸、印刷、装订而成。古登堡对中国木活字印刷技术的改进主要体

---

[1] 四大发明的活字印刷术，却败给了雕版印刷术，其印刷量只有2%。郑也夫．社会学专题五十讲［OL］．https：//baijiahao. baidu. com/s? id=1614194295067446507&wfr=spider&for=pc.

[2] 匡导球．二十世纪中国出版技术变迁研究［D］．南京：南京农业大学，2009.

现在活字化学成分、压印方式和着色剂使用三个环节[1]。一是对铸字材料的革新。他将活字的非金属材料改为铅、锌和锑三种金属合金材料，这种材料熔点低冷却很快、易于锻造、价格便宜，而且常温下硬度较高，能够承受印刷时的压力，不易损坏。二是对用墨进行了研制。古登堡先将亚麻仁油煮沸，然后通过加蒸馏松树脂的松节油精等物制成油墨，使油墨适合于铅活字[2]。三是对压印方法的革新。他借助机械进行印刷，采用了转轴印刷法。原来的印刷需要通过棕刷或皮垫擦拭，把纸放在印刷的印板上，要求上色力度均匀，且只能印刷单面。他对欧洲压榨葡萄和油料的螺旋压力机进行了改造，可以用较厚的纸张进行双面印刷。这样不仅节省了印刷厚纸张的力气，而且印刷的速度也提升了很多。

古登堡印刷技术的出现，大大降低了印刷制品的成本，印刷术得到迅速普及。从 1450 年到 1500 年的 50 年间，金属活字技术和生产线被广泛应用，欧洲有 260 个城市开办印刷厂，通过这种印刷技术印刷了 3 万种印刷物，共 1200 多万份印刷品。印刷出版物的大量增加，大大促进了文化和知识的交流，迅速地推动了西方科学和社会的发展，维克多·雨果称印刷术为世界上最伟大的发明。古登堡的印刷技术标志着近代印刷技术的开始，欧洲印刷技术从此进入金属活字印刷时期。

到 18 世纪的工业革命后，伴随着高速印刷机和双面印刷机的出现，印刷生产工艺进入到机械复制生产时期。高速印刷机的出现，使印刷生产流程发生了巨大的变革。1814 年，德国人首次通过高速印刷机印制发行了《泰晤士报》。随后，印刷生产的上游原材料也发生了改变，德国人于 1844 年，用刨碎的木材造纸替代了原先用破布造纸的工艺方法，极大地解决了造纸产量的问题，为书籍刊物的大规模印刷创造了条件。经过对印刷机器的不断改进，印刷机的速度和效率发生了惊人的变化。1881 年，报纸轮转印刷机已经能够在一小时以内印刷出 2.5 万份 8 页的报纸，远远超过了原

[1] 匡导球．二十世纪中国出版技术变迁研究［D］．南京：南京农业大学，2009.

[2] 鲍立泉．数字传播技术发展与媒介融合演进［D］．武汉：华中科技大学，2010：27.

先高速印刷机的印刷效率[1]。到20世纪，轮转印刷机已经能够每小时印刷70万份4页的报纸，轮转印刷机将报纸产业迅速发展成为大众的工业产品。在此之后，胶印方法、电传排字机以及激光牌照系统的出现，将印刷的机械复制生产技术不断提升和改进，极大地扩大了纸质媒体的传播范围并提高了其推广速度。

二、机械复制时代的文化生产

1. 对文化艺术生产的深刻改变

机械复制时代文化生产工具的变革突出了文化艺术生产的物质部分，改变了传统意义上对于文化产品生产的理解。传统意义上的文化艺术生产，如古希腊、古罗马或古代中国的文化艺术产品，主要是通过人类手工的制作完成的。古代生产当中物质工具的部分与机械复制时代用于艺术生产的工具相比具有本质上的不同，最重要的是机械复制将文化生产工具从传统的人类劳动技能当中分化出来。

机械复制时期的文化生产工具开始让人们重新认识文化艺术品生产以及文化艺术作品本身。在远古时期的艺术品生产过程当中，人类作为生产的主体发挥了决定性的作用。但是，当机械复制进入到文化艺术作品生产过程当中时，人类是基于机械化大生产进行的文化内容的生产。由于文化产品的生产方法不同，导致了劳动生产效率的明显差异。如照相机的捕捉速度要大大快于手工制作呈像，这使得图像复制的速度大为加快。当科学生产的方法渗透到文化产品的生产过程当中，人类对这些生产工具的掌握以及对艺术生产能力的表现，就已远远超过了传统文化生产的效率。正如保罗·瓦雷里所说，“近二十年来，无论物质、空间抑或时间都已不同于远古时代。如此巨大的变革必将改变诸艺术的所有技术，并借此影响创意

[1] 王鸿生．世界科学技术史［M］．北京：中国人民大学出版社，2008：155.

本身，甚或魔法般地改变我们的艺术概念。对此，我们必须做好准备”[1]。

机械复制在艺术品大生产当中开始发挥主导性的作用，独立于人类手工作用的能力之外，并且远远超过人类手工生产能力本身。本雅明在《机械复制时代的艺术品》一书中提到，摄影技术对人类进行文化生产创作的全新的改变[2]。他认为，最重要的改变之一，便是照相机代替了人手工的作用，通过人眼的拍摄呈现出更加精准、更加真实的画面。1907 年，利希特瓦克写道，“在我们的时代，说到要令我们全神贯注地观察我们的密友、亲人与爱人，没有一种艺术品能够和肖像摄影相比”[2]63。这种摄影的艺术作品并不是完全由人类自身制作的，而且画面的真实效果远远超过了人类手工进行的生产。摄影这个物质实体独立于劳动者之外，并且代替了人类的手工制作。因此说，机械复制的文化生产所发挥的作用远远超过了人类手工制作的生产能力本身，机械复制进行的文化产品的生产是一种彻底性的变革。

在机械复制下的艺术生产过程中，人类发挥的作用就是将自己的视觉、听觉以及对外部世界的感知传递在艺术作品当中，然后通过物质生产记录这些文化内容。本雅明认为，机械复制下的艺术生产改变了人类在生产当中所发挥的作用，人类开始将心灵、感觉以及某些观念作为重点进行组织，再融入文化产品当中进行生产。因此，艺术作品、劳动者以及机械生产工具三者的生产关系发生了改变。劳动者本身的工作重点转为对艺术作品内容的创造，机械生产工具完全发挥着机器的中介作用，在复制与生产当中体现着机器制造的重大价值。艺术作品成为连接劳动者和机器生产工具的纽带，并且，在文化产品不断生产的过程当中，这三者之间形成了新的相互作用。机械生产工具成为记录文化内涵的载体，记载着人类的感

[1] 保罗·瓦雷里．艺术断片．普遍的征服．巴黎（无发表年月）．103-104.

[2] 瓦尔特·本雅明．机械复制时代的艺术［M］．胡不适，译．杭州：浙江文艺出版社，2005.

知、语言、思想、观念及其他，并伴随着更丰富的文化产品的出现，成为一种影响更加深远的生产力量。

2. 更丰富的文化艺术产品的出现

伴随机械复制手段的更加多样，文化艺术产品也以更加丰富、更加多样的方式展现出来。在古代的艺术品生产上，由于受到生产复制工艺的束缚，生产的艺术品是无法进行大规模复制的。如古代的希腊人，他们只掌握了浇铸和制模这两种复制工艺。因此古希腊能够大量生产的艺术品只有青铜器、陶器与铸币，数量非常有限，其他的艺术品都无法通过复制生产工艺完成，也都是独一无二的文化艺术品。

在机械复制技术手段变得更加丰富以后，基于艺术品的复制再生产便出现了。其中，版画印刷是19世纪前后出现的一种重要的批量印制方法。根据版画所依附版材物质的版种不同，版画的主要印制手段包括蚀刻版画、木刻版画、铜版画与石版画。版画是版画艺术家将绘画作品通过特殊技艺生产在铜板、木板、石板上或其他材料上，再通过复制印刷进行产品的大批量生产的工艺，与绘画不同。其中，蚀刻版画、木刻版画和铜版画都需要用到雕刻技法。蚀刻版画是版画艺术家用针把绘画作品刻在表面涂有油漆的铝板上；木刻版画是用刻刀在木板上进行作画；铜版画是凹版印刷，主要基于版画艺术家的雕刻技法进行绘制，再通过版画机的压力印刷成铜版画。与木刻版画、蚀刻版画不同，石版画不需要通过人工雕刻的技法进行生产，而是用特制的蜡笔和铅笔作画，将绘画作品涂在一块石头上。这种工艺方法的出现，进一步提升了艺术品复制的效率。而且石版画制作过程中可以对绘画作品的造型进行改变，将绘制图案转印到纸张上，从而实现对原有作品的创新。

此外，文化生产手段的丰富，可以将人类的观念和情感，更好地融入文化艺术品当中，进一步提升人类表达文化内涵的能力。比如摄影生产当中的慢镜头、抓拍、特写镜头等技术的实现，能够将转瞬即逝的影像捕捉下来，并融入带有感情色彩的艺术表达，通过图像的方式呈现出来。又如更加丰富多样的电影拍摄手段、特技效果，往往能够将观众以特有的方式带入其中，通过体会其人物性格、故事情节、叙事主题等获得更加真切的感受和进行丰富的联想。

这些更加丰富的机械复制手段不仅促进了文化产品的多样化生产，而且将文化大众的范围进一步扩大，对文化艺术作品的传播也产生了巨大的影响。艺术作品也不再作为个体创作的私人产品，机械复制将其进行了再生产，并以更加丰富的产品形式批量制作、普及。一方面，艺术家能够在自身作品的传播过程中获得额外的收入；另一方面，这些文化艺术品能够被更多的艺术爱好者接触、感知，成为集体大众共有的文化财富。

三、无线电通信的电子纪元

1. 古人讲求的“知天”

大约 2000 年前，中国人发明了纸。大约 1500 年前，中国人发明了雕版印刷术。当刻版师傅在木石板上，慢慢地、轻轻地一笔一画雕刻汉字，涂墨师傅将木板上的汉字均匀地涂上油墨，覆盖纸张，用力按压纸面，让涂满油墨的汉字充分地接触纸面，完成文字的印刷[1]。一张还散发着油墨味道的纸面，承载的不仅仅是汉字本身，还有语言文字所表达的内涵。它也许是一部文学作品，或是一本传播知识的书籍。文化和知识的传播，就是以这样的方式，走出刻版师傅的工房，走进千家万户。今天我们看到的纸张和书籍，已经远远不同于两千年前，但对于文字的热爱，却愈加强烈。只是今天的我们已经习惯了电子书写，习惯了网络阅读，最主要的还是电子技术和数字技术带来的改变。

对自然世界的认识和文化知识的学习，我国在很早的时候就有过相关

［1］ 中国人发明了纸和印刷术：让人们对文字充满敬意［OL］. 凤凰网［2019-12-23］. http：//v. ifeng. com/c/7sdm8rVYHEO。薪火相传的汉字书写唤醒民族自尊增强民族自信［OL］. https：//zhidao. baidu. com/question/458735559711545325. html.

的论述。《劝学》作为《荀子》的开篇之作，论述了自然界的存在不以人的主观意志为转移，鼓励人们通过努力学习去认识自然界的规律，顺应规律并运用它。荀子是战国末年的儒学大师，他吸收了道家思想，特别是帛书《黄帝四经》的思想精华，主张唯物主义的自然天道观。荀子认为人对客观事物的认识，首先需要通过感觉器官和外界事物接触，强调“行”对于“知”的必要性，强调后天学习的重要作用。“天行有常，不为尧存，不为桀亡。”在荀子看来，天只是自然之天，大自然的运行有自身客观的规律，这个规律不会因为三皇五帝尧的圣明或者夏朝桀的暴虐而改变，只按其自身的法则生成和消长。因此要注重发挥人自身的主观能动性，发挥人自身的力量，“制天命而用之”，在“知天”的基础之上实现“天人合一”。

在《劝学》中，荀子提到了，“顺风而呼，声非加疾也，而闻者彰”。顺着风呼喊，声音没有变得洪亮，可是在远处听的人也能够听得很清楚。这主要是为了说明君子的资质秉性跟一般人没有什么不同，只是君子善于借助外物罢了。荀子还说到，“假舆马者，非利足也，而致千里；假舟楫者，非能水也，而绝江河”。借助车马通行的人，并不是因为脚走得很快，却能够达到千里之外，借助舟船渡水的人，并不善于游泳，却能够横渡江河。“君子生非异也，善假于物也”，他们往往都是善于借助外物的人。

荀子在《劝学》中提到的顺风呼喊的声音是一种波，它具有能量，可以传递信息。但声音必须经过空气或者其他介质才能够实现传播，在空气中传播的速度大约是每秒 340 米。在空气中，声音传播的距离也是相当有限的，一般距离 10 米的人，还能够听清楚对方的声音，但再远的距离，就很难听到。实现声音远距离传输的是无线电技术的发明。

2. 电磁波和无线电通信的变革

人类发现电磁波，经历了漫长的历史过程。直到 19 世纪，英国物理学家詹姆士·克拉克·麦克斯韦（1831—1879）预言了电磁波的存在，1888 年德国物理学家赫兹（1857—1894）证实了电磁波的存在。麦克斯韦将法拉第关于“场”的物理思想与数学理论结合，提出即使变化的磁场周围空间没有导体存在，空间仍然存在感应电场。电介质内电位移的变化也可以看作是一种电流，和传导电流一样，能在空间产生磁场。他通过数学方程组论证，提出了电磁场理论[1]。他认为，电能生磁，磁又能生电。当导体中有迅速变化的电流时，通过振荡式放电，导体周围的空间会产生放射性电波，这种电波不需要介质就可以在真空中传播。电磁波的传播速度等于真空中的光速，即 3×10^8 米/秒，每秒钟约 30 万公里，相当于绕地球 7. 5 周，他推断光也是一种电磁波。

在当时的德国，人们的认识还停留在牛顿的传统物理学观念。19 世纪 20 年代的物理学，主要以牛顿的物理学思想为基础。热、电、光、磁以及化学作用等自然界的“力”，被认为是一系列流体粒子间的瞬间吸引或排斥。奥斯特（1777—1851）发现如果电路中有电流通过，它附近的普通罗盘的磁针就会发生偏移。法拉第（1791—1867）从中得到了启发。1831 年，法拉第第一次发现电磁感应现象，并进而得到产生交流电的方法。根据实验的结论，法拉第发明了圆盘发电机，这是人类创造出的第一台发电机。1837 年，他引入电场和磁场的概念，指出电和磁的周围都有场的存在，这打破了牛顿力学“超距作用”的传统观念。1838 年，他提出了电力线的新概念来解释电、磁现象。1845 年，他发现“磁光效应”，为电、磁和光的统一理论奠定了基础。1854 年，麦克斯韦受到法拉第的《电学实验研究》的吸引，经过一系列研究和求教，认为尽管人们对法拉第的观点看法不一，有不少非议，但法拉第的新论中有着不为人所了解的真理。他看到法拉第的创见都是以直观形式来表达的，在定性表述上欠缺推论，所以决定用数学来弥补法拉第的推断。麦克斯韦在前人成就的基础上，凭借数学推论于 1855 年至 1864 年间发表了三篇电磁场理论的论文，即《论法拉第的力线》《论物理的力线》《电磁场的动力学理论》。

---

[1] 鲍立泉. 数字传播技术发展与媒介融合演进［D］. 武汉：华中科技大学，2010：33.

然而，人们认为法拉第和麦克斯韦对物质世界描绘的新理论违背了传统，导致二者没有受到关注。人们甚至把新理论当成奇谈怪论，只有赫兹的老师赫尔姆霍茨和波尔茨曼等少数人支持电磁波理论。在老师的指导下，赫兹通过物理事实对电磁学进行深入研究，他认为麦克斯韦的理论比传统的“超距作用”观念更令人信服，于是他决定用实验来证实电磁波的推断。

赫兹采用纯电学的方法，通过发明一种电波环，进行了一系列的实验操作。1888 年，赫兹发现了人们怀疑和他期待已久的电磁波。他通过实验，一一验证了麦克斯韦的电磁波理论，并发表了题为《电磁波及其反应》的研究报告。他找到了产生无线电波、发射无线电波以及接收无线电波的方法，并证明了光是一种电磁波的推断。赫兹在实验室发现的电磁波是一项重大的科学判断，赫兹的论证轰动了科学界。电、磁、光的统一理论被认为是 19 世纪科学史上最伟大的发现。麦克斯韦创立电磁场理论，是在牛顿力学之后的又一重要里程碑。麦克斯韦于 1873 年出版的《论电和磁》，被尊为继牛顿《自然哲学的数学原理》之后的一部最重要的物理学经典。

由法拉第开创、麦克斯韦总结和赫兹验证的电磁理论，极大地促进了人类文明的进步。在发现电磁波后的不到 6 年的时间，1894 年，俄国水雷军官学校教员亚历山大・斯捷潘诺维奇・波波夫研制成一台无线电发报机，通过无线电报实现了电磁波传播信息。他认为，无线电通信最关键且迫切的问题是研制出灵敏度非常高的无线信号接收机，通过无线信号接收机实现长距离传播[1]。1895 年，波波夫与助手雷布金在俄国物理化学协会的年会上，现场展示了通过自制无线电接收机实现远距离通信。1894 年，马可尼在电器杂志上读到赫兹的实验报告，他想到用足够灵敏的检波器，能够实现在更远的地方测出电磁波。1901 年，马可尼和他的团队发射

[1] “无线电专家”波波夫的科学之路［OL］.［2018-04-24］. 科普中国，http：//www.kepuchina.cn/person/jcrs/201804/t20180426_623710.shtml.

的无线电信息成功地穿越大西洋，跨越3000公里，从英格兰传到加拿大的纽芬兰省，从此宣告人类进入了无线电通信时代[1]。无线电技术的诞生，实现了电磁波在空间内以无线的方式传输，波波夫和马可尼的发明为广播的问世奠定了坚实的基础。

1904年，德国物理学家阿尔图·威德尔特研制出整流二极管，为无线电广播的传输载体提供了重要的电子元件[2]。1906年，美国人德福雷斯（1873—1961年）在弗莱明的真空二极管的基础上，在两个电极之间加入一块小锡箔，研发出真空三极管。三极管的特性是在一定的条件下集电极电流和基极电流成比例，因此能够以基极电流微小的变化量，来控制集电极电流较大的变化，从而实现放大电流的作用。三极管的成功研制，实现了通过控制电子流的大小使微弱的电信号得到放大，实现了声音的远距离传输。1906年圣诞节前夜，美国的费森登和亚历山德逊在纽约附近设立了一个广播站，并进行了人类历史上第一次正式的无线电广播。美国新英格兰海岸的报话员从耳机中听到了《圣经·路加福音》中的圣诞故事、小提琴演奏的圣歌及圣诞快乐的祝福，无线电广播诞生了。此后电磁波的理论和应用不断取得重大成就，出现了无线电导航（1911）、无线电话（1916）、短波通信（1921）、无线电传真（1923）、电视（1929）、微波通信（1933）、雷达（1935），以及遥控遥感、卫星通信、制导等一系列的新技术和新突破。电磁波的发现具有划时代的意义，开创了人类无线电技术的新纪元，是近代科学史上的一座里程碑。

四、"触网"过程中的媒介技术融合

数字化、网络化和三网融合技术将各种传统的文字、图画、声音等单

[1] 118年前的今天人类开启无线电通信新纪元莫拉图通信[OL].[2019-12-22]. http://www.molatr.com/News/Show_2763.html.

[2] 鲍立泉. 数字传播技术发展与媒介融合演进[D]. 武汉：华中科技大学，2010：35.

媒体内容汇聚到一个平台上。通过对单媒体业务的技术革新，实现内容的多媒体化，对单媒体技术与资源进行重组，实现媒介融合的技术统一。数字化技术将文字、声音、图画和数据等所有信息，都转化为数字形式，即1和0。数字化带来的技术变化主要在三个方面[1]。一是提高了信息传输和复制的速度，降低了信息传输的成本。比特（BIT）作为信息量的度量单位，也是信息的DNA。原子时代和数字化时代的差异表现为比特与原子的运行法则完全不同[2]1-3。原子时代的信息只能由有限人使用，信息传播受到时间和空间限制。而且存在伴随使用量的增加，信息价值降低的可能。比特作为数字化信息的度量单位，本身没有重量，易于复制，可以实现快速的传播。比特的信息传播，没有时间、空间和使用人数的限制，信息传输的价值不会受到接收信息人数的影响，数字化信息能够被不断地重复使用[2]。二是数字化技术将文字、图片、声音等所有的信息转化为标准化的信息语言，实现了以数字媒介进行信息的传播。数字媒介能够实现多种形态信息的传播，声音、文字等不同形态信息之间的边界消失，声音、图像和数据形成的信息相互混合，信息传输渠道开始融合。三是信息与传统介质的分离。数字化技术出现之前，主要的传播介质是承载文字和静态图片的报纸、承载声音的广播和承载动态画面的电视。数字化技术出现之后，不同形态的信息都能够形成数字化代码，以编码的形式传输到数字化终端，再通过解码还原为原始信号，从而完成数字化转换和传输的过程。数字化过程的实现，使信息能够通过个人电脑、iPad、智能阅读器和手机等智能终端实现信息的接收，实现了不同形态的信息和传统传播介质的分离。

网络化技术是通过运用计算机技术和通信技术，将分布在不同地点的计算机和各类电子终端设备联系起来，使计算机网、数据通信网等相互通信，将网络与网络之间串联形成逻辑上单一的、庞大的国际网络。网络与

[1] 王勇．媒介融合背景下我国广电全媒体发展研究［D］．武汉：武汉大学，2013：21.
[2] 尼古拉·尼葛洛庞帝．数字化生存［M］．胡泳，等，译．海口：海南出版社，1997.

网络之间以一组通用的协议相连，从而实现所有用户共享软件、硬件和数据资源的目的，网络化消除了“信息孤岛”，实现了资源共享。网络化建立在数字化基础之上，由数字化形成的不同形态信息的代码，都能够以1和0的计算机语言在网络上自由传播。音频、数据、视频等数字化信息，都能够通过网络实现即时的、双向的、互动传播。报纸、广播、电视等传统媒介与互联网融合，拓展了文字、图片等信息的传播方式。网络打破了传统媒体条块分割的界限，将数字化信息融合，为媒介融合提供了可能。

三网融合，简称“2+3”，是在电信网和有线电视网这两张物理网上，实现广播电视、宽带接入、语音服务三项业务的运营。三网是指电信网、计算机网、广播电视网三大网络，三大网络的融合不仅是物理上的融合和表现为技术上的趋向一致，更是网络与网络之间实现业务应用的相互联通和渗透，实现业务上的无缝覆盖和交汇共享。三网融合的实质是打破广电、电信业的行业垄断，互相进入对方的业务领域，实现开放竞争。三网融合使广电、电信和互联网三个行业形成统一的信息通信网络，使广电、电信和互联网的行业边界趋于模糊。一是从广电行业看，广电行业依托互联网实现宽带接入，拓展语音服务，广电企业提供增值的电信业务、接入互联网业务等。二是从电信行业看，电信行业通过拓展传播渠道，实现产业链的内容整合，电信企业进行除时政类节目外的互联网视听节目传输、广播电视节目生产制作、交互式网络电视（IPTV）传输等业务。三是从互联网行业看，互联网行业越过运营商，发展基于开放互联网的各种视频及数据服务业务，互联网企业直接为用户提供语音、数据、视频等服务，跨越了物理网络的藩篱。

如果把三网融合理解为铁路、公路、机场建设等基础设施的互联互通，那么铁路、公路、机场等都有自身的市场运营优势，三大网络的融合也面临着机遇和挑战。电信行业的传统优势是基于语音和宽带接入实现电信传输业务，通过电磁系统或者光电系统，传送、发射或者接收信息；面临的挑战是移动用户规模和业务收入超过固话，市场结构进一步失衡。广电行业的优势是专业从事播送图像和声音的电视广播，呈现视频内容和媒体广告；面临的挑战是网络宽带化、系统智能化和媒体的融合[1]。全国有线电视宽带互联网用户数量和智能终端数量，台网联动和有线网络互联互通程度决定了广电行业融媒体的服务能力。互联网行业的传统优势是数据技术和资源；面临的挑战来自其媒介宣传的影响力。信息高速公路的建设，目的是通过广电、电信和互联网市场的融合，为用户提供更多选择，实现移动多媒体广播电视、IPTV（交互式网络电视）、手机电视、有线电视网宽带服务以及其他融合性业务服务。

五、传播技术的融合、竞争和演化

1. 媒介技术的价值特征

世界管理思想大师彼得·德鲁克在其专著《21世纪的管理挑战》一书中指出，我们正在经历着一场信息革命，但是关注重点已经发生了变化。以往信息技术革命关注的重点在“技术”上，比如数据的收集、储存、传输和打印技术。而现在的信息技术革命重点是“信息”，即声音、消息、通信系统所传播的内容。从媒介技术融合的角度来看，媒介融合以信息的采集、传送、制作、发布、管理查询等各环节的数字化处理为基础，实现不同媒介之间的互通和整合。媒介融合最终所要实现的是，不同媒介之间所承载的信息内容的互联互通和汇聚融合。

传统的单媒体介质对应着不同的文化生产形式，基于不同的传播载体，构建了不同的“场域”空间[2]。文学创作营造了一个文字叙事空间和情景想象空间，戏剧和舞蹈艺术有一个舞台空间，摄影和绘画创作有其

[1] 广电行业面临三个挑战和两个机遇［OL］.［2018-12-21］. https：//www. sohu. com/a/283486854_ 99897609.

[2] 王方. 数字时代艺术媒介化研究［D］. 南京：南京艺术学院，2017年中国硕士学位论文.

所在的平面空间，影视艺术存在于一个视听空间中。基于原有的单媒体介质的文化生产，文化产品在其所在现实的物理空间当中。媒介技术的变革，使现实的物理空间发生了变化。

在《E. T. 外星人》的电影里，讲述了一个善良的小男孩埃里奥特遇到意外走失的外星人，悄悄把他带回家，他们跨越言语沟通障碍互相扶持成长，面对考验，他后来帮助外星人逃过科学家和警察的追捕，顺利回到飞船的温馨故事。万圣节当天晚上，埃里奥特骑着自行车把 E. T. 带到郊外的森林，E. T. 成功制作了可以向遥远外星发射信号的简易装置，并收到了信号回复。E. T. 的同伴们收到信号后，驾驶飞船回到地球，接外星人 E. T. 回家。

E. T. 制作了一个可以向遥远外星发射信号的传播媒介，这个简易装置超越了物理现实的空间，将 E. T. 发出的“E. T. 要回家”的信息传出地球，传播到了外太空。人类历史上发明的信息技术，也在一次又一次地突破时间和空间的限制。报纸的发明，实现了文字信息在一定空间范围的传播，超越了文字书写的空间局限。广播的发明，实现了声音在远距离的传输，克服了架设线路传输的时间和物理空间的局限。电视的发明，实现了文字、声音、画面整体形态的传播，丰富了信息传播的内容，实现了信号覆盖全世界的即时通信传播。网络的发明，不仅实现了点对面的大众传播，还实现了点对点、多信息形态的、易检索的、个性化的信息传播[1]。媒介技术革命，突破了传统单介质构建的物理的“场域”空间和时间局限，突破了文字书写传播的物理空间，突破了广播传播的即逝时间，实现了不同形式的信息内容的融合与共享，实现了双向互动的即时传播。

技术是人思想的物化，媒介技术是在模仿甚至是在复制人体的某些感知功能、感知模式和认知模式，媒介技术的演化发展越来越人性化。美国媒介理论家保罗·莱文森解释了媒介技术的演化特征，论述了媒介技术的

[1] 王勇．媒介融合背景下我国广电全媒体发展研究［D］．武汉：武汉大学，2013：22.

两个功能，一个是为了实现信息的获取，一个是为了符合人类生物的本性特征[1]。媒介技术的演变越来越趋向于人类认知的原始模式，从文字的文本叙事、绘画，到声音传播和视觉影像传播，都符合生物学角度的标准[2]。和文字书写相比，人们与生俱来的是言语的交流，因此言语更符合原始认知模式。广播的发明，以“言语”为基础，作为复制并延伸言语的媒介技术更趋于人性化。和电报相比，电话实现了信息远距离的“实时”传播，实现了人与人的言语交流，作为趋向原始认知模式的媒介技术也更人性化。电视从黑白发展到彩色，电影从无声发展到有声，从 2D 发展到 3D 和 4D，电视和电影展示的内容更趋向于人眼天然看到的彩色的东西、听到的有声的东西，更趋向于人们需要感受到的“现场感”[3]。电脑运用人机交互模式输入代码命令进行操作，从图形界面到智能触摸屏操作，再发展到现在的语音交互操作，实现了系统与用户之间的互动交流。聊天软件也从发送字符的 SMS 短信，发展到支持音频、图片、视频、多人群聊的微信，实现了更加鲜活、富有情感的“即时交流”，越来越符合人性化特征。媒介进化使媒介的使用功能越来越符合人类感官的需求，与人类的互动方式也更加灵活、丰富和多样，即莱文森所论述的媒介技术演化更符合“人性化趋势”。

2. 生产的变化、竞争和技术演化

媒介融合表现出广电、电信和互联网业务形态的整合，技术融合也导致生产流程的变化。产业链上游内容生产的变化，表现在不同媒体内容的相互嵌入，单媒体产品更加灵活的组合。引入社会化内容制造的市场竞争后，产品内容也更加丰富多样。在传统媒体的产业链当中，传统广电产业

[1] [美] 保罗·莱文森．手机：挡不住的呼唤 [M]．何道宽，译．北京：中国人民大学出版社，2004：147.

[2] 沈继睿．媒介技术的哲学研究 [D]．南京：东南大学，2015：49.

[3] 广播电视和新媒体：过去、现在和将来 [OL]．搜狐网 [2017-09-09]．https://www.sohu.com/a/190747393_738143.

链的电视台和广播电台等播出机构处于垄断地位，信息的内容生产、传输到接收，传统媒体的产业链都呈现出线性的、封闭的、垄断的特征[1]。广电机构原来实行的是“制播合一”模式，实行采、编、播一体化的生产，节目由自己生产自己播出。“制播合一”模式缺乏竞争机制，每个生产环节所面对的用户群体也比较固定单一，用户稳定，数量比较有限。媒介技术的发展，导致传统广电媒体的产业链出现纵向的分离特征，表现为制播分离[2]。制播分离是一种委托制作模式，国家电视播出机构将部分节目的制作委托给独立制片人或独立制片公司完成的模式。制播分离模式促成了大量内容制作公司的出现，社会化公司承担起体育节目、娱乐节目、影视剧节目的制作任务，形成了市场竞争。制播分离的出现，使电视节目的生产、流通和播出环节由不同的机构完成，汇聚社会力量完成节目内容的制作，避免了节目重复在低水平运转的现象，提高了制作效率。这种将一部分内容制作分离出来的模式，使内容制作形成一种社会化的专业分工，可以降低成本，提高节目内容的多样性。

媒介融合也加剧了产业链下游的业务终端的竞争，市场从封闭垄断向自由开放转变，从垄断的渠道模式向开放的平台模式转变。过去，广电业务和电信业务分别形成了各自独立、垄断且封闭的盈利模式和运营模式[3]。产业链上游的内容生产和产业链下游的传播渠道和基础网络运营都由广电机构主导和控制，在产业链的各个环节，产业链由广电机构占据，市场处于垄断格局，没有其他竞争者[4]。媒介技术的变化，促使产业链下游业务出现分化。一方面，出现了接收内容的业务终端平台，不同单媒体业务形态的整合，将不同的内容产品汇聚到一个终端的服务市场。一方面，内容的灵活组合，使产品形态更加多样、丰富，用户的个性化需

[1] 谷虹，黄升民．融合产业没有王者只有盟主［J］．现代传播，2012（4）．
[2] 王勇．媒介融合背景下我国广电全媒体发展研究［D］．武汉：武汉大学，2013：65.
[3] 谷虹．信息平台：三网融合的产业制高点［J］．国际新闻界，2012（3）．
[4] 王勇．媒介融合背景下我国广电全媒体发展研究［D］．武汉：武汉大学，2013.

求增加，促进了内容接收终端的进一步分化[1]。媒介融合的市场，表现出的是各种媒介产品以跨平台和跨媒体的形式汇聚到共同的网络，进行信息共享和传播。业务终端是一个开放的信息平台，是各种介质产品和服务的组合，业务终端的信息平台不是一个固定的、唯一选择的平台，而是不同群体可以按照自己的偏好选择不同的接收终端。用户群体可以选择网络化的接收终端，选择智能手机、电脑、iPad 或者智能阅读器，也可以选择传统媒体的接收终端，比如报纸、电视或是广播。网络化平台的出现，并不是以业务终端平台的方式完全替代传统单媒体固有的形态，而是对传统媒体的传播渠道的拓展。通过对传统媒体技术的继承和改造，形成业务的组合和分化，以适应用户的阅读、收听和收看习惯，满足用户多样化和个性化的需求。

产业链下游业务的分化与竞争，表现出媒介技术的几个演化特征。具体如下：

一是内容和传播介质的分离。媒介技术发展存在两个节点：介质和内容的分离，介质和应用的分离[2]。在印刷技术时代及更早期，通过印刷出版的报刊、书籍，雕刻的石碑、艺术品等与内容完全捆绑在一起[3]。报刊和书籍承载了文字和图画内容，石碑雕刻等艺术品承载了绘画、工艺等文化内容，内容与介质融为一体，无法分离。在电子与光电技术时代，收音机、电视机、电子阅读器、MP3 播放器等介质实现了内容和传播介质的分离。内容和介质不再像原来那样完全绑定到一起，内容的传播不需要借助介质在物理空间产生的位移。数字化电子产品的复制，只需要通过数字化的信息复制即可实现，大大提升了内容传输的效率。

二是接收功能和设备的分离。网络化与传统媒体的接收终端的差异在于接收功能。传统媒体的接收终端功能单一，产品内容不可交叉。比如，

[1] 彭兰．媒介融合时代的“合”与“分”［J］．新闻与写作，2006（9）．
[2] 魏武挥．从麦克卢汉到乔布斯：媒介技术与环境保护［J］．新闻记者，2011（11）：39-42.
[3] 沈继睿．媒介技术的哲学研究［D］．南京：东南大学，2015：78.

SMS 短信业务需要用功能手机接收，广播需要用收音机接收，电视需要用电视机收看，音乐需要用 MP3 接听。接收终端与信息内容对应，一种接收终端只能对应一种传播内容，一种接收终端只能有一种功能。电视不能接收广播，MP3 也不能接收短信。相比之下，网络化的接收终端功能多样化、个性化，可以通过数字软件承载多种功能。比如智能手机、互联网电视、双向互动机顶盒、电子阅读器、iPad 等智能终端能够接收数字化网络化的内容，这些内容既可以是单媒体介质的内容，也可以是多媒体服务内容。用户可以选择通过传统渠道看报纸、收听广播或看电视，也可以在互联网上看新闻、听广播、查询信息，或是选择自己喜欢的节目。网络具有点播互动的功能，用户不需要像传统的广播和电视那样在固定时间收看某个节目，而是可以在任何时间任意地点选择自己想要收听或者观看的内容，突破了传统媒体播放时间段的限制。内容与传播载体的进一步分化，使用户可以通过选择其中一种接收终端接收多项媒体服务。

三网融合的推进，导致了广电、电信和互联网之间交叉业务的竞争，进一步推动了媒介技术的演化。一是新的传播渠道建立在信息传输网络基础之上，广电和电信之间形成了数字网络和物理网络的基础设施建设的竞争关系。电视网和通信网都是物理网，为了建立与终端用户的连接，电视网和通信网都需要建立起分布式的网络结构，通过网络及终端的基础设施建设衍生出新的传播渠道。二是为增强内容服务，各方都在进入对方的传统核心业务，如国有电信企业参与数字电视接入网络建设和电视接收端数字化改造，电信进入广电传统的视频内容和媒体广告业务。电视媒体、广播媒体与互联网接轨，开辟新的传播渠道，形成广电行业与互联网互动发展的局面。互联网的音乐平台、语言类广播、视频平台、文字创作平台吸引了大量年轻用户，传统广播电视业务面临着互联网流媒体服务商的竞争[1]。同时，互联网行业进入语音和宽带网络接入业务，与传统电信领

[1] 广播电视和新媒体：过去、现在和将来［OL］. 搜狐网，［2017-09-09］. https://www.sohu.com/a/190747393_738143.

域展开竞争，催生与互联网结合的语音业务和更加丰富的互联网应用通信的创新。

三是各方都积极拓展新兴业务领域，推动信息技术向新兴业务融合，使生产更加细化和专业化。广电、电信运营商与互联网三大网络加快技术改造，拓展新的业务空间，向教育、医疗、安全、旅游、金融等行业推出新产品，开拓新的市场。通过整合信息通信网络的业务，提升技术创新能力，实现以电视作为终端的互联网电视、IPTV、数字电视，以手机终端的 CMMB 和 3G 视频手机电视业务在养老、教育、旅游等新兴领域的深层发展。

从全产业链来看，产业链上游内容制造和下游传播渠道呈现出整合的演变趋势。一方面，是广播、电视等传统的内容制作媒体向传播渠道的业务拓展；另一方面，是电信运营商和互联网企业向视频、音频等节目内容制作的业务拓展。处于产业链上游的内容制作供应商，正在延伸传播渠道，进行“内容+渠道”的资源整合。广播、报纸、电视等传统媒体在原有新闻、广播、电视节目内容制作的基础上，创建手机媒体、视频网站、微信公众号、微博、互联网门户、移动新媒体等传播渠道。通过拓宽原有的传播渠道，使用户可以在电脑上看报纸，在电视或手机上听广播，提升内容传播的广度和深度，同时也在提升节目的视听质量。电信运营商，在实现宽带接入业务的基础上，向电视业务发展，实现从传播渠道向内容服务的拓展。互联网企业在视频网站平台业务的基础上，整合网上视频网站传播渠道，形成视频网络资源的联通，在渠道营销的业务基础上，进入内容制作领域，实现网上的节目内容制作与传播。

数字网络拓宽了原有的内容生产和传播渠道，电信企业、广电、IT 企业、互联网企业呈现竞争格局。媒介融合的市场使产品内容呈现出多元化、个性化的特征，用户可以根据不同的偏好选择相应的产品和接收方式。“内容+渠道”的资源整合将形成一个完整的信息平台，降低业务的竞争成本，进一步吸引更多的观众，提升行业的市场竞争力，从而带来信息传播领域的巨大变革。

第三节 财力：扶持文化产品生产的资金

一、文化事业的资金支持

1. 清末至新中国成立前

清朝末年中国的文化事业资金来源主要是财政拨款、公产、学田收入及私人筹款等。中国最早的公共博物馆修建于光绪三十一年（1906），该博物馆的创办资金及日常的经费开支是由张謇自行提供的。张謇将其创办的大生纱厂的资金用于建设通州师范学院，并在院内修建了南通博物院。另外，早期的图书馆建设经费也主要来自个人的筹款。建于光绪二十四年（1898）的图书馆，是由杨模自行进行的筹资并提供的日常经营费用，该图书馆建于俟实学堂内，是为其创办的学堂所使用而修建的。

20 世纪初，文化事业的管理和资金支出开始纳入政府教育经费开支，文化事业成为政府拨款经营的一项公共事务。清朝末年，公共图书馆和博物馆事业的经费支出主要分为两部分——额定开支和灵活开支，即额支和活支。额支主要基于纳入政府的人员编制情况，以及政府进行的定额拨款所产生的经常性费用。活支主要是政府的临时性费用，比如开办费、设备费、修建费等，支出不定额也不定期。民国年间，文化事业经费改为社会教育经费，包括教育的总经费开支，主要来自田赋专款、屠宰税、牙帖税、社会教育机构行政收入及教育协款等。民国十六年至十八年（1927—1929），国民政府试行大学区制社会教育，并对省级社会教育经费占比进行了规定，社会教育经费占教育经费的比例应达到 10% ~20%[1]。

---

[1] 王鸿．文化艺术志［M］．南京：江苏古籍出版社，2003.

到抗日战争时期，各地的文化事业经营受到重创。如江苏省余留的图书馆藏书、博物馆藏品等，几乎被日军洗劫一空，绝大多数公共文化基础设施遭到严重破坏，损失惨重。在抗日战争和解放战争时期，各革命根据地的文化事业由财政预算中的统宣费统一安排，主要包括创办报纸、杂志及文艺团体等方面的费用。

2. 新中国成立后

新中国成立后，文化事业经费的管理进行过几次重要调整。新中国建国初期成立了省级文化事业管理局，并将文化事业经费直接纳入政府的预结算当中，分别设立文化和出版两个方面的事业经费资金。1953 年，地方文化事业经费由国家财政统一拨款，并由省文化事业管理局根据各省、县、市自身的情况，分配资金指标向各地文化事项提供资金支持。1956 年，国家文化事业资金拨款改由各级地方财政统一进行分配。1976 年，文化事业经费资金增加了文物事业费，主要包括图书馆、博物馆文物保护费。1983 年，又增设了文物机构经费，文物单位基本使用定额或定项拨款的资金支持。到 1987 年，文物机构经费主要包括博物馆经费、文物事业机构经费、文物机构费和其他文物事业费。其中文物保护费专门用于革命纪念建筑、古建筑和古文物的修缮，以及考古挖掘。

新中国成立以后的国家文化事业经费逐渐增加，特别是改革开放以后的资金增长速度明显加快，为文化事业的发展提供了资金支持。新中国建国初期，1953 年，江苏省全省的文化事业费为 309 万元，主要包括文物费、出版费等，占同期教科文卫事业费的 2. 1%，全省人均文化事业费为 0. 08 元。1987 年，江苏省的文化事业费已经达到 6405 万元，比 1953 年增加 19. 7 倍，占同期教科文卫事业费的 3. 2%[1]。

改革开放以来，政府对文化事业建设的投入力度增大，全国文化事业经费明显增加。1998—2002 年，全国文化事业费总额为 324. 2 亿元，相比

[1] 王鸿. 文化艺术志［M］. 南京：江苏古籍出版社，2003.

之下，“八五”时期的全国文化事业费总额为 121.23 亿元，平均每年的文化事业费为 24.25 亿元。1998—2002 年平均每年的文化事业费为 64.84 亿元，是“八五”时期的 2.7 倍。2004 年，政府继续加大对文化事业发展的投入力度，全国文化事业经费首次突破百亿元，达到 113.58 亿元。“十一五”时期，文化事业费总量持续增长，增长速度保持在 18% 以上。

从人均文化事业费来看，2009 年全国人均文化事业费为 29.1 元，是 2005 年的 2 倍，2000 年的 4 倍，1995 年的 8 倍[1]，总体来看，全国人均文化事业费呈现持续增长的趋势。据《中华人民共和国文化和旅游部 2019 年文化和旅游发展统计公报》显示，2019 年，全国文化和旅游事业费达到 1065.02 亿元，同比增长 14.7%；全国人均文化和旅游事业费 76.07 元，同比增长 14.3%，是 2011 年的两倍多。文化和旅游事业费占财政总支出的比重为 0.45%，文化和旅游事业费占财政总支出的比重总体呈上升趋势[2]。其中，东部、中部和西部地区的文化和旅游事业费分别从 1995 年的 13.43 亿元、9.54 亿元和 8.3 亿元，上升到 2019 年的 478.15 亿元、265.31 亿元和 277.97 亿元。

二、中央与地方共同承担经费支持任务

随着国家对文化事业经费投入的不断提高，我国在文化生产资金的投入方式上也呈现出更多的创新模式。在中央与地方资金对文化产业发展的支出上，中央财政与地方财政采用了分级投入的创新机制。例如，在公共图书馆、文化馆、美术馆免费对外开放的服务当中，按照中央和地方财力与事权相匹配的财政体系，合理界定中央与地方的事权和支出投入，从而实现中央与地方财政文化经费共担的新尝试。这种方式除了能够落实文化

[1] “十一五”以来我国文化事业费投入情况分析，2011-01-24.

[2] 中华人民共和国文化和旅游部 2019 年文化和旅游发展统计公报 [OL]. 中国政府网 [2020-06-22]. http://www.gov.cn/shuju/2020-06/22/content_5520984.htm.

事业资金在中央财政与地方财政间共同承担的管理机制，而且能够根据各地自身文化生产的特点和管理特点，对文化产业进行扶持和发展，提高地方支持的积极性。

这种模式在英国、法国等多个国家中也有所体现，主要是通过文化生产经费的共同承担，从而实现文化产业发展的共同管理。如英国，1998—1999 年中央财政在公共艺术发展方面的经费开支为 9.4 亿英镑，地方政府的公共艺术发展的经费开支为 12.6 亿英镑[1]，中央政府与地方政府占英国年度公共艺术发展开支的比例分别为 42.75% 和 57.25%，地方财政占比高于中央财政占比 14.5 个百分点。法国在 1996 年的公共文化经费开支当中，中央政府的公共艺术发展经费支出为 5.78 亿欧元，地方政府的开支为 5.27 亿欧元，中央政府和地方政府的开支分别占法国公共艺术发展经费支出的比例为 52.3% 和 47.7%，其中中央政府的开支占比高于地方政府 4.6 个百分比。2000 年，在芬兰文化事业财政公共预算支出当中，中央财政、地方财政对广义文化事业的财政支持占财政支持总额的比例分别为 58.6% 和 41.4%，芬兰中央财政与地方财政对于文化生产经费的支持也几乎各占一半，共同承担了文化生产的费用支出。

三、政府主导的资金扶持

1. 文化产业发展专项资金

在文化产业领域，政府主导的资金支持主要是财政拨款和政府性基金。政府通过提供专项资金或设立基金的运行模式，支持开展文化体制改革的骨干企业，发挥重大项目对文化产业的带动作用，鼓励社会资本进入文化产业，进一步提升文化产业的社会效益和经济效益。

按照国务院的要求，2008 年中央财政设立文化产业发展专项资金。文

[1] 魏鹏举．文化事业的财政资助研究［J］．当代财经，2005（7）．

化产业发展专项资金由中央财政统一安排，用于推动文化经济发展方式转变和结构调整，促进文化产业的跨越式发展。2013—2017 年，文化产业发展专项资金累计安排 236.7 亿元，支持项目 4600 多个[1]。从 2017 年开始，伴随文化产业发展专项资金的政策调整，资金扶持的重点向市场化的运作方式转变，专项资金主要有几个方面的变化。一是向“市场化配置+重大项目”双驱动转变。除一部分资金保留，用于落实党中央、国务院和宣传文化部门确定的重大政策、项目，其他项目将逐步引入市场化运作模式，对重大的文化产业项目进行参股基金等方式的经费支持，提高资源配置效率。二是专项资金总额大幅下降。2019 年对项目直接补助的专项资金开始大幅度减少。在重大项目方面[2]，共有包括北京、天津在内的 15 个省（区、市）获得 7700 万元的专项资金[3]。2019 年文化产业发展专项资金预算数为 3.23 亿元，比 2018 年执行数减少 27.03 亿元，下降 89.3%。2018 年文化产业资金的重大项目部分资金为 19854 万元，约为 2017 年金额的 1/10 多一点[4]。三是专项资金下发地区数量减少。2018 年，文化产业发展专项资金的重大项目资金下发了 23 个省（区、直辖市、计划单列市），2016 年、2017 年的重大项目资金均下发了 36 个省（区、直辖市、计划单列市）。四是专项资金以东部地区为主。2018 年，西部地区多省（区）未下发年文化产业发展专项资金（重大项目方面）。

---

[1] 齐骥．支持文化产业发展的财政支出政策探析［J］．宏观经济管理，2018（7）：59-65.

[2] 重大项目部分是指围绕党中央、国务院重大决策部署，开展的支持中华优秀传统文化传承发展、实施文化金融扶持计划、支持特色文化产业发展、促进文化创意和设计服务与相关产业融合发展、推动影视产业发展、推动广电网络资源整合和智能化建设、扶持实体书店发展、推动传统媒体和新兴媒体融合发展、推动对外文化贸易发展和支持体育健身休闲产业发展 10 类重大项目，着力提高财政推动文化领域供给侧改革贡献度。

[3] 2019 年文化产业发展专项资金 7700 万元预算下达［OL］．中经文化产业［2019-07-12］．https：//news.cncn.net/c_835166.

[4] 2018 文化产业发展专项资金（重大项目方面）预算公布仅为 2017 年 1/10［OL］．经济日报，中国经济网［2018-07-03］．http：//www.ce.cn/culture/gd/201807/03/t20180703_29602190.shtml.

2. 政府牵头或参与的文化产业基金

近年来，我国政府有关部门出台了多项支持文件，鼓励文化产业投资基金的设立。早在2009年7月，国务院就印发了《文化产业振兴规划》，明确要求由中央财政注资引导，通过吸收国有骨干文化企业参与，以大型国有企业和金融机构认购的方式，设立中国文化产业投资基金。2010年3月，中宣部联合九部委联合印发《关于金融支持文化产业振兴和发展繁荣的指导意见》，提出鼓励多元资金支持文化产业的发展，引导符合条件的保险公司参与文化产业投资基金。

2012年6月，文化部出台《鼓励和引导民间资本进入文化领域的实施意见》，提出鼓励民间资本以投资基金形式进入到文化产业领域。2014年12月，国务院印发《关于改革和完善中央对地方转移支付制度的意见》，明确要求探索实行基金管理等市场化运作模式，可以新设基金，也可以扶持已有的对市场有重大影响的基金，同时明确基金主要采取创业投资引导基金、产业投资基金的模式，由市场化运作的专业团队管理。2016年7月，中宣部联合五部委印发《关于深化国有文化企业分类改革的意见》，提出鼓励有条件的地方设立国有文化资本投资基金。2017年12月，中央文化体制改革和发展工作领导小组办公室印发《关于加快推进国有文化企业公司制股份制改革有关工作的通知》，再次提出鼓励国有文化企业通过设立基金、投资入股、联合投资等方式，选择与宣传文化主页有关联、成长性好的非国有文化企业进行战略合作。

政府牵头的文化产业投资基金是指政府作为投资主体设立的文化产业投资基金。按照投资基金的组成和基金运作方式，主要有三种组织形式[1]。一是国家财政直接设立文化产业投资基金管理公司，主要发起人是该管理公司，发起设立产业投资基金的方式是公募和私募基金结合。这

[1] 政府牵头文化产业投资基金纷纷成立 四大问题突出［OL］. 搜狐网，［2017-10-13］. https：//www. sohu. com/a/197921570_ 160257.

种组织形式在最大限度地发挥政府财政资金的导向作用的同时，加强政府的宏观调控能力，但市场化程度不高，基金运作成本偏高。二是由具备实业投资经验和资本经营经验的国有金融企业和国有产业公司共同发起建立投资基金。该方式能够吸收国家财政的文化专项资金，同时以向社会公募的方式设立新型文化产业投资基金。专项基金不直接参与项目投资，而是参与发起产业投资基金。这样可以发挥投资基金的投资导向作用，也能够提升投资基金的市场化和专业化运作水平，从而提升新型文化产业投资基金的运转效率。三是由国有金融企业和国有产业公司发起建设投资基金管理公司。首先，国家将原先拟投入文化建设的一部分专项资金，以股权投资的形式投入国有投资公司。然后通过国有投资公司投资于新型文化产业投资基金，从而实现对文化产业项目的间接投资。该方式借助国有投资公司的专业优势，提高投资的科学性和安全性，防止项目的重复建设、盲目上马、浪费资金等情况，促进投资基金的高效运作。除了政府牵头设立的文化产业基金以外，文化产业投资基金的模式主要还有文娱上市公司成立的文化产业基金和创投机构成立的文化产业基金两种。

目前，为了支持文化产业发展，政府设立了多支专项投资基金。2009年5月，受浙江省委宣传部领导的倡议，设立了东方星空文化基金。该基金是我国较早设立的第一批大型文化产业投资基金之一，由浙江日报报业集团牵头，联合中国烟草总公司浙江省公司和浙江省财务开发公司等国有资本共同组建[1]。2010年，国家新闻出版总署机关服务中心与北京华控汇金投资管理有限公司合作，成立北京国新华控文化传媒有限公司，发起成立一只规模在20亿至30亿元的文化产业投资基金，拟实现一个以新媒体产业为主业的经营和投资平台。为提升山东骨干文化企业的整体竞争力，山东省财政于2012年设立了一只总规模为10亿元的山东省文化产业投资基金，重点扶持动漫游戏、影视制作等文化产业。

---

[1] 刘利成. 支持文化创意产业发展的财政政策研究 [D]. 北京：财政部财政科学研究所，2011：92.

为落实国家《文化产业振兴规划》要求，2011 年，由中央财政注资引导，吸收国有骨干文化企业、大型国有企业和金融机构认购，设立中国文化产业投资基金。中国文化产业投资基金是首支国家级文化产业投资基金，以创新的财政支持方式，由财政部、中银国际控股有限公司、中国国际电视总公司和深圳国际文化产业博览交易会有限公司共同发起设立。基金首期募集 60 亿元，目标规模 200 亿元，基金主要向未上市企业进行股权投资，可采用普通股、可转换债券等方式[1]。2019 年，经浙江省政府批准，正式组建首期规模为 20 亿元的浙江省文化产业投资基金。该基金采取联合省市县政府产业基金与社会资本组建定向基金、非定向基金以及直接投资 3 种方式进行资金运作[2]。据不完全统计，从 2012 年到 2016 年，我国文化产业投资基金总规模已破千亿元，文化产业基金支数和募集规模呈现总体上升趋势[3]。

从其他国家的文化产业发展经费支持来看，通过政府主导或参与的文化产业资金运作模式，是不少国家的通用做法。美国联邦政府的基金资助主要是通过国家艺术基金和国家人文基金等进行直接支持，对博物馆、美术馆等公益性文化项目的建设予以支持，资助金额由政府确定，每年约 2.5 亿美元[4]。这种对文化产业基金的支持是通过国家艺术基金人文事业基金法的法律效力来实现的。根据这一法律的规定，国家艺术基金会与国家人文基金会，成为使用一定规模的资金投入来支持文化艺术生产并保障文化产业发展的专门机构。美国政府在确定了当年的政策性基金规模后，将资金定期拨款给专门的基金会，基金会再针对不同文化项目进行文化产

[1] 中国文化产业投资基金情况和讯网 [OL]. [2016-07-01]. http://funds.hexun.com/2016-07-01/184707987.html.

[2] 规模 20 亿元！浙江组建文化产业投资基金 [OL]. [2019-04-15]. 搜狐网，https://www.sohu.com/a/308035482_120026291.

[3] 政府牵头文化产业投资基金纷纷成立 四大问题突出 [OL]. 中经文化产业，[2017-10-13]. https://www.sohu.com/a/197921570_160257.

[4] 浙江省财政学会 . 促进文化产业发展的财税政策研究 [M]. 杭州：浙江大学出版社，2013.

业的扶持。此外，韩国、日本、加拿大等政府也通过设立文化产业基金专项基金对文化产业的生产和服务进行财政拨款，以通过财政资金的引导的方式对文化产业提供资助和扶持，并鼓励民间团体共同出资进行文化生产创作。这些国家政府引导的文化产业基金，包括如韩国的文艺振兴基金、文化产业振兴基金、电影振兴基金，日本的艺术文化振兴基金、特殊法人日本艺术文化振兴基金，加拿大的演出基金、边远地区艺术开展基金、表演艺术管理基金等。

第四章

原生力：万物运行的助推力

第一节　物种与海陆的起源

在地球长达46亿年的历史上，曾出现过5次生物大灭绝，每次都有超过70%的生物从地球上消失。除此以外，地球还经历了5次物种的繁盛，几次的“磁极倒转”、缺氧事件和冰河时期一系列重大事件。在地球漫长的46亿年发展中，人类生存的历史并不长。恐龙在地球上存在了1.6亿年之久，是人类生存时间的近30倍。大约6500万年前的白垩纪末期，恐龙从地球上消失。据推测，第五次大灭绝由于地球的自然变化或者灾难性的小行星撞击，导致依赖光合作用的植物减少造成氧气不足，食草类恐龙因为蕨类植物大量减少而减少，肉食恐龙也因缺乏足够的食物而灭亡。灭绝事件导致了地球上约17%的科、50%的属、75%的物种灭绝。

直到距今3500万年，一支早期的灵长类动物逐渐进化为古猿。考古学家发现人类在约200万年前，开始使用石器处理食物，如切肉和捣碎植物，100万年前已经开始使用火。20世纪20年代北京市西南房山区周口店龙骨山挖掘出土的周口店北京人遗址，证实了北京猿人大约在70万年前来到周口店，在这里生活了近50万年。大约在1.2万年前，考古学家发现人类已经出现农业耕作活动，原始农业的发展为人类生存和发展奠定了物质基础与技术。

生物学家达尔文（1809—1882）于1859年发表《物种起源》，论述了生物物种之间、生物体之间以及生物体和自然环境之间的相互关系。他认为，物种并非永恒不变，生物逐渐演变的发展过程，是一个由低级到高级、由简单到复杂的进化过程。生物进化的过程极其缓慢，需要经过长期的自然选择，自然选择是生物进化的动力。今天地球上的各种生物和远古时代非常不同，表现为一种生物进化的结果。达尔文从物种演变规律和演变机制出发，解释了生物由简单到复杂的演变过程，物种的繁衍表现出自然选择和适者生存的特征。《物种起源》的出版，挑战了欧洲延续几个世纪的上帝创世说，对人们看待生物界的眼光和人类在生物界中的地位发生了深刻的变化。

德国气象学家、地球物理学家魏格纳（1880—1930）于1910年意外发现，南美洲东岸的海岸线与非洲大陆西岸的轮廓很相似，特别是巴西东端纳达尔直角的突出部分和非洲西岸直角凹进的几内亚湾非常吻合。南美洲东岸海岸线的突出部分，恰好和非洲西海岸凹进的部分对应，同样的，巴西海岸的海湾，与非洲西岸突出的部分对应。他于1912年提出地壳运动和大洋大洲分布的“大陆漂移”假说。基于对大西洋两岸山系和地层的考察，他发现欧洲北部的斯堪的纳维亚半岛的褶皱山系与北美洲纽芬兰一带的褶皱山系遥相呼应。基于对岩石中蜗牛、龙、蛇羊齿植物化石的考察，他发现巴西的古老岩石区可以与非洲西部的古老岩石分布区相衔接，二者之间的岩石结构、构造也彼此吻合。魏格纳于1915年出版《大陆与大洋的起源》，推测全世界的大陆在古生代石炭纪以前是一个统一的整体，大陆原本是相连的。在中生代末期，大陆板块在天体引潮力和地球自转所产生的离心力的作用下，破裂成若干块，在硅镁层上分离漂移而分开，分开的大陆之间出现了海洋，逐渐形成了现在世界上的大洲和大洋。魏格纳之后的30年间，一系列的科学观测证实了大陆漂移学说的正确性，并论证了大陆仍在漂移过程当中。

第二节 人类对自然规律的认识

一、从能量转换规律到螺旋模式

自然带给人类的灵感和启发，来自人类对自然的理解、模仿和想象。早期人类通过对自然的观察，理解和发现自然运行的规律，从而获得生存和生产的灵感。自然对人类的生产和生活起到至关重要的作用，可以说，自然是人类创意灵感最根本的来源。远古时期的人类处于懵懂蛮荒的年代，尚未认识自然界及人类自身，也远远没有达到了解自然、适应自然的状态。因此他们眼中的自然是神秘莫测、无所不能、令人敬畏的。如在早期人类的陶器、铜器和纹饰当中，可以看到人类对自然的崇拜与敬畏之情，如绘画在器皿上光芒四射的视觉效果，或动物、植物图样的纹饰等。人类“师法自然”，即人类在对自然的模仿过程当中，基于对自然的本质和规律的认识进行设计创造和创新。亚里士多德在《诗学》中提到的人类善于模仿的特征，他认为模仿是人的本性，特别强调了模仿主体的能动性。又如《吕氏春秋·古乐篇》中的“听凤凰之鸣以别十二律”“效八风之音”[1] 等模仿自然的说法，皆表现出人类创意灵感起源于自然。人类可以对自身所处的环境进行分析，了解、观察自然，并进行创造性的构思和发明。

[1] 刘佳. 自然给予的设计灵感 [J]. 内蒙古大学艺术学院学报，2009：12-17.

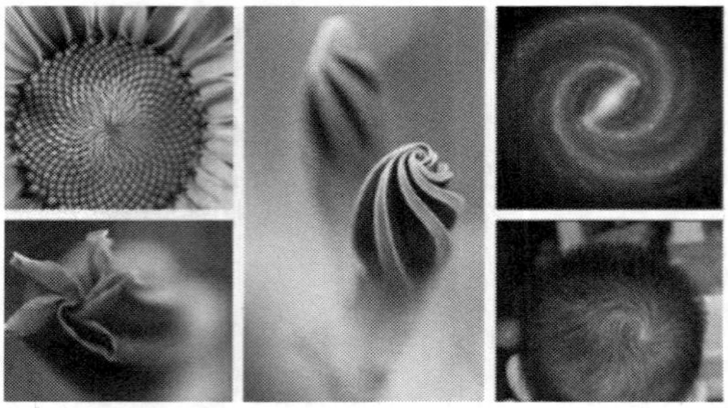

图 4-1　向日葵、花蕊、星系、花瓣、发旋中的螺旋结构

资料来源：根据互联网公开资料整理。

能量转换规律是人类发现的重要的自然规律之一。万物皆由能量组成，大自然所蕴含的规律，就是在不断变化的过程当中将能量进行转换。大自然能够很好地平衡这种能量的转换，既没有额外能量的增加，也不会有能量的减少[1]。大自然始终将能量优化作为自身平衡的一种状态，既不增加和创造更多的能量，也不销毁现有的能量，而是将仅有的能量储蓄起来，为未来的能量转换提供可能。自然就是通过这种方式，不间断地、及时地进行着能量转换，从而能够快速调整、改造自身以不断地适应新的环境和变化，最终达到持久有效的改变，实现新的平衡。

图 4-2　具有螺旋形结构的楼梯

自然界井然有序的图案无处不在，这给予了人类以自然符号为基础的

[1] 麦克纳布，樊旺斌．源于自然的设计——设计中的通用形式和原理［M］．北京：机械工业出版社，2013.

创作灵感。从天空中的行星和恒星的排列，到植物的树皮、树叶的图案，以及贝壳的螺旋、人类头状的花序，都呈现出一种有规律的秩序感，被人类所关注和吸引。在人类早期洞穴的岩壁上，就出现了螺旋形的绘画，那可能是远古人类对螺旋符号所表达的一种欣赏和尊敬，也可能是早期人类对于外界事物运行秩序的一种理解，总之，可以推断出远古时期的人类已经出现了对螺旋形的某种意识。令人惊奇的是，居住在不同大陆的远古人类，在没有进行相互交流的情况下，均表现出了对于螺旋形的早期意识，如最具权威的宗教领袖或偶像人物，都握有蛇形的螺旋手柄。此外，在距今约7000年前的新石器时代早期，刻有螺旋形的图案出现在石庙和陵寝当中[1]。到公元前5000年左右，在中国和欧洲出现了早期人类喷涂在器皿上或编织在草篮上、绣在衣物上的螺旋花纹。

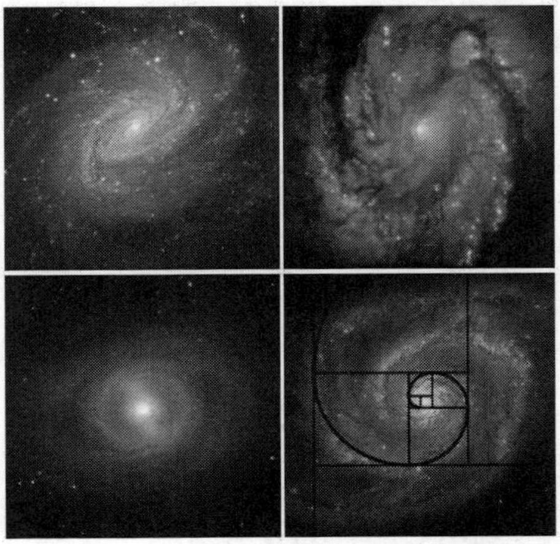

图4-3 银河系中的斐波那契螺旋线

人类在理解自然界能量转换规律的基础之上，对大自然的能量转换进行了可视化的设计——螺旋模式。螺旋模式是大自然能量转换与万物生长作用的结果，是大自然能量运行与生命繁衍进化的表现。螺旋形状是由一系列逐渐扩展的弧线以一定的角度进行的连接。这种连

[1] 杰伊·哈曼. 创新启示［M］. 王佩，郭燕杰，译. 北京：中信出版社，2015.

接围绕中心逐渐展开，但从视觉上看，没有明显的轴线存在。从宇宙空间当中的星系涡旋到海洋的漩涡、生物胚胎的形成以及海螺贝壳的形状，大自然的螺旋模式都是相同的，皆表现出曲线的延展特征。螺旋结构形成一种内在的平衡，展示出能量沿着螺旋的弧线结构进行的转换和延伸，围绕中心进行的扩展变化和不断的转换发展，也表现了生命再生的循环往复过程。

二、几何级延展到分形模式

自然界周而复始的螺旋扩展模式，同时也表现出了自然界能量的不断流动以及曲线的几何级延展的规律。涡旋的星系展示出宇宙间星空的再生和扩展，显示出宇宙能量不断的运动和扩展状态。从整体上看，星系螺旋以漩涡的方式将其进行扩展，表现出宇宙在运行当中的潜在能量流动。从局部上看，地球围绕着轴线进行着螺旋式自转，同时将地球在公转当中的运动轨迹进行连接，可以发现，自转的运动轨迹也表现为螺旋延展模式。

此外，蜗牛、鹦鹉海螺等软体动物的生长都呈现出螺旋模式的几何形态，这种几何结构是唯一能在一侧形体生长变化时，整体形状仍旧能够保持不变，形成一种独特的三维数学曲线。蜗牛朝着自身外壳的开口方向生长，尽管自身不断成长并发生着变化，但蜗牛壳的结构并没有改变。特别的是，蜗牛壳的形状与大蜗牛壳的外形是一模一样的，它们都呈现出螺旋形的多边几何体。更奇特的是，这种螺旋结构的每一小块都与整体的形状结构一模一样。1638 年，法国哲学家、数学家笛卡尔在对蜗牛贝壳的螺旋结构的研究基础之上，发现了“等角螺旋”。这种螺旋的几何特征是从中心点所画出的直线与每条旋臂相交时，都呈现出相同的角度。而且将每一段螺旋相交的直线长度与下一段直线进行比较，它们的比例都相同，也就是众所周知的黄金比例 1∶1.618。黄金分割比例呈现出一种视觉上的对称感和舒适感，被人类有意识或无意识的应用在发明设计中。从对古巴比伦、古希腊、古罗马、波斯和古中国的考古研究证实了人类在早期就已经开始掌握螺旋形状的黄金比例规律，人类还将这种自然规律应用在建筑当中[1]。如在金字塔、帕特农神庙、泰姬陵、巴黎圣母院、吴哥窟、埃菲尔铁塔或中世纪教堂内部，皆能看到人类应用等角螺旋的延展规律进行建筑几何美的设计（见图 4-4）。这些建筑以实物的形式展现出大自然永恒的能量，象征着生机勃勃和持续的生长。

图 4-4　古希腊建筑中的等角螺旋设计

等角螺旋的延展特征与流水的分支，与植物叶脉的分叉十分相似，都是通过运动的方式将自然中的能量进行迁移，呈现出能量从一处运动到另外一处的分形模式。植物叶脉的分形模式，表现为将太阳的光能转化为自身运行所需要的能量，再通过枝杈的延展分形输送到整株植物的各个部分（见图 4-5）。这种叶脉上纵横交错的维管束是绿叶的运输线，叶脉所形成的这种几何图案要使得维管束以最少的数量得到最佳的运行效果。人类的血液循环系统也呈现出将携带食物的能量，通过血液的分形结构输送到全身各部分的器官当中，同时将人体不需要的垃圾携带出体外。地球上的水流体系为存在于各地的动物植物提供生命的能量源泉，为万物的生长不断地提供能量和物质基础。

[1] 杰伊·哈曼．创新启示［M］．王佩，郭燕杰，译．北京：中信出版社，2015.

图 4-5　植物的树状分支结构

在自然界进行能量流动的过程当中，能量是以树枝状的层级划分表现出来的，扩展的分支，将获得新的能量，并将能量进行动态的转移。这种层级结构，类似于化学元素的柱状排列或链状排列，它们在分子水平上连接在一起，但又通过不同的层级，显示出能量之间的关联。这种能量的流动，表现在三维立体的空间当中，通过扩展、分形的结构，最终实现能量的运动。这种分形的结构，可以表现为链状、环状、树状、网格状、柱状等，无论是动态还是静态的万物，在自然中都以这样的能量流动存在着。

三、能量存储：堆积及层叠模式

自然界球状或杆状的物理对象受到重力和热量的压力挤压，呈现出紧密的排列，如细胞、分子、种子、卵和病毒，都呈现出这种结构，也就是堆叠和挤压模式（见图 4-6）。堆叠和挤压模式，是自然界存储能量最有效的方式，而且能够将能量及时地进行转移和再加以重新利用。仔细观察这种柱状或球形的物体，其紧密的棋盘格形状是由六边形或四面体组成的。如蜜蜂、黄蜂或其他六脚的昆虫就是以这种六边形的方式进行筑巢，在六边室当中储存食物和哺育后代。

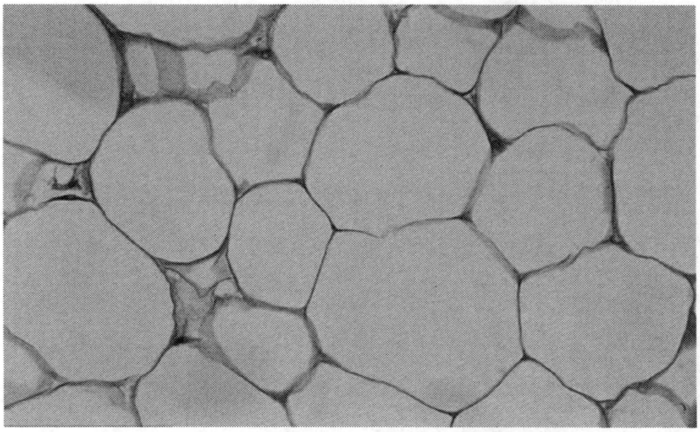

图 4-6　细胞的六边形结构，其中脂肪被存储

根据六边形的几何特征进行解释，也可以发现自然界的堆叠和挤压模式对于能量储存和转移的独特方式和理解。首先，六边形结构能以更稳定、更易获取的方式，进行能量的有效储存。蜂房是六角柱状体的集合，也是容量最大、耗材最小、最经济的能量储存结构。六边形几近于完美的圆弧，将各角度的弧线压缩到最适宜的角度，最终形成一个无空隙、无重叠、无浪费的紧密排列的空间结构。这种结构将能量集中起来，保证每一粒分子或细胞都以最大的效率对能量进行储存，并且使用最少的能量消耗。其次，六边形结构能够更有效地进行能量的转移和流动。六边形所延展出的弧线是二维方向的线形连接，呈现出高效的连通性，因此保证了能量向各方向进行蔓延的效率和速度。人类也对这种六维度能量存储和传递的特征进行了分析，六维度分割理论证实了这种六边形结构能够同时在六边形的六个连接点进行径向扩张，通过二维空间实现能量的高速扩张、转移和传递。

第三节　自然规律的数学解读

一、论证万物存在的逻辑

在人类社会发展的早期，人们心目中的自然是强大、神秘、恐怖和混乱变化的。古希腊的人们相信，自然当中的一切，包括人类自身都是由万能而强大的神灵主宰[1]。神灵充满了睿智和理性，并且按照完美的数学法则形成了现实社会的秩序。神灵设计了自然界的一切，使整个世界有序、恒定、有规律地运行。人们为了表示对神灵的虔诚，能够做的就是经过推理和逻辑证明，去理解神灵的智慧，理解自然万物存在的规律。

哲学和数学在古希腊和西方占有非常重要的地位。在2000多年前，希腊七贤之首——泰勒斯（公元前624—前546）是古希腊提出“世界万物本原是什么”的第一人，开启了哲学史的“本体论转向”。泰勒斯创立了希腊最早的哲学学派——米利都学派，他是古希腊及西方第一个自然科学家和哲学家，被称为“科学和哲学之祖”。他是个多神论者，拒绝依赖玄异或超自然因素来解释自然现象，首创理性主义精神、唯物主义传统和普遍性原则。他试图借助经验观察和理性思维来解释世界，一次他到埃及游历，通过测量阳光投射在他身上影子的长度和金字塔底到投影尖顶的距离，测算出金字塔确切的高度。从“影长等于身长”推测到“塔影等于塔高”的原理，也就是今天的相似三角形定理。泰勒斯还通过日影测量金字塔的高度，预报过发生在公元前585年的一次日食。

泰勒斯倡导理性，不满足于直观感性的认识，最早提出定理必须证明

[1] 罗长青，李仁杰．数学文化［M］．重庆：重庆大学出版社，2010.

的思想，开创了几何证明的先河。通过命题证明，使人们对客观事物的认识上升到理论层面。泰勒斯崇尚抽象理性的一般认识，促使希腊数学从直观经验的感受阶段向抽象理性的证明阶段过渡，揭示各定理之间的内在联系，奠定了希腊数学的基础。

泰勒斯的学生，阿那克西曼德（公元前610—前545）是爱奥尼亚学派的代表人物，他提出万物的本原是无固定限界、形式和性质的物质，不是具有固定性质的事物。他认为世界源于无定，那些万物所由之而生的东西，万物毁灭后又复归于它，这是命运的规定，万物按照时间的秩序运行，在它们彼此间相互偿补。他提出，事物在运动中无限分离出冷和热、干和湿等对立物态成分，再由它们生成万物。阿那克西曼德更具体地说明了"一"和"多"的辩证关系，体现了朴素的唯物主义思想，对以后辩证法思想的发展起到了积极的作用[1]。阿那克西曼德与他的老师泰勒斯不同的是，他用更为抽象的哲学概念描述万物本原，而不是用世界的自然存在物进行描述。他用分离、没有固定形态、对立的物质和物质运动过程来说明万物起源，解释万物在一种永恒的运动中演化而来，这种猜想体现出一种朴素唯物主义的宇宙观。

二、万物皆"数"

继爱奥尼亚学派之后，毕达哥拉斯学派的首领毕达哥拉斯（公元前580年—前500年）曾拜访天文学家、数学家泰勒斯等人，并成为他们的学生，他深信用数学公式能够解释事件的各种事物和现象。毕达哥拉斯学派认为"万物皆数"，数是万物的本原，一切事物和现象的本质都是由数和数的关系构成的。他们认为，数是宇宙的要素，数是真实物质对象的终极组成，宇宙可以用"数"加以说明。万物按照一定的数量、比例构成和

[1] 李志逵．欧洲哲学史［M］．北京：中国人民大学出版社，1981.

谐的秩序，世界和科学的美来自差异的对立，来自数量比例上的和谐对称。毕达哥拉斯学派认为“美是和谐”，他们偏重于对美的形式的研究——圆形是一切平面中最美的图形，球形是一切立体中最美的图形。他们注重研究数和数的理论，并按照几何图形进行分类，分为三角形数、正方形数、长方形数、五角形数等，并论证了著名的勾股定理。

毕达哥拉斯学派通过研究正五边形和正十边形的作图，最早发现了黄金分割均为0.618的规律。黄金分割是指把一条线段分割为两部分，使其中一部分的长度与全长之比等于另一部分与这部分长度之比。该比值是一个无理数，取其前三位数字的近似值是0.618。黄金分割规律被看作是一种重要的形式美法则，在数学上可以用斐波那契数列来表达。若一个数列，它的前两项是1，从第三项开始，每一项是其前两项之和，则称该数列为斐波那契数列，即 $F(1)=1$，$F(2)=1$，$F(n)=F(n-1)+F(n-2)$（$n\geqslant 3$，$n\in N^*$）。在这个数列中的数，如1、2、3、5、8、13、21、34、55等都被称为斐波那契数。

在生活中，随处可以看到斐波那契数。从人的骨骼来看，大腿和肱骨是一根，小腿和小臂是两根，手掌与臂交接处是三根，然后每只的手指是五根，恰为斐波那契数。自然界里，绝大多数的花瓣，花草长出的枝条，松塔、菠萝、蒲公英的种子和菜花结构都呈现为斐波那契数。梅花、桃花、李子、杏、梨、苹果、樱花等有5个花瓣，兰花、茉莉花、百合花等有3个花瓣，毛茛属的植物有5个花瓣，翠雀属、万寿菊属、紫菀属的植物分别是8、13、21个花瓣，雏菊属植物一般有34、55或89个花瓣[1]。还有向日葵花盘内的种子，有顺时针转和逆时针转的两组，也是按对数螺线排列的。向日葵管状小花一般是34和55条螺线，大向日葵是89和144或144和233条螺线。1993年，科学家从植物生长动力学的角度，解释了植物生长过程中呈现斐波那契螺旋线的原因，相邻器官原基之间的夹角是

---

[1] 李小平．数学文化与现代文明［D］．长春：吉林大学，2016：13.

137.50776 度，这种黄金角度使种子的堆集效率达到最高[1]。黄金分割比呈现出一种优美而变化的视觉效果，被广泛应用在绘画、雕塑、音乐、建筑、管理和工程设计等多个领域[2]。在达·芬奇的名作《蒙娜丽莎》中，蒙娜丽莎的脸型接近于黄金矩形，从蒙娜丽莎的鼻孔、下巴划起，可以画出一条经过头顶和手等重要部位的黄金螺旋线，头宽和肩宽的比接近于黄金比例。达·芬奇的《蒙娜丽莎》《维特鲁威人》《最后的晚餐》等，达维特的《萨平妇女》和米勒的《拾穗者》，都是通过构图、色彩、元素美妙的搭配，将黄金分割比例应用于艺术创作中，展现事物和人物之间的比例关系，呈现出画面的舒适感、愉悦感，表现数学的精妙和理性表达所蕴含的艺术之美（见图 4-7）。

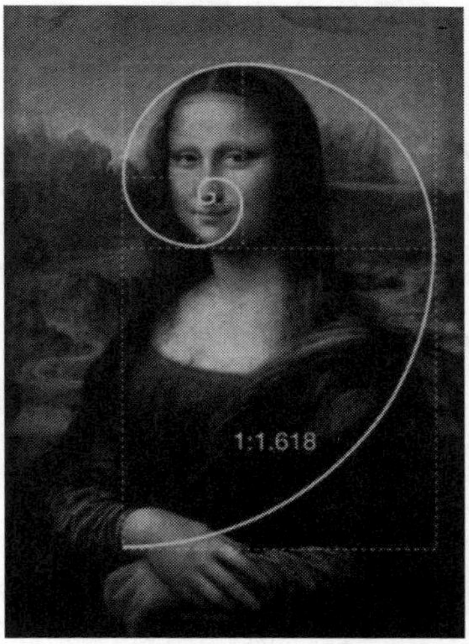

图 4-7 呈现黄金分割比的《蒙娜丽莎的微笑》

资料来源：李小平．数学文化与现代文明［D］．长春：吉林大学，2016.

泰勒斯创建的米利都学派，强调抽象理性思想，为毕达哥拉斯学派“数”的美与和谐奠定了基础。重视研究数和数的理论方法的毕达

［1］ 数学的统一美：从“斐波那契数列”与“黄金分割”［OL］．搜狐网，［2018-08-30］．https：//www.sohu.com/a/250857917_236505.

［2］ 陶霏霏．从自然科学规则到视觉图式的生成［D］．南京：南京艺术学院，2013：73.

哥拉斯学派，又影响了柏拉图、普洛丁、哥白尼等众多的哲学家、美学家、科学家。柏拉图（公元前427—前347）的两位老师，都是毕达哥拉斯学派的学者。在继承毕达哥拉斯学派对“数”的观点和认识的基础上，柏拉图学派深信数学在万物运行中发挥的重要作用，注重通过抽象观念进行演绎推理。在研究几何图形点、线、面关系的基础上，柏拉图提出由多个面积相同的正多边形组成的凸多面体最多有五种，被后世尊称为“柏拉图立体”[1]。这些正多边形包括正三角形、正方形、正五边形，它们能够汇聚形成正四面体、正六面体、正八面体、正十二面体和正二十面体。柏拉图基于对正多面体的研究，提出构成宇宙的四元素说[2]。他认为正多面体分别代表了土、气、水、火四个元素，最稳定的立方体代表土，正八面体代表着气，正二十面体代表水，正四面体代表火。亚里士多德在他老师柏拉图的四元素几何化的基础上，提出组成天体的元素与地球不同，是纯粹的“以太”，为第五元素，对应的是十二面体。正十二面体代表着世界的起源，没有元素可与之对应，即虚空。柏拉图学派将数学的立体空间与组成万物的土、气、水、火等元素联系起来，用“数”解读万物，用“数”论证自然现象，体现出一切自然规律均服从于“数”的宇宙观。

---

[1] 李永乐．为什么正多边形只有5种？［OL］．http：//www.360doc.com/content/19/0328/22/39850151_824851505.shtml.

[2] 孟胜：原子的故事——揭开原子的面纱［OL］．腾讯网，https：//new.qq.com/omn/20200314/20200314A0G7M300.html.

第四节　我国用“数”理解的万物运行

一、阴阳五行学说

在中国古代，阴阳五行学说构成了阐释世界万物的起源和万物得以和谐发展的传统思维框架，万物被理解为一种“数”的“分类”。阴阳五行可分为阴阳与五行，两者互为辅成。阴阳五行的基本框架可以表示为：气→阴阳→五行→万物[1]。万物被分为有限的“类别”，阴阳五行可以理解为：气分为阴阳，阴阳分为五行，五行变化生万物，万物相互联系、相互存在，形成一种“和谐”。古人认为，气是世界的本原，是构成宇宙天体以及天地万物最基本的元素，阴阳是气的两种固有属性，即两种相互对立又互相联系的力量。阴阳分为五行，古人把宇宙万物划分为五种性质的事物，即木、火、土、金、水五种最基本的条件。阴阳五行强调整体概念，宇宙的运行通过五行相生相克而形成。万物在不同的“分类模式”的相互作用和转化中发展变化，这些分类是有限的“数”，形成了对世界抽象的构建[1]。当世界万物被某种“分类”的模式提取出来，世界就从“不可见”变成了“可见”。复杂、混乱、不可知的世界，就变成了可以放入简化了的“分类模式”的事物。当人们能够有意识地认识或掌握这种“可见”的事物时，就能够按照抽象的“分类”去理解事物及事物的运行，使自身的行为与这种分类模式和其相互关系相适应。

在《易经·系辞上》中古人将“阴阳”描述为，“一阴一阳之谓道，继之者善也，成之者性也”。古人认为事物都有阴阳两个方面，即一体两

[1] 刘泰然．变化的宇宙观：中国艺术精神再阐释［D］．上海：华东师范大学，2009：42.

面。天地、日月、寒暑、明暗都可抽象地理解为“阴阳”，在万事万物及其运动过程中，阴阳两种力量相互推移、相反相成、相感替换，构成孕育事物发展的动力。五行包含着阴阳演变过程的五种基本动态：水（代表浸润）、火（代表破灭）、金（代表敛聚）、木（代表生长）、土（代表融合）。五种特性构成相互促进、相互制约的关系。

五行相生，即木→火→土→金→水，表现了五行之间相互滋生、相互促进的关系，即木生火，火生土，土生金，金生水，水生木。隋代萧吉（约525—606）在其著作《五行大义·论相生》里写道：“木生火者，木性温暖，火伏其中，钻灼而出，故木生火；火生土者，火热故能焚木，木焚而成灰，灰即土也，故火生土；土生金者，金居石依山，津润而生，聚土成山，山必长石，故土生金；金生水者，少阴之气，润燥流津，销金亦为水，所以山石而从润，故金生水；水生木者，因水润而能生，故水生木也。”木生火，草木天性温暖，木中藏有火，通过钻木取火的方式就能够生成火。火生土，火的本性是热，热能焚烧，草木经过焚烧之后会化成草木灰，即生成土。土生金，金（属）蕴藏于山石泥土当中，如铁矿石、铜矿石、锡矿石等皆需要隐藏在山石里，山石由土积聚而成，聚土成山，山必然生石，石里蕴藏着金（属），矿山经过开采冶炼提炼出金（属）。金生水（也有金销熔生水的说法），山脉下面有矿层，金（属）藏在矿石的矿石层中，在矿层与矿层之间，在岩层、砾石层、溶洞中，水在矿带中间流动，从矿层坚硬之处能打钻出水[1]。水生木，有水之地，受到灌溉，生长草木，水中有微阳之气，吐露之后，转化成少阳之气，表现为草木丛生，树木便欣欣向荣地生长出来。

五行相克，即金→木→土→水→火，表现了五行相互制约的关系，木克土，土克水，水克火，火克金，金克木。萧吉在《五行大义·论相克》写道：“克者，制罚为义，以其力强能制弱，故木克土，土克水，水克火，

[1] 赵崎．科普文，独此一家，正本清源“金生水”的五行相生原理［OL］．［2019-06-06］．https：//c. m. 163. com/news/a/EH00M0QB0514RV0T. html.

火克金，金克木。”木克土，草木之根吸收土中的营养，以补己用，草木强壮了，土壤如果得不到补充，会变得贫瘠。土克水，用土能防水，用土能堵住水流、疏导水流，用土方筑堤坝来引水，古代有成语“兵来将挡，水来土掩”。水克火，火遇水便被熄灭。古代有成语“城门失火，殃及池鱼”，指的是城门着了火，人们拿着装水的器物，来池塘取水救火，火被扑灭时，池塘的水也被取干了，满池的小鱼遭了殃。火克金，金属再坚固，遇到烈火也会被熔化。金克木，砍伐树木用的割切工具是刀斧，岩石打磨或金属铸造的刀斧都属金，可锯毁树木。五行相生相克，在互相资生、互相助长、相互制约和相互阻抑的运动变化之中，维持着运动的平衡状态。

古代朴素唯物主义思想家将“阴”“阳”看作两个对立的范畴，矛盾运动中的万事万物均可概括为“阴”和“阳”，用二者的变化阐释物质世界的运动和变化。阴和阳既可以理解为相互对立的事物，又可用看作是一个事物内部相互对立的两个方面。老子概括地表达了五行变化通过相生相克的方式演化万物，“道生一、一生二、二生三、三生万物，万物负阴而抱阳，冲气以为和”。老子在《道德经》提到，道是独一无二的，道本身包含阴阳二气，阴在阳上，阴气下降遇到阳气上升，阴阳相冲相交而形成一种冲气相合的适匀状态，万物在这种状态中产生。一阴一阳，上下冲和，如此才可以阴阳平衡，冲气以为和，阴阳二气的互相激荡而成新的和谐体。万事万物的一种“和谐”，体现了中国传统的宇宙观。阴阳可以互相转化，同时又相互依存，阴和阳是相互对立的两个方面，但又相互统一。阴阳的矛盾对立统一运动，是万事万物发生、发展、变化及消亡的根本原因，也是自然界一切事物运动变化固有的规律。中国古代很早就把宇宙看作是一个互相关联的整体，将万事万物之间的运行阐释为一种存在着有限“类别”的互动关系。阴阳互相对立消长、五行相生相克而发展，阴阳五行学说是古代朴素的唯物哲学，也是中国古典哲学的核心。

二、卦象体系

与阴阳五行学说平行相交的模式是八卦系统，即《易经》中的八个卦象也是通过“数”的“分类”形成对世界万物的抽象构建。伏羲是先天八卦的创始人，周文王为后天八卦的创始人。原始八卦很早就已经存在。根据考古挖掘，发现了分布于河南的新石器时期文化——裴李岗文化的贾湖遗址有 20 多个契刻而成的早期原始文字，距今 8600—7800 年[1]。考古研究主要围绕八卦文字和八卦音乐，这些原始文字被看作是八卦前身的数卦系统[2]。后天八卦由先天八卦演变而来，原始八卦以十进制的数位组合来表示，而周易卦象依据阴阳二爻为基本单位组合而成。后天八卦相传是由周朝的圣君周文王所绘，后天八卦图的起始点是震卦，位列正东。

《易经》认为，宇宙万物皆成因于“气化”，即“太极”。太，可理解为最大的意思；极，指的是终极。孔子说：“太极者，立乎天地之先，超乎阴阳之上。”在没有天地，没有阴阳以前，就有太极了。“太极”可以理解为原始的、至极的、至大的无形无像无声的混沌境界。孔子所著《易传·系辞传》提出，“是故易有太极，太极生两仪，两仪生四象，四象生八卦，八卦定吉凶，吉凶生大业”，将八卦系统阐释为一种宇宙衍生观。世界的本原是太极，是天地未开、混沌未分的统一体。太极是世界产生万物的开始，由太极生出阴阳，即阴爻和阳爻，如天地、日月、昼夜。在此基础上，阳爻分出太阳、少阳，阴爻分出少阴、太阴，天地运行构成四类事物和现象，如四方（东、南、西、北）、四季（春、夏、秋、冬）、四象（青龙、白虎、朱雀、玄武）。在此基础上，事物和现象的四个阶段相互联系，再运行演变出八卦，即乾☰、坤☷、震☳、巽☴、坎☵、离☲、艮☶、兑☱。

---

［1］ 对考古发现数字卦的时间尚有争议，李零认为数字卦的出现不会早于商代。李零．中国方术考（修订本）［M］．北京：东方出版社，2001：256-257.

［2］ 张居中．河南贾湖原始文字的发现与研究［J］．中国书法，2001（1）.

古人用“—”代表阳，用“--”代表阴，用三个这样的符号，组成八种形式，叫做八卦。八卦的每一卦形代表一定的事物，象征天、地、雷、风、水、火、山、泽八种基本的自然现象。八种物象可以延伸推广，八卦之间两两相对，互相搭配又得到六十四卦，然后变成三百八十四爻，再生成万物，构成一个完整的宇宙系统。八卦系统的基本结构可以描述为：太极（气）→两仪（阴阳）→四象（太阳、少阳、太阴、少阴）→八卦（天、地、雷、风、水、火、山、泽）→万物[1]。乾、坤卦是头尾，也是两仪，即阴阳，各统领三卦组成八卦图，用来象征从整体上构成一个消长的循环，描绘了阴阳交感产生的各种自然现象和人事现象，阐述了阴阳气感交合，产生万物变化。

与阴阳五行学说相似，八卦系统用两仪、四象、五行、六气、八卦、六十四卦、三百八十四爻等“分类模式”形成对宇宙万物的描述，体现出对“数”进行“分类”的思想。人们可以按照特性对事物的相似性进行分类，并将万事万物的现象和性质作用与类别的特性进行类比，将事物归属于不同的“分类模式”当中。这种“分类模式”是对世界万物的一种阐述和理解，与现代科学的数学体系不同。这里的“数”，并不是体现一种“实体”，而是表现出不同“类别”的事物之间的“关系”。例如在八卦系统中，每一卦只是不同程度阴和阳的组合，并不存在一个具体的、实体的“数”。八卦系统中的“数”所强调的是八卦中每一卦形之间的相互作用与转化，阴阳五行学说强调的是五行中每一“类”间的相冲相交、相反相成。八卦系统和阴阳五行学说都强调了每一“类”的统一、对立和相互转化关系。事物以有限的“类”为基础，在每一行、每一卦之间形成互动关系，将各种相互关联的事物联系起来。这个关系系统表现出一种能够被人们理解的事物运行的秩序，在事物之间的协调转化过程中不断延伸、扩大，最终形成能够包容无穷事物的宇宙万物。

[1] 刘泰然. 变化的宇宙观：中国艺术精神再阐释［D］. 上海：华东师范大学，2009：43.

第五节　数学思想影响下的创作

一、知觉世界的艺术表达

人类在适应自然生存的过程当中，逐渐形成了对外部事物特有的感知与认识。艺术的创作，来源于我们自身对外部世界的观察、感知。文化产品的魅力就在于人类通过艺术形式展现我们自身对外部世界的认识，表达我们的感知。可以说，由于我们自身的感知不断变化，文化产品也更加多样、更加丰富。这是因为，一方面，人类对于外界事物本质的认识，并未达到能够完全客观、符合事物真实规律的那种程度。由于外部世界所呈现出来的画面是相对整体性的、动态的、变化的，而人类在感知事物的过程当中受到时间和空间的影响，人类的主观认识存在局限性，观察的视角易受到局部性的束缚。因此人类自身对外部世界的感知总是处于不断变化之中，无论如何感知与变化，这都是一个长久的过程。另一方面，人类在面对外部世界时，往往将自身能够感知的那一部分进行过滤、编辑、加工，而成为我们最终的认识。康德认为，人类的大脑在对外部世界的感知过程中，是进行过信息加工和组织的[1]。外部的世界与人类所感知的世界，并不是完全相同的，这也为艺术创作提供了广阔的空间及可能。正如表现艺术中的现实主义开启了透视的绘画技法，能够将平面上的绘画展示出三维立体空间的整体感。这种艺术创作通过对事物的比例关系、明暗变化和形体结构等方面进行描绘，呈现出物体的空间感和立体感，从而将感知到的外部图景真实生动地表现在二维平面上。可以说，对于外部世界的不断

[1] 巴罗．艺术宇宙［M］．徐彬，译．长沙：湖南科学技术出版社，2010：14.

感知与认识，让我们创造出了更多的文化产品，也让我们更有深度、更有理性地认识和了解外部世界。

犹太哲学家瓦尔特·本雅明（1892—1940）在其《技术复制时代的艺术作品》等一系列著作当中，基于对艺术的复制技术和现代影像技术的研究，围绕艺术对人类的感知、人类与自身及世界的关系进行了深刻的思考。他认为，人们需要重新探讨人类的感官、认知方式、艺术感知与他们所围绕的世界的关系[1]。特别是当人们认识到，艺术形式可以遵循一定的艺术法则和艺术形式，并在某种程度上对人认识自身以及人对艺术的欣赏和感知造成一定的冲击时，对艺术创作的方式和创作形式将带来变革性的影响。

艺术创作本身基于自身对世界的感性认识，是在感受到世界的丰富多彩、变化和复杂性基础上实现的。这种认识与抽象理性的逻辑推理不同，法国著名哲学家梅洛·庞蒂（1908—1961）强调知觉是意识的原初样式，知觉是先于意识的[2]。他把"生活世界"的概念改成了"知觉世界"。知觉不需要借助理性的分析判断，最原初的意识样式是知觉，不是思维。他认为，人们用语言、科学规律和理性分析所描述的世界，是内在于意识的，是经过了反思后的世界，但这不是我们最初感知的世界本身。人们用理性对世界进行的反思和描述，并不是一种知觉地再呈现，而是一种主动的改造。当我们对世界进行描述、抽象理解和规定时，已经不是原来由感觉所呈现出来的真实饱满的知觉世界了。身体的物质和精神是统一的，身体既是客观存在，又是意识的主体。知觉世界是人们与外部世界的一种对话，知觉世界是不可言说的，是意识世界对事物描述和规定性的基础和来源。

---

[1] Editors ' introduction. The work of art in the age of its technological reproducibility and other writings on media. Edited it by Michearlw . Jennings. Brigid Doherty, and Thomas Y. Levin. translated by Edmund Jephcott, Rodney Livingston, Howard Eiland, and Others, The Belknap Press of Harvard university Press, Cambridge. Massachusetts. London, England. 2008. p3.

[2] 张杰. 技术·艺术·感知［D］. 上海：华东师范大学，2010.

当人们在探究自然规律、理解自然规律当中蕴藏的逻辑形式时，人们产生了对审美的认知，发现了世界存在的方式，这种认知也将改变人和表象世界的关系。人们基于对自然规律和艺术形式的认识，对自身和世界的关系进行表达和构建，通过语言、思维展现出“可见的世界”。这种艺术表达并不只是基于理性判断所得出的普遍性的结论，而是表达人们所看到的世界多样性，展示人们与多样世界的感性关系。艺术实现了对“存在”的直接表达，不拘于某种规定的艺术形式，将人们对世界的认识转向“可见的世界”，以主动的实践和创造形成对外部世界的改造。通过这种方式，呈现出人类自身与世界之间的感性或者认知关系，从而在与世界相处的过程中看见自己、认识自身。更深层次地讲，通过表达人的认识形成一种对世界的“介入”，从而实现对现实世界的改造。人们通过艺术创作和实践，表达人的认识，带来感官或视觉上审美认知的变化，在对现实世界的改造过程中，艺术获得了崭新的创作形式，新的艺术形式也提升了科学的价值和审美的价值。

二、从结绳记事到数学抽象美

“数”的概念起源于人类的日常生活和生产实践活动。在我国古代，最早的记数方法是结绳、刻木和书契。结绳记事出现在语言产生以后，人类在没有发明文字或普遍使用文字之前，延续了几千年的时间。远古时代的人类为了把本部落的风俗传统、传说和重大事件记录下来，在不同粗细的绳子上结成不同距离的结。中国自古就有关于结绳记事的记载，战国时期的著作《易·系辞下》中有“上古结绳而治，后世圣人易之以书契”。指出上古时代没有文字，人们通过结绳记事的方法，把结绳、记数和要记住的事情联系起来。

结绳记事反映了远古时期的人类将数字和与数字相关的事件进行的联系，主要的功能是记数。唐李鼎祚《周易集解》引《九家易》，进一步解释了结绳记事，“古者无文字，其为约誓之事。事大，大结其绳；事小，小结其绳。结之多少，随物众寡”[1]。古时候还没有文字，人们遇到需要记录的事，就通过系绳子来帮助记忆。遇到大的事情，就系个大结，遇到小的事情，就系个小结。打结的多少，根据事情的多少而定。事多结就多，反之亦然，以绳结的多少表示涉及品物的数量。根据事件的性质或内容，除了绳结的数量和大小，绳子的结还有不同的结法，结之间的距离、绳子粗细，也代表了不同事件的含义。

古代的契刻记事主要是在骨片、木片、龟甲或竹片上通过契刀进行刻划，又名“契文”。契刻记事几乎与结绳记事同时出现或稍后出现，契刻的目的是记录数目。汉朝刘熙在《释名·释书契》中写道：“契，刻也，刻识其数也。”说明了古代的契就是刻，人们用雕刻的方法进行契刻，目的是用一定的线条作为符号，用来帮助记忆数目[2]。有考古考证的书契始于殷代，最典型的是殷代的卜辞图形[3]。卜辞是中国晚商时期，巫师进行占卜活动时刻在牛胛骨、龟甲等兽骨甲壳上的文字记载。除极少数的事件记录外，大部分契刻记事内容都是对当时王公问卜的记载。如出土于史前大型聚落或核心聚落的陶器，刻有符号的陶器，体量较大、制作精良，或兼有彩色花纹，与原始礼仪或巫术活动有关。在史前刻画符号中，最初的记数符号是为了记录语言中的数词[4]。陶器上的记数符号是原始的数字，主要的作用是统绪公共事务。

在我国古代，人们广泛使用结绳记数和契刻记数的方法有几千年的时间，到新石器时代晚期，数字符号和文字记数逐渐代替结绳和契刻记数。最晚到商朝，我国已经有了比较完备的文字记数系统。根据考古挖掘，发

---

[1] 会计的“结”文化时代［OL］.［2008-05-17］. https://www.51test.net/show/108106.html.

[2] 汉字的探源及对汉字艺术的启迪［OL］. 中华教育网，https://news.artron.net/20101228/n143214_1.html/.

[3] 段垒垒. 试论中国传统数学的起源与功/用观念的转变［D］. 天津：天津师范大学，2011：10.

[4] 牛清波. 中国早期刻画符号整理与研究［D］. 合肥：安徽大学，2013：440.

现了商代的甲骨文中有从一至十、百、千、万等13个记数单字。记数单字的产生，解决了记录较大数字的问题，说明人们已经能够记录十万以内的任何自然数。在结绳、书契记数方法发展的基础之上，产生了算筹记数。“筹”是一些长度一定的小竹棍，人们用“筹”摆成不同的样式进行计算[1]。算筹是我国古代数学发展的基础，古代算筹最早出现的时间已经不可查。到春秋战国时（公元前800—前200），人们已非常普遍的使用算筹记数。

在人类社会发展的早期，不同地域、不同时代、不同语言系统的人们将“数”作为原始的记数工具。记数符号的出现反映了人们对事物数量关系的认识，伴随人类社会生产和生活也在发生着变化[2]。处于新石器时代的玛雅人在公元前4世纪前掌握了“零”的数字概念，数字“零”的使用，解决了用比较抽象的方法表示“有”和“无”的问题。人们通常用一种类似贝壳形状的象形文字表示“零”，用个位数字加上“零”的方式实现进位，将“零”作为一个占位符。玛雅人使用“零”这一概念的时间早于亚非文明，比中国人和欧洲人提早800~1000年，将数学提高到了一个新的阶段。英国天体物理学家约翰·D. 巴罗在其著作《无之书：万物由何而生》中，回顾了玛雅人以不同形态对数字“零”进行的语言描述，反映出具象化的数字“零”在符号曲线和整体图式上的变化（见图4-8）。

图4-8　圆柱上的多个具象的数字“0”

资料来源：《无之书》。

---

[1] 罗长青，李仁杰．数学文化［M］．重庆：重庆大学出版社，2010.

[2] 陶霏霏．从自然科学规则到视觉图式的生成［D］．南京：南京艺术学院，2013.

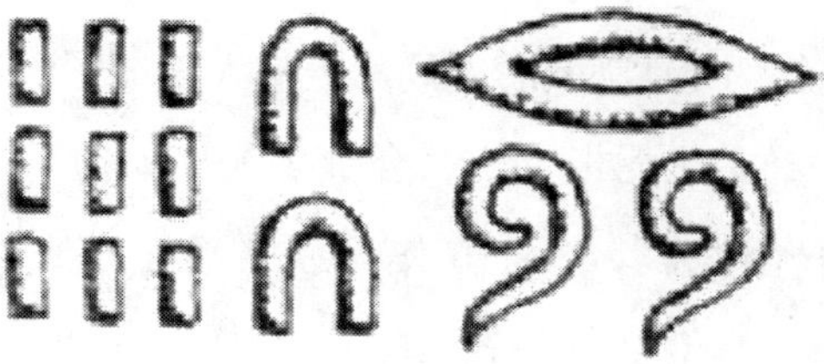

图 4-9（a） 古埃及使用嘴形表现分数

资料来源：《神圣的数》。

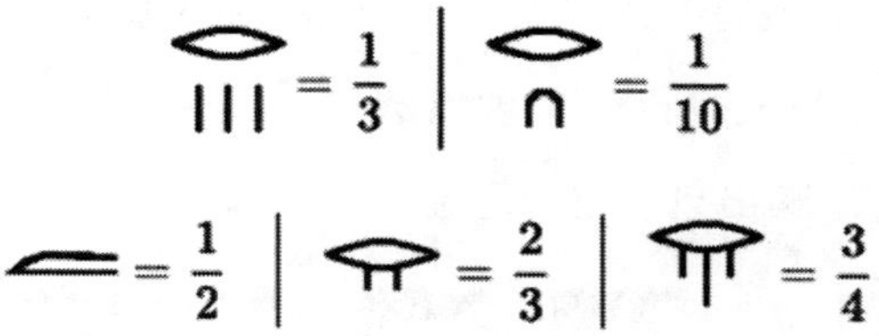

图 4-9（b） 埃及分数表示法

资料来源：维基百科。

古埃及人发现，有理数都可以写成不同的单位分数的和。他们用几个分子是 1 的分数之和表示有理数，后来人们将这种分子为 1 的分数称作埃及分数，也叫单位分数[1]。埃及分数是用眼睛和嘴形等特殊符号来精确地表示分数的。眼睛、蜗牛、海洋生物的壳可以被看作是一种生物有机体，人们用有机形态的图形来表示数字，反映出数字在使用中所呈现出的变化和多样性特征[2]。分数的符号像一张嘴巴，人们通过对外部世界的模仿，形成对简单图形的构造［见图 4-9（a）、4-9（b）］。英国学者米兰达·伦迪在《神圣的数：数字背后的神秘含义》[3] 中表示，人们使用简单的图形以及图形的搭配，将简洁的图形进行组合，通过这种搭配，表

［1］ 恋上古埃及分数：有理数都可以写成不同的单位分数的和［OL］．［2019-10-13］. https：//baijiahao. baidu. com/s？ id=1647256059252623444&wfr=spider&for=pc.

［2］［英］约翰·D. 巴罗．无之书［M］．何妙福，傅承启，译．上海：上海科技教育出版社，2003：36.

［3］［英］伦迪．神圣的数数字背后的神秘含义［M］．贺俊杰，铁红玲，译．长沙：湖南科学技术出版社，2011.

达丰富的数学内涵。

大约4400年前，两河流域的古代苏美尔人创造了巴比伦楔形数字。他们将记数符号刻印在黏土泥板上，结合代表人、动物、商品等内容的符号来记录数字和事件。他们以6和10作为数字系统的基数，用专用符号1、10、60、600、3600、36000等代表数字[1]。600是60的10倍，中间套着一个表示10的小圆；3600是一个比10更大的圆；36000是3600的10倍，是一个大圆中套着一个表示10的小圆（见图4-10）。巴罗认为苏美尔人的记数系统是一种“曲线符号”的数字，如60和600的符号很像当时某种容器的器型[2]。这些记数符号呈现出圆形、锥和圆柱等几何形特征，数字可以进行运算，反映出数字之间理性、严谨和丰富的组合关系。

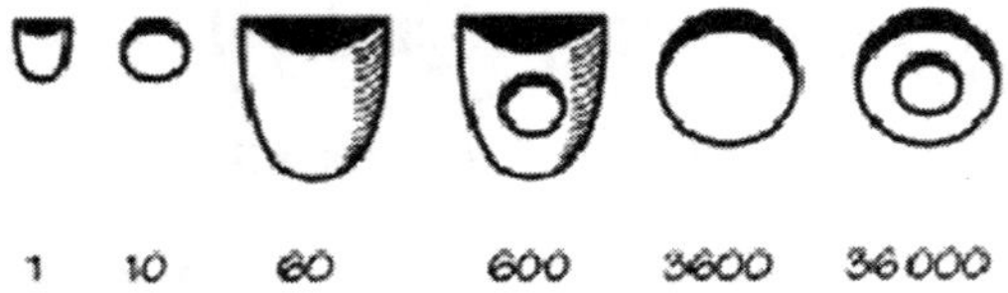

图4-10　苏美尔人的曲线符号

资料来源：《无之书》。

从远古到公元前6世纪，人类在长期的生产实践中逐渐形成了“数”的概念，积累了一些数的运算方法和数学知识，但还未形成科学的系统。从公元前6世纪到公元17世纪初，诞生了许多伟大的数学家和哲学家，包括毕达哥拉斯、柏拉图、亚里士多德、欧多克斯、托勒密等。毕达哥拉斯学派发现了勾股定理，创立了纯数学，研究美的和谐和美的比例，他们的研究发现奠定了追求与宇宙万物的和谐的基调[3]。美的和谐理念深刻影响了建筑、雕塑、音乐、绘画及更广泛的领域。柏拉图学派发现了圆锥曲线，“柏拉图立体”成为现代

[1] 人类简史［OL］. http：//www. yuedu88. com/renleijianshi/12859. html.

[2] ［英］约翰·D. 巴罗. 无之书［M］. 何妙福，傅承启，译. 上海：上海科技教育出版社，2003：22-25.

[3] 扬杰. 建筑学中的数学理性与数学美［J］. 昆明：昆明理工大学，2006.

建筑的几何基础。数学家托勒密将三角函数提升到一个新高度[1]。

古希腊数学家欧几里得（公元前330—前275），基于柏拉图、欧多克斯等前人的研究成果，用"论证数学"和公理化思想，将零散的数学理论构建成一个数学体系，写出数学史上里程碑式的《几何原本》。他对几何里最基本的元素点线面进行了抽象概括的描述：点是没有部分的那种东西，线是没有宽度的长度，面是只有长度和宽度的那种东西。《几何原本》仅从5个公设和5个公理出发，通过逻辑证明的方式推论出一个又一个定理，形成一个包括119个定义和465个定理及其证明的严谨精密的几何体系。它是第一部以公理化的叙事方式写成的数学著作，对2000多年的数学发展产生了深远的影响，被誉为数学家的圣经。

数学是研究现实世界中数量关系和空间形式的学科，以抽象理性思维的方式描绘人类的感觉经验。数学把形式和内容分离开，舍弃了事物所有的特性，仅保留下来量的关系[2]。在数学的研究对象中，无法直接看到现实的事物，它仅以概念定义的方式，去构造相应的量化模式，并对抽象的量的种种模式进行研究。

数学具有高度抽象的特点，它构建的理性化的思维方式和认知模式，可以应用到一切具有相似属性的同类对象中，或者反过来能够把同类对象中理性化的量的关系扩展到个别对象中。数学是人类思维活动发展的基础，它的发展与社会整体发展水平相互关联，与科学技术的发展和社会的发展进步相互依存、相互促进。

古希腊数学的发展，为人们提供了一种用定理或公式解释抽象逻辑的形式化方法。人们对命题中相互联结的部分进行比较，用符号和符号之间的联系描述或表达它们共同的形式结构，推理论证它们之间的相互联结关系。抽象逻辑的方式能够脱离时间的变化，对处于不断变化的世界万物进行非时间性的客观联系。人们通过认识自然规律背后的数学逻辑，理解蕴

[1] 李小平. 数学文化与现代文明［D］. 长春：吉林大学，2016.
[2] 罗长青，李仁杰. 数学文化［M］. 重庆：重庆大学出版社，2010.

藏在现实事物当中的美。由几何学导出的比例理论，进一步丰富了人类对外部世界的感知，美可以通过简明的数量关系呈现出来。亚里士多德在《形而上学》中解释了毕达哥拉斯的美学思想，即用数字的原则来论证一切事物，发现存在于数字中和谐的比例关系，从而认识数字与宇宙的和谐关系。美学思想深刻影响了希腊古典时期的建筑、雕刻和绘画，形成了一定的准则和规范，将艺术推向了一个新高度。神庙廊柱结构的比例、柱子凹槽的夹角、柱子之间的间隙、人物的比例、绘画的结构均呈现出一种遵循一定规律的审美感受。古希腊人用数的和谐解释宇宙万物的构成，美的唯一原则就在于和谐与秩序。数字赋予一切事物以美丽，美的和谐建立在简单的数字比例之上，宇宙万物都是在这种比例的基础上实现有序地运行。

三、渗透到设计中的螺旋结构

螺旋线本身具有某种中心对称的特征，它看上去像一个由弧线描绘的圆形，由一条线段围绕着它的一个中心在平面内旋转。但事实上，这条围绕圆心旋转的线段，它的半径在有序地变长或者缩短，形成了一条类似圆形、又在不断向外延伸或向内缩小的变化的曲线。公元前 3 世纪希腊数学家、物理学家、力学家阿基米德（公元前 287—前 212），被近代数学史家认为是与牛顿、高斯并列的三个最伟大的数学家之一。阿基米德确立了静力学和流体静力学的基本原理，享有“力学之父”的美称，家喻户晓的一句名言是“给我一个支点，我就能撬起整个地球”。他在著作《螺旋线》中对螺线进行了描述。螺线是一个点匀速离开一个固定点的同时，又以固定的角速度绕该固定点转动，从而产生的轨迹。可以理解为，从点 O 出发作一条射线，在点 P 沿动射线 OP 以等速直线运动的同时，该射线 OP 又以等角速度绕点 O 旋转，点 P 的轨迹为阿基米德螺线，它的极坐标方程为：$r = a\theta$。

其中，r 是极径，表示从螺旋线上一点到中心极点间的距离。θ 是极角，表示螺旋线上一点围绕中心极点所转的角度。a 是常数，表示螺线的相邻每圈间的极径正比于极角。阿基米德螺旋线又称“等速螺线”（见图 4-11）。

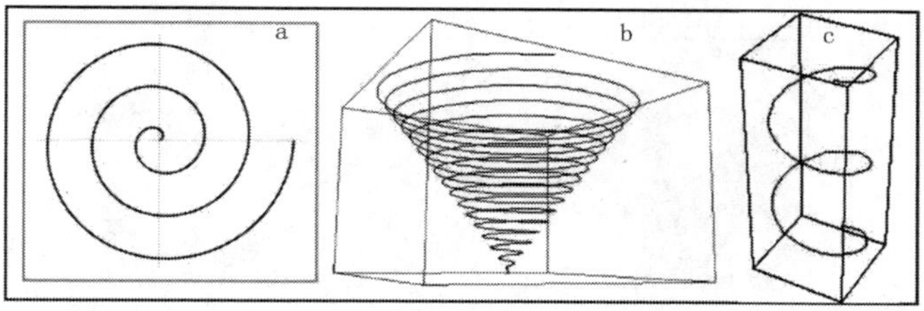

a. 阿基米德螺旋线　b. 圆锥螺旋线　c. 圆柱螺旋线

图 4-11　螺距相等的螺旋线

资料来源：沈源．整体系统：建筑空间形式的几何学构成法则［D］．天津：天津大学，2010：150.

蜘蛛织的网、向日葵的花盘、植物轮状叶序、鹦鹉螺外部切面都呈现出匀称的螺旋线条，体现了能量的扩散和生长的延伸。小小的蜘蛛依照等距螺线法则，绕出精确、纤细、精美的蜘蛛网。蜘蛛的网状线条是平行的，和向外辐射的线相交的钝角和锐角正好各自相等。植物的种子、叶子以螺线结构排列，能够使种子和叶片在狭小的空间中节约能量消耗，获得最佳的光照面积，获取最佳的阳光[1]。植物的种子，从一个生长点出发，长满整个盘面或球面，同时获得充足、均匀的阳光（见图 4-12）。叶子的生长，同样呈现出“理想夹角”的特征[2]。月季等喜欢阳光直射的植物，叶片尽可能彼此错位生长，减少叶片之间遮蔽的阳光，最大限度地增加光照面积，叶序更明显的呈现为圆柱螺线排列。君子兰喜欢阳光但怕晒，在阳光热烈的夏天，君子兰的叶子很容易被晒伤。君子兰的叶子，显现出接近 180 度的旋转角度。在充足的阳光下，叶片的上下重叠能够形成对阳光的适当遮阴，吸收明亮的散光。

---

［1］ 有趣的等速螺线［OL］．新华网，http：//www. xinhuanet. com/science/2018-06/08/c_137239538. htm.

［2］ 沈源．整体系统：建筑空间形式的几何学构成法则［D］．天津：天津大学，2010：158.

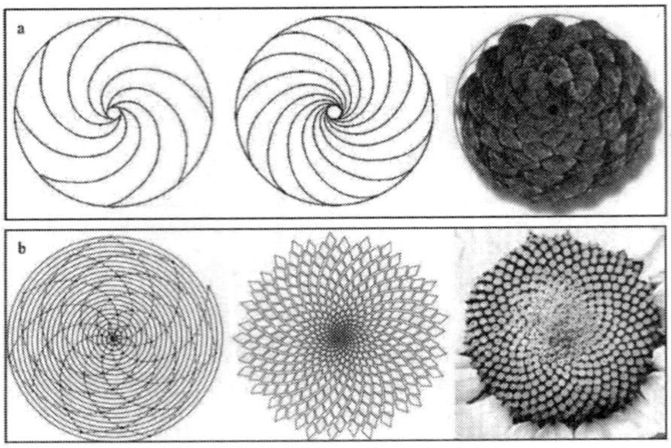

a. 松果的排序　b. 向日葵的排序

图 4-12　自然界中种子的排序

资料来源：沈源．整体系统：建筑空间形式的几何学构成法则［D］．天津：天津大学，2010：159.

植物中的丝瓜、葫芦藤蔓，生长呈现出有弹簧弹性的圆柱螺线形状。具有弹性的藤条，能够牢牢拉住生长的果实，即使在有风或外力的作用下，也能保持螺旋形状的延伸。在没有风力作用时，藤条又能拉住果实恢复到原来的位置。螺类软体动物在水中运动时，壳体直径粗大的部分在前，螺尖在后，背负着外壳向前。当软体动物与水流方向逆向运动时，水流从粗大的壳体沿螺线向直径小的螺尖流动，能大大降低水流速度。当水流速度降低时，螺尖后面水的静压力增加，且大于壳体前端的静压力，软体动物能够在水流静压力差的作用下，自动向前运动。水流的阻力，在锥状螺线的作用下，转化为了前进的动力。水流的阻力减小了，转化的动力推动着软体动物的前进。自然界中呈现出的螺旋线结构，可以帮助生物体在有限的空间内获得、吸收和储藏更多的能量，同时以更高的效率抵抗外界阻力，帮助其生长。

自然界中的棕榈叶片、莨菪叶、葡萄叶，也呈现出螺旋形结构。人们将这些螺旋形结构描绘于以几何图形为基础的抽象纹样图案当中，形成早期的装饰艺术。古希腊人认为棕榈是征服死神的草木，因此常在墓碑上描绘棕榈图案。在古希腊的奥林匹克运动会上，胜利者除了获得最高奖励——橄榄花冠外，还会手持棕榈枝条，代表着胜利与荣耀[1]。苜蓿和葡萄卷草纹常被绘制于希腊、罗马的古典建筑装饰上，如爱奥尼柱式顶端是两个漩涡状的卷饰。阿拉伯藤蔓花纹作为伊斯兰清真寺内外的建筑装饰，由有节奏的线性条纹和树叶交织而成，描绘出卷须或平纹线条的植物纹样装饰。曲卷圆润、花样丰富的唐草纹也出现在中国敦煌莫高窟的北朝壁画中，以忍冬、荷花、莲花等花草作为装饰纹样。在日本，巴纹（TOMOE）是一种传统纹样，是祇园祭中用于祭拜武神的八幡宫“神纹”。最早出现在中国商代青铜器、瓦当和太极图上。巴纹可以理解为水的漩涡或者雷电奔腾的样子，人们在自家房屋的瓦头上用巴纹装饰，以祈求防火[2]。螺旋纹的装饰通常以卷曲、涡旋的形态出现，旋转、延伸的叶饰纹样呈现生气兴旺、气息弥散的特征。螺旋纹的风格简练，线条多变，组成样式丰富。以单片花叶、双片花叶或三片花叶形成连续流畅的带状花纹，叶脉旋转舒展，饱满而富有动感，表现出生机盎然、散发彩云之气、绵长再生的艺术风格。

在古代中国，太极图是最具有代表性的经典螺纹图案。它由内向外旋转而出的圆圈组成，阴阳回互环抱，形如阴阳两条半弧形的鱼环抱在一起。两条流动的鱼产生出水流的漩涡，黑被白吸收，白被黑吞没，它们相互包容，而非互相分割。两个黑白圆点为两条鱼的“鱼眼”，表示阴中有阳、阳中有阴。太极图[3]外圈是八种基本图形，用八卦描述阴阳消长周期过程中的象数，体现了“阳极生阴，阴极生阳”“两仪生四象，四象生八卦”的阴阳二气交感、进退消长、互根互生的万物生成观。太极图表现出事物相互转化、对立统一的形式美与和谐美，奠定了传统文化的审美基础。基于事物的一上一下、一正一反的相互作用而形成吉祥优美的图案，如“龙凤呈祥”“喜相逢”“鸾凤和鸣”等，描绘了首尾交合、消长流行、

---

[1] ［希腊］阿内塔·丽祖，索菲娅·丽佐布卢．橄榄·月桂·棕榈树——奥林匹克运动象征植物［M］．朱圣鹏，等，译．广州：花城出版社，2008．

[2] 带你简单认识日本的家纹文化［OL］．http：//m. kdnet. net/share-13015487. html.

[3] 这4张图里藏着中国文化玄机：太极图、八卦图、河图、洛书［OL］．腾讯网，https：//rufodao. qq. com/a/20160408/030110. htm.

互根互动的吉祥、和气的景象（见图 4–13）。

图 4–13　后天八卦图

资料来源：互联网公开资料。

螺旋形式展现的生命力和动感之美也被应用在建筑师的设计当中。20 世纪最著名的建筑大师、城市规划家勒·柯布西耶，将“螺旋形式”作为持续一生的设计主题，展现有生命的设计。1929 年，柯布西耶描绘了整体呈“方锥螺旋”的世界博物馆[1]。参观者从螺旋线的生长点，即圆锥螺旋线顶部中心处出发，进入博物馆进行参观。博物馆内部的秩序以由上而下、由内而外生长的螺旋线构成，以“方锥螺旋”作为建筑的主体平面。1931 年，柯布西耶设计了一个基于螺旋线，可以“无限生长”的“20 世纪博物馆”。他提出捐画者可以同时提供大厅空间结构的主要构件，为营造“生长空间”提供元素[2]。1939 年，柯布西耶借助鹦鹉螺设计了“方形螺旋”平面的螺旋形博物馆，方形螺旋遵循有机生命体的特征，呈现出在自然和谐当中有序成长的自然法则，从而展示建筑的生命力。1957 年，柯布西耶设计了印度昌迪加尔的艾哈迈达巴德文化中心博物馆，它是一个

[1] 沈源．整体系统：建筑空间形式的几何学构成法则［D］．天津：天津大学，2010：163.

[2] 董豫赣．同时空间［J］．建筑师（130），2007：5–7.

从地面升起的封闭箱子，沿袭了“无限扩张的博物馆”的延伸理念[1]。螺旋式的画廊围绕着中心庭院，将建筑的高度向上伸展。柯布西耶设计的印度昌迪加尔议会大厦，用斐波那契数列创造出独特的建筑几何造型，用扩展的几何造型展示建筑蕴涵的生机。

四大现代建筑大师之一的弗兰克·劳埃德·赖特（1867—1959）在长达70年的职业生涯中，一直倡导有机建筑的设计理念。他认为，建筑的设计应该实现的是空间的连续性，使建筑的每个元素都被设计为一个整体的组成部分[2]。在古根海姆美术馆的设计中，他采用倒置的“圆锥螺旋线”，将螺旋形坡道作为主要的建筑展览空间（见图4-14）。

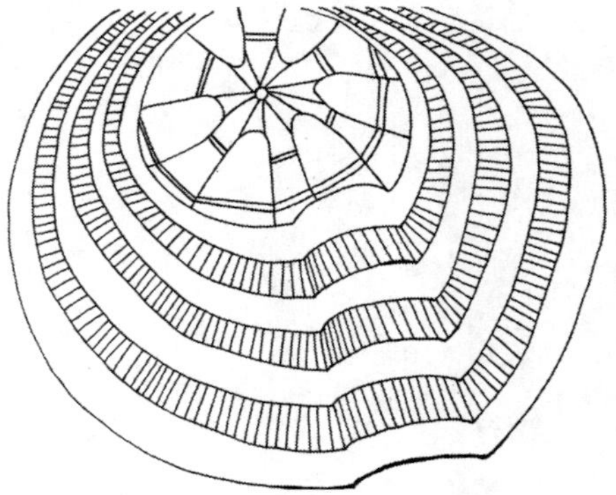

图4-14 古根海姆美术馆楼梯内景示意图（作者自绘）

建筑物螺旋线结构的外观，它看上去像一条巨大的白色弹簧，一卷削掉的苹果皮，或是一只旋转的茶杯。参观者从电梯升至美术馆顶层，然后沿螺旋形坡道一圈一圈的回转向下。连绵布排的展品悬挂在倾斜坡道的墙壁上，参观者一边顺坡而下，一边欣赏美术作品。阳光透过各层之间的玻璃窗照进展厅，倾斜坡道的中庭空间呈现出光与影变化的效果。赖特用螺旋形坡道为参观者设计了一条与一般展览隔间不同的参观路线。他试图用

[1] 与勒·柯布西耶、路易斯·康相遇，开启建筑文化考察之旅［OL］. 搜狐网，https://www.sohu.com/a/362115353_200550.

[2] 赖特设计的古根海姆博物馆——过去58年的演变历程［OL］. https://www.archdaily.cn/cn/878174/fu-lan-ke-star-lao-ai-de-star-lai-te-suo-she-ji-de-gu-gen-hai-mu-bo-wu-guan-58nian-lai-de-yan-bian-li-cheng.

螺旋线赋予建筑物一种生命形式，让人们能够在参观美术馆的同时，看到建筑物孕育的生命力。建筑物被设计师看作是有机的生命体，是一种自身演化的结果，它的外观则是自身演化的呈现[1]。螺旋线作为建筑结构的主体，呈现出无穷连续的可塑性，动感的空间好像自然在四季变换中孕育着生机。建筑师为人的活动创造了空间，流动的参观者为建筑物带来了有机的生命，表达了建筑师对自然和生命的敬意。

[1] 弗兰克·劳埃德·赖特．自然是万物之神 [OL]．建筑学院，http：//www.archcollege.com/archcollege/2018/10/42188.html.

第五章

时力：中国传统文化溯源与青铜时代的生产

第一节　“器以藏礼”的文化溯源

一、“礼”在社会的特殊意义

中国古代的“礼”，是一种行动的准则和规范。《说文解字》对“礼”的解释为，“礼，履也，所以事神而致福也”，“礼”暗含有“祭祀”的意思[1]。著名学者王国维基于对甲骨文的研究考证，认为礼字与祭祀有关[2]。礼是礼义，即行为的准则，包含了行动的准则和行动、践履两层意思[3]。孔子在《礼记·仲尼燕居》中，提到“礼也者，理也”。“礼”是合于道德理性的规定，是人们应当遵循的行为规范。这里的规范不仅仅是僵化的标准，还有内心的道德约束，富有人的自主性和人文、人本的色彩。在中国古代，“礼”是对一切具体行为的规范和道德准则，“礼”形成了人与人交往中的礼节仪式，是一种上层建筑。“礼”能够维护古代宗法和等级制度，是社会政治制度的体现，实现的是一种社会秩序。

“礼”的起源，可以追溯到尧舜时代和黄帝时代。在《通典·卷四十一》中写到了“自伏牺（伏羲）以来，五礼始彰；尧舜之时，五礼咸备”。在《尚书·尧典》中有“舜修五礼”。五礼即吉、凶、军、宾、嘉五种礼仪，包括敬神与鬼的祭祀之吉礼、哀邦国忧患和灾祸死亡之凶礼、军事战争活动相关的军礼、接待宾客的宾礼，以及上至王位承袭、下至婚冠贺庆、饮食宾射等社会生活方面的嘉礼。

《商君书·画策》讲述了黄帝通过“礼”，制定和建立了新的统治秩

[1] [清] 王筠（撰）. 说文解字句读 [M]. 北京：中华书局，1988：2.
[2] 王国维. 观堂集林（第一册）[M]. 北京：中华书局，1959：291.
[3] 张欣. 先秦饮食审美研究 [D]. 天津：南开大学，2010：118.

序，使礼在国家政治、经济、军事、文化中发挥作用。《商君书·画策》有："神农既没，以强胜弱，以众暴寡，故黄帝作为君臣上下之仪，父子兄弟之礼，夫妇妃匹之合，内行刀锯，外用甲兵，故时变也。"神农以后，人们开始凭借强大的力量欺凌弱小者，以人多势众欺压人数少的氏族，因此黄帝制定和建立了新的统治秩序，包括君臣和上下级之间的道德准则，父亲、儿子、兄弟之间的礼仪，夫妻间的合婚原则，对内部用刑罚，对外部使用军队征伐，这样时代就发生了变化。另外，《尚书大传·略说》云："黄帝始……礼文法度，兴事创业。"《白虎通义》云"黄帝始作制度，得其中和，万世常存。"文中均提到黄帝依礼治国，"礼"由黄帝所创。古代社会的政治、文化、生活无不与礼仪有关，"礼"具有极其重要的地位。

以夏商周青铜器为代表的三代礼仪制度，继承于史前时期的礼制传统，到周公旦颁布《周礼》，"礼"逐渐发展为中国古代用来维护等级制度的道德规范和社会行为规范。礼，有助于治理国家，使社稷安定，使人民有序，有助于对后代形成一个稳定的社会。《春秋左传·隐公十一年》有云："礼，经国家，定社稷，序民人，利后嗣者也。"用礼用来推行道义，维护道义，以道义平衡各方利益，是治理国家的重要内容。《春秋左传·成公二年》有云："唯器与名，不可以假人，君之所司也。名以出信，信以守器，器以藏礼，礼以行义，义以生利，利以平民，政之大节也。"唯独礼器与名爵，不能假借给别人，是由国君掌握的。（通过封授）名爵而获得（臣子的）信忠，因臣子的信忠才能治理好国家，治理好国家才会使人们遵守礼法，人们遵守礼法才会做仁义之事，对人仁义则利人利己，这是治理国家的关键。

夏礼、殷礼、周礼三代的礼并不是一成不变的，而是随着时代发展而发展变化。《史记·七十列传·商君列传》有云："是以圣人苟可以强国，不法其故；苟可以利民，不循其礼。"圣人治国，只要能够使国家强盛，就不必沿用旧的成法；只要能够有利于百姓，就不必遵循旧的礼制。"智者作法，愚者制焉；贤者更礼，不肖者拘焉。"聪明的人创立各种法则和标准，愚蠢之人则习惯于用各种法则和标准衡量和评判事物，被法则和标准制约；贤德的人会依据客观情况随时变更礼法，寻常的人则习惯于被礼法约束，拘泥其中。“三代不同礼而王”，即夏商周各有各的“礼”和治国方法，三代礼制不同，而都能统一天下，成就王业。

到周公时代，礼已经比较完善，“礼”是周文化的核心。到春秋时代，王室衰微，礼崩乐坏，周代周密、完善的礼制，被众多士大夫所向往，力图予以恢复。孔子继承和发展了周代的礼制，创建自成体系的儒家学说，将“礼”作为社会关系的核心。孔子将“礼”的应用作为主要内容，其中以和谐最为重要。他认为古代君主之所以能够成功地治理国家，最宝贵的地方就在于做到了和谐，与物无伤。但是，如若遇到行不通的地方，不能仍是一味地追求和顺，而只顾按和谐的办法去做。要从合适的礼节手段出发，达到和谐、和顺、和美的目的。《论语·学而》有云：“礼之用，和为贵。先王之道，斯为美。小大由之。有所不行。知和而和，不以礼节之，亦不可行也。”

孔子把“礼”上升到人生修养的境界，说明了“礼”的重要性，他认为恭敬、谨慎、勇敢、直率，都是很好的行为，但不应违背“礼”。《论语·泰伯》有云：“恭而无礼则劳，慎而无礼则葸，勇而无礼则乱，直而无礼则绞。”如果有恭敬态度而没有礼的内涵，一味地礼貌会劳苦；做事谨慎、小心很好，谨慎若不知礼，就变成畏惧不前；有勇气、有冲劲，下决心做事情，是勇，但勇敢而无礼就会扰乱上下左右的秩序；个性直率、坦白，说话坦诚，但不以礼来指导，便如绞绳一样，愈绞愈紧，终必绞断，责人急切，容易误了事情。古人认为，“礼”定贵贱尊卑，“礼”使社会上的每个人在贵贱、长幼、贫富等各种等级制度中都有恰当的地位。人们通过遵守符合其身份和地位的行为规范，通过符合其自身的“礼”和行为，形成人与人之间权利义务的规范和各种社会关系，“礼”的作用在于维持和巩固等级制度及社会秩序。

二、“器”与“礼”的关系

古代人认为，“礼”能使人成“器”，最初人们用来烹煮食物的器物，逐渐发展为祭祀和宴饮的“器”，并赋予了“器”特殊的意义。在祭祀和宴饮中使用的青铜器，是主人权力和地位的象征，成为一种文化符号。青铜器承载了使用者的身份地位，显示了“礼”的尊卑关系，表达了主人的虔诚与敬畏之心。青铜器作为礼器，蕴含着“礼”的特殊含义和要求，表现出礼的物化或具象化特征，成为“明贵贱，辨等列”的主要器物[1]。它蕴含着“礼”的神圣意义，散发出庄重、神秘、威严、至上的力量。反过来，青铜器影响着人们对待它的态度，制约和支配着人们使用它的方式。

“器”与“礼”的关系，是“形而下”与“形而上”的关系，是有形与无形的关系。礼的至上力量，规范着不同的等级及相应的权利，形成形而上的内容——礼制。礼依附于具象化的器物——礼器，在人们各种礼仪活动中体现等级、尊卑、贵贱，反映人们的道德、心理倾向[2]。礼器成为一个国家的规范、一个现实世界中人们形成的社会秩序的具体体现。礼必须借助于器物才能得到表现，即《左传·成公二年》提到的“器以藏礼”[3]。人们通过对礼器的使用来体现至上的“礼”，用于对天地、社稷、宗庙、山川的祭祀仪式当中，用于朝聘、征伐、丧葬、宴飨等礼仪活动中。礼器具有显示使用者的权力与地位的象征意义，表明使用者身份等级的尊卑贵贱，使用者按照“礼”的要求使用礼器，反映了“以器涵礼，礼在器中”的思想特征。

法则是无形的，器物是有形的，即《易经·系辞》中的“形而上者谓之道，形而下者谓之器”。自然现象和社会运行有着特有的发展规律，人

[1] 怎么理解藏礼于器［OL］. 爱才教育网，https：//www.chinactp.org/z/107952.html.
[2] 倪玉湛. 夏商周青铜器艺术的发展源流［D］. 苏州：苏州大学，2011：96.
[3] ［清］阮元（校刻）. 十三经注疏（下册）［M］. 北京：中华书局，1980：1894.

们通过某种思维方式去认知世间万物，形成对世界本源即“道”的思考。在依靠逻辑思维来解释世界的基础上，通过具体的、可见的、有形的实物来体现，落实到具体的行动中，运用在具体的实际中，通过对“器”的使用来显现“道”。《论语·为政篇》里有“子曰：君子不器”，“器”指的是器物，是那些有形的、具体的物质。孔子认为君子应当“志”于“道”，而不应被物的形象与用途所束缚，不应拘泥于手段而不思考复杂万变的世界背后的规律。自然现象和社会运行的规律是无形的，君子应通过深度思考，去领悟纷繁万象事物的“道”，领悟万象纷呈背后的本质。理解了事物内在不变的规律，才能把握变化，把各种复杂的变化简单化，这样才能够明“道”，形成完整的思想体系。在完整的世界观、人生观和认识基础上，对事物做出判断和定义，依照具体事物给出合理的应对方法。君子不应执着于追求知识和术语，应使“道”通达清澈，将“致道”的思想应用在“器”中，驾驭各种复杂事件，在行动上做出来，致力于“道”，达到持经达变、抱一应万。人们通过器物表达人的思想理念，传达人与人、人与物之间的情愫，构成一种情感上的和谐关系，即古人追求的“器道相宜”“器以载道”。

第二节　“礼器”与青铜器的出现

一、青铜器呈现出“礼器”的特征

中国大规模制造的青铜器并不是为了用作农具、工具等生产性的器具，主要为礼器和容器，用以维护国家至高无上的王权统治。中国的青铜用于礼器的制作和铸造，这与西方青铜的制造有着明显的区别。传说夏朝建立之前，禹将治水时所经过的地方划分为九州，在《左传·襄公四年》

中记载了“芒芒禹迹，画为九州”[1]。他用各地贡金及铜铸造了九个铜鼎，即九鼎，用以象征九州。《汉书·郊祀志》中有“禹收九牧之金，铸九鼎，象九州”[2]。因此，谁能够拥有九鼎，就象征着拥有了整个国家，拥有天下，九鼎成为象征国家及王权的礼器。正因为青铜器具有特殊等级的象征意义，历代王权者常以九鼎来标志其拥有的统治者地位，以九鼎作为国家的象征。青铜器与石器时代的彩陶不同，彩陶主要以食器为主，属于单纯的物质器具，彩陶上的纹饰也主要表现为一种形式美的装饰。青铜器虽然也有食器的功能，但青铜器承载着更多的文化功能[3]。青铜器外在的纹饰也不仅仅是装饰作用，而是一种特殊的文化符号。

青铜器象征着身份、权力以及国家至上的王权，成为一种制度性的社会文化符号。夏商周时期是我国古代早期礼制成熟的时期，青铜器作为重要的礼器被用来参与到礼仪制度的活动中。河南偃师二里头文化，被认定是夏朝的文化遗址，学界把二里头遗址称为夏朝的都城遗址“夏墟”。迄今为止，我国所发现的最早的青铜鼎——方格纹铜鼎，就出自河南偃师二里头文化遗址[4]。该铜鼎于 1987 年出土，也是二里头遗址出土的唯一一件青铜鼎，距今 3800 余年。鼎是神圣的器物，是古代“祭天礼”活动的重要礼器。早在新石器时代中晚期，鼎就已经出现，最初是一种陶器。后来由于铜礼器的出现，青铜器物耐用且更显贵重，迅速取代了陶礼器，成为国家最高权力的象征。考古学家在该遗址中，还发掘出土迄今已知最早的青铜盉。经考古研究，这些青铜鼎、青铜盉、斝、爵、觚等器物，带有

---

[1] 《左传·襄公四年》，参见［清］阮元（校刻）．十三经注疏（下册）［M］．北京：中华书局，1980：1933.

[2] 《汉书·郊祀志》，参见［汉］班固．汉书（第四册）［M］．北京：中华书局，1962：1225.

[3] 薛富兴．山水精神［M］．天津：南开大学出版社，2009：45-46.

[4] 二里头夏都遗址博物馆镇馆之宝之一：方格纹铜鼎［OL］．洛阳晚报，［2019-11-21］．http：//news. lyd. com. cn/system/2019/11/21/031504348. shtml.

礼制的特点[1]。在宴饮时，古代的人们一般席地而坐，将几种器物搭配使用，放在案几上的不同器物盛放不同的食物。如，鼎是盛放肉食的器物，盉、斝、爵、觚是用于饮酒的器物。同属酒器或食器的器物，在用途、使用功能、使用数量上却有不同的规范。在不同的礼仪活动中，不同器物有其特殊的专用要求，在器物造型上也蕴含了相应的身份和社会等级特征。

夏文化所体现出的礼制文化内涵，在我国已知最早的大型宫殿基址——二里头遗址宫殿群遗址发掘的青铜器中，也得到了证明。考古学家经过对比研究二里头遗址不同时期的遗物，证实了从二里头遗址四期开始，贵族阶层使用青铜礼器的特征更加明显，上层贵族铸造和使用大量的青铜器，以作为其身份等级的象征[2]。从考古挖掘可以看出，在有史书记载的第一个朝代——夏朝，青铜器就已经作为礼制的容器，开始被王室及上层贵族所使用，“礼”作为身份、地位的象征，表现在祭祀、交际、宴饮等社会生活的多个方面。

在古代，国家政权的安全是治理国家、实现长治久安的关键，在祭祀典礼时不同朝代使用不同的“礼”。《论语·八佾篇》记载了夏商周三代祭祀典礼的仪式，夏朝时，使用松树祭祀土地神，殷商时期用的是柏树，到周朝使用栗子树，因为栗子树能够使百姓感到害怕，以此来保持社会秩序的稳定，即“夏后氏以松，殷人以柏，周人以栗，曰使民战栗”。

古代王侯贵族使用青铜器也有不同身份和不同的行为要求，表现政治地位、贵贱、尊卑，是“礼”的具体体现。《礼记·明堂位》记载“有虞氏之两敦，夏后氏之四琏，殷之六瑚，周之八簋”，文中提到的敦、琏、瑚、簋皆是宗庙盛物品的礼器，只是使用规则不同。在虞氏祭祀时，盛放黍稷用两敦，夏代用四琏，殷代用六瑚，周代用八簋。可以看出，从夏朝

[1] 李嘉．造物史视野中的先秦青铜“壶”形器研究［D］．武汉：武汉理工大学，2012：241.

[2] 宋镇豪．夏商社会生活史［M］．北京：中国社会科学出版社，1994：283-284.

开始青铜器就从盛储器演变为礼器，成为祭祀的主要器物。“礼”要求人们的生活方式和行为符合自身的社会地位和身份，青铜器作为礼器，承载了社会等级的功能，表现出封建社会鲜明的等级特征。

二、“礼”与青铜器的变化

青铜器作为礼器，反映了上层贵族等级和地位的差别。商与周在礼器使用上有较多差异，最大的区别表现在：在商代，酒器占了相当大的比例，而周则以食器为核心。商代中晚期，掀起了饮酒的高潮，在青铜礼器中出现了酒器的组合。商代最重要的礼器组合以觚、爵为代表，在祭祀和礼仪活动中，觚和爵通常在一起配套使用。贵族等级、地位和身份由觚和爵随葬数量的多少来衡量。奴隶主贵族墓葬一般出土一觚一爵，随葬数量越多，代表身份越高。在河南省安阳市郭家庄的商王武丁之王后——妇好墓中，挖掘出土商代晚期青铜器一套10觚9爵的组合和53件铜觚[1]。根据墓葬觚的随葬数量判断，使用者的社会身份和地位等级非常高，专家推测主人是当时的高级贵族[2]。考古发掘出土的大量殷商时期的酒器，多以组合的形式出现，从早期觚和爵的酒器组合，到食器、礼乐器、酒器、水器等多种器类、多种形式的组合。河南信阳罗山县天湖晚商息族墓葬中，规模较大的墓葬都有青铜卣等酒器出土，并配有鼎、尊、甗等青铜器组合[3]。遗址中出土了一件内装有古酒的青铜卣，古酒密封良好，经专家检测酒的成分，每100毫升酒内含有8.239毫克甲酸乙酯，还带有果香气味[4]。由于商人饮酒之风盛行，殷商贵族、王公大臣酗酒成风，荒于政事，最后因嗜酒而导致了亡国。为了谨记商亡的教训，周公旦立国之初

[1] 商代青铜觚［OL］.［2019-02-28］. https：//www.sohu.com/a/298365757_100017725.

[2] 河南省安阳市郭家庄出土“商代晚期青铜器”［OL］.［2020-03-31］. https：//www.sohu.com/a/384325610_99980469.

[3] 欧潭生. 罗山天湖商周墓地［J］. 考古学报，1985（2）：153-197.

[4] 商代青铜觚［OL］.［2019-02-28］. https：//www.sohu.com/a/298365757_100017725.

即颁布《酒诰》，它是中国最早颁布的禁酒令。到西周时期，在严格禁止贵族酗酒、群饮的规定下，青铜酒器数量和商代相比，急剧地减少，祭祀活动使用的酒器基本消失，青铜卣也由此退出了历史舞台。

到晚商和西周时期，礼器最为鼎盛，青铜器的地位也随着祭祀等礼制的活动的神圣化而提高。等级森严的列鼎制度是中国青铜器文明当中显著的时代特征。到西周晚期，礼制盛行，青铜鼎的一个重要变化就是列鼎的出现[1]。青铜鼎最初由陶鼎发展而来，兼具礼器和食器两种功能。青铜鼎作为食器，主要用来盛放肉食，也有的将它作为煮肉的炊具。夏商时期，饮酒成风，青铜鼎作为食器，在礼器中仅占次要地位，酒器居于主要地位。到西周初期，尽管以商代酗酒灭国为戒，但由于仍旧承袭商的礼制，在祭祀活动中沿用旧制，因此酒器仍居于礼器的主要地位[2]。西周中后期，逐渐摆脱商礼，在严厉的禁酒令下，食器在礼器中的地位提升，品种、数量快速增加，占了相当大的比例。青铜酒器数量的迅速下降，使得反映贵族等级差异的礼器逐渐从酒器转到食器上，“列鼎”制度在体现等级的礼仪活动的过程中逐渐产生[3]。

列鼎是指器物的形制、纹饰和铭文相同，器物大小依次递减的一组鼎。这种严格的诸侯等级制度，对青铜器的种类、使用规格以及使用数量上都有严格的规定。不同的青铜器有不同的使用要求，在各种形式的食器中，以“鼎”和“簋”为尊。青铜鼎是专门用来烹煮肉食的饮食器，青铜簋是专门用来盛放主食的饮食器。在祭祀、宴飨（xiǎng）、随葬时，青铜鼎和青铜簋通常以成套的形式出现，按照造型大小依次排开。在数量上，青铜鼎通常是奇数个，与其配套使用的簋一般是偶数个。周代的列鼎制度规定：“天子九鼎，诸侯七，卿、大夫五，元士三也。”天子用九鼎，诸侯

[1] 曾曦. 法象明器占施知来——先秦鼎文化考论［D］. 武汉：武汉理工大学，2010：149.

[2] 先秦时代，异彩纷呈的“青铜鼎”［OL］.［2020-01-15］. https://baijiahao.baidu.com/s?id=1655724252409593786&wfr=spider&for=pc.

[3] 中国考古学跨世纪的回顾与前瞻［M］//. 1999年西陵国际学术讨论会文集. 北京：科学出版社，2003.

用七鼎，大夫用五鼎，士用三鼎或一鼎。按照《礼记·礼器》的规定，使用人的身份和地位与器物的数量是成正比的，主人地位越高，使用的器物就越多，等级也越高。天子的青铜礼器配置是九鼎配八簋，配置器物的等级最高。

考古专家于1990年在河南三门峡上村岭的虢（guó）季墓，发掘出土大小逐个递减的七件列鼎和六件铜簋[1]。按照西周礼乐制度的等级规定，依贵族的等级身份分为天子九鼎八簋、诸侯七鼎六簋、大夫五鼎四簋等。西周的社会，通过分封制，形成了“周王→诸侯→卿、大夫→士”的等级序列的社会结构，每个等级依次递减，不得逾越。虢国是西周初年分封的重要诸侯国，虢季墓的主人为西周晚期某一代虢国国君，七鼎六簋的青铜礼器配置，反映了社会对诸侯一级贵族的礼制规定（见图5-1）。中国古代对列鼎制度的遵循，表现在使用青铜器的方式上，表达了各级诸侯王对周天子、对尊卑秩序的效忠。“礼”是周文化的核心，尊卑秩序是周礼的精神根源，具有政治性和伦理性的双重特征。

图5-1　虢季墓出土的七件列鼎和六件铜簋

资料来源：博物院的成语典故：制礼作乐［OL］. 搜狐网，［2020-03-21］. https://www.sohu.com/a/381979541_99931229.：博物院的成语典故：制礼作乐。

夏商周三代青铜礼器的变化，从夏朝和商朝的礼器以酒器为主，到了周代出现一个大的转折，周代的主要礼器转变为以食器为核心。在周代礼制中，最重要的是用鼎制度，在祭祀、丧葬和宴飨等礼仪活动中按等级使

［1］河南省文物考古研究所．三门峡市文物工作队三门峡虢国墓［M］. 北京：文物出版社，1999：242-243.

用器物，形成以鼎为核心的成套青铜器物的组合[1]。青铜鼎的社会功能也逐渐从由祭祀重器转变为礼器，到西周中期，大量青铜鼎开始用于礼制生活[2]。西周时期，周王封邦建国后，制礼作乐，对殷礼进行了改革。国家观念和阶层观念更加强烈，等级制度更加严格，青铜器风格出现变化，对鼎的使用及数目也有更严格的规定。鼎作为国家至高无上的权力象征，在器物造型上更加凸显文化特征。首先，作为礼器，从鼎的整体外形上看，器物体积、尺寸往往偏离正常人的使用范围[3]。方鼎更凸显出气势磅礴的厚重感。方鼎自二里冈上层期开始出现，一直延续到西周后期。一些大型青铜器，如司母戊方鼎（又称“后母戊方鼎”）、大禾方鼎、大盂鼎、牛首鼎等均显现出气宇轩昂的压力感。司母戊方鼎是迄今出土的所有鼎中最大最重的鼎，重达 875 千克。此鼎器形庞大浑厚，轮廓方直，显现出不可动摇的气势。殷墟铜鼎造型的主要特征也是鼎足厚实、粗壮。大鼎、大壶、大爵、大簋、大尊等青铜器都表现出强烈的视觉冲击效果，显得宏大且壮美。其次，从纹饰上看，将主要纹饰放置于鼎的视觉中心，从而能够显示出主体纹样凝重庄严的浑厚特征。如司母戊大方鼎的人面纹饰，位于方鼎的视觉重心上，显现出威风八面的气势效果，从而增强了鼎作为严格的奴隶主贵族至上权力的象征。商周青铜器的形态变化，反映出西周时期人们摆脱了对天地神鬼的过分崇拜，维系人与人之间秩序的等级观念。

伴随着“礼”的变化，青铜器的社会功能不仅体现在严格的诸侯等级制度上，也表现在青铜器的使用上。青铜器作为权力的象征，在商代、西周诸侯分封时，由周王赐予诸侯青铜器，诸侯带着青铜器建立自己的领地。这种所谓的分器也意味着权力的转移，伴随着青铜器的转移与赐予。此外，在诸侯、卿大夫等得到重赏或立战功时，也会铸造青铜器，并配以

---

[1] 张亚初，刘雨．西周金文官制研究［M］．北京：中华书局，1986.

[2] 梁彦民．商周青铜鼎研究［D］．2012 年中国硕士学位论文．西安：陕西师范大学，2012：81.

[3] 高纪洋．中国古代器皿造型样式研究［D］．苏州：苏州大学，2012：86.

铭文写明此器铸造的意义及缘由，表明这种重器的来源、身份或地位等。铭文产生于商代早期，到西周时期，铭文兴盛，人们通过大量的青铜礼器铸以长篇铭文[1]。《礼记·祭统》有："夫鼎有铭，铭者自铭也，自名以称扬其先祖之美，而明著其后世者也。"人们把自己的功劳、荣誉，或祖辈、父辈对国家的功烈，及周王的赐命铭文，铸刻在青铜礼器上，用来颂扬祖先功德，传遗昭示子孙，永保宗族传统的代代相传。

青铜器的铸造理念中蕴含了一种"意象"的文化内涵，这种文化内涵是中国古代经历长期的历史演进后，积累和沉淀的结果。在《礼记·礼器》篇里对礼器及礼制进行了讲述，讲明了礼使人成器，讲述了用器的规范和方法，更重要的是通过讲述用器之制，阐述和发扬"礼"[2]。中国古人将天、地、人、器、形、象多种思想理念融入青铜器中，以伦理意识为思想背景的核心，通过器物将沉淀的精神文化形态外显出来。在进行青铜艺术创造的过程中，融合了中国古代独具特色的理性思想，这些思想反映出一定时期的经济、物质、人文、制度等社会生产和生活基础[3]。青铜器的文化生产反映了特定时期的思想特征，人们将特定时期的共同性认识表现在器物上，或者是器物的使用上，从而将文化思想理念融入文化生产中得以呈现。

三、青铜纹饰表意通天的祭器

在古代商周时期，青铜器当中的酒器、石器和乐器是用作祭祀的祭器而进行生产，并不只是用作通常的日用器具。青铜纹饰是民族文化符号的象征，从夏到西周，青铜纹饰都象征着国家和至上的王权。《左传·成公

[1] 中国青铜器的铭文艺术［OL］. http://art. china. cn/tslz/2009-11/23/content_ 3256294. htm.

[2] 谢天奕. 器以成礼，礼以成德——《礼记·礼器》篇的礼、器关系［J］. 散文百家，2018（1）.

[3] 曾曦. 法象明器占施知来——先秦鼎文化考论［D］. 武汉：武汉理工大学，2010：22.

十三年》记载："国之大事，在祀与戎"[1]。在中国古代社会，祭祀和战争是国家最重要的事情。"祀"即祭祀活动，在古代指祭礼，祭祀仪式庄严而隆重。青铜器主要作为祭祀活动的法器和道具，是一种巫觋通天的工具。青铜器具有强大的宗教力量和政治力量，也是商周王权统治的一种政治工具。

在古代的宗教观念当中，与神鬼世界进行沟通的天神需要掌握特殊的技能，并在特殊的宗教仪式上运用专门的法器和道具，与上天进行沟通，巫师在宗教仪式上进行沟通的法器和道具就包括了青铜器。这种巫术和巫师的宗法文化在距今5000～6000年前新石器时代的仰韶文化当中就已经体现[2]。在商周之前，在古代中国进行的占卜等活动中，神话传说当中的动物就已经开始作为人与鬼神世界之间的沟通媒介。

《左传·宣公三年》记载了动物是沟通天地的主要媒介，由巫觋来完成人和神的沟通，"昔夏之方有德也，远方图物，贡金九牧，铸鼎象物，百物而为之备，使民知神奸。故民入川泽山林，不逢不若。魑魅魍魉，莫能逢之。用能协于上下，以承天休。"楚庄王向王孙满问起九鼎的大小和轻重，王孙满回答说，以前夏代刚开始有德之君的时代，远方各地将他们的"物"描绘成图画，而九州长官进贡则献来的是青铜，以九州的金属铸成九鼎，将表现物的图画铸造在鼎上反映出来。鼎上各种事物都具备，因此能使百姓懂得哪些是助人的神，哪些是害人的神。所以百姓进入江河湖泊和深山老林，不会碰到不合适的神，像魑魅魍魉山精水怪之类，就不会遇到。因此能使上下（天地）相协，而使人承受上天的赐福。文中的"物"是"牺牲之物"，"物"字有牺牲和图腾两个方面的含义[3]。远古时代的人们将图腾形象视为神话动物，在商周青铜器上描绘动物纹纹样，

---

[1] 《左传·成公十三年》，参见［清］阮元（校刻）．十三经注疏（下册）［M］．北京：中华书局，1980：1911.

[2] 向中华．青铜的历史［M］．北京：新世界出版社，2006：28.

[3] 张光直．中国青铜时代［M］．北京：三联书店，1999：434.

能够协助巫觋沟通天地民神，使天地相通，让人承受上天的福祉[1]。巫觋是一些垄断了对世界神秘力量和现象解释的人，能够将对现象的解释转化为普遍适用的秘密知识和技术，他们有特殊的社会职能，包括占筮、祈雨、避祸、禳灾、娱神、医药、治病、天官、赛祷及沟通人与鬼神等[2]。远古时期的人们通过在青铜器上描画各种神话动物和神灵形象，在巫觋的协助下，与天地沟通，以此表达对神灵的崇拜。

因此，青铜时代在青铜器上铸刻动物纹饰并不是一般的艺术创作，绘制在青铜器表面上的动物纹饰是人的世界与鬼神世界之间进行沟通的一种方式。青铜纹饰以动物为主，包括饕餮纹、龙纹凤纹等，另外还有植物纹、云雷纹、几何纹饰或兽面纹等。这些绘制在青铜器表面的纹饰主要用于宗教仪式当中与神灵进行的沟通，并通过这些方式强化神权在人们心目当中的地位。考古研究发现，铸造在青铜器表面上的纹饰，在图像、造型、比例等方面皆呈现出一致性的特征[3]。饕餮纹是青铜器上常见的花纹，最早出土于龙山文化的器物当中，江浙地区的良渚文化器物中也多次出现这种图案。

饕餮是一种具有神秘色彩的怪兽，恐怖的形象呈现出独特的宗教特征。传说，饕餮是吃人的猛兽，凶恶贪食。《吕氏春秋·先识览》记载了青铜器的饕餮纹饰，“有首无身，食人未咽，害及其身”。古代青铜器上面常用它的头部形状做装饰，饕餮有一个大头和一个大嘴，有头无身，十分贪吃，见到什么就吃什么。由于吃得太多，都来不及下咽，最终害了自己。

饕餮纹饰图案呈两侧对称，以中间的鼻梁为中线。图案上面有角，目在角下。曲张的爪、兽尾或张开的躯体位于两侧。有的饕餮纹有眉，或是

---

[1] 张光直．考古学专题六讲［M］．北京：三联书店，2010：94.
[2] 葛兆光．中国思想史（第一卷）［M］．上海：复旦大学出版社，2001：13.
[3] 乔迁．艺术与生命精神［M］．石家庄：河北教育出版社，2006：81.

多耳[1]。饕餮的图案是一个完整的兽形，有的由多种猛兽和动物形象共同组成。这遵循了“一个核心，多种图式”的传统思维，即一个完整的兽形可以分化为多个部分，多个部分组成一个浑然的整体形象[2]。一个整体可以分拆出多个部分，反过来，各部分的重组、重构可以组成饕餮纹饰的整体。

青铜器上的饕餮纹出现于商代早期，流行于西周早期、中期，到春秋战国时代逐渐消失。殷周时期，以饕餮纹饰作为主要的装饰图案[2]。殷人将饕餮纹作为祭器纹饰，表明了“殷人尊神”的思想理念。饕餮纹富有原始宗教气息，神秘、恐怖、可怕，与宗教祭祀的功能密不可分，纹饰流露出政治权威的威严感。

著名哲学家李泽厚把青铜器纹饰所呈现出的文化特征，描述为神秘的威力和狞厉的美[3]。他认为，统治阶级为了巩固统治利益，需要想象和描绘出一种标记，这种标记超越了世间神秘威吓的动物形象，以此表示出对统治地位的幻想和肯定。从考古发掘可以看出，具有神秘色彩的纹饰图案，以兽面纹和饕餮纹为核心，将鳄鱼、老虎、蟒蛇、鸟、牛、鹿等各种动物的典型特征综合起来。多种猛兽和动物特征形成的图案被赋予了超乎自然的神力，神秘、恐怖、威吓的动物形象，具有超越世间、享神避邪的宗教力量。

在良渚和龙山时期的器物上，有的纹饰综合了鹰鸟的羽毛、鳄鱼的獠牙和足爪特征，夏商时期，有的纹饰与老虎的獠牙和大眼睛、蟒蛇的身躯以及牛和鹿的弯角结合。追溯饕餮纹的历史演变，考古专家发现，饕餮纹就是在这种纹饰组合、重构的过程中，逐渐由兽面纹演化而来[4]。在五六千年前的史前时期，神灵崇拜的纹饰就已经出现，到四五千年前的良渚

[1] 马承源．中国青铜器［M］．上海：上海古籍出版社，1988：352.
[2] 张欣．先秦饮食审美研究［D］．天津：南开大学，2010.
[3] 李泽厚．美学三书［M］．安徽：安徽文艺出版社，1999：39-46.
[4] 王青．远方图物：早期中国神灵考古探索［M］．上海：上海古籍出版社，2019：11.

文化和龙山文化时期，器物上能够普遍看到兽面纹的纹饰。后来，兽面纹传入中原地区，艺术性地创造出“饕餮”图案，演变为夏商周三代青铜器上装饰的饕餮纹。据推测，“饕餮”是夏商时期人们信奉的“最高神”，古代人们相信，通过祭祀这些能够与天地沟通的神灵，就能实现消灾祈福。兽面纹（见图5–2）到饕餮纹的历史演化过程，反映出中国古代一脉相承的神灵崇拜特征。

图5–2　日照两城镇玉圭装饰的兽面纹

资料来源：互联网公开资料。

由于在青铜铸造品的生产时期，真正的文字并没有出现，因此，人类需要依靠具有特殊文字功能的符号和图像来进行沟通和记事。并且，由于古代宗教的巫术观念，用于特殊青铜纹饰的符号，不仅是一种抽象特征的图案，而且是能够与鬼神之间进行沟通的、具有特殊功能的文字符号。

这种通过特殊符号进行记事和表达的方法，在古埃及和古巴比伦的文字生成之前也有出现。因此这些表达的符号或图画必须按照一定的模式进行解读，必须在所有的沟通与表达当中体现出表意符号的一致性特征。这种取象表意方法的出现，为文字的抽象化发展奠定了基础。青铜纹饰上的书画同源，体现了中国文字的绘画特征，但这种抽象的纹饰绘画，并不是一般意义上的文化艺术生产当中的设计，而是一种文字符号的雏形。青铜器所蕴含的精神文化，表现出中华文化内涵由形式装饰向精神意蕴的转变，这是青铜器独特的文化价值，也是中华文明的象征，是人类历史上独一无二的文化呈现。

第三节　青铜时代的文化生产

一、铜和青铜开始作为生产材料

人类进行的文化生产，从历史发展上看都呈现出一定的时代特征。考古学家以器物的时代进行划分，文化产品的生产可划分为石器时代、铜器时代和铁器时代[1]。古印度文明、两河文明、古埃及文明、古希腊文明以及古代中国文明等世界上几次重要的人类文明都是按照这样的文化器物生产发展演进的。这些文化产品基于不同的生产材料，比如秦汉的建筑、唐代的丝绸、宋代的瓷器。不同的生产材料不仅成为文化生产的生产对象，而且成为某种特定时代的文化符号。这些不同的生产材料大体上可以分为两种：一种是天然的材料，比如石材、木材、天然纤维、陶土等。另外一种是人工材料，如金属材料，包括铜、铁、钢、铝等；或者非金属材料，包括石膏、水泥、玻璃、塑料等。人类文化生产发展的进步，体现在人类所进行的生产与生活当中，也体现在所使用的生产材料的工艺制作上。本部分通过对中国青铜时代的青铜器制作进行分析，进一步理解文化生产的时代特征，从而认识文化生产的时力特征。

原始社会晚期，出现了人类历史上第一次社会大分工。在各部落中，农业部落相对较早的利用大河流域的土地，经播种耕耘后的收获比其他野蛮部落更加丰富，提供了更多的生活保障，生活相对更加富裕[2]。生产

[1]　乔迁．艺术与生命精神［M］．石家庄：河北教育出版社，2006：19.

[2]　目前对我国古代青铜器的起源有一些不同观点。一种观点认为，青铜器起源于中原地区；另一种观点认为，青铜器起源于游牧民族的过渡，即自西向东演进传播。

力的发展，导致农业部落从社会其余野蛮民族中分离出来，促进了社会分工的形成。后来，畜牧业得到进一步发展，不能再被包容在农业部落之中，逐渐从农业部落中分离出来。新石器时代中晚期，农业生产的石质工具增加和耕地面积进一步扩大，使农业生产的劳动生产率逐渐提高。生产力的发展，使得畜牧业和手工业的劳动产品数量不断增加，也使游牧部落从其他部落当中分离出来[1]。由部落发展带来的社会分工和专门化，为矿石冶炼和金属加工提供了重要条件。

铜，化学符号为 Cu，原子序数为 29，是一种过渡元素，具有熔点高、沸点高、硬度高等特性。铜以铜矿的形式存在于地下，少量以单质的形式存在。人类早期已能采集石料，打磨成生产工具，人类最初主要是从采集的铜矿石中提炼纯铜的。纯净的铜是紫红色的金属，质地柔软，表面刚切开时呈红橙色。纯铜中铜含量为 99.5% ~ 99.95%，纯铜俗称“紫铜”、“红铜”或“赤铜”。在元素周期表中，铜位列第 11 族（见图 5-3）。该族内的三种元素——铜、银、金，都为贵金属，属铜族元素。铜族元素是不活泼金属，铜族金属熔点高，密度大，延展性很好。铜族金属之间以及与其他金属之间，很容易形成合金。

铜合金种类很多，常用的铜合金有青铜、黄铜和白铜三大类。青铜质坚韧、易铸，中国古代主要以铜、锡作为合金，包括铜锡铅青铜、锡青铜、铅青铜三种。铜锡铅青铜主要成分是铜（一般为 80%）、锡（一般为 15%）、铅（一般为 5%）和其他元素微量。锡青铜成分主要是铜和锡（含量均高于 2%）、其他元素微量（均低于 2%），铅青铜成分主要是铜和铅（含量均高于 2%），其他元素微量（均低于 2%）[2]。如果对抛光要求比较高，还会加入一定比例的硅元素，根据不同的器物，青铜铸造配方也不尽相同。

---

[1] ［德］恩格斯．家庭、私有制和国家的起源［M］．北京：人民出版社，1999：167.

[2] 古代青铜分三种，主要是铜锡合金，明清铜器大都是合金铜冶炼而成［OL］．［2018-12-15］．https：//baijiahao. baidu. com/s? id = 1619881418964585623&wfr = spider&for = pc.

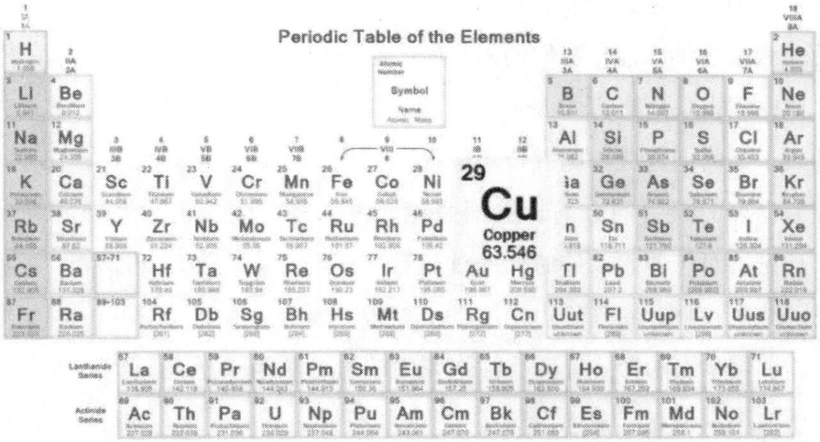

图 5-3 铜在化学元素周期表中的位置

资料来源：互联网公开资料。

铜合金主要还有黄铜和白铜两种。普通黄铜是铜和锌组成的合金，具有较强的耐磨性，主要成分是铜（一般为 60%）、锌（一般为 40%）。我国用黄铜铸币的时间较晚，始于明代嘉靖年间，主要原因是提取得到金属锌必须有特殊的冷凝装置。氧化锌在 950℃～1000℃的高温下，还原出的金属锌以蒸气状态存在，没有特殊的冷凝装置，蒸气锌在冷却时会发生反应逆转，又变成氧化锌。因此，商周时期铜器的含锌比例都非常低。白铜以镍为主要添加元素，合金呈银白色，主要成分是铜（一般为 50%～70%）、镍（一般为 18%～20%）、锌（一般为 13%～15%）。白铜的发明是我国古代冶金技术的杰出成就，推测在公元 4 世纪之前，云南地区已进行大量的白铜开采和生产。在中国古代，白铜主要用作铜钱、刀具、铜镜等。

人类使用铜及其合金已有数千年历史。目前世界上发现最早的铜制品主要集中在西亚地区。大约在公元前 1 万年至公元前 9000 年左右，在伊拉克出现了铜装饰品。公元前 9000 年至公元前 7000 年，在伊朗西部的阿里·喀什地区，出现了铜装饰品。公元前 8000 年左右，在土耳其南部出现了铜锥和铜针等铜制品。中国使用铜的历史年代久远，考古发现，至少在仰韶文化的后期，即大约在公元前3500年，古人已经能够制造简单的小型铜器[1]。大约在六七千年以前，我们的祖先就已经发现并制造了铜，开始使用铜。

在中国古代所进行的人工材料的文化生产当中，铜是生产发展最先使用的人工材料。古代中国五行当中提到的由金、木、水、火、土五种物质构成的世界，其中的金的含义即是铜。古人将金列为五种基础物质的首位，足见铜对于原始氏族时代的重要意义。铜作为人类历史上第一种进行生产的金属材料，有其历史发展的必然性。首先，在自然界中，铜主要以化合物即铜矿石的形式存在。在地壳中的含量约为0.01%，以含铜的矿石为主。在个别地区的铜矿床中，铜的含量可达3%～5%。常见的含铜矿石，包括孔雀石、硅孔雀石、绿松石、黄铜矿、蓝铜矿、磷铁铜矿等。其中，孔雀石的含铜量最高，为57.4%，硅孔雀石的含铜量为33%，绿松石的含铜量为7.8%，磷铁铜矿的含铜量为6.4%，含铜量最低[2]。其次，天然纯铜的质地较软，延展性较好。纯铜是柔软的金属，表面刚切开时，呈现出带金属光泽的红橙色，单质呈紫红色。经过简单的锤锻、打磨，即可制成铜锥或小件的装饰品。在伊拉克、伊朗和土耳其发现的公元前1万年至公元前8000年的小型饰品，这些铜制品都属于人类早期使用天然红铜进行的打制品，还没有经过铜的冶炼生产。

世界上几乎所有的古老文明都经历了几个重要的阶段，即石器时代、铜石并用时代、青铜时代和铁器时代。丹麦考古学家 C.J. 汤姆森（1788—1865）首先提出按照生产工具和生活用具质料的演变，将人类物质进化史进行不同阶段的划分，提出了“青铜时代”（Bronze Age）。然而，对人类何时掌握铜的冶炼以及如何开始青铜铸造的疑问，考古学界一直持有不同的意见。经过几十年考古学者的辛勤挖掘和探索发现，目前已经能够得知，世界主要地区进入青铜时代的时间及部分地区进入铜石并用时代

---

[1] 白寿彝．中国通史（第2卷）［OL］．http：//www.wenxue100.com/book_ LiShi/154_ 11.thtml.

[2] 李嘉．造物史视野中的先秦青铜“壶”形器研究［D］．武汉：武汉理工大学，2012：43.

的时间。

从发掘出土青铜器的时间来看，公元前4000—前3000年，伊朗南部、美索不达米亚一带及欧洲已经使用青铜器。伊朗南部、土耳其和美索布达米亚进入铜石并用的时代更早一些，在公元前6000年至前5000年（见表5-1）。在公元前3000年前，中国古代已经掌握了青铜冶炼技术。公元前3000—前2000年，印度和埃及也出现了青铜器。非洲和美洲进入青铜时代较晚，除埃及和北非外，非洲使用青铜大约不晚于公元前1000年—公元初年，美洲到约公元11世纪出现冶铜中心。

表5-1 西亚与古代中国的青铜冶炼起始时间

地域	铜石并用的时代	从铜石并用到青铜时代过渡时间	青铜时代
西亚（伊朗南部、土耳其、美索布达米亚）	公元前6000—前5000年	2000年	公元前4000年
古代中国中原地区	公元前4000年	2000年	公元前2000年

资料来源：曾曦．法象明器 占施知来——先秦鼎文化考论［D］．武汉：武汉理工大学，2010：24.

人类掌握铜的冶炼技术与开展生产活动经历了一个漫长的过渡时间，我国从铜石并用时代到进入青铜时代大约经过了2000年。在六七千年以前，我们的祖先就发现并开始制造铜片铸件。1973年的考古发掘，证实了在公元前4000年，中国已经进入到铜石并用时代。1973年，考古专家在陕西临清姜寨仰韶文化遗址发现两件铜片，据碳14检测，两件文物年代为公元前4675±135年，是目前中国已知最早的铜件。两件铜片均出自同一期文化层，距今约6700年，为仰韶文化中典型的半坡类型[1]。从铜片主

［1］ 李嘉．造物史视野中的先秦青铜“壶”形器研究［D］．武汉：武汉理工大学，2012：41.

要成分上推测，这两件铜片均属于铜锌合金的黄铜[1]。其中一件铜片含铜66.54%，含锌25.56%，呈半圆形，有部分残缺；另一件含铜69%，含锌31%，由铜片卷成管状。

由于金属具有易腐蚀的特性，因此四五千年以上的青铜遗存往往为数不多，这大大增加了研究早期人类进入青铜时代的难度。据考古发掘的两件器物，推断出我国进入青铜时代的时间相对较晚。大约在公元前3000年至公元前2300年左右，中国进入了青铜时代。迄今为止发现的我国最早的青铜器有两件[2]，一件是1975年于甘肃东乡林家马家窑文化遗址出土的一件青铜刀，单范铸成（约公元前3000年）。另一件是甘肃永登连成蒋家坪马厂文化遗址出土的残铜刀（公元前3000年至公元前2300年间）。从考古发掘的青铜遗物来看，我国进入青铜时代的时间比西亚的一些国家和地区，晚了将近2000年。尽管如此，从古代文明的延续可以看出，“只有一种青铜时代的文明——那就是中国的青铜文明——可以被确定无疑地认为不曾轻易中断而持续至今”[3]。其他古代文明，在历史发展的长河中，或消失或遭到毁坏被迫中断，没有延续至今。中国古代从大约公元前4000年开始进入铜石并用时代，于公元前2000年左右进入青铜时代，青铜冶炼技术为中国文明的发展注入了活力。中国文明将“礼制思想”反映到青铜器等具体实物之上，奠定了中国文明的基本内涵，中国文明是古文明中唯一没有中断、延续至今的古老文明。

青铜是纯铜与锡、铅等化学元素的合金，因其颜色青灰，故而称为青铜。作为铸造材料，青铜在熔点、硬度、耐腐蚀、熔液的流动性、金属光泽、发气量等方面有较多优点。第一，青铜的熔点比纯铜低，易于冶炼。

---

[1] 韩汝扮，柯俊．姜寨第一期文化出土黄铜制品的鉴定报告［R］西安半坡博物馆，陕西省考古研究所；临潼县博物馆姜寨——新石器时代遗址发掘报告［M］北京：文物出版社，1988：544-548.

[2] 孙淑云．韩汝扮中国早期铜器的初步研究［J］．考古学报，1981（3）：287-302.

[3] ［英］休·昂纳，约翰·弗莱明．世界美术史［M］．北京：北京国际文化出版公司，1989：430.

纯铜是未经人工掺杂其他成分的自然铜，亦称红铜，或粗铜。纯铜可用以制作器物或铸钱，但熔点很高，为1083℃。与纯铜相比，加25%的锡冶炼青铜，熔点就降低到810℃；加15%的铅冶炼青铜，熔点就可降低到960℃[1]。青铜强度高且熔点低，合金后的优势明显。第二，青铜硬度大、耐磨、耐腐蚀且化学性质稳定，具有优越的铸造性能。按照测量金属硬度的布林氏硬度计，纯铜的硬度仅为布林氏硬度的35度，当加入5%的锡后，硬度可增至65度；当加入10%的锡后，硬度可增至165度。经锤炼后，青铜硬度可以进一步提高。根据铸造的不同需要，增加或减少锡的成分，可以铸成硬度不同的器物。第三，青铜铜液流动性较好，发气量小、收缩率低，适于铸造。青铜溶液浇铸时不易吸收空气，因此气泡少，不出现砂眼。黄铜容易出现砂眼，影响器物的铸造。纯铜质地较软，溶液黏稠，流动性较差，制作出来的器具容易磨损。当青铜溶液进入范的各个细部时，容易铸造出细密的纹理和锋利的刃部。青铜质地细密少孔，成品光泽佳，不易出现氧化腐蚀等变化，使器物得以长期保存。青铜被发明后，便立刻盛行起来，成为人类最早用于冶炼技术的金属材料。

人类早期最普遍使用的青铜器以武器和工具为主，生活器皿为辅，中国以外的世界其他国家与地区普遍反映出这个共同特点。在希腊史前，以青铜时代（公元前3300—前1100）的爱琴文明作为古希腊文明的发端。直到约公元前1000年，在人们大量使用铁器之前，青铜一直是古希腊人制造盔甲武器的主要材料。青铜时代历经了两千多年，从早期的基克拉迪文化（公元前3200—前1100）（Cyclades）、中后期的米诺斯文明（公元前2850—前1450）（Minos）到晚期的迈锡尼文明（公元前2000—前1150）（Mycenae）。青铜时代后期的迈锡尼文明兴起后，装饰豪华的青铜武器成为其文化的代表。在伯罗奔尼撒半岛的迈锡尼遗址内，出土了数量惊人的

---

[1] 古代青铜分三种，主要是铜锡合金，明清铜器大都是合金铜冶炼而成［OL］. https://baijiahao.baidu.com/s?id=1619881418964585623&wfr=spider&for=pc.

军事器械，头盔、盔甲、匕首、盾牌都是制作十分精良的青铜武器[1]。还有很多国家将青铜铸成武器，如刀、斧、弓箭、镰、锯、剑、戟等。如巴尔干半岛和东南欧地区，发现了铜斧、三棱短剑、四棱锥子等青铜器，普遍具有武器的特点。在古代欧洲的西班牙与葡萄牙一带，青铜也多铸成武器。在与中国北方邻近的国家和地区，发现了大量的青铜器，如曲柄刀、短剑、锛、弓形器等。

与其他国家和地区不同，除了制造工具和武器，中国古代的青铜器以祭祀用的生活器皿为主。虽然也发现了不少的工具和武器，但所占比例较小[2]。按青铜作为时代主要的生产工具来划分，中国的青铜时代前后跨越了约 2000 年。青铜时代由河南洛阳偃师二里头文化作为开端，主要经历了夏朝（公元前 2070—前 1600）、商朝（公元前 1600—前 1046）和周朝（公元前 1046—前 256）三个朝代[3]。中国的青铜器物有自身独有的魅力，以大量的礼器为特征。而且，出土的青铜器数量巨大，制作精美，造型丰富，种类繁多，青铜器的分布范围远远超出陕西、河南、山西中原地区，广泛分布于大江南北，在大量的青铜器上还发现刻有铭文。青铜器大量的生产铸造，对东方文明、欧洲和中亚地区的古代文明的历史发展都具有普遍的时代意义。

二、古铜矿冶炼和青铜铸造基地

中国古代铜矿石的开采在夏朝逐渐兴起，到商代初具规模，产生了大量的青铜器物[4]。随着铜矿的开采和青铜冶炼技术水平的提高，采矿业、冶炼业进一步扩大生产，为青铜器的大量铸造创造了条件。商朝晚期和西

[1] 希腊文明最早出现于何时？——克里特 - 迈锡尼文明初窥［OL］. https：//www.zhihu.com/topic/20080242/hot.

[2] 张颖．从青铜器的演变过程解读青铜时代的艺术美［D］. 长春：吉林大学，2009：46.

[3] 曾曦．法象明器 占施知来——先秦鼎文化考论［D］. 武汉：武汉理工大学，2010：26.

[4] 向中华．青铜的历史［M］. 北京：新世界出版社，2006：9.

周早期，青铜冶炼与铸造技术水平达到顶峰，是青铜铸造业的鼎盛时期，中国古代青铜的生产铸造进入一个新的阶段。

铜在自然界中主要以化合物存在，我们的祖先在经历漫长经验积累的过程中，摸索出了一套铜矿开采和铸造的技术。早期铜矿的开采主要分布在长江中游、下游地区和黄河流域。长江中下游主要包括江西瑞昌的铜岭、湖北大冶铜绿山以及安徽的南陵、铜陵等地[1]，至今这些地区仍是重要的铜矿生产地。从考古发现来看，江西瑞昌铜岭古铜矿遗址、湖北大冶矿区的铜绿山古铜矿遗址、安徽皖南古矿冶遗址都是先秦时期长江流域铜矿开采的重要地带。此外，还有湖北阳新县、湖北鄂州、湘西沅麻盆地等。黄河流域的古铜矿遗址主要集中在中条山矿区等中原一带。

江西瑞昌铜岭，是目前已知最早的先秦采冶铜矿的遗址。古铜矿遗址位于江西北端的瑞昌市夏畈镇的幕阜山东北角，铜岭铜铁矿山一侧，采冶时代从商代中期延至战国早期，分布范围约为 0.5 平方公里。该遗址是中国迄今发现的矿冶遗址当中，年代最早、保存最完整、内涵最丰富的一处大型铜矿遗存，以极为丰富的文物史料证明了中国大规模开采铜矿的历史至少已有 3000 年。遗址分采矿区、冶炼区两部分。国内首次发现了以次生的孔雀石和蓝铜矿为主要矿物，并发现早在数千年前中国已将开采场地由露天转入地下，并采用大型木槽进行选矿[2]。

除了江西瑞昌的铜岭，古时的扬州和荆州也是铜和锡的主要产地。古代史料对铜矿的分布和铜制品的产地有过相关记载。在《尚书·夏书》中有一篇《禹贡》，传说是大禹所作。禹是夏朝第一代君王，被人传诵为“神禹”。据说在尧舜时代，黄河流域经常爆发极大的洪水，鲧被推荐来治理洪水，但九年都没有成功。舜帝继位以后，任用鲧的儿子禹治水。他疏

[1] 向中华．青铜的历史［M］．北京：新世界出版社，2006：113.
[2] 李嘉．造物史视野中的先秦青铜“壶”形器研究［D］．武汉：武汉理工大学，2012：44.

通了拥塞的川流，将洪水引入疏通的洼地、河道或湖泊，合通四海，平息了水患[1]。大禹在治水过程中，跋山涉水，勘察地形，行迹遍布天下。他将全国按自然区划划分为9个区域，依次按照冀、兖、青、徐、扬、荆、豫、梁、雍九州的顺序，叙述了不同土地的肥瘠以及各地进献贡赋的贡品情况。文中描述到铜作为贡品的有两处，分别是扬州和荆州：

淮海惟扬州。彭蠡既猪，阳鸟攸居。三江既入，震泽底定。筱簜既敷，厥草惟夭，厥木惟乔。厥土惟涂泥。厥田唯下下，厥赋下上，上错。厥 贡惟金三品，瑶、琨筱、簜、齿、革、羽、毛惟木。岛夷卉服。厥篚织贝，厥包桔柚，锡贡。沿 于江、海，达于淮、泗。

荆及衡阳惟荆州。江、汉朝宗于海，九江孔殷，沱、潜既道，云土、梦作乂。厥土惟涂泥，厥田惟下中，厥赋上下。厥贡羽、毛、齿、革惟金三品，杶、干、栝、柏，砺、砥、砮、丹惟菌簵、楛，三邦底贡厥名。包匦菁茅，厥篚玄纁玑组，九江纳锡大龟。浮于江、沱、潜、汉，逾于洛，至于南河。

《禹贡》记载了“扬州”在淮河与黄海之间[2]，彭蠡泽已经汇集了深水，（这样）南方各岛的居民就可以安居。三条江水已流入大海，震泽也获得了安定。小竹和大竹已经遍布各地，这里草很茂盛，树很高大。这里的土是潮湿的泥，田是第九等，赋是第七等，杂出第六等。进贡的物品是金、银、铜、美玉、美石、小竹、大竹、象牙、犀皮、鸟的羽毛、旄牛尾和木材。东南沿海各岛的人穿着草编的衣服。这一带把贝锦放在筐子里，把橘柚包起来作为贡品。这些贡品沿着长江、黄海到达淮河、泗水。

“荆州”在荆山与衡山的南面，长江、汉水像诸侯朝见天子一样奔流入海，洞庭湖的水系大定了，沱水、潜水疏通后，云梦泽一带可以耕作。这里的土是潮湿的泥，这里的田是第八等，赋是第三等。这里的贡物是羽

---

[1] 大禹治水的故事［OL］.［2019-10-29］. https：//www. tianqijun. com/gushi/video/3849. html.

[2] 译文参考古诗文网，https：//www. gswen. cn/essay/6993. html。

毛、旄牛尾、象牙、犀皮和金、银、铜，椿树、柘树、桧树、柏树，粗磨石、细磨石、造箭镞的石头、丹砂和细长的竹子、楛木。三个诸侯国进贡他们的名产，包裹好了的杨梅、菁茅，装在筐子里的彩色丝绸和一串串的珍珠。九江进贡大龟。这些贡品从长江、沱水、潜水、汉水到达汉水上游，改走陆路到洛水，再到南河。

考古发现的湖北大冶铜绿山古铜矿遗址距离《禹贡》记载的扬州和荆州都不太远，遗址位于湖北省大冶市城西南 3 公里处。最新考古发现了铜绿山的开采时间可追溯到夏朝早期，前后有两个时期的采铜和冶铜遗址，与经碳 14 年代测试推算的开采时期不晚于西周时期相吻合[1]。铜绿山遗址面积约为 2 平方公里，蕴藏铜铁矿床丰富，根据遗留下来的 40 万吨铜炼渣土推测，古代提炼的红铜大约为 4 万吨[2]。

铜绿山蕴藏丰富的铜铁矿床，与其地理位置和地理特征有关。铜绿色的古矿遗址主要集中在大理岩与火成岩的接触带上，当接触带内的岩石破碎，便比较容易被发现和采掘。此外，受大气降水和淋滤的影响，地表面的铜元素相对集中的在接触带中，出现铜品位聚集的现象，自上而下逐渐富集，形成氧化矿富集带。氧化富集带中的矿石拥有 5% ~8% 的铜品位，主要有孔雀石、赤铜矿、自然铜等。铜绿山，取自铜绿色的山丘之意。每当大雨过后，地表面就会显出许多绿色的孔雀石碎块。因此，人们很早以前就发现了铜绿山的铜资源，铜绿山也很早就成为古代先民理想的采铜场地。

除了江西瑞昌的铜岭、湖北大冶铜绿山之外，安徽南部发现的皖南铜矿遗址群堪与古荆州矿冶媲美[3]，从西周一直到唐宋时期都在开采使用。皖南铜矿遗址群总分布范围近 2000 平方公里，位于安徽省南部繁昌县、南

[1] 胡永炎．胡静铜绿山古铜矿遗址［J］．湖北文史资料，1997（3）：166.

[2] 黄石市博物馆．夏鼐铜绿山古铜矿的发掘（代序）［M］//铜绿山古矿冶遗址．北京：文物出版社，1999：1.

[3] 华觉明．中国古代金属技术——铜和铁造就的文明［M］．郑州：大象出版社，1999：48.

陵县、铜陵市等地，其中以南陵县、铜陵市交界处最为集中。此外，还有位于湖北阳新县港下古矿遗址和丰山洞矿冶遗址（开采年代属于西周晚期至春秋早期）、位于湖北鄂州市的汀祖矿冶遗址（开采年代与铜绿山同期），位于湘西沅麻盆地的麻阳采矿遗址（开采于战国时期）都是长江流域重要的铜矿采冶基地。

在黄河流域，最重要的古铜矿冶遗址是中条山矿冶遗址，位于今山西垣曲县境内，地理坐标为东经 110°45′~110°40′，北纬 34°50′~34°35′[1]。《史记》典籍记载，唐代中条山地区生产铜最盛。在《新唐书·地理志》中，陕州平陆“有铜穴四十八”，河中府解县“有铜穴十二”，绛州闻喜“有铜冶”，翼城“有浍高山、有铜”，曲沃“南十三里有铜”，其中提到的陕州平陆、河中府解县、绛州闻喜、翼城、曲沃等地均属中条山地区。根据中国社科院考古研究所对垣曲胡家峪铜矿的店头遗址残留构件进行的碳 14 年代测定，推测为距今 2315±75 年，树轮矫正年代 2325±85 年，约为战国晚期，即公元前 4 世纪初左右[1]。中条山矿冶遗址地理位置非常独特，专家们普遍推测中条山的开发利用远远早于战国中晚期。“殷代铜矿砂之来源，可不必在长江流域去找，甚至不必过黄河以南，由济源而垣曲，而绛县而闻喜，在这中条山脉中铜矿的蕴藏比较丰富”[2]。中条山脉西起于河曲之雷首山，东抵于垣曲县西南 90 里，迤逦至郭南里许，而东北至横岭。中条山脉以南北狭薄而延袤不绝得名，文中提到的济源、垣曲、绛县、闻喜，皆为中条山脉所经过之地。迄今为止，在中条山矿冶遗址附近发现的大量遗迹和文物，均与人类早期炼铜技术有关，如山西夏县东下冯夏商时期二里头文化遗址、河南安阳商朝后期殷墟都城遗址、河南洛阳北窑西周铸铜遗址、山西临汾侯马晋国铸铜遗址和我国西北地区最古老的铜矿冶炼遗址——宁夏中卫照壁山铜矿遗址。

---

[1] 李延祥．中条山古铜矿遗址初步考察研究［J］．文物季刊，1993（2）．

[2] 石璋如殷代的铸铜工艺．载《史语所集刊》第二十六本，转引自：陈振中．先秦手工业史［M］．福州：福建人民出版社，2009：189．

目前已发现的早期的铜矿冶炼遗址，较多集中于黄河中游的河南地区（见表5-2）。已知的中国最早的铸铜遗址是偃师二里头铸铜遗址，位于河南偃师西南9公里的二里头村。该遗址属商代前期，开采时间在公元前1800年至前1500年，延续使用时间约300年。遗址面积很大，近1万平方米，出土了泥质溶铜残块，以及铸造青铜的陶范、炉渣、范缝扉边铜块、炉壁残块，还有绿松石、青铜刀、青铜铃、青铜爵等。代表早商铸铜文化的还有郑州商城作坊遗址，发现的遗址有两处，一处在南关外，一处在紫荆山北。南关外铸铜作坊遗址面积较大，约8000平方米，位于河南郑州商城以南[1]。发现铸造工场10处，还有陶范、铜渣、熔炉、炉壁残块等遗迹。另一处商代早期的铸铜作坊遗址是紫荆山铸铜作坊遗址，位于河南郑州商城北墙外约300米处[2]。遗址面积较小，约275平方米[3]。在遗址内发掘出商代中期的二里岗上层的铸铜场地、房基、窖穴等铸铜遗迹，以及铜质的镞、钩、钺等遗物[4]。郑州商代两处作坊遗址共出土陶范298件，其中，发现最主要的器类是工具范，占总出土遗迹的37%，显示出这两处铸铜遗址以铸造生产铜工具为主要内容[5]。

表5-2 黄河流域主要铸铜遗址

铸铜遗址	遗址地点	遗址所属	所属朝代	遗址面积
偃师二里头铸铜遗址	河南偃师西南9公里的二里头村	二里头铸铜遗址	商代前期	近1万平方米
南关外铸铜作坊遗址	河南郑州商城南墙外700米处	郑州商城作坊遗址	商代前期	约8000平方米

[1] 铸造遗址［OL］. 中国网，［2008-02-26］. http：//www. china. com. cn/aboutchina/zhuanti/qtdls/2008-02/26/content_ 10740039. htm.

[2] 李嘉. 造物史视野中的先秦青铜“壶”形器研究［D］. 武汉：武汉理工大学，2012：46.

[3] 二里头文化遗址：铸铜作坊遗址，南关外作坊遗址［OL］. https：//baijiahao. baidu. com/s?id=1619093317753702554&wfr=spider&for=pc.

[4] 刘诗中. 中国青铜时代采冶铸工艺［M］. 南昌：江西科学技术出版社，1997：178.

[5] 王魏总. 中国考古学大辞典［M］. 上海：上海辞书出版社，2014：697.

续 表

铸铜遗址	遗址地点	遗址所属	所属朝代	遗址面积
紫荆山铸铜作坊遗址	河南郑州商城北墙外约300米处	郑州商城作坊遗址	商代前期	约275平方米
苗圃北地铸铜作坊遗址	河南安阳小屯东南公里	安阳殷墟铸铜遗址	商代晚期	达1万平方米以上
孝民屯铸铜作坊遗址	河南安阳西北郊殷墟孝民屯	安阳殷墟铸铜遗址	商代晚期	超过5万平方米
安阳辛店铸铜遗址	河南安阳辛店村西南地	安阳殷墟铸铜遗址	商代晚期	约1360平方米
任家庄南地铸铜遗址	河南安阳北距殷墟宫殿区2.4公里处	安阳殷墟铸铜遗址	商代晚期	约5000平方米
北窑村铸铜作坊遗址	河南洛阳北窑村西南、洛阳火车站正北约200米处	西周铸铜遗址	西周前期	约28万平方米
大吴楼铸铜遗址	河南新郑郑韩故城东城东部大吴楼村	春秋战国铸铜遗址	东周时期	约10万平方米
牛村古城铸铜作坊遗址	山西侯马牛村古城南东周遗址内	春秋战国铸铜遗址/东周时期晋国铸铜遗址	春秋中期偏晚到战国早期	约3000平方米
中条山矿冶遗址	山西垣曲境内	战国铜矿遗址	推测开发利用远早于战国中晚期	
照壁山铜矿遗址	宁夏中卫镇罗镇以北	西汉时期古铜矿遗址	推测在春秋战国时期已开采	方圆约1公里

资料来源：李嘉．造物史视野中的先秦青铜“壶”形器研究［D］．武汉：武汉理工大学，2012：46．以及互联网资料整理。

晚商铸铜遗址的主要代表，是河南安阳殷墟铸铜遗址。遗址位于河南省安阳市西北郊殷墟遗址内，包括苗圃北地、孝民屯东南地、孝民屯村、任家庄南地、辛店村、小屯东北地等，属孝民屯村铸铜遗址的规模最大。

孝民屯铸铜作坊遗址是安阳殷墟遗址内发现的最大的一处商代铸铜遗址，总面积超过5万平方米。遗址经历前后三次发掘，分东、西两区三处，与铸铜相关的遗迹包括大型青铜器铸造场所、范块阴干坑、范土备料坑和与铸铜活动有关的祭祀坑等[1]。另一处苗圃北地商代晚期铸铜遗址，位于河南安阳殷墟范围内小屯东南约1公里处。该遗址发掘出土三四千块铸造各种青铜器的陶范，有方鼎、圆鼎、斝、鬲、罍、觚、爵、方彝等容器范[2]，还有少量的兵器范。辛店商代晚期铸铜遗址是2016年5—7月发现的一处商代晚期铸铜遗址，位于安阳中华路北段辛店村西南地，距离殷墟宫殿宗庙区直线约10公里[3]。该遗址发掘面积约1360平方米，挖掘出土数百件与铸铜有关的遗迹遗物，包括陶范、磨石、窑壁、炉壁等。

2016年6月至2017年9月，考古新发现一个商代晚期大型铸铜遗址——任家庄南地商代晚期铸铜遗址。专家推测，到殷墟中后期，由于青铜礼器的需求不断增长，商王朝为满足青铜铸造的需要，在宫殿区西部的孝民屯和南部的任家庄南地，分别扩建了两处大型铸铜基地。南部的任家庄南地位于河南安阳殷都区铁三路，距离宫殿区较远，北距殷墟宫殿区2.4公里。任家庄南地铸铜遗址面积大、内涵丰富。发掘面积约5000平方米，遗址内挖掘出土3000余块商代陶范，与铸铜遗址有关的商代墓葬63座[4]。这一铸铜遗址时代为殷墟三期、四期，铸铜遗址分为西部、东部两地。西部主要是熔铜和铸造，在完成浇铸以后，将陶范就地敲碎，取走铜器，铜范则遗弃在灰坑中[5]。东部以陶模、陶范的制作以及铸铜工匠

[1] 岳占伟，王学荣，何毓灵，等. 河南安阳市孝民屯商代铸铜遗址2003—2004年的发掘[J]. 考古，2007（1）：24-25.

[2] 刘诗中. 中国青铜时代采冶铸工艺［M］. 南昌：江西科学技术出版社，1997：178.

[3] 河南安阳辛店发现商代晚期聚落和大型铸铜遗址［OL］. http://www.wenbao.net/wbw_admin/news_view.asp?newsid=4232.

[4] 安阳市文物考古研究所. 河南安阳市任家庄南地商代晚期铸铜遗址2016—2017年发掘简报［J］. 中原文物，2018（5）.

[5] 安阳殷墟新发现！5000平方米大型铸铜遗址［OL］. 文博圈，https://www.sohu.com/a/219234649_488370.

的居住和管理为主。该遗址是殷墟发现最南端的铸铜遗址，为近年来殷墟考古的重要发现之一。

西周、东周时期比较有代表性的铸铜遗址，主要在河南、山西和宁夏。目前发掘规模最大的一处西周铸铜作坊遗址，是洛阳北窑村铸铜作坊遗址，位于河南洛阳瀍河之西，北窑村西南、洛阳火车站正北约200米处。遗址总面积约28万平方米，出土大量熔炉残块，可复原成大、中、小型三种熔炉，以中型炉最多。据检测，熔铜炉温可高达1200℃~1250℃，通过使用鼓风设备来提高炉温[1]。熔炉最大径可达1.8米，最小的为0.3米。遗迹中发现多种青铜器的陶范，包括鼎、盉、簋、甗、爵、卣等，还有马器、兵器、青铜乐器及生产工具等的陶范[2]。考古专家根据出土的陶范推测，此处遗址主要铸造酒器爵[3]。而且，该遗址除铸造青铜容器外，还兼铸造车马器、兵器、青铜乐器及生产工具等，由此推测该地为综合性铸铜作坊[4]。

东周时期的铸铜遗址中，比较重要的发现是大吴楼铸铜作坊遗址。该遗址位于河南新郑郑韩故城东城东部大吴楼村，分布面积达10万平方米左右。考古学家在遗址中首次发现了立式叠铸的镬范，表明叠铸技术最早在中国发明创造，并且在春秋战国时期就已出现叠铸法（见图5-4）。叠铸是一种古老的铸造工艺，铸件由多件铸范上下叠合、组装而成，通过共用一个浇口灌注金属液，一次可得到多个铸件的方法[5]。春秋时期发明的新型陶范，利用铜范盒翻制叠铸范片，通过叠铸法大大提高了劳动生产效率，同时能够节省造型和金属材料，非常适用于小型铸件的大批量生产。遗址发掘出土的陶范模具较多，以铲、镰、镬、锛和凿等生产工具范为

---

[1] 铸造遗址［OL］．中国网，http：//www.china.com.cn/aboutchina/zhuanti/qtdls/2008-02/26/content_10740039.htm.

[2] 李嘉．造物史视野中的先秦青铜“壶”形器研究［D］．武汉：武汉理工大学，2012：46.

[3] 洛阳北窑村西周铸铜遗址词典网［OL］．https：//www.cidianwang.com/lishi/zhishi/0/35190te.htm.

[4] 刘诗中．中国青铜时代采冶铸工艺［M］．南昌：江西科学技术出版社，1997：181.

[5] 技术发明叠铸法［OL］．https：//www.sohu.com/a/107335671_115402.

主，其中镬范的数量最多，说明立式叠铸技术已经成为一种同批次批量生产的铸造方法。

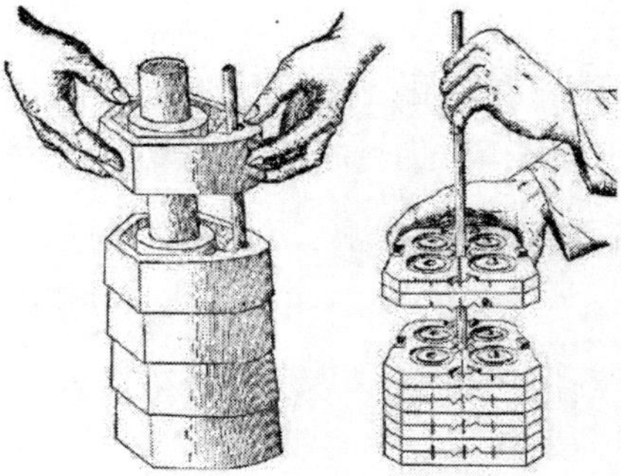

图 5-4 叠铸范的两种套合方式

春秋战国的铸铜遗址发现不多，比较重要的是牛村古城铸铜作坊遗址。遗址在山西侯马牛村古城南部东周遗址内，公元前 600 年至前 380 年，属晋国铸铜遗址。分布面积约 3000 平方米，分为两处铸造遗址[1]。挖掘出土的文物非常丰富，包括 3 万多件陶范及 100 多块铜锭、铅锭和铸铜生产工具等[2]。陶范上刻有精美纹饰，有夔龙纹、环带纹、垂叶纹，还有蟠螭纹、云雷纹、鱼纹和兽纹等。

另外，在西北地区，考古人员发现的最古老的铜矿遗址为照壁山铜矿遗址，铜矿遗址在我国西北地区极为少见。遗址位于宁夏回族自治区中卫市镇罗镇以北照壁山的峰峦之中。据专家推测，早在春秋战国时期，就已开采照壁山的古铜矿，到西汉时期，已形成较大规模的开采冶炼，一直延续到西夏和元代。遗址面积方圆约 1 公里，发现古铜矿 27 座，洞口附近留下了大量的铜矿渣堆积。照壁山铜矿遗址的发掘，对西北地区“青铜文明”的研究具有重大意义。

[1] 刘诗中．中国青铜时代采冶铸工艺［M］．南昌：江西科学技术出版社，1997：182.
[2] 古城遗址，侯马晋国古都博物馆［OL］．http：//www. hmjggdbwg. com/gcyz. asp.

三、青铜生产工艺的时代特征

青铜器的铸造需要一系列复杂的技术作为生产保障，从采矿、冶炼，到熔炼和铸造，对每一个环节的技术要求都很高。冶炼和铸造不同，在青铜器的制作中，冶炼是指通过焙烧、熔炼等方法把化合物中的铜提取出来，属于一种提炼技术。从夏代晚期开始，人们已经通过从矿区冶炼铜作为生产材料，而不是直接将矿石作为原料来铸造青铜器[1]。铸造是指将金属液体浇铸到陶范中，待金属液体冷却凝固，制作形成青铜器的方法。陶范是古代中国铸造青铜器的陶制范模，可以理解为“模子”“初胎”或“泥模”。陶范浇铸是铸造青铜器的一种普遍使用的方法。陶范一般有内、外两个部分，也叫内范和外范。铸造时，内范和外范为青铜液浇铸留出一个铸造的空腔，待液体填满空腔，青铜器铸造成形。

从青铜器的考古遗址发掘来看，我国古铜矿冶炼和青铜铸造主要的分布地区呈现分离现象，说明古铜矿的冶炼和熔铸已经分开进行。商周时期铜矿的开采，主要集中在南方一带，如长江中下游地区的江西瑞昌铜岭、湖北大冶铜绿山等地，青铜铸造遗址主要集中于中原地区，如位于河南的都城附近。但青铜铸造遗址的铜、锡矿石遗留却很少，没有冶炼的迹象。中原地区出土了大量的青铜器，但迄今未发现规模宏大的古矿冶遗址，这与铸造青铜器的遗迹相矛盾。在古矿冶遗址，考古学者发现了炼炉的残块，在青铜铸造遗址，出土有熔铜的炉子。专家推测，中原地区铸造青铜的矿料来自长江中下游地区[2]。中国青铜时代的古铜矿生产分为两地，即先在南方开采铜矿并对最初的铜矿进行冶炼，然后再将矿料运送到北方

[1] 李京华．《偃师二里头》有关铸铜技术的探讨——兼谈报告存在的几点问题［J］．中原文物，2004（3）：29-36.

[2] 郭沫若．青铜时代［M］．北京：人民出版社，1954：301；翦伯赞．中国史纲（第一卷）［M］．上海：三联书店，1950：207.

都城，进行青铜的铸造，这就造成了中国古代青铜采冶和铸造的分离[1]。华裔考古人类学家张光直认为，中国青铜时代的三代都城迁徙，与追逐铜矿资源有密切的关系[2]。夏商周三代都城大多分布在铜矿锡矿的产地周围，说明三代都将铜矿资源作为了建都的重要因素。

古代青铜器的铸造方法主要有复合范法和失蜡法两种，还有浑铸法、分铸法、焊接法等辅助工艺。复合范法是指通过制作外范和内范，共同组合内、外范构成型腔[3]铸造青铜器的方法，也叫块范法。失蜡法是一种熔模铸造的方法，该方法先将容易熔化的材料制成欲铸器物的蜡模，通过蜡模做成铸型，烘烤铸型使蜡油熔化流出，从而形成型腔，再向空腔内浇铸铜液来铸造青铜器。战国、秦汉以后，尤其是隋唐至明清期间，青铜器的铸造多用失蜡法。失蜡法将青铜器的铸造带入到精密化和多样化的生产阶段。考古发掘了一件战国时代的青铜器盘尊，该器物从湖北随县擂鼓墩曾侯乙墓出土，属公元前433年或稍后，是我国目前所知最早的失蜡铸件。整套器物饰龙84条，蟠螭80条，采用失蜡法铸造，工艺精湛复杂，造型美观，极尽奢华。器身从上至下多处紧密的镂空造型，已远远超过了复合范法所能达到的锻造工艺水平，堪称鬼斧神工。

复合范法浇铸青铜的技术从夏代就已应用，是商周以来应用最广泛的青铜器铸造法，沿用了1000多年。复合范法铸造青铜器主要有以下几个步骤：制模（预制初胎）→翻制外范→取范→制造内范→合范浇铸。

一是制模。先对需铸造的青铜器造型和纹饰进行整体构思，然后预制一个泥模作为母范。泥模相当于青铜器的“原始模型”，用这个“初胎”翻制出外范。制模工艺的基本要求实际上是制陶，通过手制、模制或轮制作出泥模。泥模有整模和分模制作两种，取决于器物的复杂程度和器形的

---

[1] 曾曦．法象明器占施知来——先秦鼎文化考论［D］．武汉：武汉理工大学，2010：165.

[2] 张光直．考古学专题六讲［M］．北京：文物出版社，1986：125-126.

[3] 型腔是内范和外范之间的空隙，用来浇铸铜液，从而形成青铜器的器壁空间。

大小。商晚期以前的青铜器，造型和纹饰比较简单，一般采用整模制作。相对复杂的器物，如商晚期以后青铜器上有些耳、足、柱帽的附件，就需要单独制成分模[1]。在商代晚期的安阳孝民屯铸铜遗址中，发现了足模、耳模、柱帽模等分模制作的遗迹[2]。

二是翻制外范。用泥土的混合物敷在“原始模型”外面，形成铸件外廓的铸型即翻制的外范。外范主要材料是黏土，还有一些细沙，将这两种材料按照一定的比例进行混合。翻制外范时，将调和的泥块与“原始模型”的外表面接触，各种纹饰便能反印在外范的内侧。翻制外范采用先分块制作再组合的方式。组合外范时，在分型面上撒些细泥浆，作为黏合剂，外裹一层粗砂泥，巩固铸型并防止在青铜液浇铸时跑火。

三是取范。在“原始模型”表面压制出外范后，需要将翻制的外范按一定的方式分块取下。浇注铜液时，外范内侧与铜液接触，外范微小的变形，都会影响浇铸后器物的造型。为防止取下的外范变形，要将块范拼合和焙烧。考古发现，司母戊方鼎的器身周壁棱脊两面宽度存在差异，推测是由于翻制的外范出现了变形[3]。

四是制造内范。青铜器器身为容器状，需要通过制造内范，即范芯，形成空心的容器。铸造青铜器时，内范外侧与铜液接触，铸成器物的内表面。内范比外范小，有明、暗两种，也称明芯和暗芯。在浇铸后，可从铜器内直接取出明芯，或保留部分在器体空腔内，如保留在器物的足腔之中。暗芯一般观察不到，浇注后完全被铜液包裹。内范有刮模制芯和另行制作两种方式。刮模制芯即直接在翻范的土模表面削去一层，所削出的厚度即为铜器壁的厚度。商代晚期之前，制作内范主要采用刮模制芯的方

---

[1] 倪玉湛．夏商周青铜器艺术的发展源流［D］．苏州：苏州大学，2011：187.

[2] 中国社会科学院考古研究所安阳工作队．2000—2001 年安阳孝民屯东南地殷代铸铜遗址发掘报告［J］．考古学报，2006（3）：351-384；殷墟孝民屯考古队．河南安阳市孝民屯商代铸铜遗址 2003—2004 年的发掘［J］．考古，2007（1）：14-25.

[3] 冯富根，王振江，华觉明，等．司母戊鼎铸造工艺再研究［J］．考古，1981（2）．

法，另行制作是商代晚期后的主要方法[1]。在商代晚期安阳孝民屯铸铜遗址中，发掘了另行制作的内范，内范外层与铜液接触，呈灰红色，质地疏松，内范的内里是原色，质地比较紧密[2]。

五是合范浇铸。将制作好的内范、外范套合起来，留出中间的空隙即浇铸铜液需要填补的空间，铸成后铜器的厚度即留出的内范、外范的间隔厚度。浇铸时，将熔化的青铜液注入内、外范之间的空隙，等到液体冷却，然后去除内、外范，打磨、精整并抛光。以复合范法铸造的商周青铜器，有浑铸法和分铸法两种浇铸方法。浑铸法可通过一次浇注，铸出一件完整的器物。浑铸法有与内范组合后进行的直接浑铸，或“套范浑铸”[3]。分铸法需要将容器的各个部分分开铸造，因此需要两次或多次浇注。如造型和纹饰较为复杂的青铜鼎，需要单独铸造铜鼎的鼎足、立耳等附件部分[4]。因为器物造型复杂，需要制作多组范，将铸好的附件镶入到准备铸造器身的范中，或与事先铸好的器身铸接到一起，通过分铸法铸造成形。专家推断司母戊方鼎采用的是“先铸法”分铸和铸接方法，即先进行立耳的铸造，然后再将立耳与器身铸接，这与多数商鼎的“后铸法”铸造有所不同[5]。

在夏晚期至商中期，浑铸法的运用非常普遍。到商晚期至春秋早期，较为复杂的器物较多采用分铸法。分铸法解决了铸造更复杂器物时在体量和结构上的难题，这种铸造工艺在商朝达到了高峰，并出现了结构复杂、体量庞大的青铜器，如湖南省宁乡出土的四羊方尊、湖北省黄坡蟠龙城出土的商代中期双耳簋等[6]。到春秋中期至战国时期，浑铸法已不再流行，

---

[1] 谭德睿．中国青铜时代陶范铸造技术研究［J］．考古学报，1999（2）：211-250.

[2] 中国社会科学院考古研究所安阳工作队．2000—2001 年安阳孝民屯东南地殷代铸铜遗址发掘报告［J］．考古学报，2006（3）：351-384.

[3] 陈立信．谈谈尉氏春秋青铜器的铸造工艺和焊接技术［J］．中原文物，1988（1）：95-100，71.

[4] 曾曦．法象明器 占施知来——先秦鼎文化考论［D］．武汉：武汉理工大学，2010：179.

[5] 冯富根，王振江，华觉明，等．司母戊鼎铸造工艺再研究［J］．考古，1981（2）：177.

[6] 李学勤．中国青铜的奥秘［M］．北京：商务印书馆，1987：129.

分铸法成为广泛运用的铸造方法。

一般在浇铸青铜液后，待铜液凝固，需要将内、外范打碎，取出铸好的青铜器。打碎后的一套内范和外范不能再用，一次只能铸造一件青铜器。夏朝或商朝早期的偃师二里头青铜遗址、商朝郑州铸造遗址的青铜器，均可以看到复合范法的锻造工艺[1]。自商中期至西周早期所铸造的青铜器，没有两件器物的造型和纹饰是完全相同的[2]。当时每一模只翻一套范的铸造方法，使得每一件青铜器都是不可复制、独一无二的珍品。

---

[1] 乔迁. 艺术与生命精神 [M]. 石家庄：河北教育出版社，2006：21.
[2] 陈志达. 殷墟陶范及其相关的问题 [J]. 考古，1986（3）：269-277.

第六章

场力：拥有创意氛围的制度场

第一节　场和场的作用力

一、场

“场”最基本的解释来自《辞海》，主要围绕两个层面的描述。一层含义是指，场是一个平坦的空地，比如操场、考场、农场、市场等。另一层含义是指，场是具有相互作用的物理场，如电磁场、能量场、引力场等。从前者的解释来看，场有一定的空间范围，比如买卖双方进行交易的环境空间，或者进行田径运动、健身运动的场所空间。从后者的解释来看，场具有双方或多方相互作用的特点，如太阳、地球、月亮之间，受到引力的作用进行旋转，又如处于电磁场的带电物体会受到电磁场的作用力，带电物体与电磁场发生相互作用。因此，场的特点包括两个方面，一方面是具有一定的空间范围，另一方面是存在着两方或者多方主体进行的相互作用。

人类对空间的认识始于古希腊。空间的研究主要经历了古希腊时期、近代空间认识时期和20世纪空间理论三个重要的阶段。第一阶段是以德谟克利特（公元前460—前370）为代表的古希腊哲学家，提出空间的“虚空”理论。他认为，原子与虚空构成了世界，是宇宙的本源，原子表现为现实中的具体存在，表现为坚固紧密的微小粒子，“虚空”表现为原子“存在”的场所，即“空间”。亚里士多德将空间理解提升到物体运动的高度，认为空间是物体的包围者，空间形成了物质与物质被包围之间的关系[1]。

［1］ Aristotle. Physics. in Robert Maynard Hutchins ed., Great Books of the Western World, vol. 8, Encyclopedia Britannica, 1952.

近代空间观的代表人物主要有哥白尼、笛卡尔、牛顿、康德等。牛顿（1643—1727）在《自然哲学之数学原理》中提出“绝对空间”的概念，认为空间是绝对的、永恒的、静止的、无限的，阐述了机械唯物主义的时空观[1]。他指出绝对的空间和外物无关，总是不动的和相同的，空间不是物质的存在形式，是物体占据的场所[2]。德国古典哲学的代表人物康德（1724—1804）认为，空间存在于人的感官之外，空间是先天的存在[3]。人的空间感官来自外部界的感觉，人对客观世界的感觉必须依赖于空间，映射到人的意识中，空间先于人的空间感官而存在[4]。德国哲学家和数学家莱布尼茨（1646—1716）持相反的观点，他强调物质和物质运动与空间的相互关系，指出空间不是绝对的、实在的存在，而是一种并存的秩序[5]。他认为，空间标志着与同时存在物并存的一种秩序，这些事物彼此之间的存在形成了这种秩序。物质和物质运动与时空密不可分，空间不能脱离物质而存在。德国哲学家黑格尔（1770—1831）综合了亚里士多德、牛顿和莱布尼斯的空间观，认为空间是某种独立的、特殊的东西，但不能和充实于其中的物质分开[6]。黑格尔指出空间和时间是绝对观念发展到一定阶段的产物，空间和时间与运动着的物质是不可分的。

到20世纪，人们对空间的认识出现了转变，空间作为重点被纳入各种领域当中，推至思想研究的前沿[7]。当代西方地理学家哈维认为，20世纪后半期，政治、经济、信息技术的发展促使了全球化空间形式的出现[8]。美国人本主义城市规划理论家凯文·林奇（1918—1984）认为，

---

[1] Edward S. Casey. The Fate of Place: A Philosophical History [M]. Berkeley: University of California Press, 1997.

[2] 李发美. 牛顿时空观 [J]. 怀化师专学报（哲学社会科学版），1986（3）.

[3] 康德. 纯粹理性批判 [M]. 邓晓芒，译. 北京：人民出版社，2004.

[4] 刘文英. 评黑格尔的时空理论 [J]. 新疆大学学报（哲学人文社会科学版），1983（4）.

[5] 林成滔. 莱布尼茨对真空的研究及其现代价值 [J]. 科学之友，2009（21）.

[6] 蔡顺兴. 数字公共艺术的“场”性研究 [M]. 苏州：苏州大学出版社，2015.

[7] 方英. 西方空间意义的发展脉络 [J]. 江西社会科学，2014（2）：32-38.

[8] 大卫·哈维. 希望的空间 [M]. 胡大平，译. 南京：南京大学出版社，2006.

城市是为人的生活提供空间的场所，城市设计的目的之一是塑造城市形象，让人们的记忆里更鲜明地印刻出城市意象。

空间研究越来越向多学科渗透，强调心理、社会、文化等层面。如在社会层面上，社会空间包含了生产关系和社会关系以及社会关系的生产和再生产[1]。在空间与权力的关系层面上，空间是权力运作的基础，权力的空间化保证了权力的运作以及扩张[2]。从城市层面的角度看，城市空间在城市发展和活动中发挥着重要作用，研究强调了经济利益和阶层的主要关系[3]。从文化地理研究领域看，特定的地理空间，包含着与情感、传统、思想和价值等相关的特定文化含义[4]。从心理学研究看，外貌感知、伴生感觉等促成了情感与空间特性的联系[5]。空间不再是理性与感性、主体与客体、精神与物质的相互否定与对立，而是相互联系、相互区别又辩证统一。

“场”的概念最早出现于19世纪下半叶，由物理学家法拉第（1791—1867）在解释电磁感应现象时提出，他认为空间不是牛顿理论当中阐述的“虚空”，而是由磁力线构成的场，即磁场。他认为，电和磁的作用是以介质为中介来传递的，不可能在没有中介的情况下，从一个物体传到另一个物体，介质是电场和磁场的载体。这种介质，存在于带电体、磁体、电流周围的空间中，可以传递电、磁作用，形成电场、磁场，电磁场可以直接通过力线进行描述。通过使用一根磁棒和少量铁屑，就可以将磁力线在硬纸板上清晰地显示出来。法拉第于1855年在《论磁哲学的一些观点》中将力线思想逐渐上升为场的思想，认为带电体之间与粒子之间空间中的

---

[1] 于海. Urban Theory—Classic and Contemporary Readings [M]. 上海：复旦大学出版社，2006.

[2] 包亚明. 后现代性与地理学的政治 [C]. 上海：上海教育出版社，2001.

[3] 高鉴国. 新马克思主义城市理论 [M]. 北京：商务印书馆，2007.

[4] Yi-Fu Tuan. Place and Space: The Perspective of Experience [M]. University of Minnesota Press, 1977.

[5] 罗伯特·萨克. 社会思想中的空间观：一种地理的视角 [M]. 黄春芳，译. 北京：北京师范大学出版社，2010.

"场"，是描述物理现象最重要的概念，不是电荷、磁体以及它们之间相互作用的带电体，也不是粒子。

麦克斯韦基于数学推理论证了"场"的概念。在他的《论法拉第力线》论文中，通过引入新的矢量函数描述了电磁场。在《论物理力线》中，他提出了"位移电流"和"电磁波"的新概念，通过一种充满空间的介质，证明法拉第力线的应力性质，为建立能够说明电磁作用的力学模型奠定了基础。在《电磁场的动力学理论》中，他提出了涉及电体或磁体邻近空间的电磁场理论，指出电磁场是包括和环绕处于电或磁情况的物体的那一部分空间，并认为电磁场也有能量。

"场"的理论突破了牛顿经典力学对于物体依靠绝对空间进行相互作用的解释，打破了牛顿超距作用理论解释质点或电荷（磁体）相互作用的观点。电磁场可以独立于物质，以波动的形式存在，"场"以物质实体的形式代替了假想的以太。通过电场和磁场的概念，解释了电荷之间以及磁体之间相互作用的传递方式。爱因斯坦在此基础之上，将场与空间、时间和物质统一起来，认为场由时空决定，物质的能量分布决定了时空的弯曲，他试图将已经发现的几种力进行统一，建立统一场论，形成对世界的统一性进行表达。

二、场域和场的作用力

受到黑格尔的辩证法思想、马克思主义思想和结构主义思想的影响，法国社会学家布迪厄（1930—2002）将结构主义中关系性的思维方式引入社会科学，对"场"进行了研究。布迪厄将"场域"定义为位置之间客观关系的网络或构型。场域的概念有三层含义，一是从"关系"的角度理解"场域"。马克思在《1857—1858 年经济学手稿》中体现了关系主义思想，他认为，人的本质不是单个人所固有的抽象物，人的本质是一切社会关系的总和[1]。社会是由个人的各种社会关系组成的，并不只是由个人组成[2]16。马克思主义学者奥尔曼认为，马克思并不是将单一的社会实体作为研究对象，而是从“关系”出发，将“关系”作为一个角度来理解社会[2]70。二是从关系的相互作用研究“场域”。布迪厄在黑格尔的“现实的就是合理的”认识基础上，指出“现实的就是关系的”。在“场域”当中，存在着马克思认为的“独立于意识和个人意志”的客观关系，这与行动者之间的互动或个人的交互不同，各种各样的客观关系，是一种社会世界中的客观存在。从“关系”的角度理解“场域”的思维方法，突破了实体主义的思考逻辑，将要素和要素之间的互动关系作为研究重点，把各个要素和要素组合纳入一个“场域”系统中，并研究要素在该“场域”系统中的意义和功能。

“场域”的第三层含义是场域突破了结构主义和心智主义对客观社会结构及人的行为的认识。结构主义认为，人们所处的社会结构或社会环境决定了人们的行为[3]。心智主义认为，人们自己的主观意志决定着人们的行为。布迪厄用“场域”的概念分析人们的行为，用“惯习”解释人们的主观意志和行为，把场域和人们的行为联系起来。

“场域”的概念强调了“场”作为一个现实的关系网络而存在，场的“作用力”需要依靠实际的社会活动来体现。如果只有一个固定的社会结构，或者存在一种现实的社会关系，那么“场”只是一种空洞的框架，是一种抽象的存在。如果没有具体的实际活动，没有形成基于实际活动表现出的相互作用关系，就没有场的“作用力”。布迪厄指出，场的“作用力”需要通过具体的实践活动展开，在社会关系中，一方面，参与到其中的行

[1] 马克思，恩格斯．马克思恩格斯选集（第1卷）［M］．北京：人民出版社，1972：18.

[2] ［法］皮埃尔·布迪厄，［美］华康德．实践与反思——反思社会学导引［M］．李猛，李康，译．北京：中央编译出版社，1998.

[3] 娜仁高娃．向“场”而生［D］．吉林：东北师范大学，2010：61.

动者展示出一种力量，他们的行动与所处的不同社会地位密切相关；另一方面，处于不同地位的行动者，有不同的表现，有不同的目的和手段，贡献出不同的力量。所有的行动者在共同的场当中，对场形成不同的斗争的力量，这种力量可能会保持或改造场域的结构[1]。只有行动者的不同位置，或只有行动者不同的社会地位，只能形成一种不确定的社会关系构架，不能形成实际的场“作用力”。

“场”的客观关系结构，旨在维护或改善现实的关系网络，形成场的“作用力”。社会结构当中存在不同类型的权力分配，实际或潜在的分配结构和行动者之间的客观关系决定了行动者的位置[2]97。如权力、资本的分配等，形成了行动者之间的统治、支配或服从关系，拥有权力或资本的行动者，可以获取场中特殊利润的控制权，这是由他们在场中的位置决定的。行动者可以是具体的个人或是某个机构，他们在“场”的社会关系中的位置，以及他们对场的认知程度、对场进行的观察和所采取的观点，决定了他们参与到行动中展示出的力量[2]101。处于支配位置的行动者，为了维护现有场域的力量格局，往往采取保守性的策略。新进入的行动者，为逐步接近支配位置，往往采取继承策略。处于被支配位置的行动者，往往采取颠覆性方式，改变他们的位置和现有场域的力量格局[3]。占据不同位置的占有者和行动者，相互之间形成一个场的相互作用关系网络，这些位置上的相互作用，共同对“场”产生决定性力量[4]。“场”的力量，表现为一种斗争，表现为不同位置的行动者在实际活动中形成的力量对比。在具体的实践活动当中，形成社会关系的力量对比，呈现实际场域的紧张状态。分化的社会空间形成政治、经济、艺术、科学等不同的场域，不同

---

[1] 高宜扬. 当代法国思想五十年（下）[M]. 北京：中国人民大学出版社，2005：514.

[2] P. BourdieuL. D. Wacquant. An Invitation to Reflexive Sociology [M]. The University of Chicago Press，1992.

[3] 宫留记. 布迪厄的社会实践理论 [M]. 郑州：河南大学出版社，2007.

[4] 包亚明. 布尔迪厄访谈录——文化资本与社会炼金术 [M]. 上海：上海人民出版社，1997：142.

场域之间的力量对比处于动态变化之中[1]。场的各种力量对比，如同宇宙星群之间存在的斥力和引力，它们产生相互作用关系，表现出对场的“作用力”。

场内双方或多方的相互作用，作用主体可能是不同的。传播学四大奠基人之一库尔特·卢因，以人类行为场理论和群体动力学著称[2]。他在研究群体动力学时提出“场论”，认为场的互动作用主体包括了个体、群体、组织与组织之间，以及与之关联的客观环境。他强调环境内部和各个变量相互影响的关系，不同主体、不同群体形成相互影响的作用关系，最终表现为一种群体动力，也即一种社会效应。德国传播学者马莱茨克在1963年的《大众传播心理学》一书中引入了“场论”这一理论，他认为大众传播过程中有“场”的存在，提出了“马莱茨克传播模式”。他指出场的相互作用的主体包括传播者和受传者，以及在他们之间产生的各种社会作用力。这些社会作用力以有形或者无形的方式对社会心理产生影响，最终可能会影响到个人或群体的心理意识。比如可能涉及对于所处的社会、组织、环境等诸多方面的认识和理解，各种社会作用力聚集并且相互作用，影响着传播过程。学习型组织之父彼得·圣吉提出领导力场理论，他指出场的相互作用的主体包括了人与人、人与组织，以及有形的或无形的会影响人们精神、心理的各种要素。

中国人民大学孟氧教授基于马克思《资本论》的经济哲学思想，借助量子物理学的介子场论，将场理论应用到社会场论中，提出经济学社会场论。经济学社会场相互作用的主体在经济主体之间，它们的相互作用形成了社会经济关系的变化[3]。社会场的经济实体离不开一定的经济关系，社会经济关系通过一定的经济实体的运动来实现。经济实体传递的机制和

[1] [法] 皮埃尔·布迪厄，[美] 华康德．实践与反思——反思社会学导引 [M]．李猛，李康，译．北京：中央编译出版社，1998：133-134.

[2] 段鹏．传播学基础历史、框架与外延 [M]．北京：中国传媒大学出版社，2006.

[3] 杜厚，文杨志．经济科学与自然科学结盟的样板 [OL]．http：//www. cpeer. org/m/view. php？ aid=3232.

机理，实现了价值向剩余价值的转化，从而形成雇佣劳动与资本之间的生产关系。正如物理中电和磁的作用是以介质“场”为中介来传递的，经济实体与经济关系相互作用，表现出辩证统一的作用关系。

第二节 创意氛围

一、城市空间规划研究的转变

人们对空间的认知体现在“城市与区域”的空间规划实践上，表现出从原始社会朴素的“天人合一”观，到工业社会注重经济增长，再到向重视经济、社会和环境协调发展观念的转变。从表面上看，城市空间发展与经济、社会的发展观念的转变，体现在人们对空间概念的认识变化上。人们的认识主要经历了从绝对空间到相对空间、从时空分离到时空关联、从一元空间到多元空间的认识转变[1]。绝对空间描述了空间与客观世界物质的分离，空间处于静止、绝对、无限的状态，空间是物体占据的场所，不是物质的存在表现。相对空间则强调了空间与物质存在、物质运动的关系，否认空间绝对、孤立、静止的存在。空间和物质运动彼此联系，空间不能与同时并存的物质分离而存在，时间和空间与运动着的物质密不可分。从绝对空间到相对空间的观念转变，体现出人们对空间与客观世界物质的认识变化，表现出从否定空间与物质存在的关系，到否定空间的绝对静止的存在，表现出空间和与同时并存的物质、与物质运动彼此联系的时空关联的观念。当空间概念被纳入各个领域，成为不同领域的研究对象时，空间的存在与经济全球化、城市意象设计、社会生产关系、权力运作

[1] 马仁锋．创意产业区演化与大都市空间重构［M］．杭州：浙江大学出版社，2014.

与扩张、城市经济关系等联系起来，空间概念呈现出多元化的存在特征。城市空间发展不是孤立存在的，也不是仅与经济发展密切相关，而是与政治、经济、社会、环境多方面的发展密切联系，城市空间规划的实践，体现出人们对城市空间认识的发展演变。

从城市空间发展变化的本质看，政治、经济、文化的发展与城市空间密不可分、相互渗透、彼此融合，城市空间的发展体现出城市的发展演变历程。城市空间的规划与实践，是政治、经济、法律、文化和社会对城市发展影响的折射[1]。原始社会和农业社会受到生产力发展水平的限制，人们社会生活实践的场所和功能相对单一，生活实践和城市空间也较为简单。古代城市通过营造古巴比伦空中花园、欧洲中世纪城堡庭院、伊斯兰池庭花园、古罗马庄园别墅、英国风景式园林、“风水模式”的生态城市等，将人与自然融合，形成自然与社会的和谐环境[2]。在遵从自然、顺应自然的人与自然观念影响下，城市空间相对简单封闭，呈现出单中心的特征。

工业社会加快了城市化进程，城市的经济功能凸显出来，人们社会、文化、科技等具体的活动实践变得多元，城市空间出现多功能、多层次、多中心的区划特征。19 世纪后期，人们认识到工业化生产带来的城市环境恶劣、城市急速膨胀、无序发展等问题，城市空间结构研究将人与自然的协调发展作为重点，生态关系的理念逐渐发展起来。马塔的带形城市、霍华德的田园城市、沙里宁的有机疏散理论等成为生态城市空间结构理论的主要代表[3]。1882 年，西班牙工程师马塔提出城市平面布局沿着狭长带形城市发展的理念，他认为城市应以交通干线作为城市空间的主要脉络，城市生活和生产用地，沿交通干线依次展开。由于带形城市的横向宽度有

[1] 何兴华．空间秩序中的利益格局和权力结构［J］．城市规划，2003，27（10）：6-12.

[2] 叶玉瑶，张虹鸥，周春山，许学强．“生态导向”的城市空间结构研究综述［J］．城市规划，2008（5）．

[3] 孙斌栋，袁谆．多中心城市的生态绩效研究［M］//宁越敏．中国城市研究．北京：商务印书馆，2012：130-143.

一定限度，因此通过狭长的城市空间规划能够使城市居民与原有的城镇联系起来，靠近自然的生活空间。带形城市理念有利于防止城市规模过大而导致的城市环境恶化，该理念对苏联“连续功能分区”的城市规划产生了较大影响。苏联在城市规划上极为重视功能分区，主要为了应对资本主义制度下城市工人居住条件拥挤简陋、城市环境恶劣、无序发展的问题[1]。

英国社会活动家霍华德于1889年基于著名空想社会主义者罗伯特·欧文（1771—1858）的田园城市思想，提出建设兼有城市和乡村优点的田园城市的设想。田园城市强调以健康、生活和产业为重点，主张人口分散，城市周围应建设农业地带，让城市形成一个多中心、整体化运作的城市系统。田园城市的轮廓是一个圆形，城市中心是一个公园，从中心向外辐射出6条主干道路，把城市分成工厂、仓库、市场等6个区域。霍华德认为城市膨胀引起了城市环境的恶化，因此应限制城市的自发膨胀，限制城市的无限扩张和土地投机，城市规模不应超过能提供丰富的社会生活的程度。

霍华德的田园城市思想影响了卫星城镇、“有机疏散”论等城市规划理论的形成。在霍华德田园城市分散主义思想的基础之上，形成了卫星城的规划理论，美国学者泰勒提出“卫星城”的概念。卫星城的规划思想是为了防止城市规模扩大和不断蔓延，提倡以发展中小城市为主，避免人口集中，在大城市周围建立外围的卫星城。卫星城在空间布局上呈分布状，是大城市周围的城市或县镇，卫星城能够吸收中心城的人口和扩散的企业，起到分担中心城的城市功能、疏导分散新增人口、协调城市环境资源等作用。1930年，建筑大师、城市规划家柯布西耶（1887—1965）提出光辉城市的理念，与霍华德田园城市分散人口的观点不同，他提倡通过先进的工业技术发展实现对大城市结构和功能的改造，基于改造城市内部物质空间的集聚，集中人口，将空气、阳光和绿地等引入城市，改善社会中人

---

[1] 简谈苏联对中国城市规划的影响［OL］. https：//wenku. baidu. com/view/019ae92758f5f61fb6366655. html.

与自然的关系。芬兰建筑师沙里宁（1873—1950）的有机疏散理念介于霍华德和柯布西耶之间，在其 1942 年出版的《城市：它的发展、衰败和未来》著作中阐述了他的观点[1]。他主张在城市附近建设一些半独立的非中心城镇，集中布置人们的日常生活和工作区域，分散布置“不经常”的活动场所，以此缓解与城市中心区运行出现的大量交通堵塞和居住功能负担等问题。这些半独立的新城，并不是和中心城分离，而是通过充分发挥现代交通的作用，实现城市功能的有机疏散。有机疏散理论认为，城市混乱、拥挤、环境恶化是城市危机的表面现象，文化的衰退和功利主义的盛行是问题。城市作为一个有机体，它的发展取决于城市功能的组合，不同的功能区以及功能区之间的相互协调、运行是城市发展的决定因素。城市规划从城市功能入手，实现城市的多中心发展和多功能的城市空间布局，从而保障就业与人们居住环境的平衡，提高居民的生活质量。

城市空间的发展脉络从最初的单中心结构，到沿狭长交通干线发展的带形城市结构，再到多中心的田园城市和卫星城市的发展理念，城市空间的发展变为沿辐射型的交通主干线向外扩散。城市通过周边地域实现功能分区和人口疏散，防止城市的大规模扩展和蔓延。高速公路、铁路等城市交通工具的发展，快速拓展了城市空间的规模，城市空间结构从团块状向组团型发展，从封闭向开放型发展。

信息和通信技术、移动互联网的广泛应用，进一步加速了城市空间的开放，形成多元城市功能区，城市空间布局呈现网络状、开放型、紧凑型特征[2]。着重从城市内部的物质空间结构进行改造的光辉城市和有机疏散理论，更加强调对混乱、复杂的城市空间结构进行改善，实现城市功能的重组。城市空间以一种新型的流动空间存在，各种要素在空间的流动更加连续，促进各类要素的不断集聚。当城市功能得到改善和提升后，城市

---

[1] 沙里宁大师的有机疏散理论［OL］. https：//wenku. baidu. com/view/8387e6044b73f242326c5f22. html.

[2] 马仁锋 . 创意产业区演化与大都市空间重构［M］. 杭州：浙江大学出版社，2014：7.

化发展与城市功能实现协调平衡，将使城市在经济、环境和社会等方面更加协调，为城市获得可持续发展的空间。当城市空间结构更加突出与自然生态的相互融合，城市空间结构与城市功能协同共进，将为居民提供更加宜居和自然的城市环境，从而为城市带来持续的发展动力。

二、创意氛围的研究

城市空间格局发生的巨大变化，引发了学界对城市空间、城市经济与城市社会进一步的关注，创意氛围和创意城市等作为创意经济的重要内容，成为研究重点。自20世纪80年代以来，城市规划出现向文化、关系、制度等多个方面的转向，城市空间研究出现了认识论转向、关系转向和多学科转向[1]。以“创意空间”为基本单元的空间发展，与全球地方化的发展趋势有关，全球地方化导致全球文化在全世界范围内的传播普及，这个过程引发了全球文化与地方文化的杂糅与融合。城市空间研究向认识论的转向表现出对创意空间的科学研究方法的探索，关系转向体现了研究城市空间的新的视角，多学科转向表现出城市空间研究与多学科的相互融合与渗透。因此，创意氛围的研究建立在城市经济、城市空间、城市规划、城市与社会等多领域研究的基础之上。

创意氛围（creative milieu）是创意空间的重要组成，是用以描述空间的概念。广义的创意氛围包括政治、经济等社会环境，如大的方针政策、发展战略所营造的社会气氛、人文风气等。狭义的创意氛围是建筑环境与自然环境的综合，是适合创意人员生活、工作和交流的环境[2]。“创意氛围”最早由英国学者 Calnagni 于 1991 年提出，认为它是在一定区域范围

[1] 吕拉昌．“城市空间转向”与新城市地理研究［J］．世界地理研究，2008，17（1）：32-38.

[2] ［美］理查德·佛罗里达．创意阶层的崛起［M］．司徒爱勤，译．北京：中信出版社，2010.

内，进行一系列非正式的社会交往活动，通过共同学习和协作的过程形成的复杂网络[1]。创意氛围强调了半正式或非正式的活动空间，强调了在交流、合作或工作中获取相关的知识[2]。创意氛围反映出创意人员对周边环境的心理、思想感受等，如咖啡店、快餐店给人轻松、休闲的感受，电子游戏厅使得参与者获得有趣、紧张、刺激的心理体验，音乐厅让人觉得既能保持活力又能安静放松，等等。创意氛围的存在，对人们形成了一种内部的吸引力和归属感，同时又对外部展现了一个创新的形象。城市建筑规划、自然景观、名胜古迹、办公场所等都能够展现出独特的创意氛围。

对创意活动的生产来说，创意氛围为人与人之间的交流提供了一个互动的空间，在相互作用中产生的创新思想和发明创造，成为城市更新和经济成长的潜在动力[3]。创意氛围包括艺术节、展览、嘉年华、酒会等活动，这些活动为创意人员创造了知识共享的环境，为创造符合市场需求的创意产品提供了可能[4]。加拿大学者梅里克认为，与其他领域的创意人员进行沟通有助于促进创意的产生，并能够在更大的范围内促进跨学科的互动，形成激发活力的创意环境[5]。

硬件设施和软件设施辅助了这种创意氛围的营造，拓宽了人们面对面交流或以网络形式交流的方式，使各种非正式的、随性的沟通能够轻松进行。城市便利设施能够形成人力资本的积累，受过高等教育的劳动力表现出向便利性较高的城市聚集的趋势。佛罗里达指出，当

[1] Calnagni, R. 1991 Introduction : form the local "Milieu" to innovation through cooperation networks, in R. Camagni Innovation NetW0rks: Spatial Perspectives, London: Belhaven Press.

[2] 孟晓惠. 文化创意产业园公共空间中创意氛围营造研究 [D]. 景德镇：景德镇陶瓷学院，2010：23.

[3] 王志成，谢佩洪，陈继祥. 城市发展创意产业的影响因素分析及实证研究 [J]. 中国工业经济，2007 (8)：49-57.

[4] 周泳宏，李英贵. 创意产业中的氛围营造与创意实现 [J]. 经济研究导刊，2009 (15).

[5] Meric Gertler, Creative Cities: What are Thy for, How do They Work, and how do We Build Theme [J]. Canada Policy Research Networks, 2004 (8).

物质生活达到一定程度时，人们对城市的人文艺术环境，绿化环境、气候等自然环境的关注度提升，对工资等经济条件的关注度降低。便利性较高的城市能够吸引同行业的创意人员聚集，沟通网络的连接能够促进非定向交流，为产品的传播与创新提供活力。在创意氛围的营造中，网络连接的构建是核心，既需要组织机构培养高度信任、自我负责感强的团队，还能够制定不成文却强而有力的准则。这些也涵盖塑造乐于分享、乐于创新的创意氛围，促进创意灵感的进一步激发。创意氛围运行过程中的重要内容是信任，信任可以辅助产生连续的创意与更新，而对信任的传播与接纳，又能够激发更多的创造，从而进行不断激发创意形成的良性循环。

创意交流网络可以是非正式交流、定期聚会活动、俱乐部、酒吧等社会交际网络；也可以是商业联盟、企业家俱乐部、营销联盟等企业交流网络；还可以是有关财务支撑架构与战略发展的公私合作伙伴，通过充满创意的方式，结合企业的创意资源与创意人员。现代社会中的创意氛围与传统生产环境中的不同，创意的产生与激发也不仅仅是依靠个人的影响力，而是创意群体在创意环境中进行互动交流、激发创造的结果。因此，创意环境的特征是一种能够使许多重要的企业家、知识分子、社会活跃人士、艺术家、行政管理人员、政府公务员或在校学生等，得以置身其间运行的开放式沟通环境，也是一种能够面对面互动，激发创意思路，同时创造文化产品、文化作品、文化服务等，带动经济发展的环境。

第三节　创意氛围的基本条件与特征

一、创意氛围的基本条件

独特的创意氛围提供了能够激发创意、灵感产生的空间条件，使得创意人员能够产生更多的创意构想和创意方案。英国创意城市专家查尔斯·兰德利将创意氛围所需的空间条件分为软件设施与硬件设施两个方面的组合[1]。其中，硬件设施包括建筑景观、休闲场所、演出场地、科研机构、教育培训组织、文化活动的基础设施以及交通和便捷设施等保证文化活动正常进行的基础服务与设施。软件设施是社交活动网络、社会关系结构、互动交流渠道等，是能够激发和提升创意人员之间创意思想、创意灵感的流通系统。佛罗里达基于对美国5个州的社区调研，在原有的“3T”理论基础之上，又补充了创意氛围这一条件，形成“4T”理论[2]。他认为技术、人才、宽容度、创意氛围是激发创意和促进经济增长的重要条件。城市中的餐馆、书店、咖啡厅、音乐俱乐部等社会和商业空间，创造了一个独特的建筑环境和心理环境，这种环境有别于其他的城市或社区，能够产生独特的氛围，是一种领域资产，也即创意氛围。

美国学者伊丽莎白·科瑞德（Elizabeth Currid）在《创意城市：百年纽约的时尚、艺术与音乐》专著中，阐述了城市中创意产生的重要条件，即那些非正式的社交活动。她指出那些看上去不太正式的社交场合，为艺术、设计、音乐、时尚和相关产业之间提供了一种共生关系。她借助社会

[1] ［英］查尔斯·兰德利．创意城市——如何打造都市创意生活圈［M］．杨幼兰，译．北京：清华大学出版社，2009：200.

[2] 黄阳．我国创意城市评价研究［D］．厦门：华侨大学，2012：76.

学家马克·格兰诺维特的研究，基于人际互动改善人际关系的“弱连接”理论，提出城市中的城市空间环境是产生创意思想的重要节点[1]。餐厅、咖啡厅、休闲屋、酒吧等，是城市中的休闲环境，也是具有社交性质的场所，这些城市空间为人们的社会生活与“弱连接”形成结合。发生在城市公共空间的非正式社会活动，不仅仅只是实现了创意休闲和消费，而是创造了一个聚集创意人才、提供创意思想交流聚合的平台环境。这个平台环境实现了创意经济领域内思想的传播和服务的分享，同时推动了领域内人员的相互学习，是一个能够推进事业进步的重要的生产环境。

创意城市思想家安德森（Andersson）、霍尔（Hall）、托恩维斯特（Toernqvist）、埃达拉特（Aydalot）等认为创意氛围的主要特质包括几个方面[2]。一是具有原创性与深度知识。具有创意氛围的地方，以某种程度的原创和深厚的知识为基础，人们能够提供一定的技术与能力，有能力相互交流、沟通需求。二是存在某种不平衡和不确定性。不平衡可能来自面对未来科学、技术和文化变迁的复杂性和不确定性，或是来自政策制定者、艺术家、科学家、社会批判者、商人等自身的需求，或是来自现状与未来之间本身存在的结构的不稳定性。现实的复杂性和不稳定性制造了不平衡，更能激发创意人员因应的能力。三是多元性、多样性及包容性。在金融环境方面，健全的金融基础能够给予创意人员一定的实验空间，减少严苛的规范。在沟通环境方面，非正式沟通是在非正规、非严肃的环境中进行的，具有自发性、灵活性和多样性的特征，自发和非正式的沟通能够形成多元性、多样性和变化的发展环境。跨学科和多领域间的互动交流，能够创造多个学科领域、科学与艺术之间的综合效益。

创意氛围与创意空间的营造，是创意交流与产出高质量的文化创意的

---

［1］［美］伊丽莎白·科瑞德．创意城市：百年纽约的时尚、艺术与音乐［M］．陆香，顶硕端，译．北京：中信出版社，2010：128-129.

［2］［英］兰德利（Iandry. C.）．创意城市［M］．杨幼兰，译．北京：清华大学出版社，2009：208-209.

重要条件。宽松、多元、融合、包容的环境特征是创意氛围营造的重点。建立信任和合作的创意氛围，是推进创新和产生创意的基础。创意的产生要以满足消费者的内在需求为导向，以实现多样化和个性化的生产为目的。因此创意氛围是一个能够满足个性化需求的人文环境，这也是创意氛围营造的重点与核心。城市音乐和艺术、体育活动、国外文化活动、城市绿地等为创意的产生提供了良好的空间环境。

城市公共活动空间是一个能够与人际关系“弱连接”结合的场所，城市公共空间浓厚的文化艺术气息和搭建的互动交流平台，为创意人员在社会活动中进行学习交流提供了可能。特色餐厅、书店、咖啡厅、小剧场等小规模的社区便利设施为创意人员的交流提供了活动空间。非正式的社会活动能够帮助创意人员在面对面的交流当中，传播、扩散以及产生创意思想。这种非正式的交流轻松、随意，更多的基于人们自身的需要，还有更多的肢体语言、面部表情、语气语调、交流氛围等文化特征。对城市历史建筑、文化街区、艺术和音乐空间、文化街道的改造，能够提升城市公共空间的文化品质，成为城市内部独特的创意空间。

二、创意氛围的特征

1. 具有创意生态的循环系统

创意产业之父约翰·霍金斯将生态学的概念引入了创意环境的研究中，提出了创意生态环境理论，即创意生态环境是一种更宽泛意义上的生态环境，这种文化创意活动的空间环境不是简单的自然生存法则，也不是完全以人类活动的控制与影响为核心，是一种被称为“生态素养模式”（eco-literate models）的生态环境。这种环境以自然发展为基础，通过在自然发展过程的基础上进行改善，既不完全破坏这种自然发展形成的环境，又能够创造出更好的环境内容。这种创意生态环境是经过人类生活生产加工过的，但不以人类的行为观点为中心，正因为如此，创意生态环境是适合人类长期发展的生存环境。

霍金斯将人的文化创意活动放到生物以及与其他生物共同相处的环境中，并把能够激发创意产生的环境当作一个“小生境（niche）”，与生态学中的“栖息地”（habitats）类似。因为创意人员的生产与创造都是在一定的环境下进行的，而生物与其他生物及环境之间也表现出这种关系，即这种特定区域的环境都提供了一种生存成长的系统。只不过在创意生态系统中，小生境内部的环境是为创意人员激发和创造了更多的创意与灵感，而生态系统中的栖息地是为生物以及其他生物的共生提供了环境系统。因此，依照创意生态系统的理论，创意生态就是一种小生境，是适合人类产生创意思想和创意灵感的创意环境。

小生境是深生态学中的概念，雷蒙德·林德曼（Raymond Lindeman）作为代表人物在20世纪中期指出了小生境当中的四个运行要素，即无机物要素、生产要素、消费要素与分解要素。这四个要素基于能量流的运行环节循环展开，这种循环的过程其实就是小生境运行的过程。而且在生态系统与创意生态环境系统中都有对自我与感知的潜在意识，这将有助于能量在不同环节的流动和循环。

由此，可以将创意活动的生产过程的几个阶段归纳于生态系统的解释当中。（1）创意人员收集、整理、编辑相关的创意资源的阶段。这个环节类似于生物采集能量与资源，将其转化为生物量（biomass）的过程。（2）创意人员生产和创造出文化作品，并进入到文化市场的流通中，经过了文化消费者的购买和交易，产生了经济价值并传递了创意能量、创意思想。这个过程类似于生物系统中的初级消费过程，也就是生物食物链当中的一层消费链条，其他生物经过这个消费过程就增加了生物量。（3）增加的经济价值投入在文化环境的建设当中，文化作品在市场中的继续传播，又为新的创意与灵感带来了活力。这就如同生态系统中的分解要素向最先的基础物质转化的过程，再向下一个生产要素的环节转变。因此，随着这种创意的能量在创意生态的几个环节中转化、流动，创意也能不断得到激发，创意活动就会继续进行，产生更多的文化作品，从而创造更多的经济效益，如此循环往复，就像一个生态系统一样生生不息。霍金斯将持续学习和创造促进能量流动的过程归纳为四个阶段，即多样、改变、学习和适应。可以说，经过这个创意生态系统，更多的创意能量在系统中产生、表达，并通过一种适应的方式继续创造新的想法。同时，创意生态系统构建的关系网络和能量网络推动着创意的沟通、流动，它的影响已经形成可以循环的、不断创造创意能量的生态系统。

2. 注重创意的工作环境

工作因素和职场特征越来越受到大部分创意人员的关注。佛罗里达在对工作环境调查研究的基础上，根据统计数据的结果，分析概括出了一些重要的创意氛围要素[1]。一是工作的价值感与稳定性。创意人员能够知道自己的工作所能发挥的作用，并愿意接受挑战与担负责任，为此做出贡献，并发挥影响力。稳定的工作环境与相对有保障的工作是指，创意人员不会对自己的工作感到惶恐不安和朝不保夕，也不会觉得，这份工作令人头脑麻木、单调乏味。在薪酬上，能够为员工提供基本工资与核心福利，作为工作的保障。二是职业发展与团队合作。创意人员能够与同道中人一起工作、学习与成长，他们有机会参与具有突破性的技术和项目，需要发挥个人智慧解决新的问题。工作内容振奋人心、富有挑战性，对自身职业发展有帮助，能够为未来拓宽发展的可能。三是组织文化与同侪认同。创意人员喜欢他们的领导既不会目无下属，也不会事必躬亲，而是将一些事情交给下属去做，拿出有成效的工作成果。领导和同事相处融洽，感觉不会受到拘束，而是获得支持并受到重视，创意人员也能够得到同行们的认可与尊重。令人愉快、鼓舞人心的工作氛围，是一个很重要的影响因素。四是工作地、工作的灵活性与社区生活。创意人员能在一定程度上调整自

[1] [美] 理查德·佛罗里达. 创意阶层的崛起 [M]. 司徒爱勒，译. 北京：中信出版社，2010：105.

己的工作，灵活的工作计划及工作环境能够更有效地激发员工热情。在平衡工作与生活方面做出更积极的尝试，合理安排生活。

办公场所也是在创意氛围中与创意人员密切相关、直接影响其创意活动的重要环境因素。建筑及城市设计公司 UDA 的经理唐·卡特对令人感到舒适的新型办公室的几个关键元素进行总结，归纳出几个方面：（1）办公室设计与布局是否开放；（2）天花板是否较高；（3）沿外墙是否有环形过道，使得每个人都有很好的视野；（4）是否有公共空间，讲求设计精美、位置较好与设施的完善；（5）是否有宽敞的休息区域，温暖舒适；（6）是否环境前卫，如装修高档、用色大胆、结构性元素外置等；（7）是否有间接照明；（8）是否艺术气息浓郁；（9）是否有大量储存空间，不显得杂乱等。

针对这几个方面的创意氛围要素，可以看到与传统的办公区布置的不同之处。如新的办公场所更注重工作人员的个人感受和环境氛围，如行走中路线的顺畅，并不是严格按照等级层次或布局的整齐统一进行的空间位置划分。此外，宽敞的公共活动区为创意人员提供了交流思想、沟通创意的环境，那些相对较小的隔间可用作员工的个性布置与装饰空间。此外，较强的视觉吸引力也是新式办公场所显示出的特点，可能会有些与众不同、新奇独特。这并不是为了显示新式办公场所与社会的格格不入，而是能够从适当的角度表达时尚、前沿、富于变化的创意特点。有时，办公场所的独特布置能够使创意人员沉醉于创意工作之中，如体验式感觉的创意环境、较随意的气氛、视觉上的艺术布置等。

此外，雅各布提出的一些关于新式办公环境设计的观点也逐渐成为创意氛围的发展方向。首先，雅各布认为创意环境改善的目的是创造和生产出更好的产品，因此受益者不仅仅是创意人员，还有接收到创意灵感与创意产品的消费者，所以创意环境的建造对整个创意活动有积极的影响。其次，具有认同感、随意轻松、活力、多样化的创意环境更能激发创意互动，雅各布在此也强调了创意是群体型的活动，应该在环境中增强互动的因素。其实，这种创意互动的影响与兰德利指出的社会交际网络对创意的激发有相似之处。格拉德韦尔也提到了创意活动的社会性特点，即很多新的灵感并不只是从正式的会议中出现的，而是从那些不同群体、不同场合的非正式交谈的闲聊中产生的。

第三节　构建具有创意能量的创意制度场

一、制度场

"制度场"的概念，最早是由彭和平教授在2015年出版的《制度学概论》当中提出的。从制度学理论的视角来看，制度场是指"制度关系条件下以制度主体为核心的所有制度角色的相互作用场"[1]191。制度场是在现实当中受到制度规定以及制度执行这两个方面的共同作用所形成的，制度场的相互作用主体包括了制度规制者、制度执行者和制度互动者三个方面。在制度场当中，制度规制者、制度执行者和制度互动者三方的相互作用基于制度规定结成一定的制度关系，并表现在制度执行过程当中。这种制度执行的过程，是通过制度主体在履行制度角色与职责的过程中表现出来的。由于不同的制度主体制度角色与制度职责不同，因此在不同的制度场当中，制度主体的双方与多方进行的相互作用也是不同的。也就是说，制度场的制度关系不同，所呈现出的制度场相互作用力也是不同的。

制度场的概念有几个方面的内涵。一是制度场是人类社会中"场"的一种存在形式，它不是自然形成的，而是存在于有强制力的制度规定和制度执行的基础之上[1]192。场是一个平坦的空地，制度场存在于一定的空间

[1]　彭和平．制度学概论［M］．北京：国家行政学院出版社，2015.

或场地中，但只有空间和场地，不能形成制度场。人们对空间的认识，从牛顿等机械唯物主义的空间观（认为空间是静止、永恒、绝对的），发展到认识空间与物质和物质运动的相互关系，空间与外物密不可分。制度场也不是一个绝对的空间，是与制度规制者、制度执行者、制度互动者相互运动形成的。在黑格尔的时空观理论中，认为空间是某种独立、特殊的东西，和运动着的物质不能分开。制度场与制度规制者、制度执行者、制度互动者并存，制度场不能与制度主体、制度客体分开，不能脱离制度主体而存在。

二是制度场表现出一种作用力，是人们在实践活动中，双方或多方的相互作用产生的作用力。当给电磁铁通电时，电磁场中的带电物体，会受到电磁场的作用力。电磁场与带电物体发生相互作用，使物体受到一定的作用力，使物体动量发生变化。只有场地或空间，不能形成制度场。制度场的作用力是在人们在工作或实践活动中，按照一定的制度规定结成一定的制度关系，履行制度角色的职责时相互影响形成的相互作用力。在布迪厄的场域理论中，强调了“场”的作用力需要依靠具体的社会实践来体现，如果只存在一个固定的社会构架，而没有具体的实践活动，“场”的作用力就不存在。制度场的作用力同样强调人们在工作或活动中产生的相互作用和作用力[1]。没有人们具体的实践活动，如同切断了电源的电磁铁，没有制度规定与制度执行，就没有人们发生的相互作用和相互影响，就不存在制度场的作用力。

三是制度场以一定的制度形式存在，有一定的制度角色，表现为一种制度关系。制度场有自身相对独立的管理制度和组织结构，制度场特定的组织形式包括了严格的规则和规定、权力执行机构、角色关系、制度关系和相应的制度架构等。当人们以某种制度形式进行合作时，形成了一种特定的人与人的关系、人与事的关系和人与物的关系。其中，人与事的关系

---

[1] 彭和平．制度学概论［M］．北京：国家行政学院出版社，2015：193.

和人与物的关系最终可以归结为人与人的关系[1]。马克思认为，社会不只是由个人组成，而是由人的各种社会关系组成，人的本质是一切社会关系的总和。布迪厄从“关系”的角度理解社会，强调了现实的就是关系的，认为社会是基于各种各样的关系的存在，各要素和要素组合形成一个社会的场域系统。同样，在一个特定的社会关系中，存在一种特定的制度形式，人们通过这种特定的制度形式进行合作，形成一种制度关系。人们按照制度规定结成一定的制度关系和角色关系，并在这些关系基础上相互作用和相互影响，表现为制度场。

二、创意制度场

结合对制度场与创意氛围的研究，创意制度场是在一定的区域范围和制度关系条件下，以制度主体为核心的，适合创意人员工作、生活和交流的所有制度角色相互影响、相互作用的场。基于对制度场作用力的分析，创意制度场所表现出来的相互作用力就是创意场力，也即创意制度场作用力。创意制度场和创意场力基于空间理论和场理论，以及制度学的基本概念与原理。除了关注群体行为场内的心理状态和心理意识外，还关注与之相关的制度规定、制度执行、制度角色关系，以及制度效力等。到20世纪特别是20世纪下半叶，人们对城市空间的认识出现了转变，空间研究不仅被纳入城市规划和多个领域中，而且人们更加重视空间与物质实体的相互影响和相互联系。人们发现，空间与物质实体之间存在一种作用力，城市空间规划的改善能够为居民提供更加宜居的城市环境。在一定空间范围内，独特的创意氛围能够激发创新思想，创意氛围与创意空间的营造，能够促进两方或多方主体的相互影响和相互作用，为城市创新带来活力。

在创意制度场当中，同样存在着创意制度场的作用力。在电磁感应现

[1] 彭和平．制度学概论［M］．北京：国家行政学院出版社，2015：199.

象中，电和磁的作用依靠一个介质作为中介来传递，即存在于电体、电流、磁体周围空间的电磁场。电磁场可以通过磁力线进行描述，当给导线通电后，细铁屑在磁场里被磁化，并在磁场作用下有规则地排列，呈现出一系列的同心圆，磁力线清晰地展示在硬纸板上。在布迪厄对社会学进行的研究中，场域被描述为位置之间客观关系的网格或构型。对其可以理解为，场域基于人与人之间不同的互动关系，即人们的社会关系构成了场域。人们在社会结构中所处的位置，决定了人们的主观意志和行为，形成相互影响、相互作用力。处于不同位置的行动者，对场的作用力不同，形成了场域当中力量的斗争。在制度场研究中，在一定的制度规定下形成特定的制度关系和制度角色。在不同的部门、机构、岗位、层级或地域中，制度角色和角色关系多种多样。所有制度角色相互作用、相互关系，形成制度合力。同样，在创意制度场中，当创意人员基于某种制度形式进行合作时，也形成了场当中的位置关系。创意人员在不同的社会关系中的位置，以及他们本身的认知程度、主观意志、知识积累等决定了他们在具体活动实践中贡献的作用力。创意人员在具体社会活动的实践中相互作用，形成关系网络，表现为创意生产过程中的场的作用力。

在创意制度场当中，相互作用的主体构成创意场力。创意制度场的主体包括创意制度的规制者、创意制度的执行者和创意制度的互动者三个方面。创意制度的规制者，是对创意生产及文化生产过程进行规定、规划、设计的核心群体，如政府部门对文化产业进行的“十四五”规划、对文艺剧团进行的经营规范、对广播电影电视出版的规定等。创意制度的执行者是在文化制度规定当中，按照制度角色的职责划分执行文化创意制度规制的群体，如文化创意生产部门、电视电影传媒机构、线上文化内容制作及传播平台，以及相关的辅助文化内容生产或者为文化产业服务的相关机构。创意制度的互动者是在文化制度规定的基础上，能够参与到创意制度场当中进行相互作用的群体，如参与文化体验的消费者、文化产品的购买者、观看文化演出的观众，或参与到与文化相关活动中的群体等。创意制度的规制者、创意制度的执行者和创意制度的互动者相互影响、相互作用，形成创意制度场作用力的合力，即创意场力。

针对创意场力的研究，是基于客观现实当中的制度规定和制度执行，研究其相互影响、相互作用关系，由于城市空间规划的研究转向，创意氛围及城市功能结构成为研究重点。

首先，从制度场作用力的研究来看，制度场当中的群体，以一定的合作方式聚集，制度场的作用力基于特定的制度关系，即一种制度关系和社会关系。由于制度场作用力的基本来源是制度的吸引力和控制力，因此，制度吸引力和控制力中的制度规定与制度执行及其相互作用关系是影响制度场作用力的重要因素。制度的吸引力表现为群体内聚力、集体聚合力和组织整合力。当人们通过运用某种方法或某种工具进行合作时，形成的集体聚合力远远超出了个人的力量，制度场表现出一种集体聚合力[1]212。集体的合力是由集体合作形成的，反映出群体成员结合在一起的力量。在为实现共同目标的导向下，群体对结成群体的个人形成吸引，使群体成员紧密地结合在一起，个体对群体合作形成依赖，表现为群体内聚力。群体成员不同的结合方式，表现为不同的集体聚合力和群体内聚力。一种特定的社会关系，表现为一种制度构型，即群体成员不同的结合方式[1]328。生产关系决定制度构型的产生和发展，制度构型对生产关系起到反作用。因此，新的生产关系的出现，需要确定新的制度构型，使制度构型与生产关系的发展需求相适应。

其次，从城市空间发展来看，城市空间的发展变化与政治、经济、社会、文化的发展越来越紧密地结合在一起，他们之间相互渗透、相互融合。工业社会加速了城市化进程，一方面，城市空间结构从简单到复杂，从封闭到开放，城市功能从相对单一发展到多种功能交叉混合。另一方面，城市的急速膨胀和无序扩张，要求人们在发展经济的同时，注重自然

[1] 彭和平．制度学概论［M］．北京：国家行政学院出版社，2015.

与人的协调发展。城市规划提出的功能重组的设想，其核心思想是，通过协调城市不同功能区的组合和功能区之间的运行，实现城市的多功能空间布局和多中心发展。让各要素在城市空间流动，形成各要素的聚集与新的协调平衡，从而完善和提升城市功能，改善混乱拥挤的人居环境和恶化的城市环境，促进城市的可持续发展。

最后，从创意氛围的研究来看，创意氛围和创意空间作为城市空间的基本单元，创意氛围的研究表明，城市空间规划的研究，更加注重社会层面上的生产关系和社会关系构建，更加注重城市空间中的文化生产和再生产。布迪厄研究场域的思维方法，也是将要素和要素之间的互动关系作为重点，将“关系”放在场域系统的功能中进行研究。创意氛围为人们提供了一个轻松随意、包容多元、充满活力的文化场所，一个半正式或非正式的活动空间。这个空间不仅是轻松休闲的娱乐场所，更重要的是能够以具体的社会实践活动的方式，为创意思想的产生和传播扩散搭建平台。创意人员在这样的活动空间中，形成人际关系的“弱”连接，分享知识与经验，创意人员能够相互学习，建立信任和合作。沟通网络的建立，为创意人员提供了产生创意灵感的环境，帮助创意人员收集整理相关信息，宣传扩散更多的创意产品，促进创意能量的循环和流动。在电磁场理论中，场被用来描述物体周围传递电与磁作用力的空间，场是物体相互作用的中介。在孟氧教授提出的经济学社会场论中，社会场的经济实体与经济关系密不可分，社会经济关系需要通过一定的经济实体的运动来实现，经济实体传递的机理形成了经济价值的转化和经济生产的相互关系。创意氛围与创意空间的营造，构建了创意人员进行文化生产的社会关系平台，促进了一种制度形式的存在。与创意人员的生产创作相适应的制度形式，将为创意制度场带来更大的集体聚合力、群体内聚力和组织整合力。与之相应的制度角色及制度角色之间的相互作用，将改善创意制度场的合力，为城市的生产创新发挥更大的制度效力。

三、创意制度场的设计

基于前文对创意制度场互动主体的分析，可以看出，创意制度场的设计需要从创意制度的规定方、创意制度的执行方和创意制度的互动方三个方面来考虑。但由于本书的篇幅所限，仅对创意制度场设计的初步思路进行分析，从而说明创意制度场在制度设计、制度建设过程当中需要关注的设计要素。

为了能够更好地提升创意制度场的相互作用，在创意制度场的设计过程中，需要考虑四个方面的设计要素。这四个方面包括营造能够激发创意和活力的创意氛围、建设能够让创意生产循环往复进行的生态环境、注重创意互动网络的建设和注重创意人员工作的弹性。其中，前两个方面的设计要素主要围绕创意制度的规定和执行，后两个方面的设计要素侧重点在于创意群体的互动。创意氛围的营造和创意生态系统的建设最终决定了创意灵感的激发和创意生产的效果，因此是创意制度场建设的核心要素。

1. 营造能够激发创意和活力的创意氛围

创意氛围的营造是对创意制度场的横向设计，主要包括硬件环境建设和软环境建设两个方面。由于文化生产的核心在于对文化内容的制造，因此，对文化内容生产有辅助作用的硬件环境建设显得尤为重要。佛罗里达通过研究城市的文化多样性指标（包括发明指标、人才指标、高科技指标、种族融合指标和“波西米亚”指标等）验证了多样文化的城市环境，能够吸引创意群体聚集的假设[1]。文化硬件设施的极大丰富，为创意人员提供了多元、包容的文化环境和多样化的消费方式。纽约作为全球文化生产的重要城市之一，呈现出在文化硬件设施上的高密度聚集的特征。博物馆、艺术馆、画廊、剧院、俱乐部等集聚一处，将不同文化特征及文化

---

[1] 易华．创意阶层理论研究述评［J］．外国经济与管理，2010，32（3）：61-64.

风格的产品聚集起来，如将高雅文化和街头文化相聚融合，形成特有的文化形态。

城市文化硬件设施建设还需要注重提供便利的生活设施。芝加哥大学的 Clark、哈佛大学的 Glaeser 和美国卡内基梅隆大学的 Florida 等城市生活便利论者提出了吸引创意阶层集聚的良好城市生活条件[1]。城市良好的文化软、硬件设施建设是营造创意氛围的重要因素，投入政府资金用于城市便利设施建设，能够吸引创意人员及相关企业，他们是创意经济发展的推动力[2]。便利生活的主要条件包括了丰富的商品和服务，城市良好的建筑市容和合理规划，优质的公共服务（城市公园、书店、咖啡屋和画廊等），城市便捷的通信和交通设施，良好的城市社会治安等，根据 Florida 的研究，像体育场馆、游乐园、剧院等大型设施的建设不一定能够吸引创意人员聚集，反而是一些小规模的街区便利设施和文化活动更有吸引力，能够为城市带来活力。注重风味餐馆、书店、咖啡店、小剧场等小规模的便利设施建设，通过改建城市设施增强街区艺术特色，营造一系列城市内部的文化活动社区。

在创意制度的规定和执行中，一方面，需要考虑文化硬件设施建设以及文化内容集聚的地缘特征，从而为文化创意者营造出一种多元、丰富、向上的创意氛围。另一方面，文化生产所在地的软环境也是一个重要的因素。这种软环境的建设与心理场的相互作用有关，比如创意人员在进行创意生产的过程当中能够充分发挥个人的智慧，或者能够使创意人员感到不受拘束、得到重视，或在学习中体会到自身的成长，等等。只有通过创意制度的规定和执行充分发挥创意生产的积极的心理导向作用，才能够真正将创意灵感更好的激发出来，并带入到文化产品的实际生产过程当中。

---

[1] Landry C. The creative city: A toolkit for urban innovations [M]. London: Earthscan, 2002.

[2] 任雪飞．创造阶级的崛起与城市发展的便利性——评理查德·佛罗里达的《创造阶级的兴起》[J]．城市规划学刊，2005（1）：99-102.

2. 建设让创意循环往复的生态环境

创意生态系统的建设是对创意制度场的纵向设计，设计的重点在于通过创意制度的规定和执行将创意生产设计为一个能够自我运行和循环的生态系统。在这个生态系统当中，创意生产是循环往复、不断继续进行着的。这需要保证创意思想能够直接变为实际的生产以及对文化作品的创造，并能够通过文化产品的流通进入到文化市场的消费领域。这种文化产品在文化市场流通的过程当中，又能够进行更多的文化传播，为其他创意生产人员带来新的创作灵感，最终实现新的文化产品的生产和物质转化。创意制度的规定和执行是对文化创意活动的一整套创意循环系统的构建和设计，这包括了创意思想的激发、生产制造、产品流通、消费传播以及创意灵感的再激发到文化产品再创造等这样一种创意生态的系统性设计。

城市公共空间的改善有助于人们跨越家庭、社会关系和职业进行交流，促进创意生态系统的循环。城市公共空间为人们提供一个舒适放松的区域，人们能够通过面对面的交流，产生创意灵感和创意思想。公共空间也是各种社会活动的聚集地，会议、公共演讲、沙龙研讨等活动的举办，为人们的社会交流营造了环境。除了现实空间的咖啡厅、酒吧、俱乐部的社会活动，互联网也为人们交流和聚集提供了虚拟的空间环境。通过对城市公共空间的改造和设计，为居民提供有助于开展社会活动的便利设施和可激发创意思想的公共空间。城市公共空间的改造是创意制度规定和执行的基础，更重要的是为人们提供一个放松的环境，实现彼此沟通和交流，通过文化创意活动形成创意循环系统的构建。

3. 注重创意互动网络的建设

创意群体的互动是创意灵感产生的助推器，进一步推动文化产品制作，是创意制度场的关联要素。根据文化产品生产的特点可以看出，文化创意者、艺术家、设计大师等需要有能够直面沟通、随意交流，并相互作用、相互影响的互动场，喜欢多样、包容、互动的社会文化氛围。因此，这种创意制度场表现出的特征是对沟通交流的极度依赖，需要高频度、不断变化的信息互动机制。Landry 提出创意环境应该基于都市空间与设施、组织文化、网络互动关系等方面的建设[1]。创意互动网络的建设呈现出的是开放、多样、宽容的文化气氛，在吸引创意群体和创意企业进行创意生产的过程中发挥着重要的作用。

这种创意制度场的信息互动机制设计需要从实体、虚拟两个方面进行制度设计考虑。首先，在实体的创意制度场当中，这种互动机制表现为基于各种文化活动的互动交流，比如文艺演出、作品展览、音乐节、文化节、嘉年华活动等，或者是主题公园、咖啡厅、餐厅、体验馆等场所的文化活动。另外，在虚拟的创意制度场互动当中，基于互联网进行的沟通交流发挥了重要的作用。一方面，社交媒体的出现，极大地改变了人与人之间沟通交流的方式，各种社群软件将用户进行不同方式的联接，形成了一张巨大的线上交流沟通网。另一方面，伴随文化产品线上服务平台的增加，消费者与潜在消费者，或与生产者形成了一个更加丰富的沟通交流网络。因此潜在生产者或消费者，能够参照消费者的购物感受和消费体验为文化产品的再生产提供实际的参考，也能够为潜在消费者提供更多文化产品的消费选择。

4. **注重创意人员工作的弹性**

创意生产活动中消耗的那部分时间是指从酝酿创意灵感到创意生产完成的时间，是创意活动中一个很重要的要素。然而，一般情况下，创意的产生很难直接用创意时间的长短来衡量。正如前文所述，创意或灵感的激发可能是在非正式的闲聊时间，或是在社会交际时间、创意互动时间等。虽然创意环境的营造已经为创意生产提供了创新的气氛，但思维活动的过程还是很难依照工作时间的安排进行，例如花费很长时间反复琢磨的解决方案可能在不经意之间忽然闪现出灵感，或是苦思冥想很久的问题可能因

[1] Landry, C. Cities and the creative class [J]. City & Community, 2003, 2 (1): 1-17.

为某个情境出现而获得了启发。

佛罗里达教授对能够灵活安排自身工作时间的创意群体进行了研究，结果发现教育程度较高的创意人员更需要灵活的工作时间[1]。从能够享受灵活工作时间的行业来看，知识型行业的得分较高，他们是自然科学家、律师与法官、高端金融与商业人士、大学教授、工程师等。

鉴于创意生产时间不确定性的这种特点，创意人员的工作时间往往很长，如一周工作超过几十小时，特别是在创意项目的进行阶段，还需要保持高度集中的精神状态。长期投入工作时间的现象还表现在个人电脑、网络通信、手机通信或电力的持续运行状态。佛罗里达教授对美国劳工统计局（BLS）的数据进行了分析，推测出创意人员每周工作的时间可能是所有工作时间中最长的。此外，他指出了创意人员工作时间延长的几个原因：自身喜好、同侪压力、弹性工时待遇等。佛罗里达通过进行生命的时间调查研究，指出了大多数创意人员都是喜欢从事这项工作的，因为他们从中感受到了快乐，所以也愿意延长工作时间进行创作。此外，同事延长工作时间的行动也会对其他人产生工作时间的压力。

一定弹性的工作时间是为了更好地适应员工个人需求、工作习惯和偏好，为创意人员提供了一定的工作自主性。灵活的工作时间帮助创意人员能够自行选择灵活的时间安排，例如将工作提前或延后一个小时，或是根据项目进度要求重新安排工作时长等。创意人员即使在工作日也可以安排一定的个人放松时间。他们可能在清早专心工作，在下午有一段时间的放松，可能是午休或是健身等，通过短暂的休息进行调整，同时积极准备随时到来的新的创意项目。在完成规定的工作任务或固定的工作时间长度的前提下，一定弹性的工作时间会对创意人员产生激励的作用，提高创意工作的生产成果。

---

[1] 理查德·佛罗里达．创意阶层的崛起［M］．司徒爱勤，译．北京：中信出版社，2010.

第七章

奥运文化经济的六个要素

第一节　古希腊人的价值创造和神圣条约

一、奥林匹亚城的遗迹

在古希腊，人们为了描绘运动中的力量、速度和美，诠释不断进取、顽强拼搏的奥林匹克精神，把这些人文理念融合在了创作中，表现在奥林匹亚城竞技场设计、雕塑艺术和瓶画中。奥林匹亚城（Olympia）是古代奥林匹克竞技运动的“圣地”，它位于希腊首都雅典西南300公里的平原，在伯罗奔尼撒半岛的西北伊利斯（Elis），阿尔菲奥斯河北岸。在古代，奥林匹亚是祭拜宙斯的宗教中心，奥林匹亚宙斯神像被誉为世界七大奇迹之一。根据考古挖掘发现，宙斯神殿、赫拉神殿等神庙、祭坛和祠堂组成了神殿区，和运动竞技场、摔跤学校、浴室、休息室等共同构成了一个古代奥林匹亚竞技运动的庞大建筑群。奥林匹亚竞技场遗址如图7-1所示。其中，宙斯神殿是建筑群中最大的建筑物，整个建筑呈长方形，全长62.12米，宽27.66米，已经倾倒在地的大石柱直径达两米以上。

奥林匹亚全景　宙斯神殿　殿内雕塑　宙斯像

奥林匹亚竞技场遗址　入口　竞技场内景

图7-1　奥林匹亚竞技场

资料来源：曹建中．奥运视觉艺术的设计探析［D］．武汉：武汉理工大学，2006.13.

虽然古代奥林匹克竞技废止了近2000年，但是奥林匹克竞技场对当时的古希腊人来说，是一项声势浩大的建筑工程，也是古希腊建筑史上的伟大创举。最早关于奥林匹克运动的文字记载可追溯到公元前776年，奥运会延续了1000多年，直到公元394年，共举办了293届。每隔四年，古希腊人在奥林匹亚“圣地”举行一次奥林匹克竞技赛会，奥运会的圣火由纳姆菲翁神坛点燃。公元前5世纪正是古希腊城邦文明的黄金时代，奥林匹克运动在公元前5世纪也达到鼎盛。体育比赛的内容、规模和形式，都达到了最高级别的赛事水平。从考古遗址的挖掘可以看出，当时的奥运场地规划已十分完备，场内有为竞技比赛提供的体育场、体育馆、角力场、裁判台、洗浴场、祭司住房，有为官员和特殊嘉宾准备的宾馆住房，还有为各城邦献祭诸神储存财产的宝物库等[1]。如图7–2所示，神殿区东面是体育竞技场，包括裸体竞技场和车马竞技场。土坡修成的看台环绕四周，贵宾席和观众看台依克尼斯山麓而建，总共可容纳45000名观众。在古希腊，奥林匹克竞技建筑为运动员、官员、特殊嘉宾、观众等提供了周全完备的服务设施。奥林匹克竞技建筑群体现了古希腊人对奥运会场馆规划的理念，早期的规划也成为奥林匹克运动场馆设计的典范。

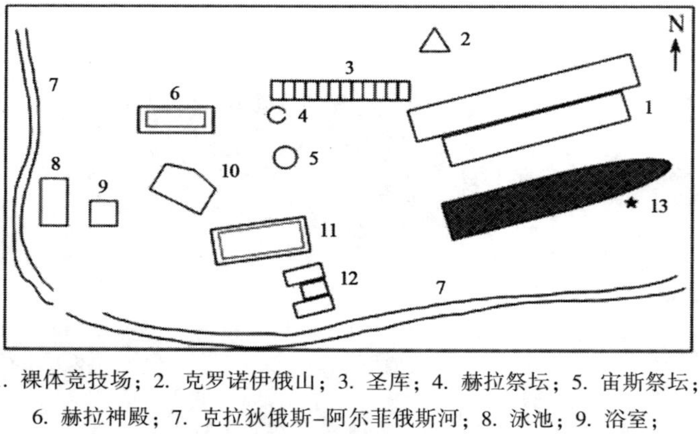

1. 裸体竞技场；2. 克罗诺伊俄山；3. 圣库；4. 赫拉祭坛；5. 宙斯祭坛；
6. 赫拉神殿；7. 克拉狄俄斯–阿尔菲俄斯河；8. 泳池；9. 浴室；
10. 伯罗普斯圣战；11. 宙斯神庙；12. 议事厅；13. 车马竞技场

图7–2 奥林匹亚竞技场复原图

资料来源：王邵励．希腊城邦时代的车马竞技［J］．体育科学，2017（1）．

［1］ 张井梅．希腊文明与古代奥林匹克运动会［J］．世界历史，2008（3）．

奥林匹亚竞技场除了庙宇和专门为奥林匹克运动使用的各种体育设施，还保留了古希腊人为奥林匹克运动进行的雕塑创作和绘画。以雕塑创作为例，艺术家米隆（Myron）的青铜雕像《掷铁饼者》、著名雕塑家波利克里托斯的《持矛者》、留西波斯（Lysippus ）的《刮汗污的运动员》、卡诺瓦的《拳击者》等所临摹的模特多取自于古代奥运会竞技场中健壮、具有生命张力的人。《掷铁饼者》创造性地表达了运动员在掷铁饼过程中，即将抛出铁饼的一刹那"引而不发"的静止的瞬间。《持矛者》将奥林匹亚竞技比赛的优胜者德利夫洛斯作为临摹模特儿，在青铜立像的雕塑创作中试图创立一种人体的头部是身长的七分之一的"人体比例"。《刮汗污的运动员》的创作者留西波斯突破了原有比例，创作了八分之一新比例的雕塑作品[1]。这些雕塑家紧紧地将运动员的比赛情景和审美艺术结合，真实地表现了奥运会竞技比赛的复杂激烈，艺术地展现了运动员的形象，同时也表达了对奥林匹克运动赛会的歌颂。

二、来自远古的"和平约定"

1. 休战协定创造的和平

公元前 8 世纪到公元前 6 世纪，古希腊各地大大小小数百个城邦逐渐兴起，各城邦为了争夺霸主地位，战乱频生，严重影响了人们的生活与经济。战争带来的沉重灾难使得古希腊人急切渴望和平。为了平息战争，伊利斯城邦国王派人前去听取"神喻"[2]。在供奉太阳神的圣地德尔非，使者听取到太阳神阿波罗的"神喻"是，由于人们忽视了奥林匹亚祭典活动，引起了宙斯神发怒。要避免灾难，只有恢复奥林匹亚祭典，恢复祭祀宙斯神，在神灵面前祈祷、祭拜表现对神灵的崇敬，宙斯才会为人们消除灾难，给人们带来庇护、幸福与和平。

---

[1] 王军. 奥林匹克视觉形象的历史研究［M］. 北京：北京体育大学出版社，2004.

[2] 宋继新，等. 奥运对和平的追求：加强北京奥运软实力建设、促进中国和平发展的研究［M］. 北京：北京体育大学出版社，2007.

为了表达对神灵的崇敬和人们渴望和平的共同愿望，城邦间达成定期举办奥林匹克竞技赛会的协议。公元前884年，伊利斯、皮萨和斯巴达三个城邦的国王决定恢复奥林匹亚的宗教祭祀活动，并同意为避免周边各城邦之间的战争和保持团结友谊，在奥运会举办期间，交战双方必须临时议和并且停止一切战争。这就是历史上著名的《神圣休战条约》，奥林匹克竞技赛会是寄托了古希腊人和平愿望的赛会，是战争时期独立于战争环境之外的盛会，奠定了古代奥运会的和平和友谊的基础。

《神圣休战条约》规定，在举行奥林匹克竞技赛会期间，交战的希腊各城邦都必须宣布停战，并参加奥运会。停战时间内，所有参加竞技赛会的人都将受到神灵保护，奥运会的参与者是神圣不可侵犯的[1]。奥林匹亚是神圣不可侵犯的和平圣地，奥林匹亚也被尊称为"圣山区"[2]。奥林匹克祭典活动每四年在奥林匹亚"圣山区"举行一次，举办时间在夏至后的第二个月圆日前后，也就是7月中旬到8月中旬之间。一般在奥林匹克祭典活动之前，由伊利斯城邦的使者宣布《神圣休战条约》开始生效。这三名使者是经过严格挑选的纯希腊血统运动员，他们先在奥林匹亚圣山区宙斯神殿前进行祭拜仪式。然后，他们手持在赫拉神殿前点燃的火炬，跑遍希腊全境的各个城邦，宣布奥林匹克运动会即将举行，《神圣休战条约》也随之开始生效。

图7-3为作者手绘的古代奥林匹克竞技场入口。

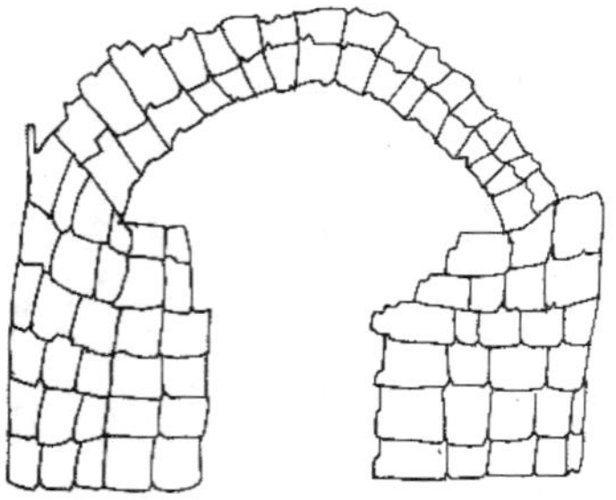

图7-3　古代奥林匹克竞技场入口（作者手绘）

[1]　中国奥委会［OL］. http://www.olympic.cn/olympic/ancient/2004/0319/45307.html.

[2]　张勇，张闯. 青年必知奥林匹克知识精华读本［M］. 延吉：延边人民出版社，2004（1）.

古希腊人用最隆重、最热闹、节日般的盛大祭典活动来表示对神灵的祭拜，表示对神灵的崇敬。后来，随着参加古代奥运会城邦国家的增加和规模的扩大，《神圣休战条约》的“生效期”由最初的一个月延长至三个月。奥运会举办的时间也从最开始的一天增加到五天，奥运会的比赛内容也发生了变化，增加了更多的比赛竞技项目。古希腊人将《神圣休战条约》铭刻于铁饼上，并存放在赫拉神殿里。据考古资料显示，考古学家在对奥林匹亚遗址进行挖掘时，发现了出土于奥林匹亚的公元前500年左右刻有《神圣休战令》的铁饼。

2. 追求社会自然秩序的努力

在古希腊人看来，社会冲突和战争表现出的是无序和非理性的状态。因此，《神圣休战条约》不仅表现了古希腊人追求和平的意愿，而且表现出城邦之间平等、有序、和谐相处的愿望。在《荷马史诗》中，反映出古希腊人所追求的秩序，不仅是“人间的秩序”，也是“神界的秩序”[1]。宇宙众神之王宙斯神拥有强大的力量，在维护世界的宇宙秩序和人类的社会秩序中起着重要的作用。因此古希腊以盛大节日的方式召开奥林匹克竞技赛会，也是遵照神灵的意愿，维护人类社会的秩序。

除了在宗教领域，古希腊人在哲学、科学、艺术与体育等更多的方面，都有追求人类社会和谐秩序的表现。古希腊人认为，人们生活的大自然背后，存在着支配万物运行的规律与秩序，这些自然规律可以被人们所发现[1]。因此，古希腊人力图通过探究事物的本源，实现对自然规律的探索和发现，从而认识和把握这些规律，秩序观念是古希腊人重要的思想追求。

具有不同愿望和动机的人们，发生的相互冲突会威胁整个社会的发展。心理学家弗洛伊德认为，人类社会最主要的问题，就是人们的进攻性

[1] 宋继新，等．奥运对和平的追求：加强北京奥运软实力建设、促进中国和平发展的研究［M］．北京：北京体育大学出版社，2007.

和自我破坏导致的相互之间发生的冲突，进而破坏到整体社会生活[1]。因此社会需要建立起一个内部秩序，以防止由于人们相互间的进攻和冲突引起的整体的社会混乱。在《神圣休战条约》当中，对奥林匹克竞技赛会期间各城邦人们的行为作出了具体的规定，体现出了古希腊人对社会秩序维护的意愿。一是对于战争的禁止。在《神圣休战条约》生效的过程中，任何人不允许使用武器，不允许将武器携带至奥林匹亚地区，一切内外战争必须停止。二是众人平等且自由。任何人都能够自由进出场所，所有道路开放且畅通，不允许对任何参加新匹克竞技赛会的人侮辱和刁难。三是对不道德行为的禁止。任何人不允许偷盗、抢劫、卖淫等。四是对教练员、运动员参赛的规定。所有城邦的教练员和运动员需要为奥林匹克运动会做好参赛工作，并且按照规定的参赛时间到达集训和竞赛场地。五是一旦违反《神圣休战条约》规定，将面临应有的惩罚。在举行奥林匹克竞技赛会期间，携带武器进入奥林匹亚地区的人将被认为背叛神灵。违反了一切内外战争必须停止的规定时，应受到惩罚。不惩罚这种背叛神灵行为的人，也是一种对神的背叛。

3. 违反协定的惩罚

由古希腊各个城邦合法缔结的《神圣协定条约》，具有一定的法律约束效力。《条约》在奥林匹克竞技赛会举办期间生效，参会者需要按照条约规定遵守规则，履行协议义务。各城邦前来参加奥运赛会，是为了表示对神灵的尊敬。停止战争、禁止携带武器等是协定中最重要的内容，携带武器前来参加奥运赛会就是对神圣条约的背叛，各城邦均有权制裁违背者[2]。当参会者违背《神圣休战条约》的规定时，将被古希腊人视为冒犯了神灵，冒犯了神灵对宇宙和人类社会的秩序，因此要受到神灵的惩

---

[1] [奥] 弗罗伊德．文明及其缺憾 [M]．付雅芳，译．合肥：安徽文艺出版社，1987：94-98.

[2] 张勇，张闯．青年必知奥林匹克知识精华读本 [M]．延吉：延边人民出版社，2004.

罚[1]。对违反“神圣休战”协定的严厉惩罚，一般包括缴纳巨额罚金，或者禁止参加奥林匹克竞技赛会。

在古代奥林匹克运动历史上很少有过因违反《神圣协定条约》而予以惩罚的情况，但也曾经发生过。一次是古希腊著名史学家修昔底德记载的斯巴达在“神圣休战”期间的进攻事件[2]。该事件发生于公元前420年的第90届奥林匹克竞技赛会期间。在宣布奥林匹克“神圣休战”生效后，斯巴达城邦将一支约1000人的部队派往伊利斯城邦，部队驶进伊利斯城邦附近的列普累安市，准备进攻菲尔卡协议要塞。伊利斯城邦按照《神圣休战条约》的规定，要求斯巴达人交出相当于20万只羊的罚金[3]。斯巴达人以并不知晓“神圣休战”已宣布为理由，拒绝缴纳罚金。

各希腊城邦一致谴责违背《神圣协议条约》并企图在“神圣协议”期间破坏和平的战争行为，强烈要求严厉惩罚斯巴达人。结果，由于违反《神圣休战条约》的规定，斯巴达人被取消参加第90届奥林匹克祭典活动。除了取消参赛资格，斯巴达还被要求支付罚金1000迈纳，斯巴达人被剥夺参加奥运会的权利，每位斯巴达士兵还受到两弥那的资金处罚，约合今天的500万美元[4]。

另一次破坏“神圣休战”协议的事件发生在公元前364年，埃利斯人最终决定出兵夺回由比萨人争夺的奥林匹克运动会的控制权[5]。比萨人一直以来认为，自远古黑暗时代起，奥林匹亚圣地归比萨人所有，后来被埃利斯人霸占。为了洗刷耻辱，比萨人决定与伯罗奔尼撒半岛的山地居民以及阿卡迪亚人联合出兵攻占奥林匹亚。

据记载，当时第104届奥林匹克竞技赛会正在如期举行，比赛进入到

[1] 徐大同．西方政治思想史［M］．天津：天津人民出版社，1985，17.

[2] 崔乐泉．古代奥林匹克运动会［M］．北京：世界图书出版社，2018（1）：97.

[3] 检察日报：奥运休战，期待国际法保障［OL］．［2008－08－14］．检察日报，http：//www.chinanews.com/olympic/news/2008/08-14/1347370.shtml.

[4] 许启贤．北京奥运之魂［M］．北京：北京出版社，2005.

[5] 宙斯圣地成战场冠军声望抵国王［OL］．［2008-05-19］．光明日报，http：//epaper.gmw.cn/gmrb/html/2008-05/19/nw.D110000gmrb_20080519_1-09.htm？div=-1.

第二天下午，观众们正在观看最后一轮摔跤比赛。此时，比萨人、阿尔迪亚人及其同盟国的军队近5000人潜伏在奥林匹亚周围，随后从宙斯神庙的屋顶、议事厅、拱廊各处展开全方位的进攻。埃利斯人也不顾《神圣休战条约》禁令，大声呼喊着蜂拥而入，进入比赛现场，展开对比萨人和阿卡迪亚人的反攻。正在看台观看摔跤比赛的观众，改为兴致勃勃地观看两方短兵相接的厮杀搏斗，呐喊助威声此起彼伏。

最后，由于比萨人强行占领奥林匹亚“圣山区”，违背“神圣休战”协议，遭到希腊各城邦的普遍谴责。经过宗法对该次事件的判决，本次比赛获得的奖牌不作为比赛的最终成绩，此外比萨人最后作出妥协，下届奥林匹克竞技赛会的举办权最终归还给埃利斯管理。

古代奥林匹克运竞技赛会定期举行了1100多年，没有因为城邦间战争而中断。《神圣休战条约》的签订，为奥林匹克运动会的定期举行和延续奠定了重要基础，各民族之间的和平和友谊得到进一步发扬。制度学的理论认为，制度是在制度规定和制度执行两个方面相互作用的基础上形成的[1]。《神圣休战条约》的规定具有法律效力，对希腊各城邦的休战行为起到巨大的约束作用，是实现古希腊人对美好和平愿望的重要保障和基础。通过制度规定，构成和调整人们的关系，约束了人们的行为。由希腊城邦国家签订的《神圣休战条约》，就是通过制度规定，约束了停战期间各个希腊城邦军队的行为，具有法定效力和强制力。制度学认为，制度始于规定，成于执行[1]。《神圣休战条约》的作用在于通过明确规定，将处于战争双方的参赛人员变为比赛当中公平竞争的参与者。各城邦国家人员一旦参与到奥林匹克竞技赛会当中，就成为运动员、裁判员，制度角色发生了变化，角色行为也发生了变化。在《神圣休战条约》生效期间，每一个人必须严格执行《神圣休战条约》的规定，如果违反规定将受到严肃惩罚，这是古代奥林匹克运动会制度化的结果。直到公元394年罗马帝王狄奥多西下令废止

[1] 彭和平．制度学概论［M］．北京：国家行政学院出版社，2015：31.

《神圣休战条约》，同时也废止了奥林匹克竞技比赛，最终结束了历时1100多年的古代奥运会。由此来看，通过建立各个城邦国家之间的制度化条约，是保证奥林匹克竞技比赛能够定期、持久进行的前提，保证各城邦纷争期间的公平竞赛，同时也推动了古希腊奥运文化的健康发展。

据考古研究发现，《神圣休战条约》在远古时期的希腊一直持续多年，各城邦之间经常发生的战争逐渐减少，奥林匹克竞技赛会，为各城邦带来了更多的和平、稳定与团结[1]。可以说，希腊作为欧洲文明的发源地，蕴含着浓厚的奥林匹克人文精神，奥运会是人类文明发展的一个显著标志，也是人类宝贵的精神文化财富。

第二节　奥运会审美价值的时代特征（以奥运会会徽为例）

一、现代奥运会的一脉相承

现代奥运会与古代奥林匹克运动相比，已经发生许多的变化，比如现代奥运会是一个经由法律条款的形式固定下来的体育赛事，在《奥林匹克宪章》中明确了奥林匹克运动的基本宗旨、原则、组织体系，等等。尽管如此，现代奥运会是对古代奥运会运动精神的继承和突破，并在文化价值的创造与表达上一脉相承，两者都在歌颂着奋勇拼搏、身心和谐发展、公平竞争、和平友谊等体育盛会的文化内涵。现代奥林匹克运动兴起于19世纪末，是在古代奥林匹克运动基础之上的继承与发展。法国人顾拜旦是“现代奥运会之父”。1894年，正值最后一届古代奥运会1500周年时，他

[1] 唐业康．神话学视角下的奥林匹亚文化［J］．时代文学（下半月），2010（10）：240-241.

召集 20 个国家的代表在巴黎召开了第一届“重建国际奥林匹克运动会国际会议”，提出了“传承”、“复兴”和“恢复古代奥运会”的倡议[1]。1896 年，第一届现代奥运会回到了它的故乡希腊，在希腊首都雅典召开。在现代奥运会时隔一百年后，2004 年奥运会又荣归故土，重回奥林匹克运动的起点——希腊雅典。

奥林匹亚“圣山区”的场地规划、描绘有参加奥运会运动员的雕塑和绘画都是古代奥运会传递奥林匹克运动深厚人文价值的艺术创作方式。现代奥运会在此基础上，通过更加丰富、更加多元的艺术形式，创造出展现崇高、深远的奥林匹克人文理想。奥林匹克五环标志是现代奥运会的经典标志，蕴含了奥运会深厚的人文理想。不仅如此，现代奥运会还创造了奥运会会徽、宣传画、火炬、吉祥物、纪念品等丰富多元的艺术作品，并通过奥运会的建筑设计、开幕式、闭幕式等大型文化艺术创作展现奥运会的文化理念。

图 7-4　2004 年雅典奥运会会徽

资料来源：现代奥运会是古希腊奥运会的翻版吗？[OL]. 中国网，[2016-08-10]. http://www.china.com.cn/guoqing/2016-08/10/content_39059917.htm.

现代奥运会在希腊雅典共举行了两届，从 2004 年雅典奥运会，追溯 1896 年第一届现代奥运会，比较两千多年前的古代奥林匹克运动，希腊雅典奥运会是在对古代奥林匹克运动深层次的文化理解基础之上，进行的奥林匹克运动精神的表达和传承。雅典奥运会会徽、火炬、奖牌、开闭幕式等多种方式的创作上都体现出对古代奥林匹克运动人文理念的一脉相承[1]。以雅典奥运会的会徽举例来说，2004 年雅典奥运会的会徽是一只弯曲而成的、类似于花环形状的橄榄枝，会徽的背景是一片湛蓝且安静的海洋。橄榄枝是古代奥林匹克运动会的精神象征，授予运动会冠军的唯一奖品就是一顶橄榄枝花环。古希腊人认为，橄榄树由雅典保护神女神雅典娜亲手种植，橄榄枝是神赐予人类和平与幸福的象征。在各城邦间战争连绵不断的古希腊，通过橄榄枝，唤起人们向往和平、停止战争的心愿。人们把编织成花环的橄榄枝作为运动竞技比赛获胜者的最高荣誉，在奥运会上把这荣誉桂冠献给最尊敬的人。2004 年雅典奥运会把橄榄枝花环作为奥运会会徽的经典文化象征，表达了对古代奥林匹克运动会超越历史的情感，也表达了人们一直以来向往和平、友谊、平等、团结的愿望。在图案设计上，会徽中的橄榄枝简单鲜活，明快自然，好像这只准备献给奥运冠军的橄榄枝桂冠，是刚从橄榄树上轻轻地落下，若轻云一般，要飘向蔚蓝色的海洋。只有人们知道，这来自大自然的馈赠，有着多么厚重且非凡的意义，它表达了全世界的人们几千年来拥抱的文明。在 2004 年雅典奥运会上，希腊奥组委决定将橄榄枝赠送给奥运会冠军，这也是奥运历史上将橄榄枝桂冠送给奥运冠军的唯一一届奥运会。

二、初期集中展现人物和人体的生命力

通过认识举办国和举办城市的奥运会会徽，可以看到不同时期奥运会会徽独特的艺术设计，进一步了解蕴藏其中的奥林匹克运动的人文内涵。举办国将奥林匹克精神理想赋予到奥运会会徽当中，奥运会会徽不仅浓缩了奥运文化的精华，也呈现出时代特有的本土文化和艺术手法。奥运会会徽的艺术变化可分为三个阶段，从 1896 年到 1920 年是奥运会会徽发展的

[1] 曹建中．奥运视觉艺术的设计探析［D］．武汉：武汉理工大学，2006：23.

早期阶段，前七届奥运会会徽主要采用的是具象写实的手法，以人物或人体作为会徽主体的主要图形，通过静态人物画面或是运动员的运动形态展现竞技比赛中的气势与力量（见图 7–5）。从 1924 年到 1980 年是奥运会会徽发展的中期阶段，以简约抽象为主要设计理念，选择的色调比较单一，主体图案以国旗、市徽、城市建筑或简洁的符号为主。通过简洁明了的会徽设计，表达了举办国和举办城的特色文化，凸显了本土的历史文化与奥林匹克运动的结合。1984 年以后，奥运会会徽发展到后期阶段，艺术表现更加多元丰富，强调通过抽象的艺术手法表达深层次的意象。图案的色彩更加鲜明，流动感更强，展现了生生不息的生命力量。

图 7–5　早期发展阶段的会徽

在早期现代奥运会的会徽上，有许多展现强壮的人的形象，有的处于静态度，有的处于动态。但有一个共同的特点，就是在展示强健的体魄、矫健的身姿或是敏捷的步伐，表现了作为生命个体的朝气和生机。从古希腊的雕塑艺术和绘画艺术到现代奥运会的会徽图案，可以看出，崇尚人体美是奥运会一直以来的价值追求。从古代奥运会开始，古希腊人就将自身作为生命力量展现的整体，追求身体上的力量和“较量”，这就是人类实现自我超越的过程。现代奥运会继承了古代奥运会的人文思想，通过写实手法展现运动的身姿和强壮的体魄，体现出旺盛的生命力以及崇尚生命的精神理想。

从 1896 年到 1920 年，前七届现代奥运会会徽主要以写实的人物或人体作为奥运会主要图形[1]。在奥运会会徽发展的早期阶段，会徽主要以招贴画的形式呈现出来。按照人物或人体图案可以分为两大类，一类是静态人物画面，另外一类是运动员的运动形态。前两届奥运会展现的是静态

[1]　蔡淑敏．现代奥运会徽符号的审美价值论［D］．武汉：中南民族大学，2008.

人物画面。第1届雅典奥运会会徽的主要形象是智慧女神雅典娜，她手持橄榄枝桂冠，站在巴特农神庙前面。设计采用了人物写实的绘画风格，展现了雅典娜的崇高、伟大和典雅。会徽通过表现古希腊神话中伟大的雅典城守护神雅典娜的健壮来体现人体的力量之美。她带着一枝橄榄枝走进了现代奥运会，即将把手中的橄榄枝桂冠授予参加奥运会的冠军。会徽以写实的手法表现智慧女神雅典娜，她站在代表希腊文明的巴特农神庙旁边，从古代走来。现代奥运会在它起源的地方复兴，两千多年后这里的人们仍然在表达和诉说着对和平和幸福的渴望。第2届巴黎奥运会描绘的是一位年轻的法国现代女性，她身着黑色击剑服，右手高举法国的三件传统兵器——花剑、佩剑和重剑，用“法国味道”展现了法国女性的高贵优雅。以开放著称的法国，在这届奥运会率先派出了女运动员参加比赛。从这届奥运会开始，女性进入到奥林匹克大家庭当中，标志着女性在现代奥运会中争取的与男性平等的地位和权利。

从第4届到第7届奥运会，会徽集中展示的是运动员的动作形态。第4届伦敦奥运会会徽呈现了一名跳高运动员身姿矫健地越过跨杆，画面定格在了运动员横跨栏杆的一瞬间。这种创造性的刻画人物在剧烈运动中动态瞬间的写实手法，与古希腊雕刻家米隆的雕塑《掷铁饼者》相似。伦敦奥运会会徽图案抓住了跳高运动员身体悬空瞬间的动作，右腿正在跨过栏杆，左腿用力弯曲。运动员的身体处于即将跨越栏杆的最高处，以静态画面展示出横跨栏杆最有表现力的瞬间。第5届斯德哥尔摩奥运会和第7届安特卫普奥运会分别以人体运动的创作方法，展现了运动员的速度和动感。

奥运会早期的会徽图案主要通过展现人物或人体的美和强健，展现竞技比赛当中的气势与力量。运动员在竞技比赛中顽强拼搏，实现了自我的生命价值的超越。弗洛伊德认为，生命本能是个体力量的来源，这种力量在坚强地袒护着生命，并保护着代表生命的每件事物[1]。奥运会会徽通

[1] [美] J. 洛斯奈. 精神分析入门 [M]. 郑泰安，译. 北京：社会科学文献出版社，1987：28.

过展现对个体自身的认可与肯定，激发起人们对生命本能的动力[1]。早期的奥运会徽，通过写实的手法描绘强有力的生命个体，肯定了生命个体所蕴含的巨大力量，以此彰显奥林匹克精神的巨大价值。

三、中期呈现简洁风格设计

从1924年第8届法国巴黎奥运会，到1980年第22届莫斯科奥运会，会徽设计呈现出抽象简洁的表达特点，进入到新的发展阶段。奥运会中期的会徽以单一的色调或简单的黑白色调作为主要颜色，更多借用了具有民族特征的图案，会徽设计更为简单、抽象。按照会徽图案的风格，主要可以分为三类：一类以举办国国旗或者城市的市徽为主要内容，一类以城市建筑物作为会徽标志，一类以简洁的图案或英文字母为主体，都体现了很强的民族特征。

德国柏林第11届奥运会　英国伦敦第14届奥运会　芬兰赫尔辛基第15届奥运会
澳大利亚墨尔本第16届奥运会　意大利罗马第17届奥运会　日本东京第18届奥运会
墨西哥墨西哥城第19届奥运会　德国慕尼黑第20届奥运会　加拿大蒙特利尔第21届奥运会

图7-6　奥运会中期呈现简约风格的会徽

[1] 蔡淑敏．现代奥运会徽符号的审美价值论［D］．武汉：中南民族大学，2008.

采用举办国国旗或者城市的市徽作为会徽主要内容的有第 9 届、第 17 届、第 18 届和美国的三届奥运会。第 9 届荷兰阿姆斯特丹奥运会徽底部呈现出象征荷兰国旗红、白、蓝三色的波浪，融合了荷兰、奥林匹克、运动、胜利等元素。第 17 届罗马奥运会采用了罗马城徽的标志，标志上是一只母狼在哺乳两个婴儿的母狼育婴雕像[1]。罗马城徽高度浓缩了古罗马的历史文化，传说母狼哺乳的其中一个婴儿是罗马城第一任国王罗慕路[2]。第 18 届日本奥运会会徽应用了日本国旗，美国举办的第 10 届、第 23 届和第 26 届奥运会，都使用了美国的星条旗。第 10 届洛杉矶奥运会徽突出了星条旗、奥运五环和代表胜利的橄榄枝。

以城市建筑作为会徽主要内容的有第 14 届、第 15 届奥运会。第 14 届伦敦奥运会会徽以伦敦大本钟作为主要图案，会徽中“大本钟”的指针指向四点，指向了计划中的开幕式时间。议会大厦旁的钟楼和里边的巨钟，是伦敦的标志性建筑之一。建于 1859 年的大本钟，总重 13. 5 吨，钟摆重 305 公斤，依靠精心放置在巨大钟摆上的一叠硬币来调节报时。根据格林尼治时间每隔一小时敲响一次，时钟精确到每天误差一秒之内，至今将近一个半世纪不间断地在整点报时。第 15 届芬兰赫尔辛基奥运会采用了芬兰的城市建筑。会徽由主会场的标志性建筑——“奥运塔楼”和奥运五环构成，寄托着“千湖之国”芬兰对奥运的尊敬。

创造性使用简洁的图案或英文字母作为会徽主体的有第 19 届墨西哥城奥运会、第 20 届慕尼黑奥运会。墨西哥城奥运会使用简单的黑白两色，将后面的奥运会举办年代数字“68”与彩色的奥运五环标志结合，呈现出运动场的跑道、数字或字母的环形，让人联想到古老的印第安图案。慕尼黑奥运会沿用了黑白两种简单的颜色，“宇宙”的螺旋形结构与线条结合，营造出一个无限旋转、动感的视觉效果。

---

［1］ 董娅娜．历届奥运会标志设计风格的研究［D］．太原：山西大学，2008.

［2］ 历届奥运徽标大盘点，你最中意哪一款？［OL］．［2016-10-10］．https：//www.sohu.com/a/115735046_ 113987.

奥运会发展中期的会徽以简单明了的设计风格，清晰表达了国家特征和民族文化。会徽设计从奥运会早期的写实具象，发展到抽象、清晰。这个阶段的简洁符号展现给人们清新、鲜明的文化内涵，有的突出了国家形象，有的突出了城市自身的位置，加深了人们对举办国和举办城市的认识。

四、后期注重意象表达

自 1984 年洛杉矶奥运会以后，奥运会会徽的设计更加倾向于通过抽象的艺术图案，表达蕴含在奥运会会徽当中的主观感受与意境，奥运会会徽设计进入到后期的发展阶段。第 23 届洛杉矶奥运会开始使用鲜明的色彩，13 条横虚线使星星呈现出运行、移动的状态，表达了生命不断流动、不断进取、永不止息。运动、向上的画面传递了活泼、向上与激情的含义，涌动着生命的活力。第 24 届汉城奥运会会徽是由蓝色、红色和黄色三种漩涡状的条纹构成的，漩涡中的条纹寓意中国传统文化中的阴阳太极，象征着“天人合一”的宇宙观，天、地、人在运动中达到和谐统一[1]。运动的圆形代表了奥林匹克运动的生生不息，螺旋向上的形态蕴含了世界和谐进步的寓意（见图 7–7）。

图 7–7　奥运会会徽

第 27 届悉尼奥运会徽是一个运动员正在奔向新世纪的形象，简洁的曲

[1] 蔡淑敏．现代奥运会徽符号的审美价值论［D］．武汉：中南民族大学，2008.

线描绘出悉尼歌剧院的外形，又好像是奔跑的运动员在手持火炬向前奔跑，火炬的火焰形成了曲线形的波浪。澳大利亚土著人传统的狩猎工具——回旋镖构成奔跑运动员的造型，回旋镖是澳大利亚独有的一种工具，由土著人发明，已经有4000多年的历史。会徽图案凸显了澳大利亚本国的民族特色，奔跑的运动员又给人一种生动、变幻的审美意象。

从古代开始，奥运会就一直在表达运动员的运动之美和人体之美。现代人继承了古代奥运会的价值追求，以更加丰富、多元的方式，传递崇尚生命的精神理想。从奥运会会徽的发展变化中，可以看出，奥运会会徽的风格变化可划分为三个阶段，从早期人物和人体的写实手法，到中期的简约明朗，到后期通过抽象意象表达奥林匹克运动的精神理念。

从奥运会会徽展示的内容来看，无论是奔跑中的运动员、手持火炬的运动员，还是跳高中横跨栏杆的运动员，会徽都在通过展现运动个体的力量，表达对个体生命的肯定，体现旺盛的生命力。通过展现国旗、城市市徽、标志性建筑物等具有民族特色的文化符号，更进一步表达了举办国和举办城市对于奥林匹克的崇敬和向往。无论是通过写实的手法还是抽象的意境，无论是鲜艳的色彩还是单一的色调，无论是静态画面还是动感符号，举办国和举办城市都更加重视奥林匹克运动文化内涵与本土文化的联系，所描绘出的都是奥林匹克运动所弘扬的运动员作为生命个体，在比赛中实现的自我生命价值超越，呈现新的形象和面貌，展现来自生命本身所蕴含的力量。

第三节 推动奥运会发展的原生力

一、古代奥运会的起源与古希腊体育文化

古代奥运会发源于2000多年前的古希腊，从公元前776年有文字记录的首次运动开始到公元393年，历时1160多年，共举行了293届。对于古代奥运会的起源，至今没有统一的说法，流传最广的是古代奥运起源于战争。公元前8世纪左右，古希腊200多个城邦开始战争不断。战争主要源于古希腊氏族社会的逐步瓦解，以及城邦奴隶制社会的逐渐形成。在这样的背景下，一方面，人们希望通过体育运动来增强技能和体能；另一方面，由于人们渴望和平的共同愿望，为避免周边各城邦之间的战争，城邦间达成定期举办奥林匹克运动会的协议。《神圣休战条约》规定，奥林匹亚是神圣不可侵犯的和平圣地，因此奥林匹亚也被尊称为“圣山区”。此外，《条约》还规定了运动会庆典期间必须停止战争、禁止携带武器等[1]。人们为保持团结和友谊，遵照神谕，履行《神圣休战条约》，以举行奥林匹克运动会的方式，实现城邦之间的和平。

从深层次来看，一方面，古希腊人通过体育活动来强身健体的愿望来自古希腊人的体育观。另一方面，古代奥运会起源于人们对自然力的感知和宗教崇拜。古希腊是一个泛神论的国家，人们对于诸神的崇拜主要来自对于自然界的理解和认识。处于原始阶段的古希腊社会，受到低下的生产力和有限知识的束缚，人们将自然界的各种现象解释为神的意志和权力。人类为了面对强大的自然力，将神和英雄人物所创造的故事作为他们解释和认识周围自然现象的基础。在神话故事与英雄人物传说当中，创造出与

[1] 张勇，张闯．青年必知奥林匹克知识精华读本［M］．延吉：延边人民出版社，2004（1）．

自然界作斗争的想象，这也表达出人们征服自然的渴望。伴随着这些故事与神话的流传，神和英雄人物所构建出的强大的意志力，以及对于自然的控制力形成于人们的心中。这也成为人们崇敬、崇拜的至高无上的信仰，深藏于人们的潜意识当中，指导着人们的思想和行动。

古希腊人崇尚体育运动的观念促成了古代奥运会的发展，古代奥运会体育精神的基础，来自古希腊人的体育文化。在古希腊城邦，体育教育是最重要的教育内容之一，目的在于强身健体，培养锻炼技巧和崇尚体育的传统。“在古希腊，体育是一种真正的教育系统，所有的年轻人，每天都去体育场或体育学校。”[1] 角斗跳跃、拳击、赛跑、铁饼……不同的体育项目，有专门的训练教师进行指导。主要的训练项目，包括五项竞技内容，如赛跑摔跤，骑马驾车等。体育教师大部分是已经退休的优秀的项目竞技者，他们名望较高且经验丰富，对各项训练活动的要求极为严格[2]。大部分的希腊青年在毕业以后需要去服兵役，在没有战争的情况下，可以去做诗人、科学家、哲学家、艺术家、商人，但不论何种职业，都会不间断地进行体育锻炼。希腊体育场也是希腊社会教育、社交和学术中心，为人们进行体育锻炼提供了广阔的活动空间。

古希腊各城邦都有自身体育教育的传统，其中以雅典和斯巴达两大城邦的体育教育最有特点。雅典式的体育教育，注重身体素质的提升和人的全面发展，斯巴达人的体育训练更加关注培养军人般的体力、坚韧不拔和吃苦耐劳的精神。这与两方的政治理想和文化特征有关，雅典人支持民主政治和革新，富于冒险精神且行动迅速，斯巴达人支持贵族政治，相对缺少创新精神，作风较为保守。

在斯巴达，不同年龄阶段的人，所接受的体育训练也不同。12 岁以下的儿童，主要的训练内容是赛跑、跳跃、角力、游泳、投枪和掷重物等。18 岁开始正规的军事训练，20 岁开始服兵役。斯巴达人在三个世纪的体

---

[1] [法] 克琳娜·库蕾. 古希腊的交流 [M]. 桂林：广西师范大学出版社，2005：59.
[2] 崔乐泉. 图说古代奥林匹克运动会 [M]. 北京：世界图书出版社，2008：30.

育教育中一直保持着体育霸主地位，在奥林匹克竞技会的81位优胜者当中，就有46位斯巴达人。雅典人注重身心和谐的全面教育，儿童从十二三岁就开始接受正规的体育训练，包括跳跑、掷铁饼、掷标枪、摔跤、游泳等。到18岁，开始进入高等学校，接受竞技活动和军事训练。从体育教育对古希腊奥运会的作用来看，对体育教育的重视程度成为奥林匹克运动会开展的关键，而体育教育的发展水平也成为奥林匹克运动发展的关键。

从哲学家对体育锻炼的论述当中，可以看到古希腊的哲学家早就提出了体育锻炼对强健体魄和精神培养的重要意义。苏格拉底、柏拉图和亚里士多德更加强调身体健康、人的意志、德育教育和心灵美方面的作用[1]。苏格拉底认为，希腊国民应该注重锻炼健身，一方面是为了国家的需要，另一方面，保卫国民也是人民的天职。柏拉图在《理想国》当中，表达了体育教育作为市民教育的重要内容之一，不仅可使身体健康、体型完美，而且可以培养坚强的意志和顽强拼搏的精神。柏拉图认为，体育锻炼是为了练就刚强体魄的人，是为了保卫国家，同时也是为了培养完美和谐的人。亚里士多德认为，体育教育可以优先于智力教育，智力的健全依赖于身体的健全，如果运动过度和运动不足，都会对身体健康有所损害，对道德和精神产生不良的影响。古希腊的很多哲学家早先都是出色的体育运动家，如苏格拉底、柏拉图、亚里士多德，据说毕达哥拉斯获得过拳击奖，欧里庇得斯也在埃留斯运动会上获过奖。两千多年前的古希腊，城邦间的战争不断，在这样的背景下，古希腊时期培养民众军人般强悍的体格和敏捷的行动成为古希腊普遍而传统的文化理念，因此重视体育锻炼也成为古代奥运会起源的关键。

二、古希腊的神话故事与宗教崇拜

1. 古希腊的神话传说

古希腊是个神话的国度，在古希腊流传的古代奥运会起源的神话传说

[1] 孔繁敏．奥林匹克文化研究［M］．北京：人民体育出版社，2005：48.

也说明了奥运会的建立与古希腊神话之间的密切联系。可以说，奥运文化的发展起源隐藏在古希腊神话当中，神话传说诠释着奥林匹克的诞生及发展，古代奥运会建立在感谢和平诸神恩惠的基础之上[1]。一种流传的神话认为，古代奥林匹克运动会是人们为了庆祝胜利的产物，由英雄人物克库洛希创办。在古希腊的神话传说中，克库洛希打败了伊利伊王奥格亚史。为了庆祝这场胜利，克库洛希在奥林匹亚举行了赛跑会。他们赛跑的距离约为600英尺，得胜者获得的奖励是一顶用橄榄枝编织而成的桂冠。奥林匹亚在阿尔菲西河和克拉德河的交界处，是古代奥林匹克运动会的“圣地”。另外一个流传的说法是，古代奥运会的建立者是天地神宙斯，因此宙斯也被认为是古代奥运会最初的创始人[2]。传说宙斯的父亲克罗诺斯想将自己的王位传给宙斯，但不确定宙斯是否能够顺利胜任。为了考验宙斯是否有能力担当此任，了解宙斯真正的本领和才华，克洛诺思决定与自己的儿子宙斯比武。经过几个昼夜的激烈交战，父子间斗智斗勇，最终宙斯打败了武艺超群、力大无比的父亲。宙斯从父亲手中接过了万神之首的王冠，成了诸神之王。为了庆祝比武的胜利，宙斯组织举行了盛大的庆典活动，体育竞技比赛也是庆典活动的一个重要部分。同时，宙斯也成了希腊神话中古代奥林匹克运动的创始人。

在希腊还有一个关于古奥运会起源的传说，其与赫拉克勒斯的故事有关。赫拉克勒斯是宙斯与神女阿尔克麦涅的儿子，身材魁梧，健壮有力，被人们称为“大力神”。母亲阿尔克麦涅为了让儿子赫拉克勒斯躲避宙斯妒的妻子赫拉的迫害，决定让儿子离开家，远走高飞。阿尔克麦涅要求赫拉克勒斯去完成12件常人无法完成的大事，从而锻炼儿子刚强果敢的意志。于是，赫拉克勒斯救下因盗取人类天火而被宙斯吊在悬崖上的普罗米修斯；铲除吞吃牲畜、蹂躏田野的九头水蛇；为忒拜人击溃侵略者；杀死残害人类的凶猛雄狮；驯服疯牛和野马；赶走虐待百姓的伊利斯城邦的国

[1] 唐业康. 神话学视角下的奥林匹亚文化［J］. 时代文学（下半月），2010（10）：240–241.
[2] 张勇，张闯. 青年必知奥林匹克知识精华读本［M］. 延吉：延边人民出版社，2004.

王……最终，赫拉克勒斯完成了母亲交给他的任务。赫拉克勒斯为庆祝胜利，在奥林匹亚创办了古代奥林匹克运动会。

象征和平友谊的奥运圣火也源自一个古希腊神话，即“普罗米修斯神话”。在该神话传说当中，普罗米修斯冒着生命危险为人类盗取火种，最终成功地将火种从太阳火焰盗出，此后人类便拥有了智慧。天地神宙斯知晓此事后非常恼怒，将普罗米修斯抓住，并将其吊在高加索山的悬崖，任空中之鸟啄食其内脏。后来，古希腊人将火种当作光明、勇敢和胜利的象征，奥运火炬的火种被称为圣火，人们将传递火炬作为对普罗米修斯的纪念[1]。

2. 古希腊的宗教活动

古代奥林匹克运动会是宗教活动的一部分，主要是为了祭祀神灵。在《不列颠百科全书》当中，宗教被解释为人类与他们奉为神圣、精灵之间的关系。古代奥运会是以祭祀为主的宗教庆典，与宗教文化活动密切相关。在古希腊人的宗教信仰当中，在祭坛前向神灵献上技艺和展示技艺，博取诸神欢心，是最虔诚的宗教祭祀。为了表示对神灵的祭祀，在每届古代奥运会上古希腊人都要在宙斯神殿旁举行庄严肃穆的宗教仪式。这些仪式包括在祭坛点燃奥林匹克火炬、奥运盛会在熊熊燃烧的“圣火”中开幕、在宙斯神殿前的祭坛上以百头公牛为牺牲献祭神坛，另外，所有运动员、教练员、裁判官都必须在宙斯神像前举行集体宣誓仪式等[2]。因此可以说，延续1100多年的古代奥运会并不仅仅是纯粹的体育竞技大会，古代奥运会实际上是古希腊人的宗教庆典和祭祀活动。这种以竞技形式表示对神灵崇拜的宗教庆典仪式，在荷马时代就已存在，并逐步发展为许多大祭神的竞技集会。宙斯作为希腊神话中的诸神之王，祭祀宙斯的奥林匹亚竞技集会，也是展现整个希腊民族统一的全国性的宗教集会[3]。可以说，古希腊的宗

[1] 全国体育学院教材委员会编．奥林匹克运动会［M］．北京：人民体育出版社出版，2003(2)：9.

[2] 许启贤．北京奥运之魂［M］．北京：北京出版社，2005.

[3] 中国奥委会［OL］．http：//www.olympic.cn/olympic/ancient/.

教文化习俗深刻影响了古希腊的奥运文化，是奥运文化发展的基础。

奥林匹亚地区的考古发掘也证明了古希腊的宗教文化与奥运竞技的联系。考古发现，奥林匹亚遗址（Olympia）位于希腊首都雅典西南300公里的丘陵地区，在公元前1200年前后成为祭祀宙斯的圣地，也是世界现存最古老的竞技运动场所在地。奥运遗址东西长约520米，南北宽约400米，主要建筑包括神殿、宝祠和竞技场、圣院等。英国人钱德勒（C. Chandler）于1766年首次发现了宙斯神殿遗址，神殿位于奥林匹亚遗址中部，修建于公元前5世纪，属典型的多立克式建筑。[1] 建筑东西两山墙上的群像展示着希腊英雄在奥林匹亚赛车、希腊人与半人半马怪兽斗争的神话故事。神殿内安放的宙斯神像，全身用黄金、象牙镶嵌，巨像高达7米，是古希腊极盛时期雕塑的经典代表。圣殿的修建，足见古希腊人对众神之王宙斯的尊崇，该神殿也被希腊人赞誉为世界七大奇迹之一。

此外，考古学家发现，在奥林匹亚运动场上曾设有60多座祭坛，这说明了古代奥运会与宗教活动密切相关。较为典型的祭坛有6座，分别祭祀不同的神灵，这些神灵包括宙斯和海神波塞冬，天后赫拉与智慧女神雅典娜，太阳神阿波罗与猎神阿尔忒弥斯，酒神狄奥尼索斯与命运女神摩伊拉，森林女神狄安娜和阿尔菲斯河神，以及木星萨顿与星河仙女。考古发现，古希腊的竞技运动会是比较普遍的体育运动形式，在古代奥运会之外，还并存着其他的体育竞技运动会。其他竞技赛会包括祭祀海神波塞冬的伊斯特摩斯运动会，祭祀太阳神阿波罗的皮托运动会，祭祀大力神赫拉克勒斯的尼米亚竞技会，祭祀女神赫拉的赫拉运动会，还有祭祀宙斯的奥林匹亚运动会。在所有这些竞技体育运动会当中，众神之首宙斯的古奥运会规模最大，流传最广，持续时间最长，影响也最为深远。

可以说，古希腊的奥运会起源于对奥林匹斯诸神的祭奠，奥运会主要作为一种宗教的祭祀活动，奥运竞技运动也正是以这种方式展开并形成了

---

[1] 中国奥委会［OL］. http：//www. olympic. cn/olympic/ancient/.

古代的“奥林匹克精神”。

3. **古希腊的宗教观念**

从宗教文化的更深一层来看，希腊宗教所遵循的身心合一、众生平等的思想观念也是古代奥运会产生的基础和前提。首先，希腊宗教当中强调身体的强壮有力、灵与肉的完美统一。在古希腊，“没有一个自由的公民没受过练身场的训练，唯有这样才算有教养的人”[1]。这种宗教思想与世界三大宗教有相似之处，也有差异。希腊宗教当中的“神”与人类“同形同性”，不仅有超凡的精神力量，还有强壮的肉体力量。法国学者丹纳认为，“希腊人竭力以美丽的人体为模范，将其敬奉为偶像，在地上颂之为英雄，在天上敬之如神明”[2]。在古希腊时期的考古研究可以证实，古代雕像所反映出的神的形象突出强调了刚强、健壮、有力的人体形态。对于古希腊人来说，身材最健美的人，距离神也最近。

其次，希腊宗教推崇的是人人平等的人格观念。这种众人平等的观念不仅表现在神与人之间以同等距离传达到人与人之间，还表现在神与神之间的平等关系上[3]。众人平等的观念的出现伴随着迈锡尼文明的衰落和希腊城邦文明的兴起，原有的属于特权阶层的祭祀职能发生了转变，变为集体公共祭祀或是城邦祭祀。祭祀的变化在于人与神之间的沟通不再需要中介，众人都能够与神直接沟通、交流。“以前只有受神恩宠的人才能够受到神的保护，现在全体社会成员都能受到保护。”[4] 原有的宗教特权阶级不再存在，城邦公民不论出身、地位和职务，在神的面前都处于同等地位，一律平等。原来祭祀用的圣物，包括授权使用的符号、徽章、木偶和宗教象征等，也不再珍藏在宫殿，而是搬到神庙中对公众开放的场所。公共祭祀促进了人人平等的人格观念的形成，意味着对更广泛社会人群的包

---

[1] ［法］丹纳．艺术哲学［M］．傅雷，译．安徽：安徽文艺出版社，1998：347.
[2] ［法］丹纳．艺术哲学［M］．傅雷，译．北京：人民文学出版社，1963：46-47.
[3] 赵玉，陈炎．多维视野中的奥林匹克运动［M］．济南：山东教育出版社，2016.
[4] ［法］皮埃尔·韦尔南．希腊思想的起源［M］．北京：三联书店，1996：42.

容和接纳。宗教是古代奥运会诞生和奥运文化发展的基础，古希腊的“灵”“肉”合一、众生平等的宗教理念为古代奥运会的举办提供了前提条件，也是古代奥运会得以延续的重要原因。

三、现代奥运会的原生力

1. 基于与体育、文化相结合的教育观

顾拜旦对现代奥运会的恢复来自其对教育保持的虔诚之心和充满人文精神的理想主义价值观。通过恢复和发展奥林匹克运动，实现人的身心和谐发展与人类的和平进步是顾拜旦的崇高理想。他认为，“现时文明世界的未来既不依赖于政治基础，也不依赖于经济基础。它只依赖于给教育指定的方向”[1]。

顾拜旦基于对英国教育体系的深入研究，对英国的教育和体育制度表现出强烈的推崇。他访问英国时正值法国普法战争后期，法国社会表现出压抑低迷的社会情绪，相比之下，英国的学生意气风发、精力充沛。顾拜旦将英国的教育和体育与法国进行比较，认为英式教育中将竞技运动、伦理道德和古典文化综合起来进行培养的教育方式，是培养人的自信心和内在活力的基础和关键[2]。在阿诺德将竞技体育引入学校教育之后，英国青年的面貌焕然一新，顾拜旦充分肯定了竞技体育对学生精神面貌的改善，甚至认为其对社会风尚和教育救国都有积极的影响[3]。顾拜旦认为，支撑古希腊文明的三大支柱是体育、艺术和道德，而英式户外竞技兼具对身体、社会活动能力和道德的培养。因此，顾拜旦决心按照英国的教育模

---

[1] [法] 顾拜旦．奥林匹克理想——顾拜旦文选 [M]．詹汝琮，邢奇志，等，译．北京：奥林匹克出版社，1993：12，15，23，10-11，14，100.

[2] 谢光前．奥林匹克运动与人类理性精神 [J]．南京体育学院学报，2003 (5)：17.

[3] 孟欢欢．论竞技体育的教育价值——竞技体育发展的起点和归宿 [J]．武汉体育学院学报，2015 (12)：62-65.

式进行改革，特别是将英国的田径体育引入法国。他在1887年的报告《法国和英国中等教育制度的对比》中，鼓励法国学生开展竞技游戏，以体育为重点进行教育改革，实现“体育兴国”的道路。他认为年轻人应通过体育锻炼学会冒险，懂得超越，法国社会应通过体育运动与文化教育的结合来培养身心和谐的人，实现人的全面发展。

2. 基于对前人体育观、教育观的吸纳

进一步看，顾拜旦在现代奥运会的复兴当中，吸纳了古希腊对于体育健身和人的全面教育的观点，也将其作为恢复奥运会的宗旨之一。古希腊哲学家主张参加体育锻炼，并通过体育教育实现人身体的健全和德智体全面的发展。1896年6月，顾拜旦在参加巴黎国际体育代表大会的发言中提到，人拥有的不仅是肉体和灵魂，而是肉体、精神和性格，其中，性格不是精神塑造的，而是由肉体决定的[1]。顾拜旦认为，古希腊人很早就认识到体育既可以强健体魄，又能够塑造人们的形体美和心灵美，但现在的人们正在忽视和遗忘这些观念。顾拜旦在1884年雅典的一次讲话中就表明，相较于古代体育运动，现代体育运动增加了更多更完备的运动器材，但也缺少了哲学基础和崇高理想，现代奥运会应该充满爱国主义和宗教色彩。在《奥林匹克宪章》中，他清晰地表明了现代奥林匹克运动将体育、文化和教育相结合的育人思想，即现代奥林匹克运动是将体育运动与文化融合起来，目的在于增强体质、意志和精神并能够使人全面发展的人生哲学。它创造了一种在努力拼搏中寻求快乐、尊重基本原则、发挥教育价值为基础的生活方式。

顾拜旦恢复现代奥运会的思想还来自纯正的自然主义的价值观念。卢梭在《爱弥尔》中提到自然教育的思想，认为以一种自由的方式培养身心

---

[1] 熊斗寅．顾拜旦体育思想研究系列之二——顾拜旦思想的形成和发展［J］．体育与科学，2003（4）：21–25.

健康的人是自然教育的目的[1]。顾拜旦从小生活在诺曼底的一个小镇，自然主义的教育方法使得顾拜旦对田园牧歌般的自然环境有一种亲近感。这对顾拜旦产生自然本真属性与身体的自然属性相统一的观点产生了重要的影响，也成为顾拜旦恢复现代奥运会的重要的思想基础。

3. 基于对人类和平的理想

顾拜旦恢复奥林匹克运动会也和法国所处的时代背景有关。顾拜旦生活在19世纪末欧洲战乱的年代，童年遭遇普法战争，法国大败，拿破仑三世被俘，割让了阿尔萨斯和洛林两地。法国的战败使得整个国家深陷悲痛，法国社会也在寻求振兴国家的新的发展道路。阿尔方斯·都德在其著名的短篇小说《最后一课》中描述了普法战争失败后的法国和普鲁士军队的入侵。当时殖民者下令，不允许阿尔萨斯和洛林两省的学校向学生教授法语，只准教德文。在沦陷了的阿尔萨斯小学校的最后一堂法文课上，阿麦尔先生说，法语是世界上最优美的语言，是最清晰的、最严谨的语言，我们应该掌握它，永远也不要忘记，最后，他转过身子，在黑板上尽可能大地写下“法兰西万岁！”[2]。顾拜旦就是在这样的环境中度过了自己的童年，对世界和平产生了强烈的渴望，也将谋求人类和平的崇高理想作为自己的重要目标。

顾拜旦将奥林匹克运动看作是一种维护世界和平的正能量。他认为，人们会在国际性比赛或全国性比赛当中竞技，渴望自己的团队获胜并看到代表自己团队的旗帜升起。顾拜旦带着这样的思想努力去复兴奥运会，希望奥运会能够成为保障世界和平的强有力因素，即使这种作用是间接的。顾拜旦将奥林匹克运动的道德使命与和平理想联系起来，将国家之间的和平作为复兴奥运会的崇高目标。在《体育颂》中，顾拜旦赞美了体育在不

[1] 杨红．现代奥运会的生成机理——顾拜旦体育思想中的辩证元素［J］．2016（6）：73-77.

[2] 都德．最后一课［OL］．http：//www.sohu.com/a/137432368_202459.

同民族间起到的积极作用[1]：

"啊，体育，你就是和平！
你在各民族间建立愉快的联系。
你在有节制、有组织、有技艺的体力的较量中产生，
使全世界的青年学会相互尊重和学习，
使不同民族特质成为高尚、和平竞赛的动力！"

4. 现代奥林匹克精神的诠释

奥林匹克主义的精神核心是积极快乐的生活哲学，强调人通过自我参与和锻炼，追求人本质力量的自由实现，呈现出多姿多彩的生命意象和体育运动中的美。它强调拥有健康体魄和乐观的精神，以及对美好生活的热爱和追求。在每一届奥运会中，举办国和举办城市都通过各种各样的创作形式展现现代奥林匹克精神，现代奥运会的核心价值在不断地被诠释和解读。

现代奥运会经过一百多年的发展，奥林匹克精神在全球化进程中发扬，更体现了融合、包容、崇尚和平的特征。《奥林匹克宪章》第 7 条明确指出，奥林匹克运动的象征是五个连环，即涵盖的五个大洲。从 1896 年至今，现代奥林匹克运动已举办 31 届夏季奥运会和 22 届冬季奥运会。奥林匹克运动的活动是全球性的、持续的，奥林匹克标志代表五大洲的团结和全世界运动员在奥林匹克运动会上相会，世界上的运动员在奥林匹克运动会这一盛大的体育节日上相聚一堂。伍绍祖认为，奥林匹克精神包含五个方面：（1）积极建设一个维护个人尊严的和平社会，为建立一个和平的、更加美好的世界作贡献。（2）提倡人的和谐发展，即人的全面发展，包括体育、精神、品德、教育文化的协调发展，即在努力奋斗之中求欢乐的一种幸福观。（3）强调融合性、多样性、全球性、持久性、丰富性。（4）提倡积极进取、重在参与、顽强拼搏、坚韧不屈。（5）崇尚一种公正性、正义性，反对暴力、药物，主张"公平竞争"（fair play）。尊重基本

[1] 谢亚龙．奥林匹克研究［M］．北京：北京体育大学出版社，1994，62.

的公德原则，建设一个和平、美好的社会[1]。

现代奥运文化充分体现了全球化的重要特征，也是现代奥运和古代奥运的重要区别。古代奥运会只限于希腊各城邦的选手参加，因此古代奥运会反映出的是古希腊的本土化特征。而在现代奥运会中，国际奥委会承认的国家和地区都可以派运动员参加，这突出体现了现代奥运的全球化特征。周兰芝认为，奥运文化的全球化特征表现在几个方面[2]：（1）参加奥运会的国家和地区，以及参加人数的明显增加。（2）20 世纪 70 年代后，特别是进入 21 世纪以来，历届奥运会的大项数都增加到了 20 项以上，小项数也在快速增长。（3）现代奥运会的发展由不允许女性参加，到女性的普遍参与。（4）职业选手在 1988 年首次参加奥运会，是奥运会对职业运动员开放的重要标志。（5）国际伤残人奥运会、国际特殊奥运会的出现，扩大了奥运会在全球化发展中的参与范围。相较于古代奥运会，现代奥林匹克运动会体现了更广泛意义上的和平、发展、融合和协调精神，展现出全球化时代的文化意义。

此外，现代奥运精神是顽强拼搏、全力以赴和团结公正的竞技。国际奥委会在《奥林匹克宪章》中对奥林匹克精神作出了明确的描述："每一个人都应享有从事体育运动的可能性，而不受任何形式的歧视，并体现相互理解、友谊、团结和公平竞争的奥林匹克精神。"[3] 1913 年，国际奥委会将"更快、更高、更强"正式定为奥林匹克格言，写入《奥林匹克宪章》。1908 年，在第四届伦敦奥运会的宗教仪式上，美国宾夕法尼亚州大主教在主持中表示，奥林匹克运动最重要的不是胜利，而是参与，正如人生中最重要的事情不是大功告成，而是顽强奋争，这里最本质的事情并不在于实现征服，而是尽力拼搏[4]："The most important thing in the Olympic

[1] 伍绍祖．我的奥林匹克观［J］．吉林体育学院学报，2005（2）：1-3.
[2] 周兰芝．奥运精美的文化盛宴［M］．北京：中国人民公安大学出版社，2008.
[3] 《奥林匹克宪章》"奥林匹克主义的原则"条款中。
[4] 汤铭新．奥运百周年发展史［M］．台北：中华台北奥委会，1996：28.

Games is not to win but to take part, just as the most important thing in life is not the triumph but the struggle. The essential thing is not to have conquered but to have fought well. ”

现代奥林匹克之父顾拜旦先生对此作了更加深入的解释，他指出，国际奥委会的指导思想是使人类变得更勇敢、更健壮、更谨慎和更落落大方，这是一种干净清澈、明亮健康的哲学基础。生活中重要的不是为了凯旋而是为了奋斗，奥林匹克的精髓不是为了获得胜利而取胜，而是顽强拼搏[1]。这深刻地阐释了奥林匹克的真谛。可以说，奥林匹克文化是体育精神的升华，它体现出人类不断超越自我、顽强拼搏竞争、自强不息、勇于挑战、积极进取的精神和信念。奥林匹克运动崇尚公平、公正、透明的原则，也体现着全球化时代的包容、多样、多元的文化特征，为了建立和平的、更加美好的世界，展示出人性的温情和文明的光辉。

第四节　奥运电视转播技术和经济增长

一、奥运会电视转播技术的创新

1. 电视转播技术的创新应用

电视媒介是一种将摄像、声像等信号进行接收、转变、再还原成图像及声音的技术，现代奥运会的实况转播水平与电视技术的发展息息相关[2]。在现代奥运会举办的一百多年间，电视技术也经历了近百年的发展。生产技术的提升大大推动了传播行业的变革，提升了传播的效率和质

[1] ［法］顾拜旦．奥林匹克理想——顾拜旦文选［M］．北京：奥林匹克出版社，1993：24.
[2] 李蓉．浅析电视直播节目的技术发展［J］．电视工程，2010（3）：14-16.

量。伴随通信光缆、卫星传送和互联网等技术手段的提升，电视播放技术为观众带来了更快、更直观、更清晰的现场体验，奥运会也成为全球收视率最高的电视节目。从奥运电视转播技术的发展来看，可以分为奥运电视转播技术初试阶段、奥运电视转播范围扩大阶段、奥运转播技术迅速发展阶段三个阶段。

奥运电视转播技术发展的第一阶段是从 1932 年到 1936 年，这也是电视转播生产技术的应用初探阶段，开创了通过电视转播观看奥运会比赛的先河。在此期间，电视生产技术得到初步的突破与发展，采用的电视转播技术基本是闭路电视或电影摄影的方法[1]。在这一阶段，观众第一次能够在奥运比赛的赛场外观看比赛，电视信号覆盖范围、节目播出时间和观众数量都呈现出历史性的突破。在 1932 年洛杉矶奥运会之前，还没有出现电视机，人们主要通过无线电和报纸来了解奥运比赛的最新消息。1932 年，在美国洛杉矶奥运会上，美国广播公司通过广播频道对奥运会比赛当天的赛事情况进行新闻报道，对电视信号播放技术进行了首次尝试，这也标志着奥运会报道突破了传统媒体。1936 年第 11 届奥运会在德国柏林举办，首次成功使用了闭路电视系统进行奥运会的实况转播[2]。电视开始进入人们的视野，共有 162228 位观众通过首次使用的电视转播技术，观看了历史上第一次奥运会的转播[3]。175 项比赛总播出时间达到了 138 个小时，载有比赛信息的电视信号被传输到了距离柏林市 15 公里之内的指定场所。在柏林指定地区，设置了免费观看比赛的场所，分别架设了 25 个大屏幕，观众集中在广场大屏幕前进行奥运比赛的观看。这是奥运历史上首次出现的在场外观看奥运比赛的观众，标志着奥运会电视转播新的开端。

---

[1] 王晓东．奥运会电视转播发展回顾及对北京奥运会的启示［J］．成都体育学院学报，2006：6.

[2] 骆正林．奥运会电视转播权的成长轨迹［OL］．［2005-01-17］．http：//media. news. hexun. com/list. aspx？ lm=1963&page=7.

[3] 周立里．奥运会电视转播影像叙事的实证研究［D］．北京：北京体育大学，2008.

据当时《泰晤士报》等媒体报道，奥运电视转播的效果与今天相比有不少差距，表现在摄像技术、转播效率、画面质量等方面[1]。奥运会摄像使用了仅有的3台庞大而笨重的摄像机，每个摄像机重达200公斤，需要4名工作人员进行镜头的更换。由于播报奥运会的摄像机技术简单，功能落后，制作出的电视图像质量也不高[2]。画面转播有65秒钟的延迟、电视画面曝光度不足、光线较淡，特别是画面质量模糊不清，很多观众表示很失望。从当时的电视技术水平来看，电视转播技术受到传播距离的限制，信号不稳定，抗干扰力较差，因此极易造成传输图像的模糊，影响播放和观看的效果。在现代奥运会发展初期，平面媒体、广播媒体等传统媒体还是奥运会报道的主要载体。尽管如此，1936年柏林奥运会首次实现的电视实况转播，标志着电视转播技术的突破，电视媒体开始成为奥运会转播的一种独特渠道。

2. 奥运赛事转播范围的扩大

奥运电视转播技术发展的第二阶段是从1948年到1960年，此时奥运比赛的现场直播已经实现，奥运会的播放范围逐渐扩大到地区内和跨地域间的转播，奥运比赛播放的时间和观看人数都在大幅度地增长。受到第二次世界大战的影响，第12届和第13届奥运会停办。时隔12年，1948年奥运会在英国伦敦举行。在伦敦奥运会上，开始使用带有三镜旋转台和电子取景器的摄影机进行报道，电视观众第一次能够在家中观看奥运会比赛实况。在播出时间和收看观众数量上，已远远超过之前。据统计，本次奥运会英国广播公司BBC共播出64小时，将近50万名观众收看了实况报道。电视信号的发送距离也进一步扩大，转播覆盖区域最多覆盖伦敦市周边80公里区域，不过只限于英

[1] 徐飞．奥运会早期商业电视转播的探讨［J］．商业故事，2015（21）：18-19.
[2] 周立里．奥运会电视转播影像叙事的实证研究［D］．北京：北京体育大学，2008.

国境内收看[1]。1960 年，伴随微波技术、电视电缆技术和录像机技术的问世，罗马奥运会首次面向欧洲 18 个国家进行奥运比赛转播，并实现了跨大洲的实况转播。

从当时电视转播技术的特点来看，电视转播技术主要分为微波技术和光缆传输技术两种。电视技术已经能够传输现场画面，但仍存在技术的局限性。光缆传输的信号相对来说更加稳定，但传输距离受到铺设长度的限制，而且不便于移动，铺设成本也比较高[2]。在 1960 年罗马奥运会期间，修建了一条从罗马到巴黎机场永久性的电视电缆[3]。尽管在电视信号传输技术上实现了突破，但更大范围的转播仍旧受到通信技术的限制[4]。当时对奥运实况进行的摄制，是以微波中继的方式进行的现场画面传输。由于地球存在曲率，对于面积更大的区域来说，需要每隔 50 公里修建一座中继站，实现电视信号的传输[5]。在奥运会实现跨地区的转播方面，1954 年欧洲国家铺设的光缆发挥了重大作用，为了实现欧洲跨区域跨国家的转播，欧洲各国付出了高昂的建设成本[6]。在奥运会跨大洲的实况转播方面，为了实现更大范围的传播，美国电视机构购买了美国地区的奥运电视转播权，将录像带通过飞机送运[7]。在奥运会结束的几小时后，由商业航班从巴黎机场运回电视录像，对美国、加拿大和日本进行转播。由此，1960 年罗马奥运会实现了奥运历史上第一次跨大洲的电视实况转播[8]。媒介技术的每一次变革与突破，都在扩大奥运会转播的覆盖范围，也在加

[1] 王晓东．奥运会电视转播发展回顾及对 2008 北京奥运会的启示［J］．成都体育学院学报（第 32 卷），2006：1-4.

[2] 李蓉．浅析电视直播节目的技术发展［J］．电视工程，2010（3）：14-16.

[3] 范帆．奥运会媒体服务的历史演变研究［D］．北京：北京体育大学，2009.

[4] 郑李茹，林少娜．解读奥运会电视转播权营销模式，展望北京奥运［D］．安徽体育科技（第 26 卷），2005（3）.

[5] 奥运会和电视有着怎样的“不解之缘”？［OL］．［2018-01-05］．https：//baijiahao. baidu. com/s?id=1588749619549352472&wfr=spider&for=pc.

[6] 魏伟．20 世纪 60 年代国际电视体育发展研究［J］．体育文化导刊，2013（11）．

[7] 马骁．奥运会电视转播权及网络转播权的法律分析［J］．电子知识产权，2003（4）．

[8] 卢群，赵兴玉．奥运电视转播发展历程及技术发展现状（上）［J］．广播与电视技术，2008（3）：44-48.

大奥运转播所带来的影响。

3. **卫星通信对奥运电视直播效果的提升**

伴随人造地球卫星的成功发射，奥运电视转播技术发展进入到第三阶段，奥运电视转播得到迅猛发展。这一阶段奥运比赛节目转播更加及时、迅速、更加高质量，比赛转播区域也扩大到全球范围。在1964年的东京奥运会上，首次通过美国发射的通信卫星“辛科姆”向海外传输图像，卫星将电视信号传输给地面，第一次实现了面向全球的电视实况直播。据统计，该届奥运会由于使用了卫星通信转播技术，与之前相比较，收看奥运比赛的观众人数从几十万增加到上亿人，呈现爆炸式增长[1]。1968年，第19届墨西哥城奥运会开始使用彩色电视进行报道，结束了黑白电视转播的历史。通过卫星传送技术进行奥运会电视信号传输，提升了传输信号的质量，实现了无缝隙覆盖的传播。相对光缆来说，卫星电视转播技术能够更加灵活地传送和接收传输信号，更加迅速、及时地报道奥运比赛的实况。

到1984年洛杉矶奥运会时，通过通信卫星进行奥运电视转播的技术已经得到广泛应用，观看奥运比赛转播的观众达到近20亿。但由于西欧与洛杉矶之间有大约9个小时的时差，大部分欧洲人看到的是奥运比赛的录播。在1980年莫斯科奥运会期间，人们刚刚开始使用家用录像机技术[2]。1992年的巴塞罗那奥运会，首次实现了通过卫星技术向欧洲地区进行奥运转播[1]。为了保证电视转播信号的高质量，在这届奥运会之后，国际奥委会计划建立一个国际化的专业电视技术团队，专门负责制作奥运会的公共信号，然后把公共信号再传输给各国的电视台进行转播。2004年的雅典奥运会首次实现了高清电视（HDTV）服务，2008年的北京奥运会首次全面采用高清电视技术进行制作和转播，并首次使用长距离非压缩的方式传输高清电视信号。

电视转播技术的创新，为奥运会的转播和收看带来了颠覆性的变化

[1] 卢群，赵兴玉．奥运电视转播发展历程及技术发展现状（下）[J]．广播与电视技术，2008（4）：36-42.

[2] 周俊生．奥运会电视转播小史 [J]．体育文化导刊，1991（4）．

(见表7-1)。在奥运会广泛应用电视转播技术之前，广播媒体和纸质媒体还是报道奥运会的主要渠道。20世纪30年代，广播媒体正处于快速发展时期。1932年洛杉矶奥运会，通过广播电台向全世界41个国家进行了实况广播[1]。1936年柏林奥运会，开启了通过电视转播技术播放奥运比赛报道的新篇章，但对于全世界范围的观众来说，那时对比赛新闻的报道还主要通过广播、电报等传统媒体获取。

表7-1 奥运会电视转播技术的发展创新

年份	举办地	国家	届数	奥运会电视转播的实现与发展	电视技术突破
1932	洛杉矶	美国	10	首次将奥运会电视录播信号成功发送。	录播信号
1936	柏林	德国	11	首次安装闭路电视系统，用3台摄像机录制信号，通过广场大屏幕进行实况转播，是奥运史上的首次电视转播。	闭路电视录播
1948	伦敦	英国	14	首次将比赛实况向电视观众播放，仅限于英国境内。通过一个带有三镜旋转台和电子取景器的摄影机记录比赛，用电视转播奥运会。	取景器摄影机
1960	罗马	意大利	17	首次向欧洲18个国家电视转播奥运会的比赛实况。将录像带通过飞机运送，对录像磁带进行剪辑，实现跨越大洲的转播。	微波技术、电视光缆技术、录像机技术
1964	日本	东京	18	首次通过卫星向全球进行实况转播。	人造卫星通信转播技术
1972	慕尼黑	德国	20	在大西洋、太平洋上空设置四个卫星转播站。	卫星转播技术
2008	北京	中国	29	首次使用高清电视信号进行转播、首次使用长距离非压缩方式传输高清电视信号。	高清电视技术

资料来源：根据公开资料整理。

[1] 范帆．奥运会媒体服务的历史演变研究［D］．北京：北京体育大学，2009：33.

由于当时的电视节目制作技术还不成熟，从拍摄过程、报道时限、表现手法来看，都无法达到更高水平的观看要求[1]。电视制作奥运会节目的转播，需要先通过电影胶片对奥运比赛进行拍摄，然后冲洗电影胶片，再经过试映、剪接，最后通过电视台进行播放。在国外拍摄的奥运会比赛，可能需要一周时间才能够将电影胶片送回国内进行制作，所以难以实现对奥运会及时、迅速的报道。

20 世纪 60 年代以后，电视转播技术逐渐完善，通信卫星的成功发射并广泛应用到电视转播当中，开启了奥运电视转播的新时代。1950 年，拥有定时电视节目的国家有 5 个，到 1955 年增长到 17 个，到 1960 年数量增加了 4 倍。从 1950 年到 1960 年间，使用电视转播技术播送节目的国家超过了 100 个[2]。1962 年，“电星 1 号”作为全世界第一颗通信卫星发射太空，为通过卫星进行电视节目的洲际传播创造了可能。1963—1964 年，三颗“辛科姆”通信卫星成功发射升空，奠定了 1964 年东京奥运会电视信号覆盖全球进行转播的基础[3]。

通过卫星电视进行的赛事直播的收视效果远远优于原有的奥运转播技术。首先，卫星电视直播实现了无缝隙的区域到户直播，该技术只需要用户安装卫星接收天线和数字卫星接收机就可收看，因此电视转播覆盖面能够得到迅速提升。其次，使用大功率卫星直接向用户发送的电视信号，能够实现电视直播当中的两地或多地的实时直播，跨地域的范围更大[4]。另外，卫星传输技术可以和多种通信技术结合，共同进行奥运比赛的综合报道，如数字通信技术、高速摄像技术、网络技术、数字虚拟技术等。综合的报道技术能够在不受地域限制的情况下传输视频、音频信号，进行零

[1] 范帆．奥运会媒体服务的历史演变研究［D］．北京：北京体育大学，2009：33.

[2] ［美］肖恩·麦克布莱德，等．多种声音，一个世界——交流与社会现状和发展［M］．北京：中国对外翻译出版公司，1981：84.

[3] 奥运会和电视有着怎样的“不解之缘”？［OL］．［1918-01-05］．https：//baijiahao.baidu.com/s?id=1588749619549352472&wfr=spider&for=pc.

[4] 李蓉．浅析电视直播节目的技术发展［J］．电视工程，2010（3）：14-16.

时差、零距离的即时报道，在更大程度上满足观众的多样化需求。奥运会播放范围覆盖到更大的区域后，奥运会组委会将电视媒体作为奥运比赛新闻主要的报道方式。电视转播逐渐代替了原来的广播媒体、纸质媒体等传统媒体，成为奥运会报道的主要媒体。电视转播技术的创新发展，使奥运电视转播迈向了新时代。

二、电视转播权商业化带来的效益

1. 奥运会电视转播的非盈利期

伴随电视转播技术的创新，奥运比赛转播的覆盖范围迅速扩大，比赛报道的时效性和质量都得到了极大提升。收看奥运会观众数量的增加，也带来了奥运会转播权收入的迅速增长。结合电视转播技术发展的三个阶段，可以将奥运会电视转播权带来的经济增长划分为三个时期，分别是奥运会电视转播权的非盈利期、电视转播权收入的规范期和电视转播权收入增长的爆发期。

第一个时期是奥运会电视转播权的非盈利期，从 1936 年到 1960 年，此时电视转播技术开始出现，并逐渐发展到跨区域的奥运电视转播。自 1936 年在柏林奥运会第一次历史性的通过电视进行转播后，到 1960 年的 24 年中，奥运会的电视转播一直处于非盈利阶段。奥组委并未对奥运转播进行商业价值的开发，但奥组委与电视机构在转播权上开始出现分歧。最早出现的转播权花费是在 1948 年的伦敦奥运会上，当时，英国广播公司（BBC）拍摄并播出了伦敦奥运会 64 小时的奥运节目，向奥组委支付了约 3000 美元。由于当时的英国广播公司（BBC）处于刚刚起步时期，非常弱小，伦敦奥组委显示了绅士风度，并没有要求将这 3000 美元兑现[1]。

到 1956 年墨尔本奥运会时，由于受到各项开销激增的影响，墨尔本奥

[1] 范帆．奥运会媒体服务的历史演变研究［D］．北京：北京体育大学，2009.

组委会濒临破产，决定出售奥运会电视转播权，但电视机构和奥组委在该方面出现严重分歧。美国电视机构三大广播网 ABC（美国广播公司）、NBC（全国广播公司）和 CBS（哥伦比亚广播公司）强烈反对电视转播权[1]。一方面，他们认为，独家转播权合同是一种不公平的合作，应通过本国宪法来规定媒体的权利，进行免费且平等的奥运新闻报道。另一方面，澳大利亚的地理位置决定了进行奥运比赛转播的难度很大[1]。澳大利亚和美国两个国家的时差相差 16 个小时，奥运比赛结束后，需要通过飞机运输胶片才能运送到美国，奥运比赛的报道时间非常滞后。

墨尔本奥组委对此态度强硬。墨尔本奥组委游说当地议员，推动澳大利亚的电视转播法修正案的出台，要求赋予奥组委在电视转播权方面的法律依据，其他电视台不能拥有免费进行赛事播放的权利。同时，墨尔本奥组委向英国主要电视台伦敦转播公司（Associated Rediffusion）授予了电视转播权，费用为 25000 英镑。而且该电视台签约了向美国地区播放奥运节目的赞助合同，约为 50 万美元[2]。然而，电视机构对此反应强烈。他们认为，奥运会不是纯娱乐事件，而是新闻事件。因此，奥运会应该对所有的广播电视公司免费播放，并且应该实现每天 9 分钟的免费报道[3]。墨尔本组委会认为，免费播放奥运会转播不利于未来奥林匹克影片的销售，因此没有接受电视机构的要求。墨尔本组委会与电视机构的谈判没有达成一致意见，奥运会被电视机构联合抵制，导致该届奥运会没有进行任何国际电视转播。最终，墨尔本奥组委通过英国广播公司（BBC）的技术制作了一部记录奥运会的录像，在奥运会比赛结束后传送给各国[4]。奥运会的海外转播在转播内容和实效上，都受到了很大影响。《纽约时报》表示，

---

[1] 奥运会电视转播权争夺激烈 网媒时代动摇转播权根基［OL］.［2016-08-01］. http://www.ce.cn/culture/gd/201608/01/t20160801_14362365.shtml.

[2] 徐飞．奥运会早期商业电视转播的探讨［J］．商业故事，2015（21）：18-19.

[3] K. 吐依，A. J. 维尔．真实的奥运会［M］．朱振欢，卜荷英，译．北京：清华大学出版社，2004：160.

[4] 范帆．奥运会媒体服务的历史演变研究［D］．北京：北京体育大学，2009.

奥运会转播权的争议和分歧，对举办国、电视机构和奥运会三方都造成了巨大的损失。

2. **奥运会收费电视转播的兴起**

第二个时期是电视转播权收入的规范期，从 1960 年到 1984 年，此时通过卫星通信技术进行电视信号传输，实现了覆盖全球的奥运电视转播。然而，由于受到举办国奥组委与电视转播机构分歧的影响，奥运电视转播技术还没有得到广泛应用。1958 年，国际奥委会在《奥林匹克宪章》中对电视转播权的所有权进行了明确规定。此前，举办国的奥组委享有奥运会电视转播权，国际奥委会对此不加干预。伴随电视转播技术在奥运电视转播中的作用逐渐增强，国际奥委会于 1958 年第一次在《奥林匹克宪章》中对电视转播权进行了规定，国际奥委会从此享有奥运电视的转播权，并成为奥运电视转播权的监督者。国际奥委会可以向举办国的组委会授权电视转播的销售，并对收入进行分成。《宪章》新增加的第 49 条规定，“奥运现场直播是娱乐内容，国际奥委会是其转播权的唯一拥有者，由举办国组委会负责销售，所得收入按有关规定进行分配”；“无论私人电视台还是电视网都可以播报奥运新闻，但是直接引用奥运会的现场内容不得超过 3 分钟。电视台或电影可以在 24 小时内插播奥运会内容 3 段，每段 3 分钟，段与段之间至少还要相隔 4 小时”；“如果电视台播放的新闻越过了《宪章》规定的界限，就变成了‘娱乐’，需要另外交费”[1]。国际奥委会在电视转播权利方面的规定，标志着奥运转播正式进入商业化运行阶段。

面对国际奥委会对奥运会电视转播收费的转变，1960 年后，美国电视机构对奥运会电视转播的态度发生了巨大的变化。美国三大电视网开始了在奥运会转播权上的激烈竞争，电视转播收入也不断增长。美国哥伦比亚广播公司（CBS）自 1958 年以 5 万美元购买了斯阔谷冬奥会的转播权后，

[1] 洪建平．奥运转播：在经济和技术之间［J］．传媒，2008（4）：70-71.

又以 39. 4 万美元购买了罗马奥运会的电视转播权，费用将近斯阔谷冬奥会的 8 倍[1]。伴随美国电视网对奥运会电视转播的商业角逐愈演愈烈，奥运电视转播权的销售价格也在飞速上升。到 1980 年莫斯科奥运会，美国中标的全国广播公司 NBC 电视台为奥运电视转播的投入已经达到 7230 万美元[2]，是 1960 年美国 CBS 广播公司所花费的 180 多倍，占全球电视转播权收入的比重上升到 72%。

自 1960 年罗马奥运会开始，夏季奥运会在全球的电视有偿转播走上了正规化的发展道路。1960 年，罗马奥组委在国际奥委会的指导下，按照 1958 年《奥林匹克宪章》的规定，将电视转播权出售给电视转播商，奥运会电视转播收入约为 117. 8 万美元[3]。自 1964 年东京奥运会电视转播达到覆盖全球的水平的 4 年以后，1968 年墨西哥奥运会电视转播收入达到 980 万美元，是东京奥运会收入的 5 倍。到 1976 年蒙特利尔奥运会，电视转播权收入猛增到 3500 万美元，是 1964 年东京奥运会的 21 倍。赢得了奥运会电视转播权的电视台，在获得庞大观众群体的同时，也能够收获巨额的广告费用。因此，电视转播巨头之间一路激烈竞价，带来了奥运会电视转播权收入的一路飙升（见表 7-2）。

表 7-2　1960—2016 年夏季奥运会电视奥运转播费（单位：亿美元）

地点	年份	电视转播费收入
罗马	1960	0. 012
东京	1964	0. 016
墨西哥	1968	0. 098
慕尼黑	1972	0. 178
蒙特利尔	1976	0. 350
莫斯科	1980	1. 01

［1］ 奥运电视转播成长史概括有了它全世界一起狂欢［OL］. 钱江晚报，［2008-03-05］. https：//sports. eastday. com/2008/o/20080305/u1a3444442. html.

［2］ 洪建平. 奥运转播：在经济和技术之间［J］. 传媒，2008（4）：70-71.

［3］ 范帆. 奥运会媒体服务的历史演变研究［D］. 北京：北京体育大学，2009：55.

续 表

地点	年份	电视转播费收入
洛杉矶	1984	2.87
汉城	1988	4.03
巴塞罗那	1992	6.35
亚特兰大	1996	8.98
悉尼	2000	13.31
雅典	2004	14.96
北京	2008	17.37
伦敦	2012	35
里约	2016	41

说明：1960 年罗马奥运会、1996 年亚特兰大奥运会全球电视转播收入转引数据有差异，分别以 0.012 亿美元、8.98 亿美元为准。

资料来源：范帆．奥运会媒体服务的历史演变研究［D］．北京：北京体育大学，2009：56. 并结合公开资料整理。

3. 电视转播收入的爆发式增长

第三个时期是电视转播权收入增长的爆发期，从 1984 年至今，此时的卫星通信技术已经得到广泛应用，并开始逐渐结合高速摄像技术、数字通信技术、网络技术等实现更高质量的转播。20 世纪 80 年代以后，伴随电视转播技术的进一步提升及覆盖面的扩大，授权转让的电视转播权收入已成为国际奥委会最主要的收入来源，占比约为 50%。但由于奥运会的开销庞大等多方面的因素，奥委会曾面临预算资金上的巨大压力。据国际奥委会（IOC）统计，到 1980 年，莫斯科奥运会的电视转播收入突破了 1 亿美元，达到 1.01 亿美元。尽管如此，国际奥委会的流动资产不足 20 万美元，几乎到达濒临破产的境地[1]。1984 年，洛杉矶奥运会开创了奥运电视转播权商业化经营的先河，以 2.87 亿美元刷新了全球奥运电视转播收费的纪

［1］ 麦克尔·佩恩．奥林匹克大逆转［M］．郭先春，译．上海：学林出版社，2005：9.

录，对156个国家进行了电视转播。1988年汉城奥运会电视转播收入达到4.03亿美元，电视转播也成为汉城奥运会重要的收入来源[1]。自1984年洛杉矶奥运会8年后，1992年巴塞罗那奥运会电视转播权达到6.35亿美元，是洛杉矶奥运会电视转播收入的2倍多。

全球奥运电视转播权收入在2000年的悉尼奥运会上突破了10亿美元，达到13.31亿美元。2001年至2004年筹办雅典奥运会期间达到了42亿美元，其中53%的收入来自转播费。2004年雅典奥运会转播收入创下14.82亿美元新高，该收入是1984年洛杉矶奥运会电视转播收入的5倍[2]。随后，电视转播收入逐年攀升，2008年北京奥运会、2012年伦敦奥运会和2016年里约奥运会，奥运会电视转播权分别创下历史新高，分别达到17亿美元、35亿美元和41亿美元，较上一奥运周期分别同比增长16.11%、101.5%和17.14%，奥运会电视转播收入一路扶摇直上。

国际奥委会20世纪80年代后实行的转播权营销策略，将奥运转播权收入一次又一次推向了历史性的高峰。首先，国际奥委会引入了电视转播权的竞标机制，为此各广播公司之间展开了激烈的竞争。1984年，洛杉矶奥运会转播权创下新高，美国广播公司ABC最终以2.25亿美元夺得美国电视转播权，打破了以往美国电视机构购买不超过1亿美元的转播纪录。该价格是1976年奥运会美国转播权价格的10倍，是1980年莫斯科奥运会转播权价格的3倍[3]。

其次，国际奥委会采用的多层次电视营销策略进一步扩大了奥运会的转播权的影响面和销售面。1992年，巴塞罗那奥运会创新电视转播的运营模式，允许购买奥运会转播权的广播公司授权本国有线电视公司和卫星广

[1] 媒介融合时代奥运会转播权开发研究［J/OL］//王晓东，柯佳．新闻战线，2015（10）［2015-10-01］．http：//paper.people.com.cn/xwzx/html/2015-10/01/content_1648018.htm.

[2] 电视转播权+新媒体版权令国际奥委会财源滚滚［OL］．［2008-08-14］．网易新闻，http：//news.163.com/08/0814/11/4JA983MV00012QEA.html.

[3] 电视转播权+新媒体版权令国际奥委会财源滚滚［OL］．［2008-08-14］．网易新闻，http：//news.163.com/08/0814/11/4JA983MV00012QEA.html.

播公司，使用奥运会转播权。1992 年巴塞罗那和 1996 年亚特兰大奥运会的转播国家和地区分别为 193 个和 214 个，相比之下，1988 年汉城奥运会转播国家和地区为 160 个。多层次电视营销策略和现代传播技术，大大提升了电视转播的覆盖面。

最后，1995 年，国际奥委会将奥运会电视转播权按届转让转变为多届“捆绑”出售，将电视转播经济推向另一个商业顶峰。如 2000 年至 2008 年期间包括三届夏季奥运会及两届冬季奥运会在美国的电视转播权，购买价格猛增到了 35 亿美元。又如 2010 年冬奥会及 2012 年夏奥会这两届奥运会在美国的电视转播权为 22 亿美元，价格相比以往上升高达 32%[1]。创造了历史新高的 2012 年伦敦奥运会电视转播权收入，也是因为奥运会的“捆绑”销售模式。早在 2011 年，美国全国广播公司（NBC）就与国际奥委会达成协议，以 43.8 亿美元标价赢得四届奥运会的电视转播，购买了 2014 年至 2020 年两届冬奥会和两届夏季奥运会的电视转播权[2]。国际奥委会名前主席萨马兰奇先生曾说过，是电视让奥运会生存下来，并繁荣发展下去。

可以看到，奥运会电视转播收入飞速发展，一方面，在于电视转播技术的创新发展，特别是在奥运赛事转播的覆盖面、报道时间以及收视效果上都得到了很大提升。另一方面，奥运电视转播权经营上的商业化变革，不仅造成了电视广播机构的激烈竞争，抬高了关于电视转播前的价格，而且提高了奥运会在全世界范围内传播的关注度和影响力，吸引了更多观众和巨额的广告回报，越来越受到电视转播巨头及相关机构的青睐。

[1] 奥运会：体育赛事还是赚钱机器？[OL]．[2004-08-11]．新华网，http：//news.xinhuanet.com/comments/2004-08/11/content_1758342_3.htm.

[2] 媒介融合时代奥运会转播权开发研究［J/OL］//王晓东，柯佳．新闻战线，2015（10）[2015-10-01]．http：//paper.people.com.cn/xwzx/html/2015-10/01/content_1648018.htm.

第五节　奥运电视转播的场作用力

一、接天连地的技术场

奥运电视转播的场作用力的变化来自技术、文化和经济三个方面。技术场、文化场和经济场力的共同作用，推动了奥运电视转播场力的迅猛发展。技术场的变化表现在，电视转播技术的突破，实现了卫星传输，奥运比赛电视信号覆盖到全球各国家和地区。文化场的发展表现在，全世界的电视观众开始通过电视机收看奥运会的实况报道，了解奥林匹克运动和奥林匹克文化，实现了奥林匹克文化的全球化传播。经济场的发展体现在，电视转播机构愈演愈烈的竞争，抬高了购买奥运电视转播权的价格，增加了国际奥委会的收入来源，也助推了世界电视产业市场的兴起和发展。

技术场的变化扩展到全球主要得益于20世纪60年代的卫星传输技术的突破。人们通过利用人造卫星装载无线电通信设备，将人造卫星作为中继站，转发地面上进行的无线电信号，通过从太空向地面发回无线电信号，实现了奥运报道在瞬间通过电视信号遍及全球。相比通过飞机运送胶片和录像带送回国内再进行转播，节省了大量的时间和成本，卫星传输技术大大提升了奥运会报道的时效性。20世纪60年代电视转播技术的广泛应用，使得电视媒体开始与报刊、广播媒体并列成为新闻报道的主流媒体。短短几十年时间，随着电视画面质量的提高和电视节目的发展，奥运会已经发展成为覆盖全世界200多个国家、受到全世界广泛关注的体育赛事（见表7-3）。

表 7-3 奥运会电视转播覆盖范围情况

年份	主办城市	覆盖国家数量（地区）	年份	主办城市	覆盖国家数量（地区）
1936	柏林	1			
1948	伦敦	1			
1952	赫尔辛基	2			
1956	墨尔本	1	**1956**	科尔迪纳	22
1960	罗马	21	**1960**	斯阔谷	27
1964	东京	40	**1964**	因斯布鲁特	30
1968	墨西哥城	无数据	**1968**	格勒诺布尔	32
1972	慕尼黑	98	**1972**	札幌	41
1976	蒙特利尔	124	**1976**	因斯布鲁特	38
1980	莫斯科	111	**1980**	普莱西德湖	40
1984	洛杉矶	156	**1984**	萨拉热窝	100
1988	汉城	160	**1988**	卡尔加里	64
1992	巴塞罗那	193	**1992**	阿尔贝维尔	86
1996	亚特兰大	214	**1994**	利勒哈莫尔	120
2000	悉尼	220	**1998**	长野	160

资料来源：国际奥委会官方网站。付磊．奥运会影响研究：经济和旅游［D］．北京：中国社会科学院研究生院，2002：21.

奥运会电视转播覆盖范围的发展变化反映出技术场力的发展变化，可以结合电视转播技术的突破和奥运电视转播的发展历程具体来看。技术场力的发展变化，也经历了不同时期。在 1936 年到 1960 年奥运会电视转播权的非盈利期，伴随着电视机的问世和电视转播范围的扩大，技术场力表现在奥运电视信号的覆盖从本国开始扩大到其他国家。这个时期主要实现了两大技术突破：一是 1936 年柏林奥运会，首次实现了通过闭路电视进行的奥运会转播；二是 1960 年罗马奥运会突破了微波技术、电视光缆技术和录像机技术，首次实现了欧洲跨地区的转播和对美国、日本等国家跨大洲的转播。

在这一时期，奥运会电视转播技术的应用主要还是在举办国国内，但电视信号覆盖范围在扩大，从举办城市市内扩大到跨越其他国家。从1936柏林奥运会到1960年罗马奥运会，电视转播主要在举办国国内，只有罗马奥运会覆盖到21个国家，电视转播范围跨越到举办国以外。早期的电视信号覆盖范围基本在奥运会举办城市周边，但已经突破了奥运会比赛场地的空间。最早尝试电视转播技术的1936年德国奥运会，信号所覆盖到的区域到达距离柏林市15公里之内的场所，柏林市区周边的人们已经能够在奥运会赛场外指定地区观看比赛。到1948年伦敦奥运会，转播区域扩大到伦敦市周边80公里的地区，电视信号覆盖区域进一步扩大，而且，人们可以在家中接收电视信号观看比赛，不再需要像柏林奥运会那样到达指定场所观看。

20世纪50年代开始投入使用的微波接力通信技术为城市间电视节目传送带来了可能。1956年的墨尔本奥运会和1960年的罗马奥运会，都实现了奥运电视转播技术的飞跃。但是，由于1956年墨尔本奥运会出现了美国电视机构和奥组委在奥运电视转播权上的分歧，尽管1956年墨尔本奥运会提出了跨越大洲的销售电视转播权，但遭到电视机构坚决地反对。他们认为奥运比赛是新闻不是娱乐节目，不应为此付费。奥运会跨越大洲的转播遭到了电视机构的联合反对，导致1956年墨尔本奥运会只在本国进行了电视转播，没有实现国际转播。

到1960年罗马奥运会，奥运电视信号传输跨越了地域和大洲，不仅实现了面向欧洲18个国家的信号覆盖，而且奥运电视转播飞越大洋，抵达了美国、加拿大和日本。1954年铺设于欧洲多国的光缆发挥了重大作用，通过微波中继的方式实现了欧洲国家的电视信号覆盖，这使得欧洲国家的观众能够收看到奥运电视转播。在国际奥委会重新对奥运电视转播权进行规定以后，美国电视机构对奥运电视转播的态度也发生了变化，美国哥伦比亚公司购买了1960年罗马奥运会的电视转播权，在录制完奥运会比赛后通过飞机将录像带运回国内，罗马奥运会因此实现了跨越大洲的信号传输。

从1960年到1984年电视转播权销售进入规范期，国际奥委会对奥运电视转播权进行了新的规定，技术场力表现在电视转播技术的应用得到迅猛发展。1962 年，世界上第一颗国际通信卫星“电星一号”发射升空，它完成了有史以来第一次横跨大西洋的电视转播，首次成功地把现场电视信号实况传越大西洋[1]。1964 年，日本东京奥运会成功通过通信卫星传输电视信号，实现了奥运会覆盖到全球范围的转播。奥运电视转播技术的广泛应用，使得奥运电视转播覆盖的国家也越来越多。1964 年东京奥运会，实现了对 40 个国家的电视转播，到 1976 年蒙特利尔奥运会，电视转播覆盖的国家和地区增加到 124 个，12 年间奥运电视转播覆盖的区域扩大为 1964 年的 3 倍。

在此期间，国际奥委会将电视转播权写入《奥林匹克宪章》，带来了奥运会电视有偿转播发展的正规化。新规定明确了国际奥委会拥有奥运电视的转播权，并将参与到电视转播权的谈判当中，享有电视转播的销售收入的分成。对电视机构来说，新规定引起了对奥运电视转播态度的明显变化。原本联合抵制奥运电视转播的电视机构，展开了激烈的竞争，一方面抬高了电视转播权销售收入，另一方面为了吸引更多观众收看节目，也在不断提升电视转播的质量。1968 年墨西哥城奥运会时，彩色电视技术走进千家万户，增强了奥运比赛的观看效果，收看奥运会比赛的观众数量也从几十万迅速增加到 60 亿人次，奥运电视转播范围实现全球大面积的覆盖。

伴随电视机构争相竞争获得奥运会的电视转播权，1984 年以后转播权收入增长呈现爆发趋势，奥运电视转播覆盖范围扩大到全球，技术场作用力实现了全球覆盖。1984 年洛杉矶奥运会，奥运电视转播覆盖的国家和地区有 156 个，到 2000 年悉尼奥运会，奥运电视转播覆盖扩大到全世界 220 个国家和地区。按照全世界共有 233 个国家和地区来看，奥运电视转播技术的覆盖率达到了 94%。

当技术场作用力实现了全球大范围覆盖时，收看奥运会转播的人数也在迅猛增加。1984 年收看洛杉矶奥运会的观众达到近 20 亿，此后，收视

[1] 万物生机［信息联环宇　万物传生机］［OL］.［2019-08-16］. http://www.101505.com/zuowenfanwen/2019/0816/316455.html.

规模逐年迅速扩大。2008 年北京奥运会，首次采用了高清电视信号技术和长距离非压缩信息传输方式。奥运会从 8 月 8 日至 8 月 24 日的 16 天，创下了 47 亿全球观众收看奥运会电视转播的纪录，约占全球人口的 70%[1]。北京奥运会的电视观众比 2004 年雅典奥运会的 39 亿观众数增加了约 21%，比 2000 年悉尼奥运会的 36 亿观众人数增加了约 31%。

技术场的作用也将奥运电视转播权的商业化运作推向更高阶段。创新的电视营销策略和电视转播权模式，进一步激发了电视运营商竞标奥运电视转播权的热情。奥运电视转播权屡创新高，成为奥运会重要的收入来源。1992 年的巴塞罗那奥运会，在 1984 年的洛杉矶奥运会 8 年之后实现了两倍于当年的电视转播收入。时隔 20 年，2004 年雅典奥运会创下的奥运转播收入纪录，是 1984 年洛杉矶奥运会的 5 倍。2008 年的北京奥运会和 2016 年的里约奥运会，电视转播收入正在以将近 20% 的速度增长。电视转播技术和营销模式的创新，推动了奥运会观众数量迅速增加，同时，带来了奥运会电视转播权的巨大的商业价值。当卫星传输技术和数字通信、互联网、新媒体等新兴技术结合后，技术场的作用力还将进一步加大，奥运电视转播效果急需得到提升，其将进一步为奥运电视转播带来经济价值。

自柏林奥运会首次实现了奥运电视转播后，电视转播就与奥运会结下了不解之缘。电视转播技术的突破带来了在场外观看奥运比赛节目的可能，收看奥运比赛的观众从举办国、举办城市到跨越国家和大洲。电视转播技术的提升，扩大了奥运会电视转播的覆盖范围，增强了技术场的作用力。技术的突破最开始只是在一个国家、一个奥运会举办城市的范围内，但是当更多的国家，开始更广泛地应用奥运电视转播技术时，技术场作用力就开始在更大范围内发挥影响。直到技术场的作用扩展到全球，也实现了奥林匹克运动文化的全球化传播，带来了更广泛的社会影响。

---

[1] 北京奥运会创电视收视史新纪录 全球观众 47 亿人 [OL]. 搜狐网，[2008-09-06]. http://news.sohu.com/20080906/n259405305.shtml.

二、与电视牵手的文化场

奥运电视转播的文化场最主要的表现就是电视观众开始通过电视机收看奥运会的实况转播，了解、关注和谈论奥运会的比赛。伴随电视转播技术应用的日渐深入，电视机在全世界迅速普及，越来越多的观众能够通过电视转播，更真实地感受到奥林匹克比赛现场的紧张刺激。电视能够带来一种视觉冲击力，通过比赛现场的画面和音效，烘托出热烈的、震撼的、炫目的场面，构建一种与观众的强烈的互动感[1]。人们通过电视观看奥运会转播，除了获取比赛最新报道，还能够接触到了一些本不了解的体育运动[2]。在彩色电视之前，人们只能接收黑白电视信号，像斯诺克这样的体育运动就很难报道。在比赛中，由于每只球的颜色看上去都是相似的灰色，人们无法体会到斯诺克节目的精彩之处。但是当彩色电视机应用以后，人们可以非常直观地看到和了解这项体育节目[3]。1968 年，第 19 届墨西哥城奥运会使用了彩色电视进行奥运会报道，和原来的黑白电视机相比，彩色电视画面更加丰富生动，比赛内容也更加吸引人。四年以后的 1972 年慕尼黑奥运会，观看奥运会电视转播的人数达到 900 万人次，是 1968 年墨西哥城观看人数的 15 倍。

与奥运电视转播文化场紧紧相关的是全世界电视机的拥有量。社会拥有的电视机数量越多，收看电视的观众数量越多，观看奥运会电视转播的潜在观众越多，奥运文化传播覆盖的范围也越大，奥运电视转播的文化场作用力越大（见表 7-4）。20 世纪 60 年代，电视机的拥有量在西方国家开始上升，全世界的电视机消费群体主要集中在欧洲和美国。观看奥运电视

[1] 王庆军．消费时代的电视体育研究［D］．南京：南京师范大学，2015.

[2] 理查德·哈里斯．媒介心理学［M］．相德宝，译．北京：中国轻工业出版社，2007：157.

[3] 乔纳森·比格纳尔，杰里米·奥莱巴．21 世纪电视人生存手册［M］．北京：清华大学出版社，2008：116-117.

转播的观众主要来自于北美洲和欧洲，奥运电视转播的文化场作用力主要集中在北美洲和欧洲两地。1959 年，北美洲和欧洲的电视机所有量分别达到 5620 万台和 2030 万台，相比之下，非洲、东亚、南亚和拉丁美洲的电视机所有量分别为 4 万台、350 万台、10 万台和 270 万台。1959 年北美洲每千人电视机拥有量达到 287 台，是同期欧洲的 6 倍，大洋洲的 6 倍，东亚的 12 倍，拉丁美洲的 22 倍。1969 年，北美洲和欧洲电视机所有量在全世界遥遥领先，分别占全球电视机所有量的 35% 和 34% 。北美洲和欧洲两地占全球电视机所有量的 2/3，是收看奥运比赛电视转播的主要地区，也是奥运文化传播的主要聚集地。

表 7-4　1959—1992 年全球电视机所有量

	电视机总量（百万）					每千人电视机拥有量				
年份	1959	1969	1980	1988	1992	1959	1969	1980	1988	1992
总量	87	251	558	756	873	39	89	125	148	160
非洲	0.04	1.1	8	17	26	0.2	3.2	17	28	38
亚洲			98	160	235			38	53	73
东亚	3.5	23				25	138			
南亚	0.1	2.5				0.1	2.3			
北美洲	56.2	89	166	214	226	287	397	661	790	800
拉丁美洲	2.7	15	36	64	76	13	54	99	149	166
欧洲	20.3	86.5	243	289	300	48	188	324	372	381
大洋洲	0.7	3.3	7	11	11	43	175	296	411	375
发达国家			478	585	616			416	485	498
发展中国家			80	171	257			24	44	61

资料来源：［1］［英］戴维·赫尔德．全球大变革——全球化时代的政治、经济与文化［M］．北京：社会科学文献出版社，2001：500.

［2］孙玉胜．奥林匹克文化传播的经济学分析［D］．长春：吉林大学，2008：72.

英国是电视产业的发源地，在电视技术发展的早期，电视被看作是公共服务产品，电视机构属于公共机构。到 20 世纪 80 年代，西方国家开始提倡自由主义和私有化，电视产业也开始从公共电视机构转向大规模商业化。公共电视机构的私有化改革，加剧了西欧国家电视产业的竞争，提升了电视业的经营效率，也为欧洲的电视业带来更多的发展空间。1969年欧洲的电视机所有量为8650万台，到1980年莫斯科奥运会，达到2.43亿万台，1980年欧洲的电视机所有量比1969年增加了两倍。1980年欧洲的电视机所有量，几乎占到全球电视机所有量的一半，从1959年的23%上升到1980年的44%。

美国在电视业发展的早期，就形成了传统三大商业电视网占据电视业支配地位的格局[1]。到20世纪50年代，美国电视业的发展进入黄金时期，逐渐成为传媒领域的主导力量。从全球来看，北美洲每千人电视机拥有量远远超过了世界其他地区。20世纪80年代，有线电视、卫星通信、计算机处理技术等新技术的突破和进步，对传统电视机构带来了机遇和挑战[1]。CNN、福克斯新闻网、HBO、CNBC等新兴电视机构迅速崛起，美国三大电视网面临来自有线电视和卫星电视的竞争，也进一步促进了美国电视产业的发展。

到1988年，发达国家电视机拥有量占全球电视机拥有量的77%，占全世界的2/3。此时，亚洲国家的电视机市场已经发展起来。到1992年巴塞罗那奥运会，亚洲国家拥有的电视机所有量的已经达到2.35亿万台，比1980年的9800万台翻了一倍多。1992年亚洲电视机所有量占全球的27%，在全世界电视机市场的份额迅速增加。与北美洲的26%、欧洲的34%相比，全球电视机市场呈现三足鼎立格局，北美洲、欧洲和亚洲大约各占1/3。不仅如此，进入20世纪80年代，除了亚洲以外，拉丁美洲和非洲的电视机市场也在迅速扩大。1992年亚洲、非洲和拉丁美洲每千人电视机拥有量，分别是73台、38台和166台，分别是1980年每千人电视机拥有量的1.9倍、2.2倍和1.7倍，电视机在亚洲、非洲和拉丁美洲迅速普及。

[1] 熊波．新媒体时代中国电视产业发展研究［D］．武汉：武汉大学，2013.

按照全球电视机所有量变化情况，可以将奥运电视转播的文化场作用力划分为三个时期：第一个时期是1970年之前，欧洲和北美作为奥运文化传播的主要地区。第二个时期是20世纪70年代和80年代，伴随电视在亚洲、非洲和南美洲的快速普及，奥运电视转播的文化场作用力迅速扩展到全球区域。第三个时期是20世纪90年代至今，世界电视产业迅猛发展，奥运电视转播信号覆盖全球。收看奥运比赛的观众数量迅猛增长，奥林匹克运动实现全球化传播，奥运电视转播的文化场作用力迅速扩大。

在20世纪70年代之前，欧洲和北美洲是世界电视产业发展最主要的地区，奥运文化的传播和普及也主要集中在这两个区域。从1970年之前举办过的奥运会来看，除了因两次世界大战停办的三届奥运会，在1970年之前的16届奥运会中，在欧洲举办过11次，欧洲举办的次数比为69%。欧洲是奥林匹克运动的发源地，也是主要举办奥运会的地区。奥运会的足迹遍及希腊雅典、法国巴黎、英国伦敦、瑞典斯德哥尔摩、荷兰阿姆斯特丹、德国柏林、意大利罗马等，欧洲是奥运文化传播最早的地区，因此传播覆盖的区域也最大。除欧洲外，在1970年之前，北美洲举办过3次奥运会，占总次数的19%，美国的洛杉矶和圣路易斯、墨西哥的墨西哥城，都是早期举办奥运会的城市。

在1970年之前，奥运会走出欧洲和北美洲只有两次，第一次走出北美是在1956年墨尔本奥运会，第一次走进亚洲是1964年东京奥运会。尽管在20世纪50年代电视转播技术已经能够实现跨大洲的奥运电视转播，但因为1956年墨尔本奥运会时的奥运电视转播权问题，奥运文化传播受到了限制。电视机构联合抵制了奥运电视跨大洲的转播，导致1956年墨尔本奥运会只在本国进行了转播。1964年东京奥运会，首次通过卫星通信技术实现面向全球的奥运电视直播，电视信号覆盖到40个国家和地区，通信技术迅速扩大了奥运文化在全世界的传播。

伴随电视机在全世界的普及和电视市场的快速发展，奥运会电视转播时长和观看的人数也在迅猛增加（见表7-5）。1992年巴塞罗那奥运会的全球电视转播时长达到了2万小时，是1968年墨西哥城奥运会938.5小时的21倍。1992年观看奥运电视转播的人数达166亿人次，是1984年洛杉矶奥运会20亿收视人数的8倍。

表7-5 奥运会电视转播时长、观众数量

年份	举办城市	转播时数（小时）	观众数（百万人次）
1936	柏林	136	0.0162
1948	伦敦	64.5	0.05
1960	罗马	102	
1964	东京		
1968	墨西哥城	938.5	60
1972	慕尼黑	1266	900
1976	蒙特利尔		
1980	莫斯科		
1984	洛杉矶	1300	2000
1988	汉城	2230	10400
1992	巴塞罗那	20000	16600
1996	亚特兰大	25000	19600
2000	悉尼	29600	36100

资料来源：Lines and Moreno 以及其他 IOC 统计资料。孙玉胜．奥林匹克文化传播的经济学分析［D］．长春：吉林大学，2008：74.

欧美国家电视转播市场化的激烈竞争，以及世界其他地区电视产业发展的加速，使电视运营商更加注重通过延长奥运会转播时间、提供优质的画面、及时的报道等方面提升节目的质量，从而吸引更多的观众观看比赛，提高电视节目的收视率。1984年洛杉矶奥运会，观众数量突破了20亿人次，短短四年以后，1988年汉城奥运会观众数量突破了100亿人次，观看奥运会转播的人数翻了5倍。

从1984年的洛杉矶奥运会到2004年雅典奥运会的20年间，电视转播时间从1300小时延长到35000小时，观看奥运会转播的人数从20亿人次增长到400亿人次。2004年雅典奥运会电视转播时间是1988年汉城奥运会的15倍，是1984年洛杉矶奥运会的27倍。2004年雅典奥运会观众的收视规模，是1988年汉城奥运会的4倍，是1984年洛杉矶奥运会的20倍，观看奥运会电视转播的人数在全世界范围内迅猛增长。

电视机带给观众的画面和音响效果的感受，远远超过了广播和平面纸质媒体。奥运会报道更加及时，电视传播质量不断提升，也吸引了更多的电视观众收看奥运转播。电视的迅速发展和普及，促进了奥林匹克运动快速地传播，通过电视传播让世界上更多的观众了解奥林匹克运动，形成对奥林匹克精神的文化认同，也形成了奥林匹克运动的文化全球化趋势。

三、竞争中的经济场

国际奥委会经过20多年的改革，从最开始不直接参与电视转播权的谈判，到20世纪90年代成为奥运电视转播权和电视转播营销的领导者，大大吸引了电视转播巨头的参与，也为国际奥委会带来了丰厚的经济效益。在20世纪50年代曾经出现过奥运电视转播权商业化运营的分歧，转播权问题也影响到了奥运电视转播。国际奥委会通过几次改革，更加积极地参与到奥运电视转播权营销过程当中。

一是重新明确了奥运会电视转播权属和所有权归属。1958年国际奥委会在《奥林匹克宪章》当中对组织营销电视转播权作出了法律规定，明确转播权归国际奥委会所有，并由国际奥委会决定对奥运电视转播收入的分配。二是逐步收回电视转播销售权，成为谈判主导者。1966年国际奥委会正式确定了电视转播权利金的分配方案。三是经过多轮的改革，国际奥委会逐渐正式参与到电视转播权谈判中。到20世纪90年代，国际奥委会成为电视转播权谈判的主要力量，为保证奥林匹克运动长期的财政稳定和电视转播商的长期合作奠定了基础[1]40。

[1] 赵长杰. 奥运会营销策略的理论与实践研究［D］. 北京：北京体育大学，2004.

在1958年国际奥委会对《奥林匹克宪章》作出电视转播权的规定后，20世纪60年代开始，美国三大电视网逐渐重视奥运电视转播权的交易。但在20世纪70年代以前，美国还没有出台相关的法律对电视转播权销售进行具体规定。美国国会于1976年通过《版权法》后，开始了对美国体育赛事版权的保护，也使体育赛事电视转播权的销售进入到快速发展的道路[1]。在美国《反垄断法》中，规定禁止多家电视台联手购买电视转播权，这导致哥伦比亚广播公司（CBS）、美国广播公司（ABC）、全美广播公司（NBC）三大电视网无法共享电视转播权联合播放节目，也导致了美国三大电视网的竞争愈加激烈。

加快推动奥运会电视转播商业化竞争的，还有通过电视传播实现的巨大的广告宣传价值。通过吸引更多的观众，提高收视率，是促成电视机构竞相争夺奥运会转播商的重要因素。在美国电视业，一个重要运行的模式就是，电视转播商把节目转播给观众的同时，“把观众卖给广告商”，让观众成为广告赞助商的消费者[2]。美国电视转播商以收视率作为节目制作和播出的直接目标。为了增加广告商的收费，就必须提升节目的收视率。观众数量越多，收视率越高，广告赞助商就会增加，广告商的收费也会提高。

为了吸引更多观众，电视机构不仅为观众提供了奥运比赛的盛况，还会在奥运会期间为观众安排制作其他内容。比如在奥运会比赛期间安排新闻、肥皂剧或其他节目，让人们在关注体育比赛的同时，将注意力放到自己感兴趣的节目上。电视机构还会通过在奥运会期间播放的节目，吸引非运动爱好者也成为电视机构的潜在观众[3]。1984年洛杉矶奥运会电视观众超过了20亿，美国广播公司（ABC）黄金时段30秒的广告费用高达26万美元[3]。在激烈竞争带来的价格一路抬高之下，奥运会广告商的费用

---

[1] 倪刚，季浏．国内外体育比赛电视转播权营销策略的研究［J］．成都体育学院学报．2002（3）．

[2] 你不可不知的世界三大电视体系［OL］．［2017-06-28］．https：//www.sohu.com/a/152866807_715567.

[3] 赵长杰．奥运会营销策略的理论与实践研究［D］．北京：北京体育大学，2004：42.

变得极其昂贵。奥运会创造性地实现了电视转播权收入的大幅提升，通过奥运电视转播权的竞价模式为举办奥运会带来了不菲的盈利，扭转了国际奥委会面临亏损的窘境，也为更多的国家举办奥运会提升了信心。

美国不断提升的奥运转播权收入，也成为奥林匹克运动主要的资金来源。20 世纪 70 年代末开始，美国的电视转播机构对全球电视转播权收入的贡献最大，超过了 70%。在 1976 年蒙特利尔奥运会、1984 年洛杉矶奥运会和 1988 年汉城奥运会中，美国电视转播权销售收入占全球电视转播权收入的比重分别是 72%、79% 和 75%，远远超过一半以上。从 1976 年蒙特利尔奥运会到 2008 年北京奥运会，在 30 年的时间里，美国电视转播权收入从 2500 万美元升至 8.94 亿美元，增长了 35 倍。美国和欧洲的电视转播收入情况如表 7-6 所示。

表 7-6　美国和欧洲的电视转播权收入（单位：万美元）

举办城市	年份	全球电视转播权收入	美国电视转播权收入		欧洲电视转播权收入	
			转播机构	转播权收入	转播机构	转播权收入
罗马	1960	120			EBU	70
东京	1964	160			EBU	n/a
墨西哥城	1968	980			EBU	100
慕尼黑	1972	1780			EBU	200
蒙特利尔	1976	3490	ABC	2500	EBU	660
莫斯科	1980	10100	NBC	7230	EBU	710
洛杉矶	1984	28690	ABC	22560	EBU	2200
汉城	1988	40260	NBC	30000	EBU	3020
巴塞罗那	1992	63610	NBC	40100	EBU	9450
亚特兰大	1996	89830	NBC	45600	EBU	24750
悉尼	2000	133160	NBC	70500	EBU	35000
雅典	2004	149400	NBC	79350	EBU	39400
北京	2008	173700	NBC	89400	EBU	44340

说明：1980 年莫斯科奥运会全球电视转播收入转引数据有差异，以 1.01 亿美元为准。

资料来源：洪建平．奥运转播：在经济和技术之间［J］．传媒，2008（4）：70-71.

20世纪90年代以后，欧洲电视转播市场也得到迅猛发展。1992年巴塞罗那奥运会，欧洲广播联盟（EBU）以9450万美元购买了电视转播权，10年之后，欧洲广播联盟（EBU）购买的北京奥运会电视转播权达到4.43亿美元，增长幅度大概为1992年巴塞罗那奥运会的4倍。与更早时期EBU购买的奥运电视转播权金额相比，EBU购买的北京奥运会电视转播权的价格是1984年洛杉矶奥运会的20倍，是1972年慕尼黑奥运会的220倍。欧洲占全球奥运转播权收入的比重一直在提高，从1980年的不到1/10，到悉尼奥运会的1/4，到1996年亚特兰大奥运会时占比上升到28%，此后基本稳定在占全球1/4的水平。

20世纪70年代出现的资本主义经济危机和80年代初世界经济的衰退形势，加重了各国政府的财政负担，减少了政府的公共财政开支，一度使得国际奥委会陷入举办奥运会的经营困境，这也加快了奥运会电视转播的商业化运营。国际奥委会直接参与到电视转播权的谈判和营销战略当中，带来了奥运电视转播权的商业化运作。电视转播权的销售成为国际奥委会最主要的收入来源之一，巨大的商业价值大大推动了奥林匹克运动发展。

奥运电视转播的场作用力变化，来自技术场、文化场和经济场的共同作用。当电视转播成为奥运会的内容传播载体，电视转播技术在全球范围的覆盖，为奥运会带来了更庞大的受众群体。电视机构在转播奥林匹克运动的同时，也促进了电视转播技术的快速提升，以更高、更丰富的电视转播质量满足电视观众的收看喜好。

奥运电视转播权销售为奥运会提供了重要的经济来源，奥运会的精彩报道吸引了大量的电视观众，也成为奥运报道中赞助广告商的潜在消费者。各大电视运营商在竞标电视转播权的过程中激烈竞争，也抬高了电视转播权销售的价格。巨大的商业价值吸引了各国电视转播巨头参与其中，极大地促进了奥林匹克运动的发展。奥运电视转播技术、电视转播机构和奥运会，在技术场、文化场和经济场的相互协调与互动之间共同促进、共同发展，形成了联系紧密、相互协调的互动关系。

第八章

奥运会举办的制度、经济、文化关系

——制度化过程分析

第一节　奥运会举办的制度关系

一、奥运会举办过程中的制度关系分析

奥运会是世界上规模最大、级别最高的世界性运动会，对举办国家和城市的政治、经济、文化、环境、科技等方面都会产生深远的影响。举办城市和国家在传承奥运文化、弘扬奥运精神的同时，也在丰富着奥运会的文化内涵和文化表现形式，对主办国、主办城市的形象塑造和文化内涵展现，以及提升国际形象和促进城市经济增长都有极其重要的促进作用。奥运会作为一个全球瞩目的文化事件，是需要花费七年或更长时间筹备的大型工程，是耗资几百亿元或几千亿元的投资项目，涉及财政、交通、建筑、环保、安全等许多方面。本书借鉴制度学的理论，构建了一个奥运文化传播与建设对城市经济影响的制度化框架，以探寻对奥运文化要素投入与城市经济发展的制度化分析。

首先，奥运会的举办是在一定的社会关系互动中实现的对城市经济发展的影响，是一个制度化的过程。马克思在《关于费尔巴哈》一文中阐述了社会属性是人的根本属性，认为人的本质是一切社会关系的总和。马克思从现实的、实践着的人出发去看待人的本质，由于任何人都生活于一定社会之中，因此，人的本质离不开社会关系。在传播学的认识中，文化传播是在一定社会关系中互动进行的，是一定社会关系的体现[1]。在制度学的认识中，制度是指规定、构成和调整人们之间的相互关系、相互角色及其行为的，以某种明文规定的，强制性的结成社会组织的构成形式[2]。

[1] 杜捷，张秀萍．奥运传播与文化［M］．北京：北京体育大学出版社，2006.

[2] 彭和平．制度学概论［M］．北京：国家行政学院出版社，2015.

制度的本质是一切社会关系的构成，这些关系决定了我们的角色、地位、身份，影响着我们的意识和行为。奥运会是一个举世瞩目、规模浩大的全球盛世，对举办国家和城市的政治、经济、文化、社会、环境都将产生深远的影响。奥运会的本质是一定社会关系的互动和实现，在复杂、庞大的社会关系互动过程中，以制度化的方式实现对国家形象的塑造，对城市经济发展的促进。

其次，奥运会的举办是一个从制度规定到制度执行的制度化的实现过程。制度始于规定，成于执行[1]。在党的十九届四中全会上，制度执行问题被提高到重要的位置。制度的生命力在于贯彻执行，再好的制度规定，不贯彻执行，便不能形成制度，也失去了制度规定本身的意义。要形成制度，必须包括制度规定和制度执行两个方面。制度规定与制度执行，二者相互区别，又相互联系。只有制度规定而没有执行，或者只有制度执行没有制度规定，都不能形成制度。制度规定是制度执行的依据，制度执行是制度规定的贯彻落实。制度是在制度规定和制度执行的相互作用、相互影响过程当中实现的。只有制度规定，没有制度执行，规定只能是一纸空文，制度规定与制度执行不可分割。

所以，奥运会的举办就是在制度规定与制度执行过程当中建立起来的一个复杂的社会关系架构。制度的作用就是将这些社会组织结合起来，形成真正的、实际的、可以有序运行的整体。从奥林匹克运动的最高法律文件来看，《奥林匹克宪章》规定了奥林匹克运动的组织宗旨、原则、成员、资格、机构、各自的职权范围以及奥林匹克相关活动的基本程序。现代奥运会的创始人顾拜旦是第一部章程的倡议和制定者，《奥林匹克宪章》由国际奥委会制定，于1894年6月在巴黎国际体育会议上正式通过。《奥林匹克宪章》作为一个法律文件，约束了所有奥林匹克活动参与者的行为，也是各个社会组织结合起来进行合作的基础文件。

---

[1] 彭和平. 制度学概论［M］. 北京：国家行政学院出版社，2015.

国际奥林匹克委员会（简称国际奥委会）是奥林匹克运动的领导机构和最高权力机构。在《奥林匹克宪章》当中，规定了举办奥运会需要根据国际奥委会的规定，授予举办奥运会权利来行使职权。国际奥委会享有对奥运会的全部权利，包括对奥运会的组织、开发、广播电视和复制的权利。奥林匹克运动会组织委员会（简称奥组委）承担着奥运会和残奥会各项筹办任务的组织工作，是负责贯彻执行奥运会举办的组织机构，奥组委接受国际奥委会的领导组织工作。具体来说，例如，北京奥组委具体由北京市政府和国家体育总局共同组建，由中国奥委会、北京市政府、中央和国家机关有关部门人士和知名人士组成，这些组织机构在一定的制度规定中，共同执行制度规定，完成奥运会的举办。

二、举办奥运会的制度构成模型

奥运会是在与制度规制者、制度执行者和制度互动者的相互关系过程中实现的制度化过程。从制度的本质来看，制度的本质是一切社会关系的构成。奥运会举办的制度化实现过程，是依靠制度将与奥运会相关的社会组织，按照一定的制度形式，从制度规定到制度执行结合起来。在制度学的理论当中，构成制度最基本的要素有三个，分别是制度规制者、制度执行者和制度互动者[1]。制度规制者是通过合法程序，以文字形式表明并正式发布制度规定的机构或成员，是制度规定的制定者。制定制度相关规定是一个必不可少的环节，但它并不是制度的全部，还需要将相关规定贯彻落实。制度执行者按照制度规定者的授权行使职权，职责就是执行规定，将制度规定贯彻落实。制度互动者是指制度化组织当中除制度规制者和制度执行者以外的所有的组织成员。一方面，制度互动者是制度规定和制度执行的对象，反过来说，制度互动者又与制度规定者和制度执行者发

[1] 彭和平. 制度学概论 [M]. 北京：国家行政学院出版社，2015.

生相互作用，产生重要的影响（见图 8-1）。

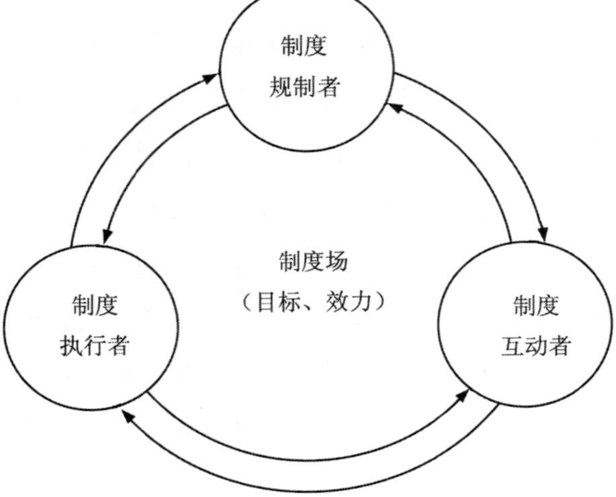

图 8-1　制度构成三要素互动关系图

奥运会的举办是奥组委、国际奥委会、奥运会主办城市、其他成员国、参与奥运会的广大企业和社会民众等多方面的社会组织相互作用、相互影响的过程。奥运会作为一个国际性的奥林匹克运动，需要从国际和国内两个层面来看奥运会的构成关系。首先，国际奥委会是奥林匹克运动会的领导机构和最高权力机构，是奥运会的制度规制者。奥组委按照国际奥委会的规定来行使职权，向国际奥委会负责，促成各部门开展工作，是制度的执行者。其次，从一个奥运会举办国的角度来说，中央政府是制度规制者，奥组委向中央政府负责，接受中央政府的领导，是制度的执行者。如在北京奥运会的举办过程中，北京奥组委是由国务院批准成立的独立的事业法人单位，是承办第二十九届奥运会的组织机构。北京奥组委的职责就是促进奥组委各部门工作的规范化、制度化和科学化，有效地合理利用现有资源，有序、高效地开展工作，保证从奥运会筹办到全面建设，再到测试调整及正式运行阶段各项工作的整体运行。

其他成员国、参与奥运会的广大企业和社会民众是奥运会举办过程中更广大的群体，是制度的互动者。他们是奥运会举办过程中按照制度规定完成具体工作的主体。制度规定将制度执行者和制度互动者组织结合起来，制度互动者在其中有序、高效地开展工作。制度互动者也是制度关系和制度形式的体现者，在制度互动者在与制度规制者、制度执行者相互作用的过程中，是实现奥运会对国家形象塑造、城市更新和城市经济转变的重要推动者。比如为组织好奥运会，在筹办奥运会的过程中，奥组委需要与国际奥委会其他成员国开展合作，向之前举办过奥运会、有举办奥运会经验的国家和城市学习、交流、借鉴。在奥运会的组织管理工作中，涉及场馆建设、交通基础设施建设、生态环境保护、财政预算支出、安全保卫防护等具体工作都需要与相应部门开展合作，形成互动。

在奥运会的前期申办、筹办到举办过程中，离不开广大企业和群众的热情参与，企业和人民群众作为制度互动者发挥了不可替代的作用。直接参与奥运会的群体，主要有奥运会的赞助企业，间接参与奥运会的群体包括广大赛场外的普通民众和奥运会的志愿者等，他们以非正式、消遣性的参与为主。广大企业和人民群众的支持是奥运会成功举办的基础，他们作为制度互动者积极参与到奥运会举办过程中，在奥运会组织与管理的各项具体工作中发挥了重要作用。

三、从申办城市到主办城市——制度执行主体的确立

最终由哪个国家、哪个城市作为举办奥运会的执行主体，也经历了一个制度化的过程。《奥林匹克宪章》规定，只有国际奥委会拥有奥运会主办城市的确定权。确定奥林匹克举办城市的具体方法，遵循《奥林匹克宪章》中的规定，即在奥运会举办前7年，由全体委员投票表决。在1999年的“盐湖城丑闻”之后，国际奥委会对申办程序进行了调整。目前，主办城市和国家申请奥运会主办权大致经历五个阶段。

一是需要经过国际奥委会的招标和举办城市的申请。国际奥委会一般在奥运会召开前的8年时间提出招标，有意愿举办奥运会的申办城市，在规定日期前将正式的书面材料提交给国际奥委会。国际奥委会规定，每一个国家只能有一个城市申办一届奥运会，因此，在举办国提交申请材料之前，需要由该国政

府同意，并经过本国奥委会的批准后正式致函国际奥委会，提名奥运会的申办城市。2018 年 11 月，上海市政府发布了一则公示——《申办 2032 年夏季奥运会可行性研究》，拟申办 2032 年夏季奥运会，采购预算金额为 64 万元。这表明上海市政府有意愿作为申办城市，但是否能够作为奥运会的举办城市，还需要中央政府和奥组委的批准，最终由国际奥委会确认奥运城市的举办权。

二是需要由国际奥委会初步筛选申办城市。在这个过程中，申办城市对举办奥运会进行申请陈述，负责处理国际奥委会日常事务的国际奥委会执行委员会对城市基本情况进行了解，各申请城市能否有“资格”成为奥运会的举办城市，需要由执行委员会进行审定。最终筛选出奥运会申办城市，此时奥运会的申请正式进入申办程序。

三是需要由国际奥委会评估委员会进行申办城市的实地考察。国际奥委会通过调查问卷的形式向奥运会申办城市提出问题，这些问题涉及举办奥运会的各个方面，由国际奥委会和负责奥运会项目的国际单项体育联合会共同提出。申办城市对这些问题进行回答和汇总，形成申办报告。2015 年 1 月，北京冬奥申委提交申办报告，回答了国际奥委会提出的 192 个问题，包括北京联合张家口申办 2022 年冬奥会的理念愿景、场馆赛事组织、媒体担保等多个方面，共三卷 14 个主题，2022 年冬奥会申办流程如表 8-1 所示。

表 8-1　2022 年冬季奥林匹克运动会申办流程

	申办事项	时间点
第一阶段	中国奥委会致函国际奥委会，宣布提名北京为 2022 年冬奥会申办城市	2013 年 11 月
	签署《申办城市受理流程》	2013 年 12 月 1 日
	参加 2014 年索契冬奥会独立观察员项目	2014 年 3 月
	申办城市向国际奥委会提交申请文件和保证书	2014 年 3 月 14 日
	国际奥委会及专家对所有答复进行审阅	2014 年 3—6 月
	确定北京成为 2022 年冬奥会候选城市	2014 年 7 月 7 日

续 表

<table>
<tr><th></th><th>申办事项</th><th>时间点</th></tr>
<tr><td rowspan="5">第二阶段</td><td>向国际奥委会提交申办报告</td><td>2015 年 1 月</td></tr>
<tr><td>国际奥委会评估委员会考察</td><td>2015 年 2/3 月</td></tr>
<tr><td>国际奥委会评估委员会报告</td><td>2015 年 5/6 月</td></tr>
<tr><td>向国际奥委会委员作候选城市陈述</td><td>2015 年 5/6 月</td></tr>
<tr><td>2022 年冬奥会主办城市遴选，北京获得 2022 年冬奥会举办权</td><td>2015 年 7 月 31 日</td></tr>
</table>

资料来源：根据互联网公开资料整理。

在实地考察期间，评估委员会主要听取申办城市的主题陈述，了解申办愿景、总体理念、体育和场馆、奥运村、遗产与参与等主题，并对赛区和非竞赛场馆进行现场勘查。评估委员会在结合申办报告和评估考察情况的基础上，形成评估报告，上报国际奥委会。申办报告展现了举办奥运会的各项计划，是申奥过程中重要的法律文件，是评估委员会考察和国际奥委会最终确定举办城市的重要依据。

四是经过国际奥委会全会投票后确定奥运会举办城市。国际奥委会完全掌握了奥运会举办城市的最后确定权。在奥运会举办前七年召开的国际奥委会全会当中，全体委员进行秘密投票，对奥运会举办城市进行表决。获得半数以上选票的申办城市，即可被确定为奥运会举办城市。在有若干申办城市时，使用多轮投票方式，在每轮淘汰一个票数最少的城市。若有两个城市票数相同，专门为这两个城市增加一次投票，选出举办城市。在国际奥委会全会投票过程中，国际奥委会主席不参与投票。若两个城市在最后一轮投票票数相等，由奥委会主席投出一票，从而决定奥运会的举办城市。国际奥委会在马来西亚吉隆坡第 128 次全会上确定了将 2022 年冬奥会举办权交给北京，北京将携手张家口举办冬奥会。

五是由国际奥委会与举办城市两方进行签约。在确定奥运会的举办城市之后，国际奥委会与该城市进行正式的协议签订，共同签署主办城市合同。2015 年 7 月 31 日，在马来西亚吉隆坡，国际奥委会主席巴赫和北京冬奥申委主席、北京市市长王安顺，中国奥委会主席、国家体育总局局长刘鹏，张家口市市长侯亮，签订了《主办城市合同》。在合同中，组委会保证了遵照《奥林匹克宪章》和国际奥委会的指示履行协议中的各项条款。该合同是举办城市和国际奥委会之间的正式协议，合同列举了国际奥委会对举办城市提出的各种要求和约束条款，在组织奥运会的筹备和举办过程中，都具有法律约束力。

第二节　奥运会举办的经济关系

一、举办奥运会的经济思想理念的转变

与现代奥运会的举办不同，在古代奥林匹克运动中，经济效益只是古代奥运会举办的附属品。古代奥林匹克运动主要是一种宗教祭祀活动，人们参加古代体育竞技是一种神圣的祭祀神灵的宗教行为。古代奥运会作为一种神圣的宗教庆典活动，要在祭坛前向神灵展示自身的运动技艺，表现自己强健体魄和坚强的意志，展现坚韧不拔和顽强拼搏的精神，以此表示对神灵的祭祀[1]。他们在宙斯神殿旁点燃奥林匹克圣火，运动员、教练员和裁判官在宙斯神像前集体宣誓，在熊熊燃烧的奥运圣火陪伴下，举行奥林匹克竞技赛会。这种宗教庆典仪式在荷马时代就已经存在，以竞技赛会的方式表示对神灵的崇拜，并不考虑经济收益的问题。他们没有通过商业化的发展模式为古代奥运会筹措相应的资金，也没有把奥运会作为实现经济利益的一种方式。

在古代奥林匹克运动的竞技赛会上，人们看重更多的是精神奖励，而不是物质奖励。在激烈残酷的竞争之后，获胜者得到的奖励，往往只是一

---

[1] 陈炎，赵玉．多维视野中的奥林匹克运动［M］．济南：山东教育出版社，2008.

顶橄榄枝编成的桂冠。在古代奥运会举办的不同时期，也有过一些物质方面的奖励，但并不是最重要的。在第一届到第六届古代奥运会上，奖励给优胜者的物质奖品是一只山羊。在随后的古代奥运会上，有的物质奖品是涂身用的油壶[1]。在古代奥运会中，也出现过兜售奥运会授权的商品，这也是古代奥运会经济的一部分。集市贸易上有的是食品、饮料、纪念品，有的是画家、诗人、雕刻家的艺术品[2]。尽管古代奥林匹克运动与经济之间只是一种间接的联系，但是古代奥运会能够延续一千多年，主要还依赖于希腊公元前 8 世纪至公元前 6 世纪经济繁荣发展的基础。公元前 4 世纪前期，希腊经济开始出现衰退，希腊城邦出现了危机。伯罗奔尼撒战争以后，中小奴隶制经济逐渐被大地产大手工业经济替代，整体经济的衰落也使得古代奥林匹克运动走向了衰退和消亡。

现代奥运会诞生之初，主要的资金来源是商业赞助和纪念品营销。皮埃尔·德·顾拜旦在复兴现代奥运会时，国际奥委会成员大部分都是有钱的富商，能够为国际奥委会提供丰富的资金赞助[2]。在 1896 年举行第一届雅典奥运会时，希腊政府因缺少修建资金而无法建设一个像样的体育场，通过政府募集获得 30 多万德拉马克（希腊货币）。希腊富商乔治·阿维罗富，捐赠 10 万德拉马克的巨款，提供古希腊竞技场废墟重建大理石运动场的费用。柯达公司作为奥运会活动的赞助商之一，承担了奥运会举办的赞助费。此外，希腊政府通过发行古希腊奥运竞技的纪念邮票，为奥运会筹集资金，解决了希腊政府举办奥运会的财政问题[3]。通过发行奥运会纪念邮票等纪念品筹措资金，也成为后来举办奥运会的资金来源之一。

在 1984 年洛杉矶奥运会之前，借助商业手段获得奥运会举办的资金支持只是一小部分。这些商业性的活动主要来自奥运会门票，出售彩票、奥

---

[1] 崔乐泉. 奥林匹克运动简明百科［M］. 北京：中华书局，2003：21.

[2] ［澳］吐依·维尔. 真实的奥运会［M］. 朱振欢，等，译. 北京：清华大学出版社，2004.

[3] 项立敏. 现代奥林匹克运动［M］. 徐州：中国矿业大学出版社，2005.

运会纪念币和邮票，电视转播权收入，国际奥委会营销计划所得，厂家赞助等。举办奥运会的主要资金还是财政拨款和社会捐助，但财政拨款这种高度依赖政府的方式，需要政府承担高额的举办费用。第 18 届东京奥运会、第 21 届蒙特利尔奥运会和第 22 届莫斯科奥运会，分别耗资 30 亿、20 亿和 90 亿美元，政府所需开销巨大。在奥运会举办后，举办国更是承受了极大的债务负担。到 20 世纪 70 年代，现代奥运会的举办开始出现衰退迹象。1972 年的德国慕尼黑奥运会亏损 6 亿美元，1976 年蒙特利尔奥运会的举办，带给主办城市 10 亿美元的债务负担。蒙特利尔市政府接近破产，申办城市越来越无法承担举办奥运会的巨大开支。直到 2006 年 6 月 30 日，300 万魁北克省的居民才将 10 亿美元的欠款还清。

二、商业化运作构筑的奥运经济基础

在经历了 1972 年的慕尼黑恐怖分子袭击和 1976 年的蒙特利尔财政危机之后，申办奥运会的城市数量越来越少。到 1984 年奥运会，只剩下洛杉矶唯一个城市申办。当时的美国政府没有向奥运会提供资金支持的意向，美国联邦政府拒绝提供任何经济援助，这意味着没有政府补贴。申办城市洛杉矶所在的加利福尼亚州也禁止发行奥运彩票，运行资金需要自行筹措。地方洛杉矶市政府拒绝承担任何举办奥运会的经济责任，并提出将奥运会主办权归还给国际奥委会，66% 的洛杉矶市民反对利用纳税人的资金来举办奥运会[1]。

在申办城市洛杉矶面临举办奥运和资金匮乏的双重压力时，商人出身、航空公司的老板彼得·尤伯罗斯当选洛杉矶奥组委的主席，开始了奥运史上从未有过“私营模式”的商业运作。他对奥运会的赞助商作出了新规定，1984 年的洛杉矶奥运会赞助商作为“奥运指定产品”，数量限定在 30 家以

［1］ 陈炎，赵玉．多维视野中的奥林匹克运动［M］．济南：山东教育出版社，2008.

内。每一个行业只能确定唯一一个最大的赞助商，每家企业赞助商的费用最低限额为400万美元。这个规定不像往届奥运会那样有几百个赞助商，如1980年的莫斯科奥运会，有200多家赞助商，但当时只募集到1000万美元。在洛杉矶奥运会中，由于每个行业只能留下一家最大的企业作为赞助企业，同行业的赞助商为了能够获得奥运会的授权，展开了激烈的角逐。可口可乐为了打败百事可乐支付了1260万美元的赞助费，日本富士胶卷为了能够战胜行业内龙头企业柯达胶卷，拿出700万美元的赞助费[1]。新规定大大激励了有意向赞助的企业，也抬高了赞助竞标价格。洛杉矶奥运会以“奥运指定产品”进行“独家赞助”的方式，获得了3.85亿美元的企业赞助[2]。

尤伯罗斯将商业化的运作模式同样应用在了奥运会电视转播权的出售上。他将奥运会电视转播作为一种电视台向全世界“独家报道”的权利，对希望向全世界报道奥运赛事的电视台“公开招标出售电视转播权”。尤伯罗斯改变了以往将奥运转播卖给许多电视台的方式，而是将“独家转播权”卖给迫切想购得向全世界独家报道奥运会的电视台。最终，美国广播公司ABC电视台以2.25亿美元购买了原来只有1亿美元的奥运会电视转播权。洛杉矶奥运会通过一系列的商业运作，加上电视转播权和门票收入，获得了2.5亿美元的盈余，挽救了走向衰退的奥林匹克运动，尤伯罗斯也被称为“奥林匹克商业化之父”。1984年的洛杉矶奥运会为奥运会举办引入商业化的发展道路和营销方式，也成为了商业化运作奥林匹克运动的转折点。

20世纪80年代以后的20多年，萨马兰奇担任国际奥委会主席，在此期间，萨马兰奇通过对国际奥委会的改革，引入了“奥林匹克计划”，允许奥运会开展商业化运作，为奥林匹克运动构筑了一个坚固的经济基础。“奥林匹克计划”于1985年提出，这个计划是从全球范围内选择各行业中最著名的企业作为国际奥委会的正式赞助商。加入该计划的企业，能够在

---

[1] 腾讯财经［OL］.［2016-08-06］. https：//xw.qq.com/cmsid/20160806020413/FIN2016080602041300.

[2] 杜捷，张秀萍．奥运传播与文化［M］．北京：北京体育大学出版社，2006.

全球范围内使用奥林匹克的知识产权，并进行市场营销活动。同时，作为奥林匹克全球合作伙伴，享有在全球范围内产品、技术、服务类别的排他权利，并享有一系列的权益回报。国际奥委会规定，在同一行业中只能有一家企业作为奥林匹克全球合作伙伴，该企业必须位于世界领先地位，具有高尚的品质和良好的形象，并且能够协助推行奥林匹克营销计划，保证奥运会的顺利举办和运营。

如果说1984年尤伯罗斯创造性地开辟了"以奥运养奥运"的商业化运营模式，人们开始注意到了奥运会举办带来的经济效益，那么可以说萨马兰奇为奥运会和举办城市带来了这一稳固的经济基础，奥运会城市为此纷纷实现了盈利，萨马兰奇也被誉为继顾拜旦之后对奥运会作出最伟大贡献的人。据统计，1988年汉城奥运会盈利4.87亿美元；1992年巴塞罗那奥运会盈利4000万美元，创造了260亿美元的经济效益；1996年亚特兰大奥运会盈利1000万美元，创造了51亿美元的经济效益[1]。第21~30届奥运会盈利情况如图8-2所示。

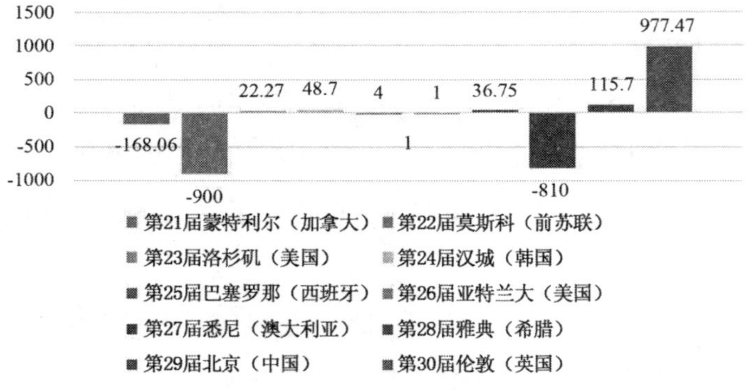

图8-2　第21~30届奥运会盈利情况图（单位：千万美元）

资料来源：张立婷．奥林匹克运动的新纪元［D］．长沙：湖南师范大学，2017.

20世纪90年代，全世界许多国家和地区将奥运会的举办作为竞相追

［1］盘点奥运30年多产业链掘金机会及投资建议［OL］．https：//www.iyiou.com/p/30086.html.

逐的目标，奥运会申办竞标变得异常激烈。我国的申办奥运会之路历时十余载才成功。我国于1993年申办过2000年的奥运会，在蒙特卡洛进行奥运会申办城市的最终投票时，北京仅以两票之差惜败悉尼，失去了奥运会的举办权。2001年，我国成功申办了2008年的奥运会主办权，击败了多伦多、巴黎、伊斯坦布尔等申办城市。2004年奥运会共有全球12个城市参与申办竞争，2012年夏季奥运会有9座城市申请主办，奥运会的举办权一度成为“炙手可热的香饽饽”。

三、国际奥委会对举办城市的改革

2008年金融危机爆发后，面对全球经济不景气的发展趋势，奥运会的举办再一次成为一些城市沉重的债务负担，不少场馆赛后被闲置，较为冷门的竞赛场馆遭废弃。特别是近几年，很多城市在奥运会申办过程中出现退出现象，申办奥运会的城市数量也在减少。2004年，12个城市参与申办奥运会，到了2020年奥运会，参与申办的城市只有5个。2022年的冬奥会和2024年的夏季奥运会也分别只有两个城市申办。在距离2020年东京奥运会不到半年的时间内，由于资金紧张，东京部分赛场还没有建设完成。资金的紧张让很多工程项目大大延期，对日本的经济带来了很大的考验。

面对参与竞标的奥运会城市减少和不断出现的奥运会申办城市中途退出等问题，国际奥委会在2014年12月通过了奥运会的改革方案《奥林匹克2020议程》，国际奥委会的改革将更注重降低奥运会申报和运行成本、可持续发展，以及提高公信力和注重人文关怀等。在《奥林匹克2020议程》提出的40条改革建议当中，与举办奥运会相关的有6条，相应细化的新规范有118项[1]。新规范将更加注重简化申办流程，降低举办奥运会的

[1] “2020议程新规范”对北京2022年冬奥会有何影响？[OL]．[2018-06-07]．https：//www. sohu. com/a/234366630_ 161623.

经济成本，分担举办国的压力，让奥运会更灵活高效，降低各利益相关方的需求，产生更多合作，以运动员为中心，实现可持续的长期发展。

一是对产生机制的修改。国际奥委会提出修改奥运会举办地的产生机制，未来的奥运会可能在多个城市或国家联合举办，不限于在一个城市或国家。有意愿申办的城市可以通过不承担义务的对话机制，向国际奥委会了解举办奥运会的要求。国际奥委会将提供专家和经验支持，并承担相应的支出费用。最终，国际奥委会执行委员会将以城市的总体可行性评估作为依据，邀请相应的城市进行奥运会的申办。申办城市筹备奥运会的时间也会有所调整，从原来的 7 年时间筹办划分为 3 年规划设计、4 年具体运行和执行。

二是从 2022 年北京冬奥会以后，举办城市将拥有更大的灵活度举办奥运会。在国际奥委会和举办城市签订的《主办城市合同》中，关于奥运运行方面的规定减少了 50%。在新规范下，国际奥委会要求，举办城市在有限资源内办好奥运会。奥运会规模不是规模越大越好，因此，不要过度修建土木工程，要控制成本，要以运动员为中心，在舒适的住宿环境、食物健康、技术层面和交通便捷等方面保证提供最好的环境。

三是国际奥委会要求主办城市最大限度地利用现有设施节俭办奥运。让奥运会变得“可承受、可收益、可持续”是国际奥委会关注的重点。国际奥委会把为奥运会运营建设的预算分为两种，一种是长期的基础设施的投资和回报，另一种是奥运会运营期间的预算。运动员的比赛场地应满足最高水平的赛事设计要求，缩小奥运村建设规模。对没有永久性场馆需要的体育项目，可利用临时性和可拆卸场馆。国际奥委会不允许未来的举办城市修建与该城市长远发展无关的体育场馆或者相关的基础设施。为减少举办国及举办城市承担的费用风险，举办国家和城市应更多地考虑在基础设施及相应的固定资产投资方面实现平衡，奥运交通建设尽可能与城市公共交通建设结合。

四是推出奥林匹克频道，实现赞助方与观众的双赢。议程提出，为提高奥林匹克媒体的曝光率，吸引更多的赞助品牌参与奥运会的举办，由奥林匹克广播服务公司（OBS）建立一个数字化的奥林匹克频道（Olympic Channel）。奥林匹克频道将由国际奥委会掌握奥运会的转播权，从而保证奥运会转播的独立性，也在一定程度抑制奥运会过度发展的商业化[1]。2016 年 8 月，国际奥委会在巴西奥运会的闭幕式上宣布了奥林匹克频道正式开通。截至 2016 年底，奥林匹克频道全球数字平台提供了七种语言的体验。2018 年，国际奥委会通过奥林匹克频道向印度直播了平昌冬奥会。2019 年 1 月，中央广播电视总台台长慎海雄在北京会见了国际奥委会主席巴赫，就央视奥林匹克频道的开播达成一致。为承接北京 2022 年冬奥会节目转播，央视将新增 CCTV16 奥运频道。

五是国际奥委会更加要求注重奥运会给举办城市带来的有形和无形奥运遗产。新建的基础设施或场馆已经不是国际奥委会关注的奥运遗产的重点。新规范要求将体育作为核心，把最好的环境提供给全球最顶尖的运动员，为未来即将进行的其他体育比赛，比如世锦赛、世界杯等奠定良好的基础。对举办国家和举办城市的广大市民来说，让市民爱上体育运动，就是对奥林匹克运动会最好的遗产，这既符合《奥林匹克 2020 议程》的精神，又符合举办国、举办城市长远的发展目标。

六是国际奥委会还规定了将与其他相关组织一道，在赛事管理、赛事要求和给组织者的支持三个方面，共同将奥运会的筹办变得“可承受、可收益、可持续”。常年举办单项赛事的国际单项体育联合会，以及举办过奥运会的组委会专家等相关专业组织和人员，将更多地参与到未来奥运会的筹办过程当中，为即将举办奥运会的国家和城市，分享办赛策略和运行方面的成功经验。未来，国际奥委会还将增加在信息系统、售票环节等方面提供的成功经验，加强合作，帮助举办城市少走弯路。

面对当今全球经济动荡的严峻形势，国际奥委会要求，奥运会的可持

[1] 张立婷．奥林匹克运动的新纪元［D］．长沙：湖南师范大学，2017.

续发展，必须以灵活性展现出对当今世界快速变化的适应，要在保持奥运会自身魅力的同时，坚持普遍性的基本原则。国际奥委会越来越多地强调，奥运会的举办不仅仅指奥运会赛事的可持续性，更强调奥运会影响力的可持续性，以及对主办城市和主办国家经济发展和社会效益的可持续性。

第三节　从奥运会文化传播到产权保护

一、奥运会的跨文化传播

1. 两个层面的文化体系

传播指的是信息的传递与交流，是在人们之间的一种信息的互动。人们在社会中形成各种各样的社会关系，传播是基于一定的社会关系进行的，因此，传播也是人们一定的社会关系的表现[1]。奥运文化传播是在举办国和举办城市建立起的复杂庞大的社会关系中形成的，奥运文化传播是基于与国际奥委会、奥运会组委会、其他成员国、参与奥运会的广大企业、社会民众和国内外媒体的社会关系系统形成的。奥运文化传播包含了两个层面的文化体系，一个是代表奥林匹克文化的国际层面文化体系，另一个是代表举办国的本土文化体系。

国际奥委会作为奥林匹克运动的最高权力机构，是奥林匹克文化传播的最高机构，设立目的是传播奥林匹克文化，同时，增强奥林匹克运动的凝聚力。奥运会举办国经国际奥委会授权，在举办城市进行奥林匹克文化传播过程中，通过将本国文化“嵌入”奥林匹克文化，从而实现本国文化

[1] 杜捷，张秀萍．奥运传播与文化［M］．北京：北京体育大学出版社，2006.

在全球范围内的传播。奥林匹克文化是全球化的文化，也是融合了多个国家和多个民族的多元化文化。奥林匹克文化传播，是基于两个层面的社会关系体系进行的。奥运文化传播是一种跨文化传播，一个是奥林匹克文化传播，一个是举办国本国文化传播[1]。在举办国和举办城市创新性地展示奥林匹克运动文化时，一方面，奥林匹克文化得到了进一步的丰富和传承；另一方面，举办国的民族文化也得到了展示和传播。

2. **奥林匹克文化思想体系**

奥林匹克运动的思想体系，包括奥林匹克主义、奥林匹克精神、奥林匹克运动宗旨、奥林匹克格言、奥林匹克理想等内容。现代奥林匹克之父顾拜旦在恢复现代奥运会时，构建起了较为完整的奥林匹克文化体系和以国际奥委会为核心的组织保障体系，为奥林匹克思想文化体系的丰富和发展奠定了基础[2]。

奥林匹克主义是奥林匹克运动思想体系的核心，《奥林匹克宪章》对奥林匹克主义进行了比较全面的描述，具体是："奥林匹克主义是增强体质、意志和精神并使之全面发展的一种生活哲学。奥林匹克主义谋求把体育运动与文化和教育融合起来，创造一种在努力中追求欢乐、发挥良好榜样的教育价值并尊重伦理基本原则为基础的生活方式。奥林匹克主义的宗旨是使体育运动为人的和谐发展服务，以促进建立一个维护人的尊严的、和平的社会。"《奥林匹克宪章》同时指出，奥林匹克精神"就是互相了解、友谊、团结和公平竞争的精神。奥林匹克精神的本质内容是参与原则、竞争原则、公平原则、友谊原则和奋斗原则"。

奥林匹克运动宗旨阐明了在全世界范围内举办奥林匹克运动的目的，即"通过没有任何歧视，具有奥林匹克精神——以友谊、团结和公平精神相互了解——的体育活动来教育青年，从而为建立一个和平的更美好的世

[1] 杜捷、张秀萍．奥运传播与文化［M］．北京：北京体育大学出版社，2006.

[2] 孙玉胜．奥林匹克文化传播的经济学分析［D］．长春：吉林大学，2008：41.

界做出贡献”。在国际奥委会的官方网站上也表述了奥林匹克运动的性质，即“奥林匹克运动就像天穹上星座一样，是这个自然界中永恒的东西，它的传统一代代流传下去，把过去和现在联系在一起，保证了奥林匹克运动的一致性和继承性。树根为树的茁壮成长提供了坚实的基础和养分，传统与奥林匹克运动的关系也一样，现代奥林匹克运动将在不违背奥林匹克精神的前提下自由地发展……国际奥林匹克运动机构通过体育运动的方式达到最高目标，就是让所有参与其中的人所共同生活的世界能够变得更好……”

奥林匹克理想是奥林匹克主义和奥林匹克精神的综合体现，表达了人们对奥林匹克运动未来发展的向往之情，奥林匹克运动强调人的全面协调发展和人类社会的和谐公正，强调建立一个和平美好的世界。奥林匹克格言以最简洁的语言表述了奥林匹克运动追求的“更快、更高、更强”的崇高理想。《奥林匹克宪章》当中规定的奥运圣火传递、奥运会开闭幕式等，都在奥林匹克文化传播中发挥着重要意义。奥林匹克运动的思想体系代表了人类共同追求的价值理想，奥林匹克运动的目的是培养身心和谐健康发展的人，进而为构建更加和平和美好的社会作出贡献。在进行奥林匹克文化传播的同时，奥林匹克文化与不同民族、不同特色的举办国文化相互融合、相互融通、相互渗透，形成更加多元、更加多样的奥林匹克全球文化。

3. 举办国艺术和文化的表达

北京申报2008年奥运会时，曾经许下一个庄严的承诺，要将2008年奥运会办成人类历史上最伟大、最成功的奥运会。在2008年奥运会闭幕式上，国际奥委会主席罗格说：“这是一届真正的无与伦比的奥运会。”2008年，北京奥运会向全世界展现了一个古老又现代的北京，一个文明进取、生气蓬勃的中国。在全世界的目光中，展示了宏浩博大、克明峻德、自强不息的、拥有五千年文化传承的中国。

2015年，北京申冬奥代表团在吉隆坡陈述会上，通过宣传片和陈述，展示了自信强大的中国国家形象，并成功获得2022年冬奥会主办权。宣传片介绍了北京奥运会场地建设情况和中国传统文化，传递了世界各国人民共聚奥运会、共享冰雪盛会的美好愿望，总共用时两分多钟。宣传片包括5个视觉单元，以热情的市民、2008年奥运会场景、地理环境和自然环境等镜头串接而成。短片从轻盈飘落的白色雪花开始，分别展示了蜿蜒巍峨的长城和气势恢宏的故宫建筑群被白雪笼罩，角楼、天坛、张家口大境门景区等建筑；雪中嬉闹、热爱溜冰的群众在北海公园、故宫等地；北京高楼大厦林立、流光下的夜景和2008年北京奥运会燃烧着奥运圣火的鸟巢；北京便捷的交通、完备的地理环境，奥运赛场方位图，北京、延庆和张家口三地交通网；胜利的呐喊、优美的冰上舞蹈和运动员的速度与激情。最后，以往届冬奥会片段、获奖运动员灿烂的笑容、奥运健儿夺冠瞬间、中外文化交流等特写镜头为结尾，呈现出“纯洁的冰雪，激情的约会：Joyful Rendezvous upon Pure Ice and Snow”的字幕，以2022年北京冬奥会会徽作为结束。

宣传片展示了文化中国的当代形象，展示和平崛起的强大中国的朝气蓬勃和活力四射。塑造了开放自信、友好合作、文明进步的大国形象[1]。宣传片呈现了具有普适性、开放性、多元性和包容性的奥林匹克运动文化，表达了中国人民愿意同世界各国人民共同建设和平美好的家园，共同享受智慧成果，共创友谊、团结、美好未来的理想。

二、两个制度层面的奥运文化传播

奥运会的举办是一个传播和弘扬奥林匹克文化，展示和提升举办国家和主办城市形象，获得国际认同，营造国际环境的过程。国家形象是国际社会对一个国家总体的认识和综合的评价，是一个国家重要的无形资产和

[1] 方静．中国2022年冬奥会申办宣传中的国家形象传播与塑造［D］．武汉：华中师范大学硕士学位论文，2016：15.

综合国力的体现。良好的国家和城市形象是一个国家和城市更好地实现经济社会发展的基础。在经济全球化时代，文化因素对全球经济秩序的重构起了关键作用。文化因素是对一个群体、一个民族国家确立身份认同的基础。一个国家或一个社会的文化，是在不断交流和碰撞当中实现的认同，强烈的认同感才更容易被国际社会接受。只有在一个国家和城市的良好形象得到国际社会的认同基础上，良好的形象带来更多的国际投资和合作，奥运会才可能作为一种大型活动为城市经济增长带来长期的影响[1]。伴随近百年的快速发展，奥运会已经从一项竞技体育运动发展成为一个全球化的文化事件，奥运会的举办能够极大地推广和提升主办国家、主办城市的影响力，为一个国家和城市的形象构建提供良好的平台和历史性的契机。

从奥运会举办的制度化运行过程来看，奥运会的文化传播是在国际和国内两个层面上实现的。首先，从国际层面来看，《奥林匹克宪章》阐述了奥林匹克的精神内涵是“相互理解、友谊长久、团结一致和公平竞争”。奥林匹克运动是在奥林匹克主义的指导下，以四年一度的奥林匹克庆典和体育竞技运动作为活动的主要内容，促进人的社会道德、生理和心理的全面发展，通过组织、发展体育竞赛和体育运动，弘扬和传播奥林匹克精神，促进各国人民之间相互了解，维护世界和平的国际性的体育运动。国际奥委会围绕奥林匹克精神的传播和发扬，在实现奥林匹克精神的文化构建过程中增强自身的组织凝聚力[2]。在《奥林匹克宪章》中，规定了国际奥委会享有对奥运会的全部专属权、财产权，有关奥林匹克标志、奥林匹克旗、奥林匹克格言和奥林匹克会歌的一切权利也都属于国际奥委会。与奥运会相关的全部权利归国际奥委会所有，包括运动会的组织、开发、转播、录制、获取和散发权利，这也体现了国际奥委会作为制度的规制者

---

[1] [美] 马修·波班，等．奥林匹克大机遇 [M]．陈燕，等，译．北京：新华出版社，2002.

[2] 杜捷，张秀萍．奥运传播与文化 [M]．北京：北京体育大学出版社，2006.

所享有的权利。因此，在筹备和开展奥运会的过程中，都需要按照国际奥委会的规范和准则来实现奥运文化的传播和塑造。

如果从国际层面来看奥运会的文化传播，奥林匹克精神文化本身就代表着人类一种普遍的精神价值追求，是一种超越了国家、民族和文化差异，获得了全世界的认同的全球文化。现代奥林匹克运动创始人顾拜旦恢复现代奥运会的理想，就是为了弘扬和传播奥林匹克精神，促进人的生理、心理和社会道德的全面发展，为了促进世界各国人民之间的相互交流和了解，增强各个国家之间的团结与友谊，促进世界和平，发展世界体育运动，这也是奥林匹克运动发展的目标。作为一个全球范围内的文化事件，奥运会一直被全世界看作是和平友好、平等竞技、积极拼搏的盛会，奥运会代表的是一种获得国际认同的全球文化。国际奥委会作为奥运会举办过程当中的制度规制者，按照《奥林匹克宪章》的基本原则领导各举办国家发展奥林匹克运动，这是国际奥委会的使命。

国际奥委会是奥运会组织相关一切活动的最高权力机构，在《奥林匹克宪章》当中还有另外两个组织成员——国际单项体育联合会和国家奥委会，他们共同组成了“奥林匹克三大支柱”。国际奥委会负责领导、组织和协调奥林匹克运动工作，采取各种措施加强三大支柱的运行合作，保证奥运会的正常举行。国际单项体育联合会负责奥运会和其他受国际奥委会赞助的运动会中对体育项目的技术监督和指导，比如组织实施比赛、制定比赛的具体规则等。国家奥委会负责在本国地区开展活动、组队参加奥运会等。中国奥委会的历史可追溯到 1924 年，那时的中华全国体育协进会是中国的第一个全国性体育组织，1931 年，国际奥委会承认该组织为中国奥委会。新中国成立后不久，由于国际奥委会出现了“两个中国”论，从 1958 年起我国中断了与国际奥委会的联系。直到 1979 年，国际奥委会表决通过，确认代表中国奥林匹克运动的是中华人民共和国委员会。同时将台北的奥委会视为中国的一个地方机构，保留中国台北奥委会的名称[1]。目前，伴随我国行政机关机构改革，中华全国体育总会和国家体育总局为一个机构、两个牌子，国家体育总局、中华全国体育总会和中国奥委会基本为合署办公，中国奥委会主要由国家体育总局的工作人员组成。“奥林匹克三大支柱”对奥林匹克运动的生存与发展发挥着至关重要的作用，他们通过相互配合和相互制约，在全球层面实现对奥林匹克精神的传播和弘扬。

对于奥运会举办国和举办城市来说，奥运会组委会作为制度执行者，主要任务就是奥运会的筹备和举办。所以，弘扬奥林匹克精神和进行举办国文化形象的传播，是在奥运会的组织和运行过程中实现的，奥运会组委会是这个过程中重要的执行主体。奥组委的建立和相关工作人员的构成，都是按照国际奥委会的相关规定形成的。

在国际奥委会确定奥运会的举办城市之后，国际奥委会与国家政府、举办城市签订《主办城市合同》。该合同第六条明确规定了奥运会组委会的建立应在合同签订后的 5 个月内，并且，奥运会组委会应当作为主办国家法律制度下的一个法律实体，其组织形式应能根据该合同在其运作和权利及义务方面提供最大益处和效率。如北京奥组委是由国务院批准成立的独立事业法人单位，是负责承办第 29 届奥运会的组织机构。在 2001 年 7 月 13 日北京申办奥运会成功之后，2001 年 12 月 12 日，国务院办公厅发布了《关于成立第 29 届奥林匹克运动会组织委员会的通知》，经国务院批准成立了北京奥组委。2001 年 12 月 21 日，中央机构编制委员会办公室批复了对北京奥组委的机构编制，确定了上级机构对北京奥组委的领导关系[1]。北京奥组委是一个对外向国际奥委会负责、对内向中央政府负责的事业单位。按照中央机构编制委员会办公室的规定，在北京奥组委组建初期，人员构成包括中国奥委会、北京市政府、中央和国家机关有关部门人

[1] 周玲．北京奥组委与中国奥委会法律地位比较［J］．体育文化导刊，2003（6）．

士及知名人士。北京奥组委的组建单位是北京市政府和国家体育总局（中国奥委会），组建单位的有关部门人士抽调到北京奥组委开展工作。在成员构成上，北京奥组委和中国奥委会也都是分别按照国际奥委会的《主办城市合同》和《奥林匹克宪章》要求确立的人员组成。

举办国家和举办城市作为制度的执行者，在传承和发扬奥林匹克精神的同时，也在赢得国际社会的认可、走向国际社会，从而能够更好地融入全球的经济文化当中。方长平在专著《国家利益的构建主义分析》中指出，“通过同周围的行动保持一致，我们实现了成为群体一部分的心理需要”[1]。通过与奥运会的国际规范保持一致，奥运会的举办国和举办城市成为弘扬和发展奥林匹克精神的重要的组成部分，举办国和举办城市在这个过程中获得了全世界的认同。

三、奥林匹克标志的产权保护

奥运会组委会是在按照国际奥委会相关法律规定的框架下，进行的奥运文化传播和奥运会的举办，这些规定除了《奥林匹克宪章》《主办城市合同》《奥林匹克 2020 议程》，还有《奥林匹克标志保护条例》。该条例的主要保护内容包括：奥林匹克五环图案标志、奥林匹克旗、奥林匹克格言、奥林匹克徽记、会歌、吉祥物、火炬造型、口号，以及奥林匹克、奥林匹亚、奥林匹克运动会的机构名称、标志、徽记等一些与奥运相关的标志与内容。由于国际奥林匹克委员会是一个非政府非营利性的国际组织，尽管它的国际影响力很大，甚至超过了很多政府间国际组织，但是，国际奥委会并不具备国际法主体的资格。在奥林匹克大家庭内部的组织之间所形成的组织关系，是基于《奥林匹克宪章》形成的契约关系，并没有成为

[1] 方长平. 国家利益的建构主义分析［M］. 北京：当代世界出版社，2002.

国际法主体之间的关系[1]。因此，需要政府部门出台《奥林匹克标志保护条例》，通过政策形成对奥林匹克标志的保护。

我国的《奥林匹克标志保护条例》发布于2002年2月4日，以中华人民共和国国务院第345号令发布，主要为2008年北京奥运会奥林匹克标志提供保护。根据2022年北京冬奥会《主办城市合同》第42条的规定，中国奥委会、北京冬奥组委和北京市应当在《主办城市合同》生效之日起两年内，为所有的奥林匹克财产提供必要的法律保护。因此，为了满足筹办2022年北京冬奥会的要求，2018年6月28日，国务院总理李克强签署第699号国务院令，公布了修订后的《奥林匹克标志保护条例》。《条例》一共有16处修改，调整了奥林匹克标志的范围、确认和许可程序及有效期等内容，对通过制造与奥林匹克运动相关的虚假联系，以谋取利益的隐性营销行为进行了制度规定[2]。

具体来看《奥林匹克标志保护条例》主要保护内容的权属规定，可以看出，所保护的知识产权主要可以分为国际和国内两个层面。国际奥委会专有的知识产权主要包括：奥林匹克五环图案标志、奥林匹克旗、奥林匹克格言、奥林匹克徽记和会歌。举办国所拥有的知识产权包括：奥运会申办委员会的标志、奥运会的会徽、会旗、奥运会的口号、吉祥物、奥林匹克火炬、徽章、奖牌、纪念章等设计和与之有关的任何镀膜、奥运会证书、出版物、音乐作品、图像作品和与奥运会有关的数据库及统计数据等。以2008年北京奥运会为例，举办国所拥有的奥林匹克标志主要包括：北京奥运会的会徽、会歌、北京BEIJING 2008字样，以及奥运会口号“新北京，新奥运”“绿色奥运，科技奥运，人文奥运”“同一个世界、同一个梦想”等。

---

［1］《奥林匹克标志保护条例》为北京冬奥会保驾护航［OL］.［2019-03-30］. 山西广播电视台，https：//baijiahao. baidu. com/s？id=1629422140468411625&wfr=spider&for=pc.

［2］《奥林匹克标志保护条例》修订要点解读［OL］.［2018-07-17］. http：//www. sohu. com/a/241746896_ 528351.

可以看出，国际奥委会对奥林匹克标志和标志的所属权进行了规定，也反映出，奥运会的文化传播是在国际和国内两个层面上依照奥运标志权属规定实现的。这与从国际和国内来看奥运会举办的制度化运行是一样的两个层面。首先，国际奥委会作为奥林匹克运动的领导机构和最高权力机构，拥有与奥运文化传播相关的奥林匹克标志专有权。国际奥委会将奥运会举办权利授予举办城市来行使职权，但作为传播奥林匹克文化的最高权力机构，国际奥委会享有奥林匹克五环图案标志、奥林匹克旗和会歌等的所有权。其次，举办国和举办城市是负责举办奥运会的组织机构，拥有奥运会的主办权，能够行使国际奥委会授予的执行权。在弘扬和传播奥林匹克精神、进行本国文化宣传和国家形象塑造过程中，举办国拥有的是与举办国相关的奥林匹克标志所有权。奥运会会徽、口号、吉祥物、奥林匹克火炬、奖牌等设计和音乐作品、图像作品等都是举办国在进行文化传播、主办奥运会过程中所拥有的知识产权。

第九章

奥运会形成的文化经济要素聚集

第一节　奥林匹克运动会的文化追溯与价值发现

一、在战争年代诞生的古代奥运会

历史的车轮常常在以一种看似混乱，实则遵循着某种客观规律，并以一种有规律的方式前进着。奥林匹克运动会从古代到现代的发展就是这样一个漫长且复杂的历史过程。它产生于公元前的古希腊，最早可以追溯到公元前 8 世纪——一个城邦制刚出现的时代。那时，古希腊 200 多个独立国家之间的战争持续不断，古代奥运会成为联结各城邦国家唯一的和平纽带，延续了千年。时隔 1500 多年以后，现代奥运会出现了，它将古代奥运会继承和发展，开启了奥林匹克运动的新时代。

奥林匹克运动会的发展历程可以用马克思主义哲学中“螺旋式上升”的理论来解释。马克思认为，人类对事物的认识运动是实践-认识-再认识的波浪式前进或螺旋式上升的过程。认识运动的反复性、无限性和上升性，表明了从实践到认识、从认识到实践的飞跃。一切事物中包含的矛盾方面的相互依赖和相互斗争，向前推移、向前发展，推动一切事物的变化和发展。事物之间存在着否定之否定的规律，任何事物都包含着肯定与否定的因素，正如黑格尔所说，“生命本身即包含有死亡的种子”。人类演进的历史事件，有时表面上看似在倒退，实则在以前进的方式、螺旋式上升发展着。奥林匹克运动会作为一项体育运动，就是这样的一种存在。从人类社会的演变角度来观察奥林匹克运动会的发展，它产生于炮火纷飞的战争年代，却以一种城邦之间和平相处的方式延续了一千多年，又因为罗马的入侵而消亡。现代奥运会的复兴，体现了奥运会发展的曲折性和前进性特征。更重要的是，奥林匹克运动会作为历史的产物，在人类社会的发展过程中，呈现出事物发展的一般规律，又在自我发展的基础上，将体育精神与人文精神加以创新，展示出新时代的文化魅力。

战争促进了古代奥林匹克运动在古希腊的发展，与古希腊境内频繁发生的战争有关。与古代中国等高度统一的中央集权国家不同，古希腊境内两百多个城邦国家始终是各自为政的发展。尽管偶尔形成一些较大的联合体，譬如，以斯巴达为中心的伯罗奔尼撒同盟，或者是以雅典作为中心的提洛同盟组织。但联合体这种组织也并不高度统一，而是非常的松散。比如像提洛同盟这种联合体，加入同盟的各个城邦依然是拥有独立的政治实体，也仍旧拥有各自的自主权。尽管雅典作为同盟的盟主，但没有任何特权能够擅自行动。颁布实施任何的法规，必须经过同盟会议批准，不能侵犯同盟中各城邦国家的利益[1]。在这样的情况下，导致了古希腊城邦之间的战争与争夺成了家常便饭。据军事学家研究考证，从古代奥林匹克运动会诞生到兴盛时期，即从公元前5世纪初到公元前338年的164年当中，几乎120年的时间都处于战争状态。平均每三年当中有两年多在打仗。也就是说，雅典从没有经历过十年以上的和平[2]。法国学者克琳娜·库蕾表示，古希腊人没有能力在城市间形成联合，也没有能力采取一个共同的政策建立稳定的联系。这导致了长期生活在战乱当中的小的城邦国家逐渐被削弱，最终被亚历山大及其继承者侵占。唯独古代奥林匹克竞技运动会这种重大的国际活动，才能将各个城邦聚集在一起。

参加战斗在古希腊人的认识中占有很重要的地位，古希腊人几乎把战斗当成人生的使命来完成。古希腊人一生当中的大部分时间，要么就是在参加战争，要么就是在准备战争。斯巴达城邦的公民，一生最重要的两件事就是训练和打仗，在战争当中征服或战死就是他们的职责。从古希腊人崇拜的偶像也可以看出他们对尚武精神的崇拜。《荷马史诗》中的战神阿伽门农、赫克托尔、阿契里斯、以雷电为武器维持着天地间秩序的宙斯，

[1] 陈炎，赵玉．多维视野中的奥林匹克运动［M］．济南：山东教育出版社，2008.

[2] ［法］克琳娜·库蕾．古希腊的交流［M］．桂林：广西师范大学出版社，2005.

以及富有探险精神的航海英雄奥德修斯，他们都有着坚实壮硕的身材和超强彪悍的体格，都是战斗中的英雄[1]。古希腊的城邦时期属于冷兵器时代，那时的交战双方以近距离的肉搏为主。为了能够培养熟练的作战技能、在前线奋勇杀敌，参战时必须拥有娴熟的搏斗技能和强悍的体格。因此，具有很强军事色彩的体育竞技项目，比如格斗、拳击、投标枪、掷铁饼等就成了备战必修的训练内容。古代奥林匹克运动会就是在这一基础上，形成了一种既能适应战争又能发展体能的，作为一种和平方式的体育训练项目。

图 9-1　位于古代奥林匹亚遗址入口处的腓力圆形神庙，修建于公元前 338 年（作者手绘）

从古代奥运会的参赛项目来看，几乎所有的项目都与军事训练有着密切的联系。从第一届古代奥运会到公元前 708 年，只有一个场地赛跑的比赛项目。公元前 708 年后，比赛项目逐渐增多，增加了掷铁饼、掷标枪、摔跤等；公元前 688 年增加了拳击；公元前 680 年后增加了四马战车、赛马等[1]。一些比赛项目需要参赛者身着戎装战袍，看上去就是在进行真正的战斗。参加四马战车比赛的选手身着及膝战袍，参加武装赛跑的参赛者

[1] 陈炎，赵玉．多维视野中的奥林匹克运动［M］．济南：山东教育出版社，2008.

头戴盔帽，身着铠甲战袍，手执巨大圆盾，腿上包裹青铜护胫，选手们比赛时身着戎装，潇洒威武，英姿飒爽，自信从容。

虽然，我们在现代奥运会当中，已无法重现古代奥林匹克运动会那段辉煌的历史。即使到达奥林匹亚参观，我们能够看到的也只是残垣断柱和零落四处的废墟。但在现代奥运会当中，我们依旧能够看到运动员拼搏进取、遵循奥林匹克规则的体育竞技精神。我们也依旧能够感受到，公元前8世纪的古希腊人，在其金戈铁马的残酷战争中，对和平与共生状态的向往之情。历史的画面就是在以这样一种既残酷又美好的方式呈现在我们面前。那些依旧竖立在奥林匹亚圣山区的残存的石柱，仍在诉说着交错前行的历史；诉说着战争有多残酷，人们对于和平的向往就有多强烈。

二、一个体育美学世界的发现

如果从人类社会演进来看奥林匹克运动历史发展的客观规律，存在着它的必然性，那么温克尔曼发现的古希腊的美学世界，好像又是偶然的。应该有不少人听说过温克尔曼钢琴，它是世界重要的钢琴生产商、制造商。但作为一位考古学家、艺术史学家的名字，或许很少有人知道。但是，提到他所影响到的人，大概就没那么陌生了。歌德、席勒、谢林、黑格尔等众多学者都受到了温克尔曼艺术史学研究的影响。或许可以说，发现古希腊艺术美学的价值所在是历史的必然。但温克尔曼——一个出生于18世纪初的德国人，只因为他对古希腊的向往，作出了对古代艺术史研究的巨大贡献，也存在着偶然。

起初，温克尔曼的才华并未被人发现。温克尔曼出生于1717年一个德国柏林普鲁士小镇史丹达的鞋匠家庭。生活虽然拮据，但温克尔曼学习成绩优异，表现出优秀的语言天赋，精通学校的拉丁语课程，并以优异的成绩毕业于德国的哈利大学[1]。歌德在为纪念一生未谋面的老师温克尔曼所撰写的《温克尔曼传》中写到，他在贫困中度过了幼年，在少年时代和青年时代的教育也不够充分。到了他从事教职的时候，也受到了工作上沉重的压力。年轻的温克尔曼，在他来到人世间的30年时间中并没有享受过命运之神的眷顾，但他内部的花蕾却已缔结而成。温克尔曼用自己的智慧和魄力，向往那孕育繁荣艺术的古希腊，向往一个人性得到自由完满发展的理想国度。

改变温克尔曼困苦生活境遇的是1748年，那一年，他离开了菲特列大帝统治下的普鲁士，来到德累斯顿，开始担任图书管理员，这是他承担的第一项学术工作。那时，萨克森宫廷的冯·比奥伯爵正准备编写一部历史文献《德意志帝国史》，需要温克曼帮助他收集历史材料。然而，相关历史资料庞大烦琐，收集和整理起来非常复杂，这让温克尔曼感到了枯燥、乏味和厌倦。

18世纪初期的欧洲，正在流行一种研究社会文化和历史叙事的风格，简称“普遍史”研究（universal history）。伏尔泰、孟德斯鸠和维科以及许多历史学家相信人类社会拥有相同的理性精神，采用“普遍史”的研究方法，可以探寻人类理性的发展演变规律。这种方法是以文化的历史叙事作为基本脉络，一方面，将混乱、复杂、瞬息变化的军事、政治事件进行联系和融合；另一方面，将研究落到人类多样化的文化现象层面[2]。具体来说，从与这些文化现象相关的社会习俗、政治与法律制度、语言文字等多样的文化形态当中，从人类所具有的相对持续和稳定的文化形态出发，探寻在特定时期、特定地点影响特定民族群体的精神生活走向的原因。

然而，或许是因为“普遍史”的研究方法要求从包罗万象的历史资料

---

[1] 彼得·欣特雷德尔．温克尔曼——艺术史学领域里的哥伦布［J］．戴名，译．文化译丛，1988（3）．

[2] 张坚．风格史：文化“普遍史”的隐喻——温克尔曼与启蒙时代的历史观念［J］．文艺研究，2006：123-134.

当中全方位地展现人类文化的理性规律，所以，更多的历史文献资料只是以相对机械的堆砌呈现出来。正如欧洲著名的文化社会学家和艺术史学家阿诺德·豪泽尔在《艺术史的哲学》中说到的，人们进行编写的其实只是一种目录，这个目录里有艺术家的历史，相互有承袭风格的艺术家的简介，或同时期的艺术家的简介，以及与这些艺术家相关的作品。这种研究方法并没有将一个时代、一个国家或地区与一些艺术家的作品联系起来，所以，也没有更清晰地探寻艺术演变和发展的规律。

图 9-2　位于古代奥利匹亚遗址公园入口左手处的胜利女神 Nike 雕像（作者手绘）

温克尔曼并没有像伏尔泰那样进行研究，他想创建新的研究历史著述方式。他通过丰富的经验史料来展现人类理性精神发展的规律，把注意力集中在了古代作品的造型艺术上[1]。他认为艺术史的目的，是通过尽可能流传下来的古代艺术品说明叙述艺术的起源、发展、变化和衰退，并通过艺术品的造型特征来阐释不同时代、不同艺术家多样化的艺术风格。正是基于这样的研究思路，温克尔曼发现了古代艺术品造型艺术风格演变的特征。他将“高贵的单纯和静穆的伟大”视为希腊艺术作品的灵魂所在，

[1] 张坚. 风格史：文化“普遍史”的隐喻——温克尔曼与启蒙时代的历史观念 [J]. 文艺研究，2006：123-134.

并将此视为古希腊雕塑作品的核心价值体现[1]。古希腊艺术作品的美，根植于希腊民族的内心，这种蕴含了永恒和高贵的美，也反映了古希腊人的生活方式和精神内涵。

在他闻名于世的著作《古代艺术史》一书中，阐明了他的构想。他想把艺术史作为研究的对象，因此，他撰写的艺术史，不仅是单纯的编年体叙事和艺术变革，而是尝试提供一个研究历史观念的体系，并通过研究人类艺术作品的经验史料进行研究，探寻人类理性精神的发展规律。这本《古代艺术史》把古代艺术作品和当时的社会环境、自然地理条件和国家治理体制结合起来，对特定时期的社会背景和历史发展特征进行研究，揭示特定时期的民族文化精神[2]。它呈现了古希腊的理性之美，也揭开了一直蕴藏在古希腊艺术当中的古希腊奥运会的美，赋予了古代奥林匹克运动未被人们发现的美学价值。

三、古希腊体育艺术的美学价值及影响

古希腊人自古就热爱雕塑。艺术家将他们要表现的人物或事物雕刻在不同的材质上，呈现出具体或抽象的象征意义，塑造出一种特定的精神文化内涵。最早的古希腊雕塑可以追溯到公元前3000—前2000年的爱琴文明，爱琴文明发源于克里特岛，那里也是希腊神话传说当中众神之王宙斯的成长地。爱琴文明涵盖了克里特文明和迈锡尼文明两个时期，历时约800年，展现了古希腊文明的开端。这个时期的雕刻技艺主要体现在巨大的石头或小型工艺品上，如公元前2500多年在爱琴海南部基克拉泽斯群岛上的人形云石雕塑、公元前1300多年迈锡

[1] 高艳萍．温克尔曼的希腊艺术图景［M］．北京：北京大学出版社，2016.

[2] 缪佳，王菲．复兴奥林匹克史上不可抹去的一页——论德国学者对现代奥运会诞生的贡献［J］．体育与科学，2009（30）：5.

尼文明时期的石灰岩狮子门浮雕都展现出古希腊独特的艺术风格[1]。艺术家也将动物、人物的雕塑融入酒杯、酒器、面具、壁画当中，比如我们现在能够看到的鸽子酒杯、狮头酒杯、斗牛士壁画，还有约公元前1555年的阿加门农黄金面具等。

到公元前8世纪左右，古希腊的人体雕塑才逐渐兴起。从公元前7世纪到公元前6世纪古风时期的雕塑可以看出，人体雕塑已基本符合人的身体比例，并表现出肌肉的质感。大多数的人体雕塑，保持着正面的安静姿势，面部保持轻轻的微笑，风格古朴沉静。到了公元前5世纪前半叶的过渡时期，受到爆发于公元前5世纪波斯帝国发动的希波战争影响，古希腊人的爱国主义情感增强，在艺术作品中出现了许多讴歌赞颂战争英雄的艺术品。雕塑风格也由古风时期的古板朴素、僵硬单一变得更加丰富、富有活力和动感[2]。人物姿态也由正面静止的站立转向多种形态的姿势，更加真实地表现了战争的激烈和人物在战争当中的形态。艺术家在雕刻当中也更加突出人体结构，表现出均衡的身体比例，躯体造型更加明显，体现了古希腊艺术家在激烈对抗中的人体比例和构图方面的探索。在公元前490—前480年埃癸那岛阿淮亚神庙东面山墙群雕当中的《垂死的战士》雕塑中，展现了一位战士侧身持盾的姿势，他左手牢牢握住盾牌，支撑住倾倒的身体，右手紧握拳头。他的面部已经不再是古风时期的微笑，而是表现出与战斗一样紧张的神情，更加接近战争的真实状态（见图9-3）。

---

［1］ 赵晓．光荣属于希腊！伟大属于罗马！——艺术类高职学生西方雕塑史中古希腊雕塑艺术教学方法研究［J］．亚太教育，2015（3）．

［2］ 古希腊雕塑发展史［OL］．［2017-08-25］．https：//www.douban.com/note/634558671/．

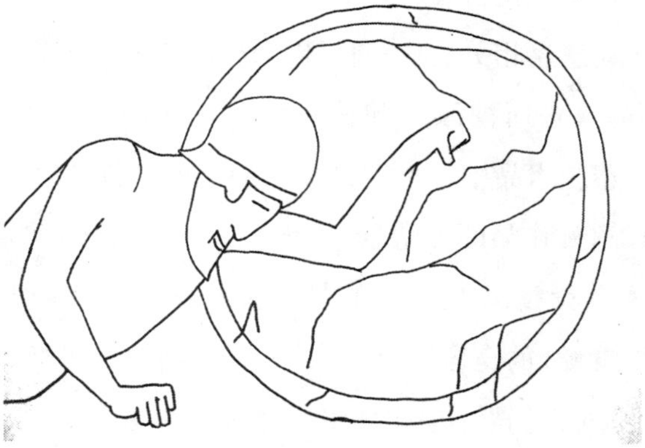

图9-3 公元前510年《垂死的战士》（作者手绘）

这里提到了希波战争，就不得不提它的俗称——马拉松战役，现代奥林匹克运动会马拉松运动项目便是得名于此。在持续了将近半个世纪的战争之后，雅典人最终获得了波斯人反侵略的胜利，统帅米勒狄为了让故乡的人民尽早知道战争胜利的消息，派一个叫菲迪皮茨的士兵回乡报告。菲迪皮茨是有名的飞毛腿，他一路快跑，跑到几乎上气不接下气，他从战场狂奔到雅典，带回希腊人胜利的消息。他激动地对人们喊道："欢乐吧，雅典人！我们胜利了！"说完他就精疲力竭倒地身亡了。为了纪念这一事件，现代奥运会设立了马拉松赛跑项目，并把当年菲迪皮茨从战场到雅典送信长跑的里程——42.195公里（也有说法为42.193公里）作为项目赛跑的距离。马拉松原本是希腊东北部30公里的一个地名，也因此成为现代体育运动当中赛跑项目的名字。

古希腊的体育雕塑在诉说着"生活在那个时代，但在精神的追求上又超越了那个时代"的精神内涵。希波战争结束以后，在公元前5世纪到前4世纪，古希腊政治经济得到发展，奴隶主的经济实力增强，社会稳定繁荣，进入到伯里克利时代。马克思所说的希腊内部极盛的时期，说的就是伯里克利时代。那时，伯里克利当政，为响应中小奴隶主要求扩大政治权力的呼吁，进行了政治上的改革，雅典的奴隶主民主政治得到扩大，古希腊雕塑艺术也达到了顶峰。

这个时期出现了三位古希腊著名的雕塑家，他们也各有一件著名的作品与奥林匹克运动息息相关。这三件雕塑艺术作品分别是米隆的《掷铁饼者》、菲狄亚斯的《宙斯神像》和波留克列特斯的《荷矛者》。在表现古代体育竞技的雕塑艺术品中，人们最耳熟能详的一件作品恐怕就是《掷铁饼者》了。创作这件作品的雕塑家米隆也是一位体育运动爱好者，他曾经参加过很多次体育竞技运动会。在古希腊人心中有一个普遍的共识，即“健全的精神寓于健全的身体”，因此，积极参与身体锻炼与意志训练，通过奥林匹克运动进行竞技，是体现身体素质、体能与意志力的重要手段，也将获得神灵的庇佑。正是因为体育竞技在古希腊社会中的独特地位，雕塑家常常把运动作为主题，对运动健将或比赛冠军进行雕塑。

这件希腊艺术作品体现了投掷运动中的一个静止的瞬间。铁饼运动本身是一项难度较大、技术性较高的田径运动。在古代奥运会当中，掷铁饼是运动员五项全能比赛当中的一项。最初的铁饼是由圆盘形的石头制作而成，后来才演变为铁制的铁饼。像《掷铁饼者》表现的那样，运动员以原地投掷的姿势，身体向右旋转约90度，右臂充分外摆至较大角度以获得最大的出手速度，弯曲后背，双腿弯曲，手臂放松牵引铁饼，将身体重心落在右脚上，膝部弯曲成钝角，并在向后摆动直至几乎与地面相平的一瞬间，将铁饼像弹簧一样向前上方抛出。《掷铁饼者》记载了运动员投掷铁饼出手前的一瞬间，产生紧张的爆发力和弹力状态时的表现，但即使是处于运动中最具表现力的瞬间，却给人沉着、平稳、静止的艺术效果，把洋溢青春活力的动态美展现在了静止的雕塑艺术品上，更加凸显了激烈运动当中的健康、活泼、强壮与美的和谐状态（见图9–4）。

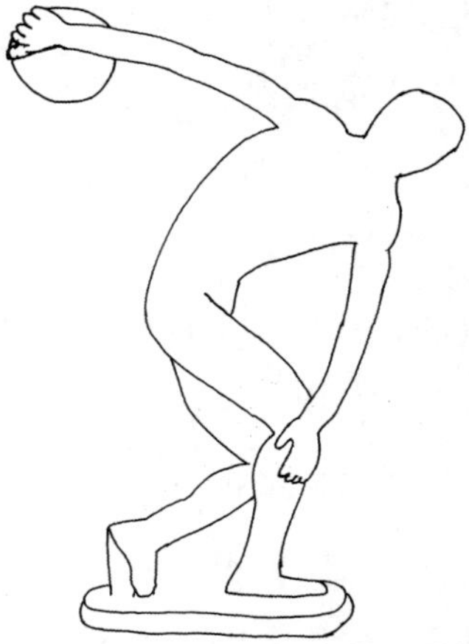

图 9-4　约公元前 450 年，米隆《掷铁饼者》（作者手绘）

米隆在雕塑当中所表现出的运动瞬间之美的雕刻技法，也超越了同时期的雕塑艺术家。这种雕刻技艺的表现，还在于对传统对称美艺术手法的改造。因为在运动的一刹那，人的身体重心发生了变化，当重心向右腿倾斜时，右腿成为整个身体自由屈伸和旋转的轴心，左脚自然成为虚步，因此人身体的呈现也不再是对称的正面，人的身体也不只是安然不动、镇静自持的状态，四肢也不再是僵硬地紧贴于身体的旁边[1]。米隆在雕刻艺术作品当中运用了区别于传统的雕刻理念，突破了静态雕塑在时间和空间上的局限，通过写实的方法表现运动状态，把运动当中短暂的平衡状态，呈现在了具有稳定感的雕像艺术品上。因此，更加鲜活地传递出运动中连贯的动态感和有节奏的平衡感之间的变化，展现了一静一动之间的和谐统一状态。

正是温克尔曼这位并不为人熟知的考古学之父，发现了古代奥运会雕塑艺术宝贵的美学价值。让人们认识到，体育锻炼带给人们的不仅是强健的身体，还有自然、优美的形态以及对人性美的赞誉。温克尔曼让人们看到了古代奥运会艺术所蕴含的精神和智慧的价值，激起了人们继续探寻、

［1］ 邵天逸．论希腊雕刻艺术作品《掷铁饼者》的体育美学特征［J］．体育与科学，2016（4）．

追溯古代奥运会精神遗迹的热情。从18世纪开始，一批又一批的学者考察和寻找古代奥林匹克竞技会的遗迹[1]。直到1766年，英国人钱德勒（C. Chandler）首次发现了宙斯神庙遗址。此后，经过大批德国、法国、英国的考古学家和史学家们系统、大规模、详细的勘查、发掘，直到1881年，人们发现了大量珍贵的古代奥运会的文物和史料。1875年至1881年间，古奥运会遗址不断被发掘，这也激起现代奥运会之父顾拜旦的浓厚兴趣，他经常到希腊古代奥林匹克遗址进行考察和研究，为日后产生创建国际奥林匹克运动会和复兴奥运会的设想奠定了基础。

著名文学家歌德在讲到古希腊人的价值创造时，提到了人与世界的关系。他认为，人与世界的所有内在、外在的关系，可以被人的心灵所关照、表现出来。世界是一个大的、美的、优雅的、具备价值的整体。人们置身在这样的世界当中，只有当自身独具天赋的资质在自身内部与外部达到和谐统一时，才能有和谐的幸福感、纯粹的舒适感和喜悦感。

人所进行的作品的价值创造就是这样的过程，人生活在成千上万的事物和人物之中，在其中摄取精华，并将其创作出来，作为留给时代的遗产。因此，人所进行的价值创造不可全部归功于自己的智慧，还应归功于那些来自外界，并不断为他提供着素材的、成千成万的人和事。歌德在《温克尔曼传》中也讲到了温克尔曼是这样一个独具天赋资质的人，他提到，这样的人从小就喜欢捕捉外在世界，并通过自身理解，将自己与外界建立关联，结合为一个整体。不仅如此，他们会在热心地捕捉外部世界的过程中探讨所有自然界所赋予他的事物，这样他可以充分在自身心灵内部构筑起自我世界，这个自我世界就是这类人物奉献给人类的有价值的事物[2]。所以，温克尔曼发现了古希腊体育美学的世界并非偶然。当人把

---

[1] 缪佳．王菲．复兴奥林匹克史上不可抹去的一页——论德国学者对现代奥运会诞生的贡献［J］．体育与科学，2009（30）：5.

[2] ［德］约翰·亚奥希姆·温克尔曼．希腊美术模仿论［M］．潘襎，译．上海：社会科学出版社，2014.

自身置身于宇宙之中，便感受到了来自自身的力量，感受到太阳、月亮、星星、银河的运行，感受到既已生成或继续生成的世界运作，这时他独特的喜悦感能让他增强使命感，发现自身的行为空间和热情，他殚精竭虑、倾尽所能地对其关心的事物发挥作用，形成稀有和令人难以预料的事物。

第二节　从古代奥运精神到现代奥运符号呈现

一、古代奥运对神圣生命的讴歌

古代奥林匹克运动会因人类战争、军事备战和宗教活动而兴起，古希腊城邦之间通过签订奥林匹克运动会赛会期间的《神圣休战条约》创造和维护着和平。即使身处公元前 8 世纪古希腊的战争年代，人们依然能够在奥林匹克运动会中实现公平竞技与和平，古代奥林匹克运动会为人类创造了和平和友谊的环境。在运动会上，人们通过肉体的顽强拼搏表达对神灵的敬意。人们在表现自己强悍体格和坚强不屈的精神时，超越着自身的极限，在不断超越自我的过程中，更加接近神灵，受到神灵的庇护与喜爱。

美国学者汉密尔顿在其专著《希腊精神：西方文明的源泉》中指出，人类的理性和精神是区别于人类和世界上其他动物的事物。人类的理性用来理解可见的经验世界，构成这个可眼见、可体察、可耳闻的世界，精神是用来探索不可见的超验世界，是可见的经验世界的一切外在事物。古希腊人崇尚理性，也崇尚精神，因此，能够在崇拜神灵的同时，保持对自身现实生活的热情和愉悦，把对自身人体的健美作为理想的审美对象[1]。在古希腊人看来，美的灵魂寓于美的身体之中，好的身体与好的灵魂是联

[1] 依迪丝·汉密尔顿．希腊精神：西方文明的源泉［M］．沈阳：辽宁教育出版社，2003.

系在一起的。柏拉图认为，当美的灵魂与美的外表和谐地融为一体时，人们就会看到，这是世上最完善的美。他们认为，在竞技场、训练场上，体格俊美、肩膀宽阔、胸部饱满、皮肤白皙、大腿粗壮，表现出刚强的美，生气勃勃的美[1]。在古希腊人的心目中，奥林匹克运动竞技的获胜者有着至高无上的地位，他们是在顽强拼搏、坚强奋斗中最接近神灵的人，最接近奥林匹克圣山上诸神的无限力量[2]。古希腊人把他们看作人体美的代表，他们是有着健美裸体的运动英雄。古希腊人把对人体美的崇尚，把运动竞技的获胜者表现在艺术作品中，表现在瓶画、雕塑当中，以此表达对运动健将的仰慕之情[3]。古代奥林匹克运动会让人们在竞技中实现了拼搏和超越，让人类突破了肉体能力的极限，超越了用理性来理解的可眼见、可体察的经验世界。在运动会上，运动员通过不断的努力，克服人的有限性，不断地打破世界纪录，体现出对人类普遍的价值追求和神圣生命的讴歌。

二、现代奥林匹克运动的精神物化

如今的奥林匹克运动会，仍然在为人类创造和平、友谊、团结的环境，强调人类的和谐发展，倡导运动员在公平竞争的比赛中展现坚强的意志，实现“更快、更高、更强”。现代奥运会展示了奥林匹克运动的精神风貌，举办国和举办城市也在以自己的方式表达奥林匹克运动的精神内涵，在结合自身的传统文化和独特民族文化的同时讲述自己的故事，通过奥林匹克文化标志展现奥运精神的文化内涵，表达人类在全球体育文化盛会中追求的理想。

这些奥林匹克运动的文化内涵皆物化成一系列的文化符号，物化成奥林匹克五环、奥林匹克格言、奥运会会徽、口号、吉祥物、火炬、奥运建

[1] [法] 丹纳．艺术哲学 [M]．傅雷，译．北京：人民文学出版社，1963.
[2] 陈炎，赵玉．多维视野中的奥林匹克运动 [M]．济南：山东教育出版社，2008.
[3] 谭华．体育史 [M]．北京：高等教育出版社，2005.

筑景观、主题雕塑等，通过多种艺术形式展示出来。从举办奥运会的制度化运行过程来看，奥林匹克主要的文化符号在《奥林匹克标志保护条例》中已经作出了具体的规定，可以将奥林匹克主要的标识划分为国际奥委会专有的知识产权和举办国家拥有的知识产权两大类。奥运会的文化传播是在依照奥运会符号使用的规定中实现的，举办国家和举办城市是在国际奥委会授权使用奥林匹克标识的制度化过程中，表现出举办国对奥林匹克运动的独特理解。从国际奥委会拥有的奥林匹克标识来看，每一次的奥运会举办，举办国和举办国家都将这些古老的奥林匹克文化，以新的方式呈现出来。奥林匹克五环标志、奥林匹克会旗、奥林匹克格言、奥林匹克会歌，等等，这些传统的、经典的奥林匹克标志，在每一届奥运会上出现，都是在传播和发扬奥林匹克理想，向世界呈现奥林匹克运动的独特精神文化。

奥林匹克五环标志。奥林匹克五环标志由现代奥林匹克运动创始人顾拜旦于 1913 年构思设计，是世界范围内最广为人知的奥林匹克运动会标志。它由 5 个奥林匹克环相互套接而成，蓝、黑、红、黄、绿 5 种颜色分别代表了当时国际奥委会成员国国旗的颜色，意指所有国家都能毫无例外地在自己国家的旗帜下参加比赛，也被称为奥运五环标志。按照《奥林匹克宪章》的解释，奥运五环标志象征世界五大洲的和平团结，蓝、黑、红、黄、绿分别代表欧洲、非洲、美洲、亚洲、澳洲，代表全世界运动员以公正、坦率、友好的精神在奥运会上相见并参与比赛。《奥林匹克宪章》规定，奥林匹克标志是奥林匹克运动的象征，是国际奥委会的专用标志，未经国际奥委会许可，任何团体和个人不得将其用于广告或其他商业活动。

在 2008 年 8 月 8 日的北京夏季奥运会开幕式上，奥林匹克五环标志梦幻般的出现，好像被施了魔法。由烟火组成的巨大脚印化作满天繁星飘落到鸟巢体育场，鸟巢体育场宛如繁星点点的夜空，观众手中点起的灯光汇成“银河”。在一片寂静中，中心地面的繁星突然在场地中央汇聚，聚拢成闪烁着璀璨星光的五环图案，这个“梦幻五环”在慢慢移动，从地面缓缓“悬浮”起来，悬吊在体育场上空，在浩瀚夜空闪烁着奥林匹克的光芒。

奥林匹克会旗。奥林匹克会旗以白色为底，中间是五色的奥林匹克五环标志，也是1913年由顾拜旦设计制作的。1914年，在巴黎举行的奥林匹克代表大会上首次升起了奥林匹克会旗，目的是庆祝现代奥林匹克运动恢复20周年。每一届奥运会上都有举办城市的会旗交接仪式。在2018年2月25日平昌冬奥会闭幕式上，平昌市市长将五环旗交给国际奥委会主席巴赫，北京市市长陈吉宁从巴赫手中接过奥林匹克会旗，随后中国五星红旗升起，拉开了北京8分钟表演的序幕，北京向全世界发出了2022冬奥会的邀请。

奥林匹克格言。奥林匹克格言内容是“更快、更高、更强”。国际奥委会于1913年正式将奥林匹克格言写入《奥林匹克宪章》，并于1920年第7届奥运会上首次使用，将其正式纳入奥林匹克标志的一部分。奥林匹克格言展现了奥林匹克运动倡导的顽强拼搏、不断进取、敢于斗争、永不满足的奋斗精神。它蕴藏着人类突破极限的愿望，鼓励不甘平庸，不断挑战自我，超越自我，实现自我，克服各种各样的限制，达到新的境界。“参与比取胜更重要”。“重在参与”这句话也成了奥林匹克运动的口号之一，顾拜旦认为这是国际奥委会的指导思想。他曾经说过，“生活中重要的不是凯旋而是奋斗，其精髓不是为了获胜而是使人类变得更勇敢、更健壮、更谨慎和更落落大方”。

奥林匹克会歌。奥林匹克会歌，曲调由萨马拉斯创作，歌词来自希腊诗人、作家帕拉马斯的诗。该歌曲最早于1896年第一届夏季奥林匹克运动会开幕式上演唱。1958年，国际奥委会把该歌曲确定为奥林匹克会歌，在每届奥运会的开、闭幕式上都会演唱。歌曲歌颂了古代不朽之神和运动员全力以赴的崇高竞技。他们参加跑步、角力与投掷项目，他们有钢铁般的躯干，优胜者获得橄榄枝编成的花冠，他们与溪谷、山岳、海洋、与不朽之神相映生辉，光辉犹如色彩斑斓的岩石建成的神殿。

三、举办国的奥运文化符号传播

由举办国创造的奥运文化符号，呈现和反映了本土的文化特色和文化内涵，传递着举办国和举办城市的世界观、人文理念、价值观以及对举办奥运会所抒发的独特情感。举办国和举办城市通过挖掘和探索社会人文内涵，将深层次的文化解读赋予到这些奥运文化符号当中，使这些象征符号蕴含独特的历史文化理念和艺术价值。举办国和举办城市对奥林匹克文化符号的创造也成为展现现代奥林匹克文化重要的一部分，成为全世界对举办国和举办国家奥运本土文化认同的重要标志。奥运会会徽、国家奥委会徽记、奥运会吉祥物、火炬、奖牌是几个体现举办国和举办城市人文内涵的重要的奥运符号标志。这些奥运文化符号集中反映了社会历史文化、艺术风格和设计灵感来源，贯穿奥运会举办的全过程，在向世界表达独特的民族文化、树立鲜明的国家形象方面扮演着重要的角色。

一是奥运会会徽。奥运会会徽由举办国家的奥组委设计，由国际奥委会执行委员会审查批准使用。每届奥运会会徽都带有奥运五环标志，要体现奥林匹克精神，同时，反映举办国家和举办城市的民族文化特征。《奥林匹克宪章》规定，为保证奥运会会徽的严肃性和权威性，各届奥运会的会徽，未经奥组委的同意，不得用于广告和商业服务。

2008 年北京夏季奥运会的会徽“舞动的北京”是一个近似椭圆形的中国印，印章上面刻着一位向前奔跑、跳跃的运动员，运动员奔跑的形态，体现“更快、更高、更强”的奥运精神。会徽又像一个中国的汉字“京”，代表了北京，鲜艳明亮的红色印章，代表了红红火火的、喜悦的北京和中国。这个字以鲜明的中国大篆书法的形式呈现，展现了东方汉字的神韵，又体现出是一个“舞动的北京”[1]。下面手书“北京2008”，用自然、简洁的书法展示了举办城市和年份。北京奥运会会徽“中国印——舞动的北京”结合了奥运五环标志，体现了顽强拼搏的奥林匹克精神与中国传统文化的结合（见图9-5）。

图9-5　2008年北京夏季奥运会会徽

二是国家（或地区）奥委会徽记。国家（或地区）奥委会的奥林匹克徽记由奥林匹克五环及举办国（或地区）的核心元素组成。2001年，中国奥委会首次推出商用徽记，2008年5月，中国奥委会商用标识更换成被俗称为“风火轮”的新徽记。中国奥委会的新商用徽记采用了中国红与黄，受到三星堆出土的太阳神鸟原型启发，用书法笔触描绘了两个半环，象征着梦想的涌动，象征着奥林匹克精神在中国大地上生生不息地发展和传递。中国奥委会的新商用徽记主要用于宣传推广等商业活动，支持中国奥委会企业合作伙伴共同传递奥林匹克的价值观（见图9-6）。在2009年到2016年期间，中国奥委会共获得近30亿元赞助总额，建立起一支由安踏（体育服装）、伊利（乳制品）、恒源祥（礼仪服装）等十多家国内外知名企业组成的企业合作伙伴队伍[2]。

---

[1] 杭海．以图像的名义：北京2008年奥运会形象设计研究［M］．北京：北京大学出版社，2018.

[2] 中国奥委会8年营收30亿的背后：下个8年主打体育代表团营销新模式或掘出新金矿［OL］．搜狐网，［2017-06-12］．http：//www.sohu.com/a/148275264_138481.

图 9-6 中国奥委会新商用徽记

三是奥运会吉祥物。奥运会吉祥物代表了各界奥运会的动物或人物，它们以奥运会作为主题传达奥运会概念，传播奥林匹克精神，传达当届奥运会的举办理念，展示主办城市的独特人文特征，宣传主办城市的历史和文化。福娃（Fuwa）是 2008 年北京奥运会的吉祥物，色彩与灵感来源于奥林匹克五环，它们的造型分别融入了鱼、大熊猫、奥林匹克圣火、藏羚羊以及沙燕风筝的形象，涉及灵感来源于中国辽阔的山川大地、江河湖海和人们喜爱的动物形象。贝贝，晶晶，欢欢，迎迎，妮妮，把这五个福娃的名字连在一起，是北京对世界的盛情邀请“北京欢迎您”。

四是奥运会火炬。圣火点燃仪式，是奥林匹克竞技开始的第一项活动。奥运会火炬仪式起源于希腊神话故事，传说中，是普罗米修斯从天界为人类盗取火种送至人间。古代奥运会为了纪念这位神话中的英雄，在奥运会开幕前，举行点燃圣火的仪式。据记载，第一次使用火炬是在公元前 776 年的运动会上。当时，古希腊城邦国家签订了奥运会期间的《神圣休战条约》，和平使者要高举着在赫拉神庙前点燃的火炬，奔赴各个城邦告知奥运会即将举行，并宣告在奥运会举行期间履行神谕，停止所有敌对行动。火炬是《神圣休战条约》的产物，每届奥运会结束后，炽热的灰烬被保存下来，到下次举办奥运会时，再由全国最优秀的运动员将灰烬复燃成火焰[1]。点燃奥运圣火和传递奥运火炬是一项重要的仪式，也代表着超

---

[1] [传说] 普罗米修斯为人类上天盗取火种 [OL]. [2008-03-24]. http://news.cctv.com/society/20080324/103491.shtml.

越不同国家、语言、信仰、种族的人们追求世界和平和最高级境界的共同理想。

首次火炬接力活动是在1936年德国柏林举行的第11届奥运会上。当时，由德国长跑运动员到希腊奥林匹亚开始的火炬传递。圣火采集仪式在雅典奥林匹亚的古代奥运会圣殿举行，女祭司先将从圣坛采集的圣火和野生橄榄枝编织的花冠交给火炬传递者，火炬传递者单膝跪地接受点燃的火炬。女祭司诵读希腊著名诗人品达的诗句，退席以后开始进行火炬接力。柏林奥运会的火炬接力经过希腊、保加利亚、南斯拉夫、匈牙利、奥地利、捷克斯洛伐克和德国，通过一个接一个的接力将火炬传递到柏林的运动场。

北京2008年奥运会火炬“祥云”，设计灵感来自中国传统的纸卷轴。祥云是中国古代吉祥云纹，赋予了祥瑞的文化含义。北京奥运会火炬接力是奥运史上传递路线最长、传递范围最广的一次。火炬接力以“点燃激情传递梦想”为口号，经过五大洲的21个城市，传递到国内31个省、自治区和直辖市，抵达世界最高峰——珠穆朗玛峰，总共传递了130天，传递总里程约13.7万公里。

*五是奥运会奖牌。*每一届奥运会奖牌的设计和制作，都由主办城市的组委会负责，国际奥委会和国家奥委会不参与设计和制作，但由国际奥委会向获胜运动员颁发，国际奥委会拥有奥运会奖牌的所有权。1978年，国际奥委会对奥运会奖牌作了具体规定，奥运会奖牌的直径不得小于60毫米，厚度不得小于3毫米，金、银牌必须用纯度为92.5%的银制作，金牌至少要镀金6克。

北京奥运会奖牌“金镶玉”的独特设计，创下了奥运史首次在奖牌上使用两种不同材质的先河。按照国际奥委会的规定，奖牌正面是统一的图案——插上翅膀站立的希腊胜利女神和希腊潘纳辛纳科竞技场。背面是镶嵌着取自中国古代龙纹玉璧造型的玉璧，背面正中的金属图形上镌刻着北京奥运会会徽。玉是中国传统文化的代表，中国人以玉比德，体现了中华民族的价值观及对运动员的尊重和礼赞。奖牌采用昆仑玉作为奥运奖牌的生产材料，以玉环的设计形式，呈现圆形的开阔性和圆满的造型。

我国自20世纪70年代实行改革开放政策以来，逐渐加入到世界政治经济全球化行列。但很长时间以来，我国的国家形象并不是由我国自身进行的塑造和传播，主要通过美国等发达国家的全球传媒体系塑造。20世纪90年代以来，“中国威胁论”“中国崩溃论”等媒体报道都反映出对我国经济发展道路负面形象的评价。由于西方发达国家在国际传媒领域拥有高度的话语权，以及东西方国家在意识形态、传统观念和价值观等方面存在差异，导致我国长期以来不能完全在国际社会中真实地反映国家和城市形象。

当我国成为奥运会的举办国和举办城市时，也就成为举办奥运会的制度执行者。我国在发扬奥林匹克精神和发展各国运动员之间友谊的同时，也在将本国的文化形象通过奥运文化符号融入奥林匹克精神文化的传播当中，进行全球范围内的传播。奥林匹克文化是全世界公认的国际文化，举办国和举办城市在通过奥运文化符号展现和传播这一国际文化的过程中，更容易提高自身的国际声望，获得国际公众的信任和认同。举办国和举办城市在获得国际社会对传承奥林匹克精神文化认可的同时，更容易形成国际社会对本国文化的积极认同，从而树立在国际社会当中的形象，提升举办国和举办城市在国际社会当中的身份地位[1]。国家形象和国际地位的提升，也将提升一个国家的软实力，促进国家与国家之间开展经济合作，带来更多的经济效益。

[1] 杜捷，张秀萍．奥运传播与文化［M］．北京：北京体育大学出版社，2006.

第三节　五环旗下超越极限的力量

一、勇于超越自我的人文精神

在古希腊，人们为了表示对神灵超自然力量的崇拜，为了与神灵沟通，祭祀神灵，在奥林匹克竞技赛会上会充分表现这种“力量”与较量。诗人品达说过，神明都喜欢竞技，所以，敬拜神灵的最好办法就是让他们观看竞技[1]。这些赛场上的运动员，是备战的“军人”和“战士”，他们展示出了自身的、人们一般难以达到的非凡力量。传说，在正式比赛前点燃圣火的祭祀活动，就是由最先跑到祭司前接过火把的运动员，在圣坛上将圣火点燃的[2]。人们把在比赛中跑得最快的人，即在竞赛中的获胜者视为英雄，他们也受到了格外的尊敬。

运动员在一次又一次的挑战极限中，克服自身的有限性，不放弃努力，不断打破前人的纪录，一步一步接近无限的可能。奥运会就是运动健儿坚韧不拔、顽强拼搏的赛场，它展现了人类不断超越极限的力量。正如流传至今的话所传达的精神一样，奥运会的参与，比取胜更重要。在1908年第4届伦敦奥运会上，来自意大利的皮特里参加了马拉松比赛。当天天气非常炎热，身材瘦小的皮特里第一个进入体育场后，身体已经严重透支。在距离终点70米的时候，他摔倒在地，过了几秒又站了起来，每走几步又摔倒在地，就这样先后4次倒下。他晕眩，几乎失去了知觉，步履蹒跚，最终倒在了距终点10码的地方，组织者扶起他，帮

[1]　[法]丹纳．艺术哲学［M］．傅雷，译．北京：人民文学出版社，1963.
[2]　陈炎，赵玉．多维视野中的奥林匹克运动［M］．济南：山东教育出版社，2008.

助他冲过终点。

在1992年巴塞罗那奥运会上，黑人运动员雷德蒙德参加了400米比赛。为了能够重返赛场，在4年的时间里，他接受过5次手术治疗。在小组前两轮比赛中，他均列首位，但在半决赛最后的弯道，距离终点175米时，他的腿伤复发，右腿肌肉撕裂，倒在了赛道上。他拒绝了医护人员的担架，强忍疼痛，一步一步跳向终点。他的父亲从看台跑进场地安慰他，他们共同“跑”过了终点，完成了比赛，用坚持赢得了现场6万观众的敬意。

王义夫在1992年之后患上了静脉血管萎缩，他大脑中供血的血管只有正常人的1/3。在1996年亚特兰大奥运会上，王义夫坚持坐着轮椅参加比赛，在保持领先时，体力不支，最后一枪仅打出6.5环。最终以0.1秒之差痛失金牌，瘫倒在赛场。8年以后的2004年雅典夏季奥运会上，44岁的王义夫作为中国队年龄最大的选手，第6次代表中国队参加奥运会的比赛，赢得10米气手枪金牌。12年的卧薪尝胆，书写下奥林匹克新的传奇。

奥林匹克运动鼓励运动员顽强拼搏，强调身体与精神结合、身心健康、拥有完善的道德。它将体育运动与文化、教育结合起来，以达到个人身心和谐发展的状态。运动员遇到困难和挫折时，勇敢顽强的拼搏，体现出不断进取的意志品质，诠释了“重要的不是取胜，而是参与”的奥林匹克精神。奥林匹克精神也在激励着更多的选手追求“更快、更高、更强”。

二、改写新的世界纪录

国际奥委会前主席萨马兰奇在任职期间，致力于促进运动员个人的全面发展。他曾经对奥林匹克主义作出了明确的定义：“奥林匹克主义是将身、心和精神方面各种品质均衡地结合起来，并使之得到提高的一种人生哲学。它将体育运动与文化和教育融为一体，奥林匹克主义所要建立的生活方式是以奋斗中所体验到的乐趣，优秀榜样的教育价值和对一般伦理基本原则的推崇为基础。”[1] 在2008年北京奥运会上，有38项世界纪录被改写，有85项奥运会纪录被超越。中国选手陆永、刘子歌和捷克选手埃蒙斯分别刷新举重、蝶泳、射击3项世界纪录。

美国游泳队选手菲尔普斯在2008年北京奥运会上，共揽获8枚金牌、7破世界纪录，不仅打破了泳池里的世界纪录，他还成为单届奥运会拿金牌最多的人[2]。菲尔普斯一共参加了五届奥运会，获得总奖牌数达到23金3银2铜。到2016年正式宣布退役时，菲尔普斯一共16次打破世界纪录。在最早的一次是在美国国内的游泳比赛，16岁的菲尔普斯打破了200米蝶泳世界纪录。在2003年的巴塞罗那世界游泳锦标赛期间，他共获得6块奖牌，创造了5项世界纪录。在北京奥运会上，从第一天的游泳比赛开始，菲尔普斯在男子400米个人混合泳决赛获得首金，也创造了新的世界纪录。随后在男子200米混合泳、100米蝶泳、200米蝶泳、200米自由泳，男子4×100米混合泳接力、男子4×100米自由泳接力、男子4×200米自由泳接力项目中，一共获得8枚金牌，在北京水立方创造了获得单届金牌最多的历史。北京奥运会上创造的新世界纪录如表9-1所示。

---

[1] 任海．奥林匹克运动［M］．北京：人民体育出版社．1993.

[2] 北京奥运会十大破纪录牛人菲尔普斯博尔特上榜［OL］．中国网，［2008-08-26］．http：//www. china. com. cn/sports/zhuanti/2008ay/2008-08/26/content_ 16334867. htm.

表 9-1　北京奥运会创造的新世界纪录一览

项目	小项	轮次	创造者（队）	国家或地区	日期	新世界纪录	原世界纪录
游泳	男子 400 米个人混合泳	决赛	菲尔普斯	美国	8. 1	4 分 03 秒 84	4 分 05 秒 25
	女子 400 米个人混合泳	决赛	赖斯	澳大利亚	8. 1	4 分 29 秒 45	4 分 31 秒 12
	男子 4×100 米自由泳接力	预赛	美国队	美国	8. 1	3 分 12 秒 23	3 分 12 秒 46
		决赛	美国队	美国	8. 11	3 分 08 秒 24	3 分 12 秒 23
	女子 100 米仰泳	半决赛	考文垂	津巴布韦	8. 11	58 秒 77	58 秒 97
	男子 100 米蛙泳	决赛	北岛康介	日本	8. 11	58 秒 91	59 秒 13
	女子 200 米自由泳	预赛	佩莱格里尼	意大利	8. 11	1 分 55 秒 45	1 分 55 秒 52
		决赛	佩莱格里尼	意大利	8. 13	1 分 54 秒 82	1 分 55 秒 45
	男子 200 米自由泳	决赛	菲尔普斯	美国	8. 12	1 分 42 秒 96	1 分 43 秒 86
	男子 100 米仰泳	决赛	佩尔索尔	美国	8. 12	52 秒 54	52 秒 89
	男子 100 米自由泳	半决赛	贝尔纳	法国	8. 13	47 秒 20	47 秒 24
		半决赛	沙利文	澳大利亚	8. 13	47 秒 05	47 秒 20
	男子 200 米蝶泳	决赛	菲尔普斯	美国	8. 13	1 分 52 秒 03	1 分 52 秒 09
	女子 200 米个人混合泳	决赛	赖斯	澳大利亚	8. 13	2 分 08 秒 45	2 分 08 秒 92
	男子 4×200 米自由泳接力	决赛	美国队	美国	8. 13	6 分 58 秒 56	7 分 03 秒 24
	女子 200 米蝶泳	决赛	刘子歌	中国	8. 14	2 分 04 秒 18	2 分 05 秒 40
	女子 4×200 米自由泳接力	决赛	澳大利亚队	澳大利亚	8. 14	7 分 44 秒 31	7 分 50 秒 09
	女子 200 米蛙泳	决赛	索尼	美国	8. 15	2 分 20 秒 22	2 分 20 秒 54
	男子 200 米仰泳	决赛	罗切特	美国	8. 15	1 分 53 秒 94	1 分 54 秒 32
	男子 200 米个人混合泳	决赛	菲尔普斯	美国	8. 15	1 分 54 秒 23	1 分 54 秒 80
	女子 200 米仰泳	决赛	考文垂	津巴布韦	8. 16	2 分 05 秒 24	2 分 06 秒 09
	女子 800 米自由泳	决赛	阿德林顿	英国	8. 16	8 分 14 秒 10	8 分 16 秒 22
	女子 4×100 米混合泳接力	决赛	澳大利亚队	澳大利亚	8. 17	3 分 52 秒 69	3 分 55 秒 74
	男子 4×100 米混合泳接力	决赛	美国队	美国	8. 17	3 分 29 秒 34	3 分 30 秒 68
田径	男子 100 米	决赛	博尔特	牙买加	8. 16	9 秒 69	9 秒 72
	女子 3000 米障碍	决赛	萨米托娃	俄罗斯	8. 17	8 分 58 秒 81	9 分 01 秒 59
	女子撑竿跳高	决赛	伊辛巴耶娃	俄罗斯	8. 18	5 米 05	5 米 04
	男子 200 米	决赛	博尔特	牙买加	8. 2	19 秒 30	19 秒 32
	男子 4x100 米接力	决赛	牙买加队	牙买加	8. 22	37 秒 10	37 秒 40

续 表

项目	小项	轮次	创造者（队）	国家或地区	日期	新世界纪录	原世界纪录
决赛	男子 85 公斤级总成绩	决赛	雷巴科夫	白俄罗斯	8. 15	394 公斤	393 公斤
			陆永	中国	8. 15	394 公斤（平）	393 公斤
	女子+75 公斤级抓举	决赛	张美兰	韩国	8. 16	140 公斤	139 公斤
	女子+75 公斤级挺举					183 公斤	182 公斤
						186 公斤	183 公斤
	女子+75 公斤级总成绩					323 公斤	319 公斤
						326 公斤	323 公斤
	男子 105 公斤级抓举	决赛	阿拉姆诺夫	白俄罗斯	8. 18	200 公斤	199 公斤
	男子 105 公斤级挺举					236 公斤	235 公斤
	男子 105 公斤级总成绩					436 公斤	430 公斤
射箭	女子射箭团体赛	1/4 淘汰赛	韩国队	韩国	8. 1	231 中	228 中
场地自行车	男子 4 公里团体追逐赛	第 1 轮	英国队	英国	8. 17	3 分 55 秒 202	3 分 56 秒 322
		决赛			8. 18	3 分 53 秒 314	3 分 55 秒 202
射击	女子气步枪	资格赛	埃蒙斯	捷克	8. 9	400 环（平）	400 环

资料来源：北京奥运会创造的新世界纪录一览［OL］. http：//yjf841107. blog. sohu. com/98198096. html.

牙买加田径运动员博尔特在 2008 年北京奥运会上刷新了男子 100 米和 200 米的世界纪录，再次书写了人类奔跑速度的神话。他打破了由他自己保持的 9 秒 72 的百米世界纪录，也把人类百米跑步速度带入 9 秒 69 的新高度。博尔特还创造了在一届奥运会上包揽 100 米、200 米金牌并同时打破两项世界纪录的历史。在时隔 4 年的 2012 年伦敦奥运会上，他再次刷新奥运会 100 米的纪录，创造了奥运史上第一个卫冕田径 100 米的短跑冠军，以 9 秒 63 的成绩夺得金牌[1]。同时，他也夺得了 200 米短跑冠军，成功卫冕了两个项目的短跑冠军。他以飞人的速度超越了历史纪录，也用这种方式挑战短跑速度的极限。短跑对运动员短时间的肌肉爆发力要求很高，运动员的精神和身体负荷很大。短跑项目对运动员的速度、力量、技巧和

［1］ 体育小知识：关于博尔特的短跑速度，你了解多少呢［OL］.［2018－10－30］. https：//baijiahao. baidu. com/s？id＝1615623264262098436&wfr＝spider&for＝pc.

灵敏度都有很高的要求，尤其是运动员在起跑时，需要一段缓冲时间。运动员要以最快的速度与肢体密切配合，迅速反应，如满弦弓的利剑，闪电般地冲向终点。短跑项目能在短时间内带给人极高的速度和巨大的气势，短短几秒钟之内运动员风驰电掣般地冲向终点，释放出巨大的能量，也展现出体育运动中力量、速度与美的结合。

奥林匹克精神不仅是一种竞技精神，更是一种战胜一切挑战的精神状态，它强调勇于追求自我、超越自我、追逐梦想。运动员诠释了在身体和技能上的“更快、更高、更强”。奥林匹克精神不仅关于力量和速度，还有不断挑战自我、超越自我、追求梦想的勇气。奥林匹克运动鼓励运动员要有健康的体魄、乐观的精神和对生活的热爱与追求，在赛场上的努力拼搏都值得被鼓励和尊重。奥林匹克运动也在诠释着人类超越自我极限、跨越种族界限、展现人间真情、缔结而成伟大友谊的奥林匹克精神。

三、跨越族裔一个家

到 1912 年的第一次世界大战前，参与奥运会的国家只来自大洋洲、美洲和欧洲三个大洲，在最多的情况下参会国家也只有 28 个[1]。而且，参会的大洋洲国家也是作为英国殖民地而参赛，参会的美洲国家也只是个别少数。在国际奥委会 1931 年承认中华全国体育协进会作为中国奥运会之前，国际奥委会曾经向中国发出参加 1916 年奥运会的邀请，但由于第一次世界大战的爆发，1916 年奥运会被取消[2]。1928 年，中华全国体育协进会的干事宋如海出席了第 9 届荷兰阿姆斯特丹奥运会。

第一位走进奥运赛场的中国人是刘长春，他是 1932 年第十届美国洛杉矶奥运会参赛的中国人，也是拥有 4.5 亿人口的中国派出的唯一一名参赛

[1] 孙葆丽．奥林匹克运动人文价值的历史流变［D］．北京：北京体育大学，2005.

[2] 裴东光，彭立刚，王小平．早期奥林匹克活动在中国（一）（1876—1949）［J］．中国学校体育，2001（1）．

运动员。他身材矮小，肤色黝黑，在临出发前往美国赛场前，日本在他的家乡东北发动了“九一八”事变，沈阳被攻占。在张学良的帮助下，他与随行教练在海上漂泊25天，不远万里，第一次代表中国队参加了奥运会的比赛。中国的运动员第一次站在了奥林匹克的五环之下，由此也开启了中国融入奥林匹克运动的新征程。

奥运会为推动民族之间的和谐相处作出了重要贡献，奥运会反对一切形式的种族歧视。1960 年罗马奥运会，年仅 18 岁的阿里赢得 81 公斤级金牌，人们形容他的出拳像蜜蜂刺人一样的犀利，他的步伐像蝴蝶轻舞一样的灵活。然而他的金牌没有改变当时社会的种族歧视和偏见，气愤之下，他把金牌扔进了俄亥俄河的急流当中，他再也没有参加过奥运会。1996 年亚特兰大奥运会上，患有帕金森综合征的拳王阿里用颤抖的双手点燃火炬，全世界为之和解。在奥运会男子篮球决赛中场休息时，萨马兰奇主席将一枚特制的罗马奥运会金牌挂在了阿里胸前，为阿里佩戴上失而复得的金牌。

奥林匹克运动试图构建起各国人民相互了解、相互联系的纽带，目的是减少民族间的文化隔阂，促进世界和平，减少战争威胁。在 2016 年第 31 届巴西里约夏季奥运会上，出现了一只特殊的团队——难民代表团。这支代表团是由 10 名来自遭受战乱影响的运动员组成，有 5 名南苏丹难民、2 名叙利亚难民、2 名刚果（金）难民和 1 名埃塞俄比亚难民。在代表团获得奖牌后，奥运会为他们升五环旗，奏响奥林匹克会歌。尤丝拉·马尔迪尼（Yusra Mardini）是代表团中的一员。身为一个游泳教练的女儿，她从小就狂热地喜欢游泳，很有天赋，曾参加世界短道游泳锦标赛的比赛，还曾在阿拉伯青年锦标赛上夺取三枚金牌。然而，叙利亚大马士革愈演愈烈的战争，不得不让她停止训练，他们乘坐小船逃生，长途跋涉横跨土耳其，来到柏林的难民营里生活。当国际奥委会将出资成立一支难民代表团的时候，她说“我希望能够代表所有的难民参加比赛，因为我想向每一个人展现我们在苦难之后的安宁生活。我也想鼓舞大家在生活中多做一些美好的事情，永远不要放弃梦想”。在延期的 2021 年东京奥运会上，预计将有52位运动员加入难民代表团参赛。

第四节 奥林匹克带来的要素聚集

一、奥运会的“注意力资源”

奥运会汇聚了来自全世界最为优秀的运动员，还吸引了全世界的注意力。2008北京奥运会有来自204个国家和地区、合计10078名运动员参加比赛，比赛项目主要有28个大项，产生302枚金牌。这些全世界的体育明星和这场体育盛会，吸引了全球的目光。数据显示，2008年8月8日至8月24日，收看北京奥运会的观众达到了47亿人，约占全球人口的70%[1]。经历了100多年的发展，奥运会新闻报道从平面媒体为主到电视媒体，又发展到电视加新媒体的阶段。进入20世纪90年代，信息化时代的传媒技术迅速发展，人们对体育报道的关注与日俱增。北美大城市的报纸对于体育新闻的报道已经占到了版面的1/3，美国三大电视网的年度体育电视节目平均播出时间超过2000个小时，几乎占了电视台总播出时间的30%[2]。奥运会作为全球水平最高的体育赛事，更成为社会关注焦点。据国际奥委会数据统计，在奥运会举办期间，全球约有一半的人在随时观看奥运会电视节目，奥运会在全球的电视转播时间仍然在逐年升高，更多的人通过多媒体、广播、报纸了解奥运赛事和信息报道。2004年雅典奥运会全球电视转播时间为35万小时（见图9-7），打破了以往全球电视收看时间，比悉尼奥运会高出27%，平均每位观众观看奥运会转播节目的时间

[1] 全球47亿观众看咱的奥运会［OL］.［2008-09-06］. http://www.sxrb.com/sxwb/aban_0/12_0/2534452.shtml.

[2] 杜捷，张秀萍. 奥运传播与文化［M］. 北京：北京体育大学出版社，2006.

大约为12小时。在雅典奥运会举办期间，从8月13日到29日，全世界约有39亿人至少收看过一次奥运会电视转播，超过2000年悉尼奥运会观众收视3亿人的最高纪录。

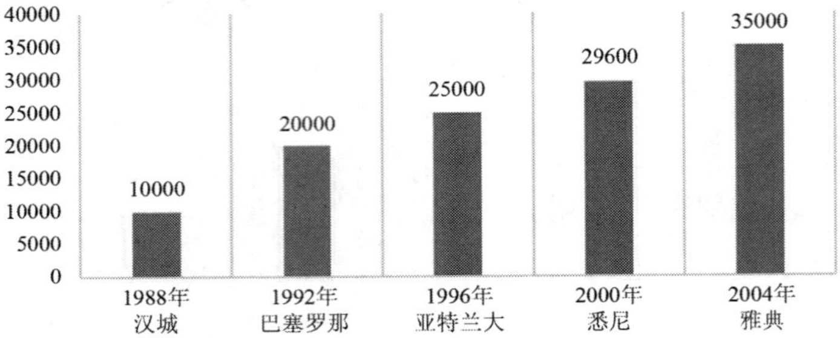

图9-7 奥运会全球电视转播时间（单位：小时）

资料来源：国际奥委会。杜捷，张秀萍．奥运传播与文化［M］．北京：北京体育大学出版社，2006：4-14.

奥运电视报道是全球收视率最高的节目之一，也是电视传播机构收益最高的节目之一，奥运会是相对集中的“注意力资源”。奥运会举办国和举办城市在申办刚开始就受到广泛关注，一直到奥运会结束都是世界关注的焦点。各国民众及媒体对奥运会主办国的信息需求量急剧增长，民众范围也不仅限于举办国本身，而是扩展到更广泛的国际受众。从举办国和城市在奥运会的申办、筹备、举办以及奥运会后的时间内成为全球关注的焦点，这被看作是奥运会的“焦点效应”[1]。奥运会所带来的奥运“焦点效应”的经济周期，从准备申办奥运开始，经历筹备奥运会的7年时间，直到举办和奥运会结束以后，在国际上被认为持续10～12年[2]。奥运会举办国和举办城市在筹备奥运和举办奥运的过程中，就开始了对其形象的集中塑造、展现和传播。在奥运会正式举行的短短十几天的时间内，也是向世界全方位、多角度、集中展示自身形象、丰富自身形象的时间。

[1] 杜捷，张秀萍．奥运传播与文化［M］．北京：北京体育大学出版社，2006.
[2] 刘淇．北京奥运经济研究［M］．北京：北京出版社，2003.

二、举办国文化的集中展示

奥运会实现了举办国和举办城市对本国文化内涵的挖掘、对民族文化的展示和传播。国际奥委会前主席萨马兰奇先生曾说过，“文化是奥林匹克的内在要素，如果没有反映主办国精神的文化活动，奥林匹克是不完整的”[1]。无论是巴塞罗那奥运会，还是雅典、北京、伦敦奥运会，举办城市都在通过奥运会这个世界级的体育盛事，挖掘本国的文化艺术内涵，并将本国的民族文化特色与世界的多元文化相互交流与融合，在这个过程中丰富特色文化，树立本国形象，彰显举办城市的文化形象。

奥运会开幕式的文艺表演历来都饱含各举办国的地域文化特色，为世人奉献了一场精彩绝伦的视觉大餐。在近四届夏季奥运会开幕式上，各国都各具特色地展示出自身民族文化的精华（见表9-2）。一是展示了国家历史文化的进程。在希腊奥运会开幕式上，通过历史雕塑和绘画人物等展现了希腊史前文化、克里特文化、迈锡尼文化、几何时代、拜占庭时期到现代古希腊的文化变迁。中国在开幕式上，描绘了从长安经河西走廊到欧洲大陆的陆上丝绸之路和明朝郑和下西洋的海上丝绸之路。英国作为工业革命的发源地，讲述了机器化大生产带来的社会和历史的改变。巴西表现了曾经的殖民地生活，以及历史上几次移民形成的多样文化。二是展示了本国对人类文明的贡献。希腊在奥运会开幕式上，构建出与古奥运会的空间呼应，表达了古代奥运会在现代社会的复苏和发展。中国通过描绘指南针、造纸术、印刷和火药，讲述了中国古代四大发明对世界的贡献。英国在前三次工业革命中都扮演着重要作用，开幕式上描述了工业革命和万维网为世界带来的变化。巴西通过展现巴西人种的多样性，表达了巴西社会的多样性、开放性和包容性，展示出巴西多元文化的格局。三是展示了具

[1] 文化和哲学视域中的奥运中国法院网［OL］.［2008-07-16］. https：//www.chinacourt.org/article/detail/2008/07/id/313137.shtml.

有民族特色的体育项目。希腊展示了古希腊体育运动的铁饼、标枪、接力赛、马拉松、击剑，中国表演了古代的太极、气功、武术和放风筝，英国展现的是英式橄榄球和英式足球，巴西的是攀岩、跑酷和滑板[1]。奥运会开幕式既是弘扬和宣传奥林匹克精神，展现人类追求和平、团结、友谊共同理想的平台，又是展现本国深厚文化底蕴的重要途径，各举办国都将自身的民族文化脉络和历史文化记忆浓缩在开幕式上，为全世界献上丰富的文化大餐和视觉盛宴。

表9-2　近四届开幕式呈现的民族文化对比

国家/城市	哲人圣贤、民族英雄和著名人物	宏伟建筑、著名景点	伟大历史事件	对人类文明的贡献	艺术特色	民族历史文化	奥运文化理念
希腊/雅典	诗人荷马、数学家阿基米德、“爱神”爱罗斯	爱琴海	人类发展历史	智慧思想、古代奥林匹克运动的起源	希腊语、管弦乐器、打击乐器	神话人物、杰出人物	“欢迎回家”、奖励橄榄枝和花环
中国/北京	孔子、李宁	长城、故宫、天安门	陆上丝绸之路、郑和下西洋	四大发明（指南针、火药、造纸术、活字印刷）	汉语、古琴弹奏、击缶	书画卷轴、文房四宝、《论语》	科技奥运、绿色奥运、人文奥运
英国/伦敦	莎士比亚、Tim Berners-Lee	伦敦眼、伦敦塔桥、泰晤士河、威斯敏斯特教堂、爱丁堡城堡	工业革命	工业革命、万维网	英语、摇滚乐器、摇滚音乐	英式乡村田园、工业革命、莎士比亚文学	奇妙之岛

[1] 邹先怡．从近四届夏奥会开幕式中探究主办国的文化软实力［D］．武汉：武汉体育学院，2018．

续 表

国家/城市	哲人圣贤、民族英雄和著名人物	宏伟建筑、著名景点	伟大历史事件	对人类文明的贡献	艺术特色	民族历史文化	奥运文化理念
巴西/里约	吉赛尔·邦辰	天梯大教堂、拉帕拱桥、明日博物馆、基督山、面包山	巴西的起源、黑奴的苦难、移民潮	巴西人杜蒙发明的飞机	葡萄牙语、巴赛诺瓦、巴西战舞、放克音乐、桑巴、马拉卡土舞	远洋者发现巴西、奴隶贩卖、热带雨林被砍伐	环保：碳排放量图、冰川融化图、运动员种下种子

资料来源：邹先怡．从近四届夏奥会开幕式中探究主办国的文化软实力［D］．武汉：武汉体育学院，2018：28.

三、最先进科技的应用

除了展示深厚的文化特色，奥运会也在展示本国最先进的科技成果。奥运会举办国把现代科学技术多角度、多渠道地嵌入到奥运会中，让最前沿的科技成就在奥运会的舞台上集中的呈现。按照在奥运会中应用的新技术来划分，大致可以将发展历程为四个阶段。

一是发展的初级阶段。在1896年的第一届雅典现代奥运会上，用于比赛的设备和器材都比较简陋。游泳比赛在海湾里举行，人们用浮艇拉着缆绳，作为标记游泳的起点和终点，用漂浮在水面上的南瓜作为游泳泳道的标记。

二是电子化阶段。1912年，瑞典奥运会首次使用了电动计时器和终点摄影设备，计量时间精准到了0.1秒[1]。由于比赛计时变得精确，首次记录了田径项目的前六名成绩，许多优秀成绩被国际田联追认为世界纪录，

［1］ 看看历届奥运会上的高科技［OL］．［2016-07-28］．http：//www.sohu.com/a/108076004_362388.

一些奥运会纪录被刷新。1928 年，荷兰阿姆斯特丹奥运会首次应用高速摄像机，运动员在比赛场上的表现得以即时回放，荷兰政府把开幕式的摄影权销售给了商家。1936 年，德国柏林奥运会首次应用电视转播，开创了电视转播奥运会的先河，从此奥运会通过电视机的转播走进了千家万户。1956 年，墨尔本奥运会第一次使用飞机来传递火种，火种从奥林匹亚运送到墨尔本，总行程达 2 万多公里。1964 年，东京奥运会首次使用通信卫星，通信卫星从美国发射，在技术上实现了奥运盛况向世界各地的转播。东京奥运会上首次应用的电子计算机与电子计时器，也减少了大量的计时错误。1972 年，慕尼黑奥运会首次采用了光电测距仪，配备的电子计时器精度达到了千分之一秒。计算机、光电探测器、电子计时器、激光机等电子设备成为奥运会的关键设备。1976 年，第 21 届蒙特利尔奥运会首次实现了圣火的太空之旅，圣火通过传感器，将圣火的热能转换成电子脉冲，然后经太空中的人造卫星传到加拿大，最后通过激光技术点燃了火焰塔中的火炬。历届奥运会采用的新技术如表 9–3 所示。

表 9–3　历届奥运会采用的新技术汇总

年份	届别	举办地	奥运会采用的新技术
1912 年	5	斯德哥尔摩	安装电动计时器和终点摄影设备
1928 年	9	阿姆斯特丹	高速摄像机、聚光镜聚集阳光点燃火炬
1936 年	11	柏林	通过电视转播奥运会
1948 年	14	伦敦	真正进入电视媒体时代
1956 年	16	墨尔本	使用飞机传递奥运圣火
1964 年	18	东京	通过卫星“辛科姆”向全世界转播
1972 年	20	慕尼黑	采用光电测距仪
1976 年	21	蒙特利尔	通过人造卫星传递圣火
1980 年	22	莫斯科	着色火炬
1984 年	23	洛杉矶	火箭飞行员直“飞”过体育场

续 表

年份	届别	举办地	奥运会采用的新技术
1992 年	24	巴塞罗那	广泛应用电子系统、首次通过卫星向欧洲地区转播
1996 年	26	亚特兰大	使用电脑互联网转播
2000 年	27	悉尼	实现水下传递圣火
2004 年	28	雅典	使用激光投影技术
2008 年	29	北京	采用数码烟火技术，利用 LED 光屏、铝金感光材料
2012 年	30	伦敦	使用智能仪器、摄影机器人、电子起跑器、全新泳池起跳台等
2016 年	31	里约	使用虚拟现实（VR）技术

资料来源：看看历届奥运会上的高科技［OL］.［2016-07-28］. http://www.sohu.com/a/108076004_362388.

三是信息化阶段。1996 年亚特兰大奥运会被称为网络奥运，即首次使用了计算机互联网转播奥运会。2000 年，悉尼奥运会首次实现了水底圣火传递，身穿银色连体服的土著运动员弗里曼，在四周瀑布飞泻的背景下，点燃了潜在水底的主火炬台，演绎了一幕“水中燃火”的大戏。2004 年，在雅典奥运会上，人们利用衍射光学的方法实现投影，呈现全息图，还使用了每秒可拍摄 1000 张照片的终点摄像机。

四是数字化阶段[1]。2008 年，北京奥运会利用 LED 发光二极管，将 LED 制造的光影效果和表演结合，变幻出梦幻般的图案。开幕式上开场的卷画轴是一个 LED 屏幕，屏幕上面铺 4.4 万颗 LED。开幕式还利用铝金感光材料，采用钢丝拉起，形成开幕式上“地球”的球体立面。此外，还采

［1］ 从电子化-信息化-数字化-人工智能的变迁看运营商的数字化服务之路［OL］.［2018-01-11］. http://www.sohu.com/a/216091458_369444；现代化、信息化、数字化、智能化及其相互关系［OL］. http://www.360doc.com/content/18/1004/11/16954316_791811104.shtml；遥望平昌：从科技奥运、数字奥运，到云上奥运［OL］. https://baijiahao.baidu.com/s?id=1592188203167467815&wfr=spider&for=pc.

用了万象多媒体装备，将文字、动画、图形、声音、影像和视频等媒体信息数位化，整合在电脑的交互世界面上，呈现出上千平方米的电子屏幕画面。2012 年，伦敦奥运会推出了一种新的赛道起跑设备，首次运用完全电子化的起跑器。相比之下，20 世纪 70 年代的运动员需要推动起跑器 5 毫米起跑，现在通过起跑器亮灯就可以显示田径、游泳选手的起跑和起跳情况。奥运会还推出了一套身份信息系统，运动员可以通过手机、平板电脑等移动端登录自己的账户，查看比赛日程、训练安排和参赛成绩等诸多信息。2016 年，里约奥运会采用 VR 与 8K 视频进行奥运转播，观众可以通过安装 NBC 应用的三星 GearVR 设备进行观看[1]。奥运的 8K 极高清转播只在日本进行，转播方从 7000 小时的实况报道中选出 130 个精选的比赛节目，为观众进行转播。

奥运会发展的历史，也反映了一个时代、一个国家科学技术的进步和创新。每一次的奥运会，举办国和举办城市都在应用最新的科技。奥运会因最先进的科技而改变，以不同以往的新方式展现奥林匹克的精神内涵，举办国家和举办城市也在因一次次历史性的科技成果而发生转变。

[1] 回顾百年奥运历史看科技企业如何挑战自我［OL］. https：//ee. ofweek. com/2016-08/ART-8320315-8500-30021163. html.

第十章

奥运会推动城市要素配置和城市更新

第一节　城市在要素集聚过程中实现生产方式转变

一、城市是各要素和人类文明创造的集聚地

从“城市（City）”一词来看，城市本身就是要素聚集和财富聚集的主要地区。从中国古代汉语字源角度看城市的含义，“城，廓也，都邑之地，筑城，廓也，都邑之地，筑此以资保障也”。“城”是指防御性的构筑物。关于市，“日中为市，致天下之日中为市，致天下之民，聚天下之货，交易而退，民，聚天下之货，交易而退，各得其所”。意为在中午开设市场，召集各地的民众，聚集了各地的货物。交易之后，各自得到了想要的东西就自行离开。可以看出，古人建立城市最初的动机是用于防御，人们在城市进行商品交易，城市是天下之民和天下之货的聚集地。

从英语中的城市——city 一词来看，city 在拉丁文当中是 civitas，而 civitas 是文明（Civilization）一词的词源，这表明了城市的一个重要特征是文明，城市是文明的载体。马克思认为城市创造了新的力量和新的观念，形成了新的交往方式、新的需求和语言，城市是人类文明创造的载体。美国人类学家基辛父子指出，如果没有城市，文明就很少有可能出现和兴起[1]。美国著名的城市理论家、社会哲学家芒福德认为，城市自起源时期就开始储存并流传人类的文明成果，包括有人类文字记载的发明创造。城市通常在以最小的空间容纳最多的设施，形成紧密的结构[2]。他将城市看作是一种特殊的结构，城市在不断保存一直积累的社会遗产，在储存

[1] 陆学艺．社会学［M］．北京：知识出版社，1991：222.

[2] 路易斯·芒福德．城市发展史——起源、演变和前景［M］．宋俊岭，倪文彦，译．北京：中国建筑工业出版社，2005：33.

文化和创造文化。同时，城市为了适应不断变化的需求和社会发展，又在扩大自身的结构。城市不仅聚集了自起源以来人类创造的物质文明，又蕴含了在发展过程中所积累的精神文明，是物质文明与精神文明高度集中的聚集地。

城市是一种非农产业的聚集，有别于乡村，拥有独特的生产方式和生活方式。在人类延续了几千年的农业社会和游牧社会当中，农村是人类主要的生产和生活空间。直到18世纪60年代工业革命的出现，将人力和资本等生产要素通过工业化的生产实现了专业化的劳动分工，获得了更多的经济效益。在由中国城市规划学会等编著的《城市规划读本》中，论述了城市的生产方式与乡村的居住和社会组织形式不同，城市是一种非农人口和非农产业的聚集。在《德意志意识形态》一文中，马克思和恩格斯阐述了这种生产方式和生活方式的特点，在乡村表现为孤立和分散，在城市表现为人口、生产、资本、工具等要素的集中。

二、城市要素集聚体现了城市竞争力水平

城市的竞争力水平更多地体现为一个城市在人才、资本、技术、文化、创新等方面的能力。中国社会科学院城市与竞争力研究中心的倪鹏飞认为，城市与其他城市相比较，吸引资源、争夺和转化资源的能力，创造价值、为居民提供福利、占领控制市场的能力等是城市竞争力的重要组成内容[1]。在其专著《中国城市竞争力理论研究与实证分析》中，他提出了城市竞争力的弓弦模型（见图10-1）。中国城市的竞争力包括硬竞争力和软竞争力两个部分，即中国城市竞争力（箭）= F（硬竞争力+软竞争力），硬竞争力（弓）= 人才竞争力、资本竞争力、科技竞争力、结构竞争力、区位竞争力、设施竞争力+聚集力+环境竞争力，软竞争力（弦）=

[1] 倪鹏飞．中国城市竞争力：概念框架、现状及提升战略［N］．经济学消息报，2001-05-11.

秩序竞争力、制度竞争力、文化竞争力、管理竞争力、开放竞争力。他阐述了城市的硬竞争力包括人才、资本、科技、设施等要素，软竞争力包括制度、文化、管理等要素。可以把城市产业看作一支箭，影响城市竞争力的硬要素是弓，软要素是弦，弓、箭和弦共同作用，形成城市的竞争力[1]。

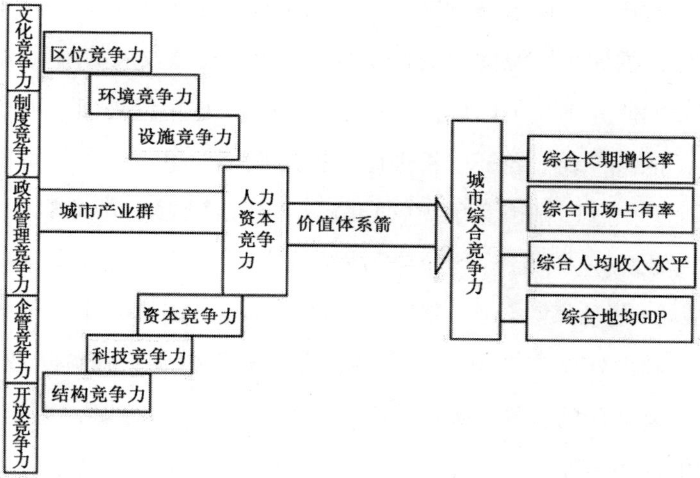

图 10-1 倪鹏飞提出的描述城市竞争力的弓弦模型

资料来源：阮平南，宋怡．产业集群与城市竞争力研究［J］．改革与战略，2007（2）．

上海社会科学院城市综合竞争力比较研究中心将不同城市之间对有价值的生产要素的争夺、配置和利用的能力，看作城市竞争力的核心，研究设定了三级指标，对城市集聚和扩散的能力进行了分析[2]。在中国城市竞争力研究会出版的《中国城市竞争力年鉴 2011》一书中，将中国城市综合竞争力比较评估指标体系分为四大系统，即经济、社会、文化、环境，提出体现整个城市竞争力的三个层级的指标，包括创新能力、开放能力、

［1］ 倪鹏飞，等．中国城市竞争力报告（No. 3）［M］．北京：社会科学文献出版社，2005：42- 45.

［2］ 上海市社会科学院．国内若干大城市综合竞争力比较研究［J］．上海经济研究，2001（1）．

聚集能力等方面，突出了城市文化、环境、创新、聚集等能力在城市竞争力提升当中的重要性。北京国际城市发展研究院（IUD）指出，资源配置能力是城市竞争力的重要因素，研究提出了建立全球资源配置机制和运行的“城市价值链模型”[1]。中国现代城市研究中心的宁越敏指出，科技和经济实力、产业竞争力和企业竞争力是城市竞争力的核心，基础设施、国民素质、政府作用、城市环境质量、对外开放和金融环境等是城市竞争力的重要指标，强调了资源优化配置能力是城市可持续发展的基础[2]。

在国外的研究中，美国彼得教授于20世纪80年代提出了城市竞争力评价框架，他参考现代经济增长理论，提出城市竞争力包含经济因素和战略因素两个方面，即城市竞争力（UC）=f（经济因素+战略因素），经济因素=生产要素+基础设施+区位+经济结构+城市环境，战略因素=政府效率+城市战略+公私部门合作+制度灵活性。在经济因素当中，他强调了生产要素、基础设施城市环境的重要性，在战略因素中，强调了政府效率、城市战略、公私部门合作、制度的重要性。在选取指标时，他将零售额、制造业增加值和商业增加值作为三个判别指标，分析得出各个城市的竞争力得分。哈佛大学教授、国际竞争力问题研究的专家波特教授，在三部著作《竞争战略》《竞争优势》《国家竞争优势》中构建了竞争优势理论[1]。他认为，生产要素、需求状况、相关产业、企业组织、战略、机遇与竞争度及政府作用区域和城市竞争力的重点。在国家竞争力模型中，他将城市的生产率作为衡量一个城市竞争力的标准，具体指出了城市创造财富和提高收入的能力是城市竞争力的核心。

三、城市是在一种独特的生产方式下实现的要素空间集聚

虽然城市是一个庞大、运行复杂的系统，涉及政治、经济、文化等多

[1] 阮平南，宋怡．产业集群与城市竞争力研究［J］．改革与战略，2007（2）．

[2] 宁越敏，唐礼智．城市竞争力的概念和指标体系［J］．现代城市研究，2001（3）：19-22.

个方面，从现代城市的演化过程看，城市的核心是一定的生产或生活方式。在中国和英国的百科全书当中都指出了生产方式的重要作用。1988 年版的《中国百科全书·建筑、园林、城市规划》将城市看作是以一定的生产方式和生活方式，把一定的地域组织起来，使该地域或更大的地区成为政治、经济和文化生活的中心。《简明不列颠百科全书》将城市看作是一个相对永久性的、高度组合起来的、人口高度聚集的地方。著名系统学家钱学森院士指出，城市运行的前提是空间和自然环境的合理利用，城市集聚了人口、经济、科技、文化等要素，城市的目的是产出经济效益和社会效益。谢文慧、邓卫在《城市经济学》著作中将城市经济的运行方式描述为一个层层分解的过程，首先是将一个城市大系统当中的子系统划分为生产、流通、服务等部门，再由每个部门细分为农业、工业、建筑业等多个行业，由此逐层划分到微观经济活动的企业层面，形成城市独特的生产或生活方式。城市独特的要素空间集聚的形式，也为企业产生规模经济创造了条件[1]。Scott 认为，企业在生产过程当中的集聚是由于劳动过程具有相互依赖的特征，这需要企业之间增强横向联系，减少在联系过程中产生的空间成本，从而形成了一个更为复杂、紧密的生产网络[2]。企业集约化的生产和劳动分工引发了人类经济活动在空间上的集聚，促使城市形成存在于空间内部各要素的聚集形态，反映出城市实现经济生产的过程中空间集聚的特征。

城市不仅聚集了人类物质文明与精神文明成果，也聚集了各类产品和服务，是为各类产品和服务提供交换和消费的场所，这个场所一直在储存、流传和创造人类社会的文化遗产。同时，城市也一直在以一种独特的生产和生活方式进行生产和创造。从城市发展和城市化的研究来看，中国人民大学经济学院戴卫民在 2007 年的《国内外城市化问题研究综述》中

[1] 刘文元. 中国新型城市化报告 2009 [M]. 北京：科学出版社，2009：59.

[2] Scott. A. J. Metropolis：From the division of labor to urban form [M]. Berkeley：University of Califonia Press，1998.

表示，对城市化的理解重点在于城市的转变。城市化的主要内容是社会资源的组织方式、生产方式的制度变迁。城市化的本质是人力资本、资金、技术等社会经济资源在地域上的聚集，从而产生土地资源、资金等社会经济资源集中的使用。城市的转变也可以理解为是一种社会经济结构的转变[1]，一方面是经济生产活动从以土地为生的耕作活动，向要素生产率更高的制造业、服务业等第二产业、第三产业的转变；另一方面是在生活方式上向现代化的消费方式转变。

这种城市转变的前提是社会分工，表现为经济结构的调整、产业结构的变动和劳动生产力的变化。原始城市所呈现的基本特征是城市人口的聚集和城市政治、军事功能的突出，比如考古发现的最早建于4000多年前的夏代的三皇五帝之都[2]。伴随着交通和通信技术的不断改进，工业革命和工业区在城市出现，城市的生产方式在急剧变化，经济功能凸显出来，这导致城市的空间结构、社会结构发生剧烈转型[2]。所以，一方面城市聚集着不同的生产要素，另一方面城市的生产方式和生活方式也在发生着转变。新的生产方式的出现，促进了城市规模的迅速扩大，城市区域的空间结构也在发生演变，带动周边及其辐射地区发生空间结构的变化。

四、城市发展需要经济生产方式的转变

城市所发生的生产关系和社会结构的转变，是一种独特的城市经济的发展现象，不同的城市发展阶段和发展时期有城市不同的生产方式和生活方式。在对城市发展驱动力的研究中，芒福德提到了与商业和工业发展方式密切联系的资本主义体系的作用。他认为，17 世纪城市扩张主要的驱动力来自资本主义体系下的商人、资本和为他们服务的地主，到 19 世纪时，

[1] Hauser, P. M. and L. Schnore. The study of urbanization [M]. NewYork: John Wiley and Sons, 1965.

[2] 阮伟．体育赛事与城市发展关系研究［D］．北京：北京体育大学，2012：40.

城市扩张的主要动力来自机器的发明和大规模的工业生产。由于城市经历着不同的发展阶段，城市化发展的需求也是不同的。工业革命和工业区聚集的城市是以传统制造业为主要内容的生产方式，在数字、信息、技术、资本聚集的城市，以科技、金融、服务业作为主要的经济生产方式[1]。Vance[2]通过比较第二产业和第三产业的生产特点，认为第三产业的特点是门类众多、手工操作比例高、劳动分工更专业，而且需要人与人之间面对面交流，因此，第三产业不能像第二产业那样进行大规模的迁移，而且只有城市能够承载、聚集大量不同领域的劳动力。

从城市产业发展和产业所占比重来看，城市不同的产业发展阶段对应着不同的城市发展阶段。当城市第一产业比重大于10%时，该城市仍处于工业化初始阶段；当城市第一产业比重小于10%，且第二产业比重高于第三产业比重时，该城市处于工业化的加速阶段；当城市第一产业比重小于5%，且第二产业比重与第三产业比重大致相当，表明该城市处于工业化成熟阶段；当第一产业比重逐渐下降，第三产业比重超过第二产业比重并达到70%以上时，表明该城市进入了后工业化阶段[3]。可以看出，城市实现经济发展的过程，也是产业结构不断合理和优化的过程。

对城市经济发展过程与要素集聚的研究，比较有代表性的是关于城市发展阶段的理论。英国学者L. 范登堡在其专著《欧洲城市兴衰研究》中提出“城市发展阶段说”，即城市经济结构变化分为三个阶段：从农业过渡到工业社会的阶段，从工业经济过渡到第三产业经济的阶段，从第三产业经济发展进入到城市发展的成熟阶段。与城市发展阶段相适应的是要素集聚变化的三个阶段，分别是城市化阶段、市郊化阶段、反城市化与内域的分散阶段。两个比较有代表性的模型为“差异城市化理论”（Theory of Differential Urbanization）模型和“城市发展阶段”（Stages of Urban

[1] 章友德．城市现代化指标体系研究［M］．北京：高等教育出版社，2006：56.

[2] Vance. J. E. The Merchant's Word：The Geography of Wholesaling. Prentice Hall.

[3] 李梅，杨明俊．中国城市产业结构问题研究综述［J］．工业技术经济，2006，25（2）：5.

Development）模型，说明了城市发展过程当中人口要素集聚具有的周期阶段性特征。首先出现的是城市化发展阶段，中心城区人口出现急剧增长，然后出现中心城区周围地带人口增长速度加快向郊区化发展阶段，随后是中心城区和周围地带人口快速下降的逆城市化发展阶段，再到城市中心城区的人口加速增长的再城市化的发展阶段[1]。19 世纪 70 年代，开始出现从资本要素的积累、流动角度对城市发展变化的研究，指出了城市从中心集聚的城市化到郊区城市化、到再城市化转变的原因，是资本要素从第一次流通转向第二次流通，是资本要素从一个地方到另外一个地方的重新布局[2]。Heavey 在 1985 年的研究当中论述了资本家为了获得最大利润，需要在市场竞争中通过新技术或资本要素的重新分配和布局来获得相对剩余价值，由此推进了资本要素的流动和城市发展的进程。

在城市经济发展的不同阶段，伴随着城市不同的经济生产方式，城市经济的发展需要与城市发展的特殊阶段、经济生产方式转变的一般规律、产业结构、空间分布相适应。冯云廷[3]指出，我国城市经济的发展需要遵循城市化发展的一般规律，20 世纪 70 年代末开始的农村工业化发展模式，违背了城市集聚经济原理导致经济生产力布局分散，从而制约了城市经济的长期增长。杜小娟[4]指出，城市经济发展到一定阶段以后，将出现产业结构高度化特征，主要经历重化工业化、高加工化、知识技术高度密集化三个阶段。产业结构的高度化的表现是，产业结构开始突破工业经济的生产方式框架，向具有更高附加价值的信息化、知识集约化和经济服务化方向转变。王磊[5]将城市产业结构与城市生产方式、空间分布特征

---

[1] Geyer, H. S. and Kontuly, T., A theoretical foundation for the concept of differential urbanization [J]. International Regional Science Review, 1993 (15): 2.

[2] 宁越敏．城市化研究的社会理论基础评述 [J]．城市问题，1990 (1)．

[3] 冯云廷．中国软科学小城镇化战略的反思与我国城市化发展的战略取向 [J]．中国软科学，2000 (11)．

[4] 杜晓君．城市经济结构演进的一般趋势 [J]．税务与经济，2001 (4)．

[5] 王磊．城市产业结构调整与城市空间结构演化——以武汉市为例 [J]．城市规划汇刊，2001 (3)．

结合起来，认为城市产业结构由第二产业向第三产业为主导转变时，城市经济的生产方式也在从劳动密集型向资金技术密集型转变。由于在城市空间分布格局上将出现城市要素集聚不经济的现象，引起城市空间分布格局发生巨大变化，这将导致由城市生产方式变化而出现的城市辐射功能空间的重新分布。在前工业化时期，经济生产方式以资源密集型为主导，城市空间特征以中心向四周发散式分布。到城市工业化发展前期和中后期，城市空间结构由外围的星状布局向更远端、更分散的城镇体系发展，形成第一代、第二代或更多代的卫星城市，形成城市连绵带。产业发展、城市生产方式与空间分布特征的关系如表 10-1 所示。

表 10-1　产业发展、城市生产方式与空间分布特征的关系

城市发展阶段	前工业化时期	工业化前期	工业化中后期	后工业化时期
经济生产方式	资源密集型	劳动密集型	资本密集型	技术密集型
产业结构	第一产业主导	第二产业主导	第三产业主导	第三产业主导
空间分布特征	团块城市	星状城市	分散状城镇体系	城市连绵带

资料来源：王磊．城市产业结构调整与城市空间结构演化——以武汉市为例［J］．城市规划汇刊，2001（3）．

城市发展是社会经济发展到一定阶段的产物，城市的发展伴随产业结构的转换和生产方式的水平而发展变化[1]。任宗哲[2]认为，现代城市产业存在一个一般的演进过程，即从轻纺工业、原材料工业，向机械加工、组装工业发展，再向高技术工业发展，这是城市经济生产方式从低附加值向高附加值的转变、从劳动密集型向技术密集型的转变。刘剑平[3]将城市不同阶段的发展归纳为一个从低级到高级到最高级、从无序到有序、由粗放型到集约型的过程。在城市工业化发展前期的准备阶段，城市以轻工、纺织等劳动密集型产业作为城市经济生产的主要方式，城市人口开始膨胀，

---

［1］ 李清娟．产业发展与城市化［M］．上海：复旦大学出版社，2003.

［2］ 任宗哲．城市功能和城市产业结构关系探析［J］．电子科技大学学报（社科版），2000（2）．

［3］ 刘剑平．我国资源型城市转型与可持续发展研究［D］．长沙：中南大学，2007：90.

但处于低级、粗放型、自发的无序发展状态，如表 10-2 所示。这个时期的城市表现出霍华德的田园城市的特征，兼有城市和乡村的优点，是城市与乡村的结合体。当城市进入到初步实现工业化阶段时，进入城市化大发展时期，以机械制造、重化工业为主要生产方式，城市功能逐渐齐全，城市结构逐渐合理有序。此时的城市面临着机器时代大规模生产所带来的城市问题，一方面是城市的膨胀和大规模的重建，另一方面是城市土地的过度分割。为了解决城市问题，规划大纲《雅典宪章》中明确提出了城市功能分区和以人为本的思想，提出规划的目的是保障居住、工作、游憩和交通四大功能活动的有序进行，要将城市与周围辐射地区作为一个整体进行规划设计。

表 10-2　城市不同发展阶段的生产方式特点

类型	粗放型	过渡型	过渡型	集约型
经济增长方式	数理增长型（低级）	数量速度型（较高级）	高速度结构效益型（高级）	适速度结构效益型（最高级）
经济发展阶段	工业化前期准备阶段	工业化实现阶段	工业化成熟阶段	后工业阶段
主导产业	食品、烟草、轻工、纺织	机械化、重化工业	高额消费生产部门服务业	高技术产业高度发达的第三产业
生产要素结合方式	劳动密集型	资本密集型	技术密集型	技术信息密集型
城市发展特征	低级无序膨胀	较高级基本有序、城市结构形成	高级有序、合理的城市结构	高级有序、协调发展
城市化水平	城市化起始阶段人口开始膨胀	城市化大发展阶段	城市化水平稳定阶段	城市化水平最佳
城市功能结构	功能不全、结构简单	功能基本齐全，结构不甚合理	功能较完善，结构较合理	功能完善，结构合理
城市规划理论特征	“田园城市”理论为代表	“功能城市”雅典宪章为标志	“有机城市”马丘比丘宪章标志	可持续城市或生态城市

资料来源：刘剑平．我国资源型城市转型与可持续发展研究［D］．长沙：中南大学，2007.

当城市进入工业化成熟阶段，城市生产要素以技术密集型为主要结合方式，此时城市化水平比较稳定，城市功能比较完善，结构较合理，以高额消费的服务业为主导产业。此时，城市规划的方法和理念是在面对工业革命所出现的城市膨胀、交通混乱、居住环境恶化等城市问题产生的。《马丘比丘宪章》以《雅典宪章》为出发点，提出城市规划必须以城市与周围区域之间存在的动态统一性为基础，强调在城市规划当中人与人之间相互关系的重要性，因此，要明确邻里与邻里之间、地区与地区之间，以及其他城市结构单元之间的功能关系。《马丘比丘宪章》提出，要将城市看作一个动态的系统，这个动态系统不仅包括城市规划的制定，而且包括城市规划的实施，规划应当把公众参与作为一个重要内容，强调了城市规划当中公众参与的重要意义。

城市进入后工业化阶段时，生产要素以技术信息密集型为主要的结合方式，主导产业是高技术产业高度发达的第三产业，此时，城市化水平达到最高状态。城市可持续发展的生态理念是城市进入后工业阶段时的主要规划理念，强调生态、环境、文化、经济、社会共同发展的生态文明观，强调在追求经济增长的同时，减少资源的消耗和污染，提倡循环经济和“人-社会-经济-自然”的集约型发展模式，使城市发展为功能完善、结构合理、协调、高级、有序发展的整体。

第二节　政府在城市要素集聚和构建市场运行机制中的作用

一、政府行为在城市经济发展当中发挥着重要作用

城市发展过程伴随城市经济生产方式的转变和城市资源要素配置的流

动与重构，这是城市发展的一般规律。然而，与此同时，城市的发展变化也有其自身客观的制度条件和要求，需要一定的制度条件与其发展相适应，政府在其中发挥着不可替代的制度作用。从新制度经济学（the new institutional economics）研究城市化进程和演变的角度来看，城市是从农村演变而来的，但城市又不同于农村的人口集聚，是区别于农村人口聚居及人口活动方式的一种制度安排。城市经济发展具体体现在城市劳动力、资本、物质资料等经济要素在城市不同地域空间上的流动、转移与重组，这是由社会经济活动组织及其制度安排所带来的城市经济生产方式的转变[1]。从农业经济生产转化为城市社会化大生产，从第二产业向第三产业的发展转移，从传统生活方式转化为城市生活方式，以及非农产业资本、技术、信息等要素在城市的集聚，都存在一种特定的制度安排。陈甬军于2002年明确指出，中国的城市在发展过程中，政府推动的因素大于自然演变的因素，政府在城市发展当中起着关键、不可替代的作用。为推进城市经济的发展，政府需要通过政策创新，打破体制瓶颈，去除体制障碍，通过市场力量决定城市的资源空间配置，通过地方政府的作用实现公共产品的供给[2]。

政府的制度安排在城市经济的发展当中发挥着不可忽视的现实作用，可以从三个层面来理解。第一个层面是城市经济发展过程的宏观层面，城市发生的产业转移和城市化现象是在一定制度安排下的结果。当一定的制度安排适合城市发展的客观阶段和需要时，产业结构趋向更加合理、协调的方向发展，城市功能更加完善、运行有序。第二个层面是城市内部人口、资本、技术等要素在城市空间进行配置的微观层面，城市要素在城市区域当中的集聚，是在一定制度安排下反映出来的空间的集聚形态，是城市经济生产方式的主要表现。第三个层面是城市实现要素资源配置的制度

[1] 何念如，吴煜．中国当代城市化理论研究［M］．上海：上海人民出版社，2007：25.

[2] 陈甬军．政府在城市化中的作用分析：以福建省为例［M］//中国城市化：实证分析和对策研究．厦门：厦门大学出版社，2002.

层面，是将劳动力、土地、资本、信息、技术等要素进行空间配置的体制机制，是城市生产方式转变的主要驱动力与核心，反映出城市在一定的制度安排下所进行的物质文明和精神文明积累，反映了城市所发生的生产和生活方式的根本性改变，反映了城市所进行的新的生产和价值创造。

为理解政府在城市经济发展过程中宏观层面所发挥的重要作用，可以根据“自上而下型”和“自下而上型”两个城市发展模式来看。这两个模式是对我国城市化动力机制研究的理论总结，简称为“二元理论模式”。“自上而下型”是指中央政府按照城市发展战略和社会经济发展规划，通过国家规划的手段或经济杠杆作用，从而发展城市经济并进行城市建设投资的一种模式[1]。这种模式在我国城市经济发展过程当中起着支配性的作用，辜胜阻[2]于1998年分析了形成这种模式的主要原因，大体可归纳为三个方面。一是从政府主体来看，政府主体在政治权力和资源配置权力上都处于优势地位，因此，政府主体决定了城市发展的方向、增长速度、增长方式和发展战略。二是从权力的执行系统来看，行政权力系统表现出权力中心和层层隶属的执行特征，因此，能够保障自上而下的城市发展模式得到贯彻落实。三是从资金的配置政策来看，国家能够配置城市发展所需要的“全部资金”，并通过严格的配套政策加以实行，从而取得推动城市经济发展的效果。“自上而下型”的模式主要是从政府主体出发，通过中央政府的规划和资源配置，以行政权力层层执行的方式贯彻落实城市的发展政策。这种模式在相当长的一段时期内保留了传统经济体制特征，以不破坏正常的社会经济秩序为前提。我国较早时期的大中城市，特别是大部分工业化大城市都是通过这种“自上而下型”的模式实现了经济发展。

“自下而上型”的城市发展模式与“自上而下型”模式不同。阎晓培于1994年将两个模式分别进行了定义，他认为两个模式的区别在于城市发

[1] 辜胜阻．刘传江．人口流动与农村城镇化战略管理［M］．武汉：华中理工大学出版社，2000：367.

[2] 辜胜阻．中国自下而上城镇化的制度分析［J］．中国社会科学，1998（2）．

展所依靠的动力机制和投资主体。“自上而下型”是中央政府等国家部门有计划的投资建设新城或扩建旧城，从而实现城市从乡村向城市的转型过程，“自下而上型”是以个人投资或乡村（或城镇）集体投资为主，通过乡村（或城镇）工业化实现乡村（或城镇）的城市化过程。与“自上而下型”模式不同，“自下而上型”的城市发展模式更多地包括了地方政府的作用、农民群体和区外力量等[1]。何念如[2]从五个层面对“自下而上型”的城市发展模式进行了详细说明。一是从政策层面来看，中国特色的社会主义市场经济，是以国家和地方的各项政策作为主要的调控手段发挥作用，是“自下而上型”的城市发展模式的决定性因素。具体来看，中央政府制定方针政策的作用是指明城市发展的方向和道路，各有关部门贯彻落实决策部署推进城市发展建设，地方政府的具体政策是结合当地经济发展、人口移动特征和城市化过程进行实际操作。二是从资金层面来看，“自下而上型”模式不再依靠国家层面的资金分配，而是需要通过改善投资环境，从而吸收外来资金。地方政府依靠自身实力吸引资金的能力，决定了城市经济发展的方向和速度。三是从社区政府的作用来看，20 世纪 80 年代以后，中央政府的部分经济决策权逐步下放到地方，增强了地方政府发展当地经济的积极性，各级社区政府对当地经济和建设的作用增强，出现了中国特色的社区推动城市发展的模式。四是从农民主体的行为看，广大人民群众在对政策的运用、产业的选择、资金的投放和社区政府的协调中所发挥的作用在提升和增强，成为“自下而上型”城市发展模式当中的重要力量。五是从外部力量来看，随着改革开放的日益深化，我国对外开放的地区逐渐扩大，企业在国内和国外增厂布点，在城市发展过程中也发挥了重要作用。

---

[1] 崔功豪，马润潮．中国自下而上城市化的发展及其机制［J］．地理学报，1999（3）．

[2] 何念如，吴煜．中国当代城市化理论研究［M］．上海：上海人民出版社，2007：123.

二、政府在城市要素配置中的重要作用

现代城市的吸引力表现在对人口、资本等要素形成的集聚力，城市像磁场一样在吸引这些要素的流动，城市发展是通过城市“引力场”的作用力实现的。高佩义博士对城市发展过程进行研究，总结出“城市聚变引力定律，乡村裂变推力定律，城市文明普及加速定义”城市化三大定律，在其专著《中外城市化比较研究》进行了论证和阐述。他认为，城市化是一种动态变化的过程，就像把行星送入到轨道的运行，一旦城市进入到这个轨道，就会按其规律发展下去，城市化发展的趋势是一种客观规律。

要认识城市在吸引、聚集各要素资源形成作用力的过程，就要认识城市发展的客观规律。高博士认为，需要先从四个方面客观认识城市和城市的发展过程。一是城市是一个占据了一定的空间场所的“容器”。就像古代建立的一座有围墙的城市一样，这个空间的场所是一个巨大的、有空间范围的、有一定空间边界的“容器”。二是城市是一个有磁场“吸引力”的“容器”。这个“容器”的主要功能就是将社会各种要素集中起来，为这些要素提供一个集中的场所，使这些要素能够在“容器”当中最大限度地相互作用[1]。这个“容器”通过“磁力线”向外放射强烈的磁力，吸引更多的人群、资金等资源的聚集，将更多的人、财、物吸引过来。三是城市化的过程类似“磁场”发生了“磁化”。城市在吸引聚集人、财、物的过程当中，使这些资源要素发生相互作用，高博士把这个过程比喻成物理学中“引力场”发生的“磁化”作用。四是“磁化”的过程是通过城市发挥“引力场”的作用来实现的。一座城市是一个巨大的“磁场”，“磁场”通过“磁力线”向外发出强烈的磁力，吸引人、财、物等各种资源要素，“引力场”的作用是将人、财、物这些要素集中起来并最大可能

[1] 费孝通．小城镇再探索——论小城镇及其他［M］．天津：天津人民出版社，1986.

的相互作用，将城市里原来的这些人、财、物要素聚合起来放射出更为强烈的磁力，使这些要素发生“磁化”的过程。

城市发展与城市建设离不开政府的作用。一方面，城市的生产经营需要大量的人、财、物等资源要素的配置；另一方面，加强政府治理体系和治理能力现代化建设，发挥制度优势，是党的十八大后全面深化改革的总目标，城市发展步伐与政府作用息息相关。结合本书第六章有关制度场的分析可知，制度以“场”的形式存在，制度场的作用力是在人们的生产实践活动中形成的，不同的制度关系表现出不同的制度场作用力。城市像“磁场”一样吸引不同要素的流动和集聚，就是在城市的场域空间范围内，对不同要素的流动形成不同的制度场作用力。这与“城市化三大定律”的理论有相似之处，城市制度场的作用力使不同资源要素之间发生相互作用，形成城市“磁化”的效应。城市将原来的资源要素进行集聚、配置和整合，使要素充分发挥相互作用，创造出更多的物质文明和精神文明，表现为城市发展的一般规律。高博士用“城市聚变引力定律”阐释了城市的“磁化”效应过程，这个定律也是高氏城市化三定律之一。他认为，在城市化的过程中，人口、资金等要素的集中会释放出一种新的能量，伴随着城市人口集中和城市规模的扩大，城市释放出来的新能量也在增加，当能量增加到某个程度，城市就出现了开放型的现代化大城市文明，这时的城市将创造出全新的物质和精神文明。经济学家缪尔达尔从城市集聚经济效益的角度解释了城市发展的聚变引力规律。城市的吸引力来自潜在市场的引力，具体表现在地区市场实际生产费用的减少，交通成本的节约，地区市场潜在规模的增加，辅助性工业建设的可能，金融和商业机构更为优越的条件，以及企业更有可能的创新[1]。这些能有效降低生产成本的优势将为城市带来潜在规模经济效益，能提高生产效率，并促进新的分工，同时，吸引着更多的人和相关要素形成新的聚集，推动着城市规模的继续

---

[1] ［英］K. J. 巴顿．城市经济学（中译本）［M］．上海：上海译文出版社，1984：20–33.

扩大。

三、政府在城市生产方式转变中的重要作用

“自上而下型”和“自下而上型”的二元论模式描述了我国城市发展的两种模式，指出了主要依靠中央政府进行国家计划投资建设实现的乡村——城市转型和以乡村集体或个人投资实现的乡村城市化模式，推动了我国城市化进程，与此同时形成了具有中国特色的城市发展道路。尽管如此，二元论模式没有涵盖依靠外部资金推动的自下而上的城市化进程或以更加多样化形式推动的经济转型。宁越敏认为，不能仅用二元城市化动力机制的理论来分析目前错综复杂的局面。宁越敏在 1998 年的《新城市化进程——90 年代中国城市化动力机制和特点探讨》一文中对我国城市发展进程进行了分析，将城市发展动力概括为城市化主体的改变和推动作用。他认为，中国经济制度转轨的主要变化是从单一的经济运行主体向经济运行主体多元化的局面转变。在这个过程中，政府、企业、个人三个主体都参与到城市经济转变和经济发展中。我国经济体制改革的指导思想，主要经历了“计划经济为主、市场调节为辅”“公有制基础上的有计划的商品经济”“国家调节市场，市场引导企业”“逐步建立计划经济同市场调节相结合的经济运行机制”“建立社会主义市场经济体制”“加快完善社会主义市场经济体制”等阶段。结合对我国城市化动力机制的分析，可以归纳出，我国从传统的计划经济模式向社会主义市场经济体制转变的过程中，政府在推动城市生产方式转变的重要作用主要表现在以下几个方面：

一是政府积极推进转变政府职能的步伐，逐步深化经济体制改革。政府从 20 世纪 50 年代起集中人力、财力、物力进行城市经济建设，向构建高水平社会主义市场经济体制、推进国家治理体系和治理能力现代化、加强制度创新的方向转变。在党的十八届三中全会提出“要紧紧围绕使市场在资源配置中起决定性作用深化经济体制改革”“使市场在资源配置中起

决定性作用和更好发挥政府作用”之后，转变政府职能的步伐进一步加快。“十四五”规划提出，我国进入新发展阶段，必须深入贯彻新发展理念，加快构建新发展格局，这对政府职能转变提出了新的、更高的要求。

二是破除深层次体制机制障碍，激发各类市场活力和社会创造力的程度加大。自改革开放以来，企业助推城市经济的快速发展，对城市的经济发展作出重大贡献。一方面，国内的国有企业逐步开始加快经营自主权的改革进程，自党的十八大以来，公司制、股份制、混合所有制改革取得突破性进展。民营企业发展壮大，成为我国经济制度的内在要素和推动经济发展不可或缺的力量。另一方面，外资企业引入了市场竞争机制下企业运行的新模式，带动城市发展转变。政府通过深化改革、优化营商环境，坚持市场化改革方向，推动要素市场化改革，进一步放宽市场准入，激发企业的活力并加大对城市的投资建设，使企业对城市经济的推动力明显加强。

三是深化“放管服”改革，创新监管方式。20 世纪 80 年代之前，政府在经济发展当中发挥的作用主要通过中央政府体现。“一五”期间，国家通过中央政府对我国中部和西部地区建造了 156 个重点项目，发展起来一批重要的工业城市。20 世纪 80 年代之后，中央政府的权力下放，省、自治区、直辖市承担了部分经济决策权。在地方政府权力进一步下放的同时，市、区、县和乡镇政府承担了一部分经济决策权，地方政府在城市经济发展当中承担了更多的职责。基层政府需要通过地方基础设施建设，创造良好的投资环境吸引国内外投资，带动城市经济的发展。

第三节　奥运会推动下的城市更新

一、奥运会对城市经济影响的制度化过程

作为全世界最高级别的体育盛会，奥运会对举办国家和举办城市的影响是一个制度化的过程。无论是举办国家和城市弘扬奥林匹克运动精神，还是挖掘、传承和展现自身的民族文化内涵；无论是树立国际形象、提升国际地位，还是增加文化认同，加强国际合作，通过要素配置促进经济增长，都是一个制度化的过程。

奥运会的举办是在一定的社会关系互动当中实现的制度化的过程，它规定了组织与组织之间、人与人之间、人与组织之间形成互动的方式。它决定了组织的制度角色和制度地位，影响着制度意识，也规范了制度行为。从举办奥运会的制度规定，到举办国和举办城市在制度规定下的具体落实，奥运会就是在依照制度规定、进行制度执行的过程当中完成的。奥运会也是在制度规定和制度执行的相互影响、相互作用过程当中实现的。《奥林匹克宪章》是奥林匹克运动的最高法律文件，它规定了所有参与者在奥林匹克运动中的行为，也规定了奥林匹克相关活动的基本程序，它是将所有参与其中的社会组织结合起来进行合作的基础文件。

二、奥运会的制度化过程以“场”的形式存在

奥运会是一个盛大的全球文化事件，也是举办国和举办城市在时间、资金等各方面要素上投入巨大的项目，它建立起来一个复杂的制度关系架构。它将与奥运会相关的社会组织结合起来，形成一个从制度规定到制度

执行有序运行的整体。国际奥委会是奥林匹克运动的最高权力机构，按照《奥林匹克宪章》的规定，国际奥委会享有对奥运会的全部权力，奥运会的举办是国际奥委会将奥运会举办权授予举办国来实现的。奥运会组委会是按照国际奥委会的规定，贯彻落实奥运会举办的执行机构。2018 年北京奥运会的举办，是按照一定的制度形式，将国际奥委会、中央和国家机关、中国奥委会、北京市政府、北京奥组委、其他成员国、参与奥运会的广大企业、社会民众和团体等多方面组织机构，按照一定方式结合起来，有序的运行和实现制度化的过程。

奥运会所带来的对城市基础设施建设、财政收入、体育场馆运营、科技创新、人文理念、生态环境水平、大众体育运动等方面的影响，也是一个制度化的过程。这个制度化的过程是在与制度规制者、制度执行者和制度互动者的相互影响、相互作用下实现的。在制度学的理论中，制度以“场”的形式存在。这个制度化的过程包括特定的制度规定和制度角色，以及制度角色之间的相互作用，也包括特定的场地或空间，所以，制度以“场”的形式存在，形成了“制度场”[1]。制度规定是对制度场内所有的制度角色进行的规定，制度执行者和制度互动者的行为受到制度规定的约束，但同时也在制度场当中发生相互作用和相互影响，形成制度场的作用力。和一般的体育赛事相比，奥运会的举办所带来的制度场的作用力更加广泛、持久，奥运会所发挥的制度场的作用力涉及国家形象、国际地位、经济合作、文化交流、科技创新、城市建设、生态环保、产业经济等多个方面。

制度规制者、制度执行者和制度互动者的相互作用、相互影响的过程，就是制度场内的制度角色相互作用的过程。国际奥委会作为领导奥运会的最高权力机构，是奥林匹克运动的制度规制者，奥组委按照国际奥委会的要求行使举办奥运会的职权，组织各个机构开展工作，是制度执行

---

[1] 彭和平．制度学概论［M］．北京：国家行政学院出版社，2015：191.

者。从国际层面来看，奥组委是对国际奥委会负责、行使奥运会举办权的制度执行者，从国内层面来看，奥组委是对中央政府负责、接受中央领导的制度执行者。因此，可以将奥运会的举办，看作是分别在国际层面和国内层面两个制度场相互作用的制度化过程。在国际层面的制度场当中，制度规制者是国际奥委会，制度执行者是奥运会组委会，参与到奥运会的其他成员国、国际组织、各国教练员和运动员、国际媒体是国际层面主要的制度互动者。在国内层面的制度场当中，制度规制者是中央和国家机关，北京市政府和北京奥组委是北京市建设和奥运会举办的制度执行者，参与到奥运会的广大企业、大众媒体、奥运会志愿者、奥运会场工作人员、社会民众和团体是在国内层面主要的制度互动者。奥组委是分别对国际和国内两个制度场层面负责的执行机构，负责将与奥运会举办相关的制度执行者和制度互动者结合起来，有序、高效地形成一个整体开展工作，保证奥运会举办的整体运行。

三、奥运会的市场化改革构建了新的制度场

在国际奥委会完成投票确定举办城市的举办权之后，举办国的奥组委遵照《奥林匹克宪章》和国际奥委会规定的各项条款，按照与国际奥委会签订的《主办城市合同》开展奥运会筹办工作，这也是一个从制度规定到制度执行的过程。在现代奥林匹克运动恢复初期，对于奥运会的市场开发和经济运行，国际奥委会一直保持谨慎的态度。如同古代奥运会一样，现代奥运会在发展初期既没有把经济利益作为奥运会举办的主要目的，也没有通过商业化的发展模式为奥运会筹措资金。直到 20 世纪 80 年代，奥运会的举办导致城市的开支越来越大，财政拨款加重了政府的债务负担，高度依赖政府的筹资方式难以为继，国际奥委会处于困难的发展时期。为了减轻举办国政府的财政负担，国际奥委会冲破层层阻碍，实施了奥运会的赞助商计划、奥运会电视转播权出售计划等一系列商业化改革，进行商业性的活动和市场开发。从萨马兰奇 1980 年当选国际奥委会主席到卸任后的

20 多年间，国际奥委会的账面资金从仅剩的几百美元，增加到超过 120 亿美元[1]。国际奥委会的改革是在全球化、商业化和职业化的发展过程中实现的颠覆性的制度化改革。商业化的变革适应了现在社会的发展需求，减轻了政府主办的财政负担，保证了奥运会运行的经济独立性，也实现了国际奥林匹克运动的可持续发展。

在 1984 年洛杉矶奥运会之前，奥运会举办的资金主要来源于政府财政拨款和社会捐助，商业性活动组织还不是制度场当中主要的制度互动者。但是，当选洛杉矶奥组委主席的尤伯罗斯改变了原有的赞助商参与奥运指定产品的规定，新的制度规定要求在每一个行业当中只能有一家赞助企业，并且这家赞助企业必须是行业内最大的赞助商，总共参与奥运指定产品的数量也是有限的，在 30 家以内。这就对参与奥运会 TOP 计划的赞助商提出了数量和行业等方面新的规定，过去，参与奥运会赞助的企业数量有很多，1980 年的莫斯科奥运会赞助商就有 200 多家，但赞助总金额都比较低。新的规定后，能够参与奥运会赞助的企业数量变少了，20 多家赞助商与洛杉矶奥组委形成了新的制度关系，有意愿成为奥林匹克运动赞助商的企业展开了激烈的竞争，也大大抬高了赞助商的竞标价格，这就形成了奥运会全球合作伙伴赞助商计划的新的制度场。同样，尤伯罗斯将奥运会电视转播权出售给电视台进行“独家报道”的商业化方式，改变了原有多家电视台转播奥运会的格局，电视台之间展开了激烈竞争，独家奥运会转播权的竞标价格超出原来一倍多，形成了奥运会电视转播商业化运行的新的制度场作用力。

国际奥委会于 1985 年提出的“奥林匹克全球合作伙伴计划（TOP）”，就是借鉴了 1984 年洛杉矶奥运会商业化的运作模式，与赞助商形成了新的制度场。在 TOP 计划中，国际奥委会从全球范围内选择某品类的唯一一家行业内最著名的企业加入，赞助企业能够使用奥林匹克产权，享有产品技术服

[1] 萨马兰奇时代不会终结［OL］．中国青年报，［2010－04－23］．http：//news. sohu. com/20100423/n271691162. shtml.

务的排他权，在宣传奥林匹克运动的同时，进行自身的营销推广等商业活动。从制度学的角度来看，“奥林匹克计划”和奥运电视转播权出售等这些商业化的运作模式都构建了一种新的制度关系，可以把这里的制度规制者、制度执行者和制度互动者形成的这个新的制度场，看作是形成的一个新的“市场”。“市场”就是一个制度场，“市场”达到的经济效益，就是制度场作用力的结果。市场所获得的经济效益，就是制度场当中制度执行者、各个制度角色相互作用、相互影响的结果，就是制度场内各个构成要素相互作用形成的经济制度合力。国际奥委会进行的商业化改革，就是国际奥委会进行的市场的制度化改革。国际奥委会通过改革所形成的这个“制度场”不是自然演化的结果。国际奥委会所构建的这个“市场”，是经过国际奥委会强有力的制度改革，破除层层制度障碍，对参与奥运会赞助计划的运营商进行新的规定，并在制度执行的基础上形成的。奥运会赞助商和拥有转播权的电视台作为制度的互动者，是在国际奥委会一定的制度规定下，使用奥林匹克的知识产权，履行制度角色的职责。

国际奥委会进行的商业化改革，也是国际奥委会对举办城市的市场进行的制度化改革，为举办国和举办城市带来丰厚的市场经济效益。但在全球金融危机爆发以后，举办城市的经济效益再一次受到影响，为了应对举办城市新的问题，国际奥委会推出了新的改革方案《奥林匹克 2020 议程》。在该方案中，国际奥委会对举办国和举办城市提出了新的制度规定：一方面，国际奥委会要求举办城市降低奥运会申报和运行成本，最大限度地利用已有的奥运场馆和设施；另一方面，国际奥委会将为举办城市的可持续发展和无形奥运遗产提供多方面的支持。国际奥委会新的规定，是将奥运会的举办国和举办城市与国际奥委会更紧密地联系在了一起，将奥林匹克运动与举办城市的可持续发展更长期地联系在了一起。从国际奥委会和举办城市的制度关系来看，新的规定是使制度规制者和制度执行者形成了更长期和紧密的制度关系。这种制度关系是通过改革方案《奥林匹克 2020 议程》体现的，但还需要举办城市通过具体的贯彻落实将改革方案形成制度。奥运会的举办也不仅仅要将重点放在奥运会赛事的举办和树立国际形象上，奥运会的举办更需要发挥制度执行者和制度互动者的作用。也就是说，在奥运会举办的这个制度化过程当中，更需要发挥国际层面和国内层面两个制度场的作用。一方面，是更好地发挥参与到奥运会的其他成员国、各国教练员和运动员、国际媒体等制度互动者的作用；另一方面，是更好地发挥参与到奥运会的广大企业、大众媒体、社会民众、奥运会志愿者等制度互动者的作用。奥组委作为举办奥运会的制度执行者，是将与奥运会举办相关的组织有序、高效地结合起来的执行机构。只有形成良性运转、有机衔接的制度场，才能实现市场经济的制度化运行，获得可持续的经济发展和社会效益。

四、奥运经济制度化的关键是构建新的制度场

从奥运会举办国和举办城市的发展可以看出，有的城市通过举办奥运会获得了经济效益，有的城市实现了城市经济转型和国家经济的腾飞，在这些过程的背后，都存在着制度规制者、制度执行者和制度互动者共同形成的制度场的作用。美国城市亚特兰大于1996年举办了奥运会，亚特兰大也是现代奥运会百年诞辰时的举办城市。据统计，从1991年奥运会的筹办到奥运会后的1997年，亚特兰大奥运会在6年期间获得了大约51亿美元的经济效益[1]。亚特兰大的纯商业化运作模式，获得的盈利主要来自私有经济，包括赞助商的赞助、出售电视转播权和发放纪念品。奥运会的赞助企业、电视台等作为制度互动者，为亚特兰大和乔治亚州创造了巨大的市场效益。其中，一项电视转播费就高达9亿美元，还有6.8亿美元的企业赞助费、4.68亿美元的门票收入和2.5亿美元的吉祥物销售。仅门票收

[1] 杜捷，张秀萍．奥运传播与文化［M］．北京：北京体育大学出版社，2006.

入就是洛杉矶和巴塞罗那奥运会的总和，达到总收入的26%[1]。

尽管亚特兰大在举办奥运会、实现市场经济制度化运行的过程中，获得了可观的经济效益，但也出现了爆炸事件及许多管理混乱的问题。在奥运会举办期间，亚特兰大市奥林匹克公园发生炸弹爆炸事件，造成2人死亡，10多人受伤，给百年奥运带来了遗憾。纯商业化的运作模式为举办城市带来了巨大的经济效益，但是，亚特兰大作为举办奥运会的制度执行者，完全由民间力量承办的奥运会，忽视了政府在其中的作用。国家政府作为奥运会举办过程当中的制度规制者，能够通过制度规定，要求奥组委重视奥运会管理当中的安全保卫、信息通信、交通等诸多问题，发挥在奥运会举办过程当中的制度场作用力。但由于亚特兰大奥组委的主要组成人员来自私人机构，由商人们组成，其中的主要官员也不是资深的政府官员，因此，亚特兰大奥组委在举办奥运会当中，没有充分发挥政府的作用[2]。这导致了亚特兰大奥运会在安全、通信、交通、住宿等诸多方面出现混乱局面，这届商业味道最浓的奥运会，也被看作是奥运历史上最不成功的奥运会之一。

1988年的汉城奥运会由汉城市政府主办，韩国市政府直接投资了40亿美元，并制定了详细而周全的投融资计划。在韩国刚开始申办奥运会时，经济发展水平还比较落后，国家处于军政府的统治之下。韩国政府作为汉城奥运会举办过程中的制度规制者，动员了全社会各组织的力量，发挥了很明显的政府的作用[3]。在政府的合理规划下，韩国奥组委引入了市场运作的方法，以尽量降低财政支出。奥组委通过出售电视转播权、发行纪念币和纪念章、企业赞助、抛售彩票、出售广告和门票等众多市场化

[1] 1996年亚特兰大奥运会：商业运作无孔不入引争议［OL］.［2012-07-05］. 和讯网，https：//m.hexun.com/opinion/2012-07-05/143240406.html.

[2] 奥运会组委会怎样运转（专家建言）［OL］.［2001-08-30］. 人民网，http：//www.people.com.cn/GB/guandian/182/5955/20010830/547492.html.

[3] 从汉城到平昌：韩国两届奥运会“温差”［OL］.［2018-02-08］. https：//baijiahao.baidu.com/s? id=1591830557468672077&wfr=spider&for=pc.

的资金运作方式，获得了 2 亿多美元的盈利。

韩国奥运会通过政府的指导和筹划，将电视台、赞助商、参加奥运会的群众等多个制度的互动者，通过市场经济的运作方式结合起来，实现了奥运会市场的整体盈利。韩国奥组委还加强了与大众媒体和旅行社的互动，通过大众媒体和旅行社进行展览和形象宣传活动。据报道，从 1987 年到 1988 年上半年期间，韩国举行的旅游发布会达 674 场，共邀请了 207 家新闻媒体、519 家旅行社和 5857 名记者。期间，韩国还举办了 71 次展览会和 28 次国际会议，有 2 万人次的参与。此外，韩国进行的商业合作有 3399 项，宣传活动达 13121 次，制作的宣传册和影像材料分别达到 4.52 亿份和 5309 套。奥运会让世界认识了韩国，也为韩国向世界打开了大门[1]。汉城奥运会的举办，为韩国展现了体育强国的形象，还提前实现了全国第六次国民经济和社会发展五年规划当中的部分项目，实现了韩国经济的进一步飞跃。韩国在举办奥运会以后，经济发展突飞猛进，从一般的发展中国家迈入中等发达国家行列。

2000 年，悉尼奥运会的举办以市场经济运行为主，奥运会为澳大利亚带来的直接经济效益高达 65 亿澳元。为举办城市悉尼所在的新南威尔士州带来了 51 亿澳元的收入，经济效益主要来自赞助商的巨额赞助费、7.98 亿美元的电视转播费以及销售门票和奥运会纪念品的收入。悉尼奥运会吸取了亚特兰大奥运会的经验教训，澳大利亚政府全力支持和参与奥运会的举办，通过政府各部门的强力介入，承担实质性的任务。澳大利亚政府作为制度规制者，在其中扮演了统领全局的角色，并通过市场经济的制度化作用，促进了各方面工作的展开。奥运会为悉尼带来了巨大的旅游效益，悉尼在奥运会期间的旅游收入为 8.8 亿美元，海外投资达到了 87 亿美

[1] 悉尼：16 天和 16 年［OL］．21 世纪经济报道，［2008-07-19］．http：//finance.sina.com.cn/roll/20080719/03145109269.shtml.

元[1]。悉尼奥运会还带动了建筑业、交通和运输业以及私人服务业三个产业的快速发展。

我国在漫长的经济体制改革过程中，经历了“计划调节为主，市场调节为辅”“计划经济与市场经济相结合”“计划调节市场”“市场引导企业”等不同的改革发展阶段。党的十九届四中全会将社会主义市场经济体制上升为我国社会主义的基本经济制度，凸显了坚持社会主义市场经济的改革方向。奥运会作为一项全球瞩目的体育赛事，为举办国家和举办城市带来了多方面的、长期的影响。奥运会本身作为一项竞技体育运动，实现的是大众体育的推广和普及。在2022年冬奥会的筹办、举办和后续运营过程中，社会主义市场经济体制将在其中发挥更多的作用。坚持社会主义市场经济的改革方向，就是要在奥运会举办的市场经济制度化过程中，进一步发挥市场作为“制度场”的作用力。让市场成为要素资源配置的作用主体，就是要让制度规制者、制度执行者和制度互动者更好的相互作用，更多地发挥制度场当中制度执行者、制度互动者的作用。通过制度规定和一系列的制度执行，形成制度规制者、制度执行者和制度互动者相互作用的社会主义市场经济的制度合力，这将是未来创意制度场需要进一步思考和研究的话题。

---

[1] “后奥运”中国经济有落潮但不会大衰退［OL］. 中国经济网，［2008-08-27］. http://finance.ce.cn/macro/gdxw/200808/27/t20080827_13544289_1.shtml.

参考文献

中文部分

［瑞典］埃里克，1983. 中国的技术经济学［J］. 达克李和，译. 数量技术经济译丛.

［美］巴里·利特曼，2005. 大电影产业［M］. 北京：清华大学出版社.

常莉，2010. 基于技术创新视角的文化产业发展研究［J］. 科学管理研究.

陈少峰，2009. 文化产业读本［M］. 北京：金城出版社.

褚晓琳，2010. 文化产业“促转变”四要素［N］. 中国文化报（10）.

Colin Hoskins，等，2004. 全球电视和电影产业经济学导论［M］. 北京：新华出版社.

邓碧泉，2008. 文化内生论［M］. 北京：红旗出版社：42.

邓晓辉，2006. 新工艺经济时代的文化创意产业研究［D］. 上海：复旦大学.

范建华，2011. 文化与文化产业发展新论［M］. 北京：人民出版社.

范周，2010. “世界城市”：文化发展战略规划的重要维度［J］. 中国文化产业（6）.

顾江，2007. 文化产业经济学［M］. 南京：南京大学出版社.

花建，2005. “走出去”：中国文化产业的必由之路［J］. 社会观察（4）.

皇甫晓涛，2009. 文化资本论［M］. 北京：人民日报出版社.

黄永林，罗忻 . 2011. 文化产业发展核心要素关关系研究［J］. 社会主义研究（5）.

金元浦，2011. 走向新业态：高新技术力促文化产业升级［J］. 经济观察（100）：43–45.

［德］卡尔·雅斯贝斯，1989. 历史的起源与目标［M］. 魏楚雄，俞新天，译 . 北京：华夏出版社 .

［美］理查德·E–凯夫斯，2004. 创意产业经济学［M］. 北京：新华出版社 .

厉无畏，2009. 创意改变中国［M］. 北京：新华出版社 .

马萱著，2011. 我国区域文化产业竞争力研究［M］. 北京：社会科学文献出版社 .

［美］曼纽尔·卡斯特，2006. 认同的力量［M］. 2 版 . 曹荣湘，译 . 北京：社会科学文献出版社 .

祁述裕，2008. 影响文化产业发展的诸要素［N］. 中国文化报（10）.

荣跃明，2005. 文化产业：形态演变、产业基础和时代特征［J］. 社会科学（9）：176–184.

尚林，林泉，2004. 论技术创新和制度创新的关系——从四次技术革命中得到的启示［J］. 中国科技论坛 .

徐善长，2005. 生产要素市场化与经济体制改革［M］. 北京：人民出版社 .

徐寿波，1964. 技术经济研究的目的、任务和方法［J］. 科学通报，(7).

徐寿波，1965. 技术经济方法论问题［R］. 中国科学院综考会研究报告 .

尤芬，胡惠林 . 2007. 论技术长波理论与文化产业成长周期［J］. 上海交通大学学报（哲学社会科学版），15（4）：66–73.

于平，2010. 文化科技自觉引领下的高端文化创新［J］. 福建艺术（4）.

［美］约瑟夫·派恩，詹姆斯·H–吉尔摩，2002. 体验经济［M］. 北

京：机械工业出版社.

张宁辉，2011. 基于技术创新的企业组织结构选择及其对创新绩效的影响研究［D］. 长沙：中南大学.

英文部分

Allen J. Scott, 2000. the cultural economy of cities ［M］. SAGE Publications Ltd.

Castells, Manuel, 1996. The Rise of the Network Society ［M］. Oxford: Blackwell.

Castells, Manuel, 1989. The Informational City ［M］. Oxford: Blackwell.

Caves, Richard E, 2000. Creative Industries. Cambridge ［M］. Massachusetts: Harvard University Press.

Throsby, D, 1999. Cultural Capital ［J］. Journal of Cultural Economics (23): 3-12.

Hall, P, 1998. Cities in Civilisarion ［M］. London: Weidenfeld.

Landry, C. and Bianchini, F, 1995. The Creative City ［M］. London: Demos.

Bourdieu, P, 1986. The Form of Capital ［J］. NewYork: Handbook of Theory and Research For the Sociology of Education, in J. G. Richardson (ed): 241-258.

Zukin. S, 1991. Landscapes of Power ［M］. Berkeley: University of California Press.